KB241933

열자

열자 列子

열자 지음 · 김학주 옮김

연암서가

옮긴이 김학주(金學主)

충북 충주에서 태어나 서울대학교 문리과대학을 졸업하고, 국립대만대학 중문연구소에서 문학석사 학위를, 그리고 서울대학교 대학원에서 문학박사 학위를 받았다. 서울대학교 교수로 있으면서 중국어문학회 회장을 역임하였고, 현재 서울대학교 인문대학 명예교수·대한민국 학술원 회원이다.

저서로『논어 이야기』,『중국 문학의 이해』,『중국 고대의 가무희』,『중국 문학사』,『한대의 문인과 시』,『공자의 생애와 사상』,『노자와 도가 사상』,『경극이란 어떤 연극인가』,『장안과 북경』등이 있으며, 역서로는『논어』,『대학』,『중용』,『노자』,『장자』등이 있다.

열자 완역 결정판

2011년 8월 20일 초판 1쇄 발행
2025년 4월 20일 초판 4쇄 발행

옮긴이 김학주
펴낸이 권오상
펴낸곳 연암서가

등록 2007년 10월 8일(제396-2007-00107호)
주소 경기도 고양시 일산서구 대화동 2232번지 장성마을 402-1101
전화 031-907-3010
팩스 031-912-3012
이메일 yeonamseoga@naver.com
ISBN 978-89-94054-18-6 93150

값 20,000원

앞머리에

　『노자老子』와 『장자莊子』의 번역을 새로 손질해 내면서 이른바 도가 삼서道家三書라 부르는 세 가지 도가 책의 구색을 맞추기 위해, 이 『열자』의 번역과 주석 등에 다시 손을 대었다. 도가 사상은 중국인의 정신생활의 중요한 일면을 지탱해 오는 한편 넓게는 동양 사상의 형성에도 매우 큰 영향을 끼쳐 왔기 때문에 『열자』도 『노자』·『장자』와 함께 동양의 지성인이라면 꼭 읽어 두어야 할 책이라 믿기 때문이다. 특히 노자와 장자 이후, 진한秦漢대에 신선 사상이 보태어져 이른바 도교道敎가 이룩되기 이전의 순수한 도가 사상의 성격 변화를 이해하는 데에는 무엇보다도 귀중한 자료가 되는 책이다.

　치열한 현대 생활 경쟁 속에서 사람들은 극심하게 감정이 메말라 가고 있다. 우리는 자신의 이성이 불완전하다는 사실도 깨닫지 못한 채 자기 생각을 따른 그릇된 판단을 좇아 쓸데없는 일에 몰려 허덕이기 일쑤이다. 우리의 좋다 나쁘다, 또는 아름답다 추하다, 행복하다 불행하다는 등의 판단은 모두가 절대적인 가치가 못되는 것임을 잊고 있다. 그럼에도 불구하고 사람들은 자기가 좋다 또는 아름답다고 생각하는 것들을 뒤쫓느라고 한 평생을 그르치고 있다. 여기에서 우리는 이러한 발버둥을 잠시 멈추고, 진실한 인간의 다른 일면의 가치를 추구한 열자의 목소리에 귀를 기울일 필요가 있는 것이다. 사람들이 세상을 살면서 중히 여기는 명예와 치욕, 부유함과 가난함 같은 여러 가지 이해관계를 초월하여 참된 자연의 상태로 돌아갈 것을 역설하는 그의 말은, 메마른 현대인의 마음을 살찌우고 기름지게 해줄 것이다.

『열자』는 『노자』나 『장자』에 비해 논하고 있는 사상 내용이 보다 허술하고 의심스러운 곳도 더러 있다. 그러나 이는 전국시대라는 급변하는 사회 속에서 일반적인 사람들의 습속의 맹점을 추구하려고 좌충우돌하다가 생겨나는 결과라고 보아 넘기면 될 것이다. 그러나 책 속의 이야기에는 우리 귀에 익은 교훈이 되는 것들이 많이 있어 읽기에 매우 재미가 있을 것이다. 이 책이 많은 사람들에게 동양 사상의 일면을 이해하고 참된 인생에 대한 깨달음을 가져오게 해주기를 바란다.

다만 번역문이나 주해에 아직도 부족한 점이 적지 않을 것이다. 독자 여러분의 거리낌 없는 비평과 가르침을 간절히 빈다.

2011년 6월 15일
인헌서실에서
김학주

차례

| 일러두기 |

1. 번역의 원문은 당(唐)대 은경순(殷敬順)의 『열자석문(列子釋文)』을 기본으로 삼고, 송(宋)대 임희일(林希逸)의 『열자권재구의(列子鬳齋口義)』를 참조하여, 문제가 되는 곳은 교정을 가하였다.

2. 번역문은 쉬운 현대 우리말을 쓰면서도 되도록 본문의 어순(語順)에 합치시키려 노력하였다.

3. 각 편의 제목을 보다 알기 쉬운 말로 옮긴 다음 다시 각 편을 여러 장으로 나누고, 여러 장 앞에 그 장의 내용을 알기 쉽도록 옮긴이가 적절한 제목을 달아 놓았다.

4. 각 장의 글은 우리 말로 옮긴 다음 원문을 기준으로 하여 주석을 달고 다시 간단한 해설을 하였다.

5. 주석은 본문에 의거해 되도록 간명하게 달았으며, 특별한 해석이나 교정으로 말미암아 설명이 필요한 곳에는 그 근거가 된 책이나 학자의 이름을 괄호 안에 써 넣었다.

6. 앞머리의 '해제'는 되도록 쉽고도 간결하게 쓰려 노력하였다. 본문 번역을 한 번 읽어 본 뒤 해제를 읽고 다시 본문을 한 번 더 읽어보기를 권한다. 그러면 자기 나름대로의 열자 사상에 대한 개념이 머릿속에 구체화될 것이다.

『열자』란 어떤 책인가?

1. 『열자』의 특징

　『열자』는 옛날부터 『노자』·『장자』와 함께 이른바 도가 삼서道家三書라 하여 도가 사상을 대표하는 책으로서 널리 읽혀 왔다. 다만 『열자』에는 『노자』나 『장자』보다도 더욱 잡다한 사상이 뒤섞여 있고, 열자라는 사상가가 실제 인물인가 하는 문제로부터 그의 저서인 『열자』가 정말로 열자라는 사람의 저술인가 하는 등의 문제가 심각하다. 그러나 도가 사상에는 본시 『노자』부터 시작하여 그 속에는 유가儒家나 법가法家·병가兵家 등 다른 제자백가諸子百家들의 사상과도 통하는 내용이 잡다하게 들어 있다. 더욱이 도가 사상이 후세에 도교道敎로도 변해 가면서 그 성격에 적지 않은 변화가 있었기 때문에 도가의 인물이나 그들의 저서의 성격을 파악하는 데에는 여러 가지 문제가 생기지 않을 수가 없다. 어떻든 『열자』는 도가 사상의 형성과 발전을 이해하는 데 큰 도움이 되는 책이다.

　한나라 무제(武帝, B.C. 140-B.C. 87)가 유학을 자신의 봉건 전제

정치를 뒷받침하는 학문으로 확정지은 이래 중국은 청나라 말년 (1911)에 이르기까지 오랜 역사를 두고 중국 사람들의 정치와 문화 전반에 걸쳐 그들의 생활을 유학이 지배해 왔다. 유가에서는 현실에 입각하여 사람들의 생활을 어짊과 의로움에 바탕을 둔 예교禮敎로써 일정한 형식에 맞추어 사회 질서와 사람들의 생활을 이끌고자 했다. 그것은 엄격한 사회 계급을 바탕으로 하는 봉건 사회의 지탱을 뜻한다. 이러한 유가들의 노력은 결국 사람들의 행동이나 생활을 지나치게 형식적인 예교로 묶어 놓아 인간 생활을 무미건조하게 만드는 경향이 많았다. 문학에 있어서도 유가들은 도의道義를 창작의 바탕으로 삼았기 때문에 그들의 문장은 지나치게 규식화規式化하고 내용은 사대부들만이 지니는 생각과 감정을 중심으로 한 일정하고 재미없는 것으로 발전했다. 그러나 열자를 비롯한 도가의 사상가들은 이러한 유가들의 현실적인 가치 기준을 일단 부정하고, 거침없이 현실을 초월한 참다운 인간성의 발양을 추구했다. 곧 그들에게는 사대부들이 중시하는 권력이나 명예와 부 같은 것들이 모두 전혀 가치가 없는 것들이었다. 특히 열자는 세상의 모든 변화에 있어서 '텅 비고 아무것도 없는' 허虛를 중시했다. 그리고 일반적인 가치관을 초월하여 자연에의 융화를 찬양했다. 이에 중국인의 일상생활이 유가적인 윤리에만 얽매이지 않고 전혀 다른 방법으로 새로운 세계도 추구할 수 있는 길을 열어 주었다.

그래서 중국 사람들은 사회가 어지럽거나 자기 자신이 뜻을 이루지 못했을 때에는 대개 이들 도가의 지혜를 빌려 어려움 속에서도 정신적인 여유와 자기만족을 찾을 수가 있었다. 그리고 문학이나 예술은 현실에만 얽매이지 않고 시간과 공간을 초월하는 세계로까지 날개를 뻗힐 수가 있었다. 이 도가적인 일면은 결국 사상이나 문화와 예술 면에 있어서 동양적인 일면을 가장 잘 대표하는 특징으로 발전하게 된 것이다.

열자는 유가와 같은 일반 사회에서 중시하는 가치관을 일단 모두 부정했으므로 정신적으로 자유로울 수가 있다. 심지어 자신의 신념에도 너무 얽매이지 않는 것 같은 낌새가 느껴질 때도 있다. 『열자』가 다른 어떤 고전보다도 그 내용에 대해 학자들로부터 여러 가지 의심을 받게 된 것도 거기에 한 가지 까닭이 있을 것이다. 그리고 다른 어떤 제자백가들의 책보다도 여러 가지 재미있는 우화寓話가 많이 실려 있는 것도 그 때문인 것 같다. '우화'란 대체로 자기가 꾸며낸 이야기인데 그 이야기 속에 자신이 강조하고 싶은 뜻을 담은 것이다. 보기를 들면, 「탕 임금이 물어본 진리〔湯問〕」편에 보이는 유명한 '우공이 산을 옮기는 이야기〔愚公移山〕' 같은 것이다. 우화는 읽는 사람에 따라 그 이야기에 실려 있는 뜻을 여러 가지로 해석할 수가 있다. '우공이 산을 옮기는 이야기' 같은 것도 '사람이 노력을 계속하면 무슨 일이든 일을 수 있다', '빈손으로도 큰 일을 할 수가 있다', '어리석은 사람이 보다 위대한 일을 이룬다'는 등 여러 가지 해석이 가능하다.

우화에 등장하는 사람들의 성격은 더욱 다양하다. 대부분이 실제로 존재하지 않는 꾸며낸 인물들이기 때문이다. 비록 역사적인 인물이라 하더라도 대개의 경우 역사적인 사실과는 상관없이 자기 이론을 전개하는 데 필요한 자료로 쓰고 있기 때문이다. 이것은 그의 사상과 마찬가지로 우화를 통해 그의 문장을 매우 신축적으로 표현할 수 있게 해주는 것이다.

도가 삼서 중에서도 『열자』는 특히 처음부터 끝까지 뚜렷한 사상의 밑받침이 없이 잡다한 성격의 글들이 섞여 있다. 다만 도가 사상이 전체적으로 볼 때 그 중심을 이루고 있다는 것뿐이다. 이처럼 『열자』의 내용이 잡다하다는 것은 열자라는 사상가 개인을 놓고 볼 때에는 문제가 많이 생기겠지만, 중국 고대 사람들의 사고방식을 아는 데는 오히려 무엇보다도 편리한 자료를 제공하게 된다. '우공이 산을 옮기는 이야기', '잃어버린 양을 뒤쫓다보니 갈래길이 너무 많다(亡羊多岐)' 등 『열자』에 나오는 우화들이 지금까지도 중국 사람들에게 고사성어故事成語로 흔히 쓰이고 있는 것은, 잡다한 그 성격이 오히려 중국 고대 사람들의 생활과 무엇보다도 친근하기 때문일 것이다.

2. 열자는 어떤 사람인가?

열자의 생애는 매우 분명치 않다. 열자는 성이 열列이고 이름은 어구禦寇 · 圄寇 · 圉寇라 알려져 있다. 그는 대략 노자(대략 B.C. 500년 전후)보다는 뒤지고 장자(B.C. 370-B.C. 280)보다는 약간 앞서며 공자(B.C. 551-B.C. 479)와 맹자(B.C. 372-B.C. 289)의 중간(B.C. 400년 전후)에 생존했던 것으로 알려져 있다. 『한서漢書』를 지은 반고(班固, 32-92)를 비롯해 현대의 전목錢穆 · 엄령봉嚴靈峯 같은 학자들이 모두 열자를 장자에 앞선 도가의 사상가라 믿고 있다. 그러나 대부분의 학자들은 열자가 살았던 시대와는 달리 『열자』에 씌어져 있는 도가 사상은 노자와 장자보다도 뒤진 시대의 도가 사상을 드러내고 있다고 믿고 있다.

중국 고대의 역사를 처음으로 쓴 사마천(史馬遷, B.C. 145-B.C. 86?)의 『사기史記』에도 열자의 전기가 없고, 같은 도가 사상가가 쓴 『장자』 천하의 사상가들[天下]편에는 그 시대 제자諸子들을 모두 들어 논하고 있으면서도 열자에 대해서는 한 마디 말도 하고 있지 않다. 그러나『장자』잡편雜篇 속에 도가의 계승자 열어구列禦寇편이 있고, 여러 곳에 그에 관한 간단한 기사가 보이고 있으니 대체로 장자보다 약간 빠른 시대에 살았던 도가에 속하는 사상가라고 믿는 수밖에 없다.『순자荀子』에서 그 시대 사상가들을 비평한 비십이자非十二子편에도 열자의 이름은 보이지 않는다. 따라서 열자의 생존을 의심하는 학자들도 있다. 특히『장자』어슬렁어슬렁 노님〔逍遙遊〕편에는 열자가 바람을 타고 허공을 밟고 다녔다는 신선 이야기 같은 기록이 있어 열자의 존재를 더욱 의심하는 이가 있다.

이처럼 열자의 전기가 뚜렷하지 않다고 해서 열자의 생존 자체를 부정할 만한 근거가 있는 것은 아니다. 열자가 살았던 정나라는 동서쪽으로 송宋나라와 주周나라에게 눌리고, 남북쪽으로는 초楚나라와 위衛나라의 압력을 받고 있던 작은 나라였다. 황하를 면한 지금의 하남성河南省에 있던 나라인데 전국시대에 이르러 한韓나라에게 멸망당하고 말았다. 이처럼 세력도 약한 조그만 나라에서 별반 벼슬도 안하고 다른 제자들처럼 외국을 돌아다니면서 제후들에게 자기 사상을 가지고 제후를 설복하는 일도 없이 살았다면 그의 생애가 자세히 알려지지 않은 것이 오히려 당연하다고 할 수 있을 것이다. 세상의 명예와 치욕 같은 것을 초월했던 그가 일반 명사들처럼 남이 특기할 만한 뚜렷한 전기를 남기고 있다면 오히려 그것이 의심스럽다고도 할 수 있을 것이다.『열자』하늘의 상서로운 조짐〔天瑞〕편 첫머리는 이런 말로 시작하고 있다.

열자는 정나라 포 땅에 40년 동안 살았는데 아무도 알아보는 사람이 없었다. 나라 임금이나 경대부들도 그를 보고 일반 백성이나 같게 여겼다.

(子列子居鄭圃四十年，人無識者．國君卿大夫，眎之猶衆庶也．)

때문에 반대로『장자』나『산해경山海經』같은 책에는『열자』에 보이는 것과 같은 글귀들이 실려 있는데, 그것은 오히려 이들 책의 저자가『열자』의 글을 베낀 것이며,『한서』예문지藝文志의 기록처럼 열자는 장자에 앞선 실제 인물이었다고 강경한 주장을 펴는 이도 많다. 현대에도 엄령봉이 그러한 주장을 하고 있다.

한나라 유향(劉向, B.C. 77-B.C. 6)은 그의『열자신서목록列子新書目錄』에서 이런 말을 하고 있다.

그의 책은…… 뒤에 와서 소홀한 취급을 받아 민간에 흩어져 있다가 전하는 사람이 없게 되었다. 또한 우언이 많아서 장자와 비슷했다. 그러므로 태사공 사마천은 그의 열전을 쓰지 않았다.

(此書…… 及後遺落，散在民間，未有傳者．且多寓言，與莊周相類．故太史公司馬遷，不爲列傳．)

3.『열자』란 책의 성격

열자가 실제로 생존했던 인물이라 하더라도 지금 우리가 보는『열자』에는 열자 자신이나 열자의 제자들이 써 놓은 것이라고 믿기 어려운 잡다한 내용이 많다. 유향은 그의『열자신서목록』에서 "『열자』는 본시 내외서內外書 20편이 전해지고 있었는데, 교정하여 중복되는 12편을 빼고 8편으로 정리했다"라고 말하고 있다. 다시 가장 오래된『열자』를 주해한 진晉나라 장잠張湛은 그의「열자서列子序」에서 영가지란

(永嘉之亂, 308-313) 때 강남으로 피란을 가서 『열자』 8편을 여기저기서 구해 모은 경과를 쓰고 있다. 그리고 『한서』 예문지에도 『열자』 8편이 실려 있다. 그러나 지금 우리에게 전해지는 『열자』는 『한서』 예문지의 것과 편수가 들어맞기는 하지만 이들은 서로 다른 것일 가능성이 많다.

유향은 『열자신서목록』에서 자신이 정리한 열자의 책의 내용에 대해 이렇게 쓰고 있다.

　　그러나 「주나라 목왕의 세상 유람」·「탕임금이 추구하는 진리」 두 편은 엉성하고도 황당하며 광대하고도 괴이해 군자의 말이라 할 수 없다. 「절대적인 운명」편에 이르러는 한 결같이 타고난 운명을 강조하고 있고, 「양주는 어떤 사상가인가?」〔楊朱〕편에서는 오직 멋대로 행동하는 것을 귀하게 여기고 있으니, 두 편의 뜻이 서로 어긋나 한 사상가의 책이 아닌 것 같다. 그러나 각각 밝히고 있는 바가 있어서 역시 볼 만한 내용들이다. 경제(景帝, B.C. 156-B.C. 141) 때에는 황로黃老의 술법을 숭상하여 이 책이 세상에 상당히 유행했으나, 뒤에는…… 전하는 사람이 없게 되었다.

　　(而穆王湯問二篇, 迂誕恢詭, 非君子之言也. 至於力命篇, 一推分命, 楊子之篇, 唯貴放逸, 二義乖背, 不似一家之書. 然各有所明, 亦有可觀者. 孝景皇帝時, 貴黃老術, 此書頗行於世. 及後…… 未有傳者.)

유향도 『열자』의 내용에는 한 사람의 글 같지 않은 잡다한 내용의 글이 실려 있다고 본 것이다. 때문에 『열자』는 많은 학자들로부터 그것이 진짜 열자의 사상을 전하는 책인가 의심을 받았다. 의심을 받는 까닭은 그 밖에도 더 있다.

『열자』를 읽어보면 열자가 남에게 조롱을 당하는 이야기가 있는가 하면 열자가 무당에게 마음을 빼앗겼다가 선생에게 야단을 맞는 이야기, 열자가 자기의 활쏘기 재주를 동료 선배에게 시험을 받았는데 높은 절벽 위에 가서는 꼼짝도 못하고 진땀만 흘렸다는 이야기, 열자가 바깥세상의 변화에만 마음을 빼앗겨 자기 내면의 변화를 잊고 있다가 스승에게 꾸지람을 받는 이야기 등이 있다. 이런 사실은 지금의 『열자』가 순수하게 그의 제자들이 쓴 것도 아님을 증명하는 것이라 볼 수 있다.

다시 장잠은 그의 『열자』의 서문에서 열자가 불교의 영향도 받은 것 같은 투의 말도 하고 있다.

『열자』라는 책은 대략 모든 존재는 지극히 텅 빈 것〔至虛〕을 근본으로 삼고 있고, 모든 물건은 끝이 있고 없어지는 것임을 증험證驗하고 있음을 밝히고 있다…… 그러나 거기에서 밝히고 있는 것에는 가끔 불경의 이론도 함께 뒤섞여 있다. 다만 대체적인 취지는 『노자』·『장자』와 같다.

（其書大略明, 群有以至虛爲宗, 萬品以終滅爲驗…… 然所明, 往往與佛經相參, 大歸同於老莊.）

이를 따라 후세의 많은 학자들이 『열자』의 불교 영향을 논하고 이 책에는 불교가 성행하기 시작한 동·서진(晉. 265-420) 이후에 이루어진 부분도 있다고 주장하고 있다. 심지어 양계초(梁啓超, 1873-1929)는 『옛 책의 진짜와 가짜 및 그 연대(古書眞僞及其年代)』에서 『열자』에는 진晉대의 불교 사상과 불교 이야기가 보이고 있는데, 이는 그 주를 쓴 장잠이 『열자』를 가짜로 만든 것임을 증명하는 것이라 단

언하고도 있다.

　다시 당대의 유종원(柳宗元, 773-819)이 「열자를 논함〔弁列子〕」이란 글에서 "『열자』의 공자는 진정한 성인인가?〔仲尼〕편에 위魏나라 공자 모公子牟와 공천孔穿의 이야기를 하고 있는 것은 믿기 어려운 일이다" 라고 논한 이래 열자라는 인물이 살았다고 전해 오는 시대보다도 뒤늦은 역사적인 일이 기록되어 있다고 하면서 여러 학자들이 의문을 제기하고 있다. 송나라 섭대경葉大慶은 『고고질의考古質疑』에서 같은 편에 보이는 공손룡公孫龍의 이야기가 등장하는 것은 후세의 사람들이 써 넣은 글이라 하고 있다.

　『열자』 속에는 『장자』에 씌어져 있는 것과 같은 내용의 이야기가 20편 가까이나 있다. 그리고 특히 열자의 사상과는 직접 관계가 없는 양주楊朱의 말이 「양주는 어떤 사상가인가?」편을 비롯하여 여러 곳에 보인다. 그 밖에 「탕임금이 추구하는 진리」편에는 오신산五神山에 관한 이야기가 보이니 신선 사상이 유행한 한대 이후의 글인 것 같고, 『논어』의 구절도 보이며, 『맹자』를 근거로 쓴 것 같은 이야기들도 있다. 『한비자韓非子』·『여씨춘추呂氏春秋』·『회남자淮南子』·『산해경山海經』 등에 실려 있는 것과 같은 이야기들도 보인다. 「하늘의 상서로운 조짐」편에는 한대의 『역위건착도易緯乾鑿度』와 같은 성질의 글이 있으니, 이는 한대 이후에 쓴 것이고, 「주나라 목왕의 세상 유람」편은 『목천자전穆天子傳』을 바탕으로 쓴 것인데 이 소설은 진晉나라 태강太康 2년(281) 급총汲冢에서 나온 것이니 『열자』는 그 뒤의 기록이라는 것이다. 그래서 호적(胡適, 1892-1962) 같은 이는 그의 『중국철학사대강中國哲學史大綱』에서 『열자』의 본문은 물론 『열자』의 책머리에 붙어 있는 유향의 『열자신서목록』까지도 후세 사람이 지은 것이라 하며 20가지 증거를 들고 있다. 곧 그는 『열자』는 한대도 지나 진나라 시대에 이루어진 가짜라고 주장한 것이다.

특히 풍우란(馮友蘭, 1895-1990)의 『중국철학사』를 보면 제2편 경학經學 시대 중 제5장 남북조의 현학 상[南北朝之玄學 上] 제4절이 『열자』 중의 유물론과 기계론[列子中之唯物論及機械論]'이고, 제5절은 「양주는 어떤 사상가인가?」편 중의 거침없이 멋대로 행동하는 인생관[楊朱篇中放情肆志之人生觀]'이다. 그는 제4절 앞머리에서 "『열자』라는 책은 위魏·진晉시대 사람의 작품"이라 단정하고 거기에 실린 유물론과 기계론 및 쾌락주의快樂主義 등을 논하고 있다. 그러나 『열자』의 「절대적인 운명」편이나 「양주는 어떤 사상가인가?」편 일부에 유물론이나 기계론 또는 쾌락주의라고 해석할 수 있는 대목이 들어 있다 하더라도 그것을 근거로 『열자』가 위나라나 진나라 사람에 의해 이루어진 책이라 단정하는 것은 지나친 판단이다.

지금 우리에게 전하는 『열자』는 이미 전해지고 있던 열자의 책을 바탕으로 하고 후세 사람들이 여러 가지 이야기들을 주워 모아 더 보태어 한나라 시대 이후에 우리가 지금 보고 있는 것 같은 책이 이루어진 것이라 봐야 할 것이다. 곧 그 이전에 열자와 관계되는 원본이 있었다는 것까지 부정할 수는 없으며, 그 때에 전해지고 있던 『열자』가 다른 이야기를 더 보태 보다 두터운 책을 만들어내도록 중요하고 매력적인 내용과 사상을 담고 있던 것임에는 틀림없다. 장잠의 「열자서」에서 앞에 인용한 것처럼 "가끔 불경의 이론도 뒤섞여 있다"고 한 것도, 열자가 불교의 영향을 받았다기보다는 열자의 사상이 그 시대에 크게 성행하기 시작한 불교 사상과도 통하는 점이 있다는 것을 강조하고 싶었기 때문이었을 것이다. 때문에 당唐대 이후로는 『열자』를 『충허진경沖虛眞經』 또는 『충허지덕진경沖虛至德眞經』이라 높여 부르기도 했다.

4. 『열자』의 중심을 이루는 사상

『열자』는 대체로 노자의 사상을 계승한 도가서이다. 그러나 그 속에는 잡다한 이야기들이 섞여 있어 처음부터 끝까지 완전한 도가 사상으로 일관된 책이라 할 수는 없다. 그러나 그 주요한 바탕이 도가 사상이며, 그 내용은 특히『장자』에 보다 가까운 내용이다.

그는 사람의 이성적인 판단이나 생각을 초월한 절대적인 '자연의 도'의 존재를 인정한다. 그는 인간 사회에 있어서의 일반적인 가치 기준을 없앰으로써 그러한 '자연의 도'에 처신할 수 있다고 믿었다. 따라서 대우주大宇宙에 대한 소우주나 같은 사람들도 자연처럼 옳고 그름·착하고 악함·좋아하고 싫어함·기쁨과 걱정·영예와 치욕 따위의 상대적인 감정이나 욕망의 소용돌이를 초월하여 아무것도 없고 텅 빈 경지에서 의식적으로 하는 일 없이 편안히 살아가야 한다는 것이다. 이러한 '자연의 도'에 이르는 수도 방법에 대해서는 노자보다도 그 해설이 자세하다.

『열자』 하늘의 상서로운 조짐편을 보면 이런 대목이 있다.

어떤 사람이 열자에게 말했다. "선생님은 어찌하여 텅 빈 것을 귀중히 여기십니까?"

열자가 말했다. "텅 빈 것은 귀중할 것이 없습니다."

열자가 또 말했다. "그것은 형식적인 것을 두고 하는 말이 아닙니다. 고요한 것 만한 것이 없고, 공허한 것 만한 것이 없습니다. 고요하고 공허하게 살아간다면 그는 사는 방법을 터득한 것이고, 물건을 받고 주고 한다면 그의 처신을 잃은 것입니다."

（或謂子列子曰; 子奚貴虛? 列子曰; 虛者無貴也.

子列子曰；非其名也. 莫如靜, 莫如虛. 靜也虛也, 得其居矣. 取也與
也, 失其所矣.）

이를 근거로『여씨춘추呂氏春秋』불이不二편에서는 "텅 빈 것을 귀
하게 여겼다"고 했고, 장잠은『열자』의 서문에서『열자』란 책의 사상
적인 내용에 대해 다음과 같이 요약하고 있다.

그 책의 대체적인 내용은 모든 존재는 지극히 텅 비었음[至虛]을
중심으로 삼고 있고, 모든 물건은 끝이 있고 없어지는 것임을 증험
證驗하고 있음을 밝힌 것이다. 사람의 정신은 응결凝結되고 고요함
으로써 언제나 온전하게 되고, 생각은 일이나 물건에 집착함으로써
스스로를 잃게 되며, 살아 있는 것과 깨어 있는 것 및 죽는 것과 꿈
꾸는 것은 실상 모두 같다는 것이다. 크고 작다는 것은 한 가지에만
한정되지 않고, 못살고 출세하고 하는 것은 지혜와 능력 탓이 아니
며, 몸을 다스림에 있어서는 되는 대로 방임하는 것이 가장 좋다.
본성을 따르기만 하면 어디를 가나 뜻대로 되어 물과 불에도 들어
갈 수 있게 되고, 마음을 잊으면 어두운 곳이라도 어느 곳이건 밝혀
진다 했다. 이것이 그 책의 요지이다. …… 대체적인 취지는『노
자』·『장자』와 같다고 할 것이다.

（其書大略, 明群有以至虛爲宗, 萬品以終滅爲驗. 神惠以凝寂常全, 想
念以著物自喪, 生覺與化夢等情. 巨細不限一域, 窮達無假智力, 治身貴於
肆任. 順性則所之皆適, 水火可蹈, 忘懷則無幽不照. 此其旨也…… 大歸
同於老莊.）

이를 통해서도 열자의 사상은 노자와 장자에 통하면서도 특히 '텅

빈 것' 또는 '지극히 텅 빈 것'을 숭상했음을 알 수 있다. 다만 노자나 장자와 다른 점은 그의 책 속에는 자신의 사상과는 모순되는 또는 도가로서는 순수하지 못한 대목이 많아 문제가 되고 있는 것이다. 이미 지적했듯이 불교 사상과 통하는 점도 있다.

『열자』「황제의 깨달음」과 「공자는 진정한 성인인가?」편에는 열자가 공부를 한 과정을 쓴 대목이 있다. 그의 학문 발전의 과정은 그의 사상의 특징을 무엇보다도 잘 설명해 줄 것이다. 아래에 「공자는 진정한 성인인가?」편의 한 대목을 소개한다.

열자가 공부할 적에, 삼 년이 지나자 마음이 감히 옳고 그른 것을 생각하지 않고 입이 감히 이롭고 해로운 것을 말하지 않게 되었는데, 그제서야 스승 노상老商은 한번 거들떠볼 따름이었다.

오 년 지나자 마음이 다시 옳고 그른 것을 생각하고 입이 다시 이롭고 해로운 것을 말하게 되었는데, 스승 노상은 그제서야 한 번 활짝 웃어 보였다.

칠 년 지나자 마음이 생각하는 대로 따라도 다시는 옳고 그른 것이 없고, 입이 말하는 대로 따라도 다시는 이롭고 해로움이 없게 되었다. 스승 노상은 그제서야 한번 그를 끌어다가 자리를 나란히 하고 앉았다.

구 년 뒤에는 마음이 생각하는 대로 멋대로 버려두고 입이 말하는 대로 멋대로 버려두어도, 자신의 옳고 그른 것과 이롭고 해로운 것을 알지 못하고 남의 옳고 그른 것과 이롭고 해로운 것도 알지 못하게 되었다. 안과 밖이 없어져 그 뒤로는 눈이 귀와도 같고 귀가 코와도 같고 코가 입과도 같고 입과 같지 않은 것이란 없게 되었다. 마음은 엉겨지고 형체는 풀리면서 뼈와 살이 한 곳에 어울리게 되어, 몸이 기대고 있는 곳이나 발이 밟고 있는 곳과 마음이 생각하는 것이나 말이 표현하는 것이 있음을 깨닫지 못하게 되었다. 이렇게 되었을 따름인데 이치는 그에게 숨겨지는 게 없게 되었다.

(子列子學也, 三年之後, 心不敢念是非, 口不敢言利害, 始得老商一眄 而已.

五年之後, 心更念是非, 口更言利害, 老商始一解顔而笑.

七年之後, 從心之所念, 更無是非, 從口之所言, 更無利害. 夫子始一引 吾竝席而坐.

九年之後, 橫心之所念, 橫口之所言, 亦無知我之是非利害歟, 亦不知彼 之是非利害歟. 外內進矣, 而後眼如耳, 耳如鼻, 鼻如口, 口無不同. 心凝 形釋, 骨肉都融, 不覺形之所倚, 足之所履, 心之所念, 言之所藏. 如斯而 已, 則理無所隱矣.)

그리고 현실 세계의 모든 현상은 숙명宿命으로 돌리고 간단히 체념 해 버린다.

그는 삶과 죽음에도 아무런 본질적인 차이가 없는 것이라 주장한다. 삶이 오는 것이라면 죽음은 가는 것, 자기 본래의 자리로 되돌아가는 것이라 보았다. 그는 사람의 정신과 육체 및 죽음에 대해 「하늘의 상 서로운 조짐」편에서 이렇게 말하고 있다.

정신이란 하늘의 몫이요, 육체란 땅의 몫인 것이다. 하늘에 속하 는 것은 맑고 흩어지는 것이며 땅에 속하는 것은 탁하고 모이게 되 는 것이다. 정신은 형체를 떠나서 각각 그의 참됨으로 돌아가게 된다.

그러므로 그것을 귀신[鬼]이라 부르는 것이다. 귀신이란 돌아간

다(歸, 鬼와 같은 음)는 뜻으로서 그의 참된 자리로 되돌아감을 뜻
것하는 것이다.

（精神者, 天之分, 骨骸者, 地之分. 屬天, 淸而散, 屬地, 濁而聚. 精
神離形, 各歸其眞.

故謂之鬼. 鬼, 歸也, 歸其眞宅.）

「황제의 깨달음」편에는 또 열자의 이상향에 대한 묘사가 보인다. 열
자의 이상향도 그의 사상을 잘 대변해 줄 것이기에 아래에 인용한다.

　　어느 날 낮잠을 자다가 꿈에 화서씨華胥氏의 나라를 여행하게 되
었다…… 그 나라에는 우두머리가 없고 저절로 되어 갈 따름이었
다. 그 백성들은 욕망이 없고 되는 대로 살아갈 따름이었다. 삶을
즐길 줄도 모르거니와 죽음을 싫어할 줄도 몰라서 일찍 죽는 사람
이 없었다. 자기를 더 위할 줄도 모르거니와 남을 멀리 대할 줄도
몰라서 사랑도 미움도 없었다. 거슬러 반역할 줄도 모르거니와 순
종할 줄도 모르고 이롭고 해로운 게 없었다. 전혀 아끼고 애석하게
여기는 것도 없거니와 전혀 두려워하고 꺼리는 것도 없었다. 물에
들어가도 빠져 죽지 않고 불에 들어가도 뜨거워하지 않으며, 찌르
고 매질해도 상하거나 아파하는 일이 없고 꼬집고 할퀴어도 쓰라리
고 쑤시는 것을 몰랐다. 공중을 날아다니기를 땅을 밟고 다니는 것
같이 하고 허공에 누워 잠자기를 침대 위에 누워 잠자는 듯이 했다.
구름과 안개도 그들의 눈이 보는 것을 가리지 못하고 벼락 치는 소
리도 그의 귀가 듣는 것을 어지럽히지 못했다. 아름다움과 흉함도
그들의 마음을 어지럽히지 않았다. 산과 골짜기도 그들의 걸음을
멈추게 하지 못했으니 정신으로 내왕하고 있었다.

（晝寢而夢，遊於華胥氏之國. ……

其國無帥長，自然而已. 其民無嗜欲，自然而已. 不知樂生, 不知惡死,
故無天殤. 不知親己, 不知疏物, 故無愛憎. 不知背逆, 不知向順, 故無利
害. 都無所愛惜, 都無所畏忌. 入水不溺, 入火不熱. 斫撻無傷痛, 指摘無
痟癢. 乘空如履實, 寢虛若處床. 雲霧不硋其視, 雷霆不亂其聽. 美惡不滑
其心, 山谷不躓其步, 神行而已.）

『장자』 어슬렁어슬렁 노님편에 "열자는 바람을 타고 다녔다"고 말하
고 있다. 『열자』에는 신선과 관계가 되는 기록이 많고 열자 자신이 신
선 같은 존재였다고 느껴지게 한다. 그리고 『열자』 「황제의 깨달음」편
은 뒤에 도가 사상이 신선 사상과 관계가 깊은 이른바 황로지학黃老之
學으로 발전하는 데 크게 공헌했을 것이다. 그리고 동한東漢으로부터
육조시대六朝時代에 이르는 시대에는 불로장생不老長生을 이야기하면
서 여러 가지 신비스런 신선술을 추구하는 도교가 발전하게 된다.

5. 『열자』의 양주楊朱

『열자』에는 양주의 말을 모아 놓은, 『열자』로부터 독립된 내용의
「양주는 어떤 사상가인가?」편이 들어 있다. 그리고 「양주는 어떤 사
상가인가?」편 이외에도 「황제의 깨달음」·「주목왕의 천하 유람」·「공
자는 정말 성인인가?」·「절대적인 운명」·「하늘의 도에 들어맞는 올
바른 말」 등 여러 편에 여기저기 "양주가 말했다〔楊朱曰〕" 또는 "양자
가 말했다〔楊子曰〕"로 시작되는 '양주의 말'이 보인다.

양주는 묵자墨子와 같은 시대에 산 것으로 보이는 노자 계열의 사상

가이다. 양주는 남을 위해서는 자기 몸의 터럭 한 개도 뽑지 않겠다는 철저한 위기주의자爲己主義者였기 때문에 남을 위해 책을 지어 놓았을 리가 없다. 주장은 다르지만 자기들이 떠받드는 스승이 같았음으로 열자가 그의 저서에 양주의 말을 많이 소개하고 또 일부러 「양주는 어떤 사상가인가?」라는 그의 사상을 논술한 한 편을 마련했는지도 모른다. 그러나 『열자』 이외에도 『장자』를 비롯하여 『한비자』·『순자』·『맹자』·『여씨춘추』 등 여러 곳에 양주의 말이 보인다. 양주의 사상의 요점은 사람이란 무엇보다도 '자기 자신을 존중하고 물건은 가벼이 여기고 삶을 소중히 해야 한다'는 것이다. 말하자면 사람들이 추구하는 것은 모두가 각자 개인의 이익을 바탕으로 하고 있는 것이며, 모든 개인이 올바로 자기의 이익과 욕망을 추구하여 만족스러운 생활을 할 수 있으면 이 세상도 자연히 평화로워질 거라는 것이다. 따라서 그는 구체적으로 사람들의 감각적인 욕망까지도 긍정한다. 사람이 아름다운 음식을 맛보지 못하고 아름다운 물건을 감상하지 못하고 아름다운 음악을 듣지 못한다면 아무런 삶의 보람도 없을 거라는 것이다. 따라서 사람은 자기의 욕망이나 감각의 요구를 추구하며 살아가야 한다는 것이다. 이것은 결과적으로 숙명론으로 귀착되어 되는 대로 자기의 욕망과 이익을 추구하며 걱정하지 않는다는 점에서 열자와 어느 정도 서로 통하게 된다.

이러한 극단적인 양주의 이기주의利己主義는 묵자의 겸애주의兼愛主義와 정반대라는 입장에 놓인다. 양주는 자기만을 위하며 되는 대로 살아가야 한다는 데 비해, 묵자는 온 세상 사람들이 다 같이 서로 돕고 서로 사랑하면서 부지런히 일하고 검소하게 생활할 것을 주장하는 것이다. 『맹자』를 보면 이런 비판을 하고 있다.

양주와 묵적墨翟의 이론이 온 천하에 가득 차 있어, 천하의 이론은 양주에게로 귀착되지 않으면 묵적에게로 귀착되고 있다. 양주는 나만을 위하는 것이니, 그러면 임금도 없게 되고, 묵적은 모든 사람이 똑같이 서로 사랑할 것을 주장하니, 그러면 아비도 없게 된다. 아비도 없고 임금도 없다면 바로 새나 짐승이 되는 것이다. (滕文公下)

맹자는 또 "양주는 나를 위해야 한다고 주장하면서, 터럭 하나를 뽑아 온 천하를 이롭게 하는 일이라 할지라도 하지 않았다"(盡心 上)고 맹렬한 비난을 하고 있다. 어떻든 맹자가 이처럼 강경한 발언을 할 정도로 묵자와 함께 양주의 사상은 당시에 큰 영향력을 가졌던 것 같다. 그러나 그의 사상은 더 이상 후세로 계승되지 못하고 거의 소멸되어 버렸다.

만약 『열자』에서 그처럼 양주의 사상을 소개하지 않았다면 지금 우리는 양주에 대해 간단한 몇 가지 사실 이외에는 알 길이 없을 것이다. 열자가 같은 스승을 받드는 동문의 의리에서 그의 이론을 자기 책에 소개했을 가능성이 가장 많고, 혹은 후세 사람들이 양주의 말을 『열자』 속에 끌어넣은 것일 수도 있다. 어떻든 『열자』는 열자의 사상뿐만이 아니라 양주의 사상을 연구하는 데 있어서도 가장 중요한 자료가 된다.

그러나 『열자』의 「양주는 어떤 사상가인가?」편을 보는 학자들의 생각은 모두가 다르다. 호적胡適 같은 학자는 『열자』의 「양주는 어떤 사상가인가?」편이 진짜 양주의 학설과 이론을 적은 것이라 주장했고 (『中國哲學史』), 양계초梁啓超를 비롯한 많은 학자들은 거기에 씌어져 있는 사실에 대해 여러 가지 서로 다른 의문을 제기했다. 양계초는 다음과 같이 주장했다.

> 「양주는 어떤 사상가인가?」편에서 이야기하고 있는 것은 모두가 진晉나라 시대 청담가淸談家들의 퇴폐 사상이다. 주周나라 시대부터 진秦나라에 이르는 사이의 제자백가는 어떤 유파를 막론하고 모두 적극적인 정신이 풍부하다. 절대로 이처럼 활기 없는 허무주의란 있을 수가 없는 것이다. (『古書眞僞及其年代』)

앞에서 이미 소개한 풍우란도 「양주는 어떤 사상가인가?」편에 보이는 거침없이 멋대로 행동하는 쾌락주의적인 인생관도 『열자』라는 책 자체가 위·진시대에 이루어진 것임을 증명하는 것이라 주장했다. (『中國哲學史』 제2편 제5장) 그러나 「양주는 어떤 사상가인가?」편의 내용이 양주의 사상과 전혀 관계가 없다는 것은 지나친 판단이라고 생각된다. 다만 「양주는 어떤 사상가인가?」편에는 양주의 사상을 대표하는 극단적인 이기주의적인 경향이 보이지 않는다. 「양주는 어떤 사상가인가?」편에서는 양계초의 표현처럼 퇴폐적인 쾌락주의가 두드러지게 강조되고 있다. 인생은 짧고 못난 사람이나 잘난 사람이나 사람이라면 모두 결국은 한 줌의 흙으로 변하고 만다. 그러니 사람이라면 살고 있는 동안 헛된 명예나 재물에 사로잡혀 고생하지 말고 가능한 대로 자기 욕망과 감정이 하고픈 대로 행동해야 한다는 것이다. 말하자면 짧은 동안이라 하더라도 최대한의 쾌락을 추구하는 것이 제일이라는 것이다. 살아서는 좋은 명성을 얻지 못할는지 모르지만 사람은 죽어 버리면 그뿐이라는 것이다.

이것은 일견 양주의 극단적인 이기주의와 상관없는 듯이 보일지도 모르지만, 사실은 이 쾌락주의도 그의 이기주의에 바탕을 두고 있는 것이다. 남이야 어떻게 되든 세상이야 잘 다스려지든 말든 자기의 쾌락만을 추구하자는 것은 결국 자기만을 위하고 자기 욕망과 감정만을 따라서 살겠다는 태도와 통하는 것이다.

한편 유가들이 주장하는 것 같은 어짊과 의로움을 바탕으로 한 인위적이고 형식적인 생활 방식으로부터 사람들을 해방시켜 인간 본래의 소박한 모습으로 되돌려 놓자는 것이 도가의 사상이라면, 양주도 궁극적으로는 도가의 그러한 입장으로부터 벗어나 있는 것은 아니다. 그는 현실의 근심과 괴로움을 버리고 자기의 감정과 욕망이 지향하는 대로 사는 것이 가장 자연스러운 생활이라 여겼던 것이다. 다시 말하면 인생의 쾌락을 추구하는 것이 인간 본연의 자연으로 돌아가는 것이라 여겼던 것이다. 다만 노자나 장자와 다른 점은 그가 관능적인 쾌락을 크게 평가하고 있다는 점일 것이다.

양주의 사상의 특징은 하늘이라든가 도 또는 어짊이나 의로움 같은 추상적인 개념을 떨쳐 버리고 사람의 욕망이라는 구체적인 사실을 바탕으로 인간을 해석한 데 있다. 그는 이러한 자기만을 위주로 하는 욕망의 추구를 통해 유가들이 주장하는 사회의 규율이나 예교를 반대하고 참된 인간의 모습을 추구하려 했던 것이다.

여하튼 『열자』에 「양주는 어떤 사상가인가?」편이 있고, 그가 양주를 상당히 높이 평가하고 있는 것도 도가를 대표하는 열자 사상의 특징의 일면을 잘 보여 주고 있는 것이다.

6. 『열자』의 주해서

지금 전하는 『열자』에 관한 중요한 주석서注釋書를 아래에 소개한다.

- 『열자』8권 : 진晋 장잠張湛 주注.
- 『열자석문列子釋文』: 당唐 은경순殷敬順 주석注釋. 뒤에는 흔히 장잠의 주와 합쳐 한 책으로 간행되었다.
- 『열자해列子解』: 당唐 노중원盧重元 주注.
- 『열자권재구의列子鬳齋口義』: 송宋 임희일林希逸 주注.
- 『열자해列子解』: 송宋 강휼江遹 주注.

이상이 가장 기본적인 중국 역대 『열자』 주해서이다.
참고로 중국의 도장본道藏本 속에 들어 있는 판본을 소개한다.

- 『충허지덕진경사해冲虛至德眞經四解』: 진 장잠 주, 당 노중원 해해, 송宋 범치허范致虛 해해, 송 고수원高守元 집集.
- 『열자충허지덕진경석문列子冲虛至德眞經釋文』: 당 은경순 찬撰, 송 진원경陳景元 보유補遺.
- 『충허지덕진경해冲虛至德眞經解』: 송 강휼 주.
- 『충허지덕진경의해冲虛至德眞經義解』: 송 휘종徽宗 찬.
- 『충허지덕진경권재구의冲虛至德眞經鬳齋口義』: 송 임희일 주.

이 밖에 우리나라의 주역註譯으로는 고故 김경탁金敬琢 교수의 『열자』(한국자유교양추진위원회, 1970)가 있다.

6. 맺는 말

『열자』는 도가서이면서도 앞에서 지적한 양주의 사상을 비롯하여 잡다한 이야기들이 들어 있다. 그래서 근래 학자들 중에는 『열자』의 내용이 잡다하다는 것과 그 책이 열자보다는 훨씬 후세 사람의 손에 의해 이루어졌을 가능성이 많다는 점에서 가벼이 보는 이가 많다. 그러나 우리는 오히려 『열자』의 잡다한 이야기를 통해 중국 옛사람들의 여러 방면에 걸친 생활의 특성과 사고방식을 알 수 있게 된다. 그리고 그것은 지금까지도 중국 사람들 내지는 동양 사람들의 핏속에 흐르고 있는 문화적인 특징을 이루고 있는 것이다. 다시 말하면 지금도 중국 사람들의 생활 속에는 어디엔가 『열자』에서 이야기하고 있는 것 같은 현실을 초월하는 모습이 깃들어 있는 것이다.

우리는 『열자』를 통해 좀 더 순수한 중국 문화의 밑바탕에 깔려 있는 중국적인 것을 직접 터득하게 되리라 기대한다. 우리가 그러한 중국적인 여유를 이해하고 중국인의 성격을 터득하고, 또 그 어려움을 극복하는 지혜를 이 책을 통해서 기른다면 어지럽고 각박한 세상을 올바로 살아나갈 수 있는 예지가 길러질 것으로 믿는다.

제1편

하늘의 상서로운 조짐

天瑞

이 세상에는 여러 가지 물건이 생겨나 자라기도 하고 달라지다가 없어지기도 한다. 이처럼 여러 가지로 변화하고 있는 것은 모두가 자연의 상서로운 조짐이라는 것이다.

따라서 이 편의 글을 읽어보면 세상 만물이 이루어지고 변화하는 데 대한 해설에서부터 시작하여 하늘과 땅이 이루어진 원리와 함께 하늘과 땅 및 성인(聖人)과 만물의 특성 등을 논하고 있다. 하늘과 땅 사이 여러 가지 물건이 이루어지고 변화하는 것이 한없이 이어지고 있는 것처럼 사람의 삶과 죽음도 한이 없는 순환 원리에 따라 계속되고 있다는 데서부터 인간론을 전개하고 있다.

열자는 사람들이 중히 여기는 사람이 살고 죽는 일은 물론 가난하고 부유한 것이나 세상에서의 명예와 자기의 이익 같은 것은 자연 속에서 무의미한 것이라 말하고 있다. 삶이란 길을 떠나는 것이라면 죽음은 집으로 돌아오는 거나 마찬가지라는 것이다. 모든 것이 궁극적으로는 아무것도 없는 '무'로 되돌아가게 마련이라는 것이다. 따라서 사람들은 텅 비고 고요함[虛靜]의 소중함을 알고 착함[善]의 극치를 추구해야 한다는 것이다.

이미 이 첫 편에서 우리는 도가로서의 열자 사상의 요점을 파악할 수 있게 된다.

1. 텅 빈 오묘한 암컷인 '도'

열자列子는 정鄭나라 포圃 땅에 40년 동안 살았는데 아무도 알아보는 사람이 없었다. 나라 임금이나 경대부卿大夫들도 그를 보고 일반 백성들이나 같게 여겼다.

나라에 흉년이 들어 열자는 집을 떠나 위衛나라로 가려 했다. 그 때 제자들이 말했다. "선생님께서 떠나가시면 돌아오실 기약도 없습니다. 제자로서 감히 여쭙고자 하는 것은 선생님께선 무엇을 저희들에게 가르치려 하시는가 하는 것입니다. 선생님께서는 호구자림壺丘子林의 말씀을 들으시지 못하셨습니까?"

열자가 웃으면서 대답했다. "호자壺子께서 무엇을 말씀하셨겠는가? 그렇지만 선생님께서 전에 백혼무인伯昏瞀人에게 말씀하시는 것을 내가 곁에서 들은 적이 있으니 그것을 자네들에게 말해 보겠네.

그 분은 말씀하시기를 '생장하는 것〔生〕과 생장하지 않는 것〔不生〕이 있고 변화하는 것〔化〕과 변화하지 않는 것〔不化〕이 있다. 생장하지 않는 것은 생장하는 것을 잘 생장하게 해주며, 변화하지 않는 것은 변화하는 것을 잘 변화하게 해준다. 생장하는 것은 생장하지 않을 수가 없는 것이며, 변화하는 것은 변화하지 않을 수가 없는 것이다. 그러므로 언제나 생장하고 언제나 변화한다. 언제나 생장하고 언제나 변화하는 것은, 생장하지 않는 때가 없고 변화하지 않는 때가 없는 것이다. 음陰과 양陽이 그러하고, 사철이 그러하다. 생장하지 않는 것은 독특한 것이요 변화하지 않는 것은 갔다가는 되돌아오는 것이어서, 그 저쪽은 끝이 있을 수가 없고 독특한 그 '도'는 다 추궁할 수가 없는 것이다'라고 했다.

『황제서黃帝書』에 씌어 있기를 텅 빈 골짜기의 신〔谷神〕은 죽지 않으며, 그것을 오묘한 암컷〔玄牝〕이라 한다. 오묘한 암컷의 문을 하늘과 땅의 근원이라 말한다. 끊임없이 언제나 존재하는 것 같으며, 언제나 작용을 하고 있는데도 지치지를 않는다'라고 했다.

그러므로 만물을 생존케 하는 것은 생존하지 않고, 만물을 변화하게 하는 것은 변화하지 않는 것이다. 저절로 생존하고 저절로 변화하여 저절로 형체를 이루게 되고 저절로 빛깔을 지니게 되며, 저절로 알게 되고 저절로 힘을 발휘하며 저절로 없어지고 저절로 멈추게 된다. 이것을 생존케 하고 변화하게 하고 형체를 이루게 하고 빛깔을 지니게 하고 힘을 발휘하게 하고 없어지게 하고 멈추게 하는 것이라 말하는 것은 잘못이네."

| 원문 |

子列子[1]居鄭圃[2]四十年, 人無識者. 國君卿大夫, 眎[3]之猶衆庶也.

國不足,[4] 將嫁[5]於衛. 弟子曰; 先生往, 無反期, 弟子敢有所謁,[6] 先生將何以教? 先生不聞壺丘子林[7]之言乎?

子列子笑曰; 壺子何言哉? 雖然, 夫子嘗語伯昏瞀人,[8] 吾側聞之, 試

---

1 子列子(자열자) : 위의 자(子)는 남자들에 대한 존칭으로 제자가 스승을 높이기 위해 붙인 것이다. 특히 『묵자(墨子)』에 그 용례가 많이 보인다.

2 圃(포) : 포전(圃田), 채소밭이나 과수원이 있는 시골. 정(鄭)나라에 있던 땅 이름이라고도 한다.

3 眎(시) : 시(視)와 같은 옛날 글자로서, '보는 것'.

4 不足(부족) : 흉년이 들어 나라 안의 양식이 결핍되었음을 뜻한다.

5 嫁(가) : 시집간다는 것이 본뜻이나, 여기서는 '집을 나와 딴 곳으로 옮겨가는 것'.(張湛注)

6 謁(알) : 아뢰다. 요청하다.

7 壺丘子林(호구자림) : 열자의 스승, 뒤에 열자는 호자(壺子)라 부르고 있다.

8 伯昏瞀人(백혼무인) : 열자의 친구 중의 한 사람.

以告女.

其言曰; 有生不生,**⁹** 有化不化. 不生者能生生, 不化者能化化. 生者
不能不生, 化者不能不化. 故常生常化. 常生常化者, 無時不生, 無時不
化. 陰陽爾,**¹⁰** 四時爾. 不生者疑獨,**¹¹** 不化者往復,**¹²** 其際**¹³**不可終, 疑
獨其道不可窮.

黃帝書**¹⁴**曰; 谷神**¹⁵**不死, 是謂玄牝. 玄牝**¹⁶**之門, 是謂天地之根. 綿綿
若存, 用之不勤.

故生物者不生, 化物者不化. 自生自化, 自形自色, 自智自力, 自消自
息. 謂之生化形色智力消息者, 非也.

| 해설 |

이 첫대목에서는 열자가 자기의 스승 호자의 말을 빌려 우주의 본체가
되는 도의 오묘한 원리를 설명하고 있다. 우주의 본체인 도는 절대적이고
영원히 없어지지 않는 것이다. 만물을 생장케 하고 변화시키는 근원이 되

---

9 有生不生(유생불생) : 생장하는 것과 생장하지 않는 것이 있다. '생장하고 있는 것은 생
　장 하게 하지 못한다'로 번역하는 이도 있으나 잘못인 듯하다. 아래 유화불화(有化不化)
　도 같다.

10 爾(이) : 연(然)과 통하여 '그러하다'는 뜻.

11 疑獨(의독) : 응독(凝獨)으로 읽어 '독특한 것', 곧 만물을 생성케 하는 근본적인 도의
　'절대적임'을 형용한 말.

12 往復(왕복) : 갔다가 되돌아오는 것, 곧 순환이 무궁한 것을 형용한 말임.

13 際(제) : 끝. 가.

14 黃帝書(황제서) : 옛날의 책 이름. 지금은 전하지 않으며 여기에 인용된 구절은 지금의
　『노자(老子)』 제6장에 들어 있으니 참조하기 바란다.

15 谷神(곡신) : 골짜기[谷]는 텅 빈 것을 뜻하여, '곡신'이란 '공허의 신' 곧 '도'를 가리킨
　다.

16 玄牝(현빈) : '현'은 현묘한 것, 오묘한 것, 다함이 없는 것, '빈'은 암컷, 여기서는 만물
　을 생성케 하는 것을 뜻한다. 따라서 '현빈'은 오묘한 만물을 생성케 하는 도를 가리킴.

지만 도 자체는 생장하지도 변화하지도 않고 저절로 그러하고 저절로 그렇게 되도록 하고 있는 것이다. 따라서 도는 텅 비어 있어서 '골짜기의 신'이라 할 수 있으며, 만물을 낳는 오묘한 암컷이라고도 할 수 있는 것이라 한다. 열자는 기약 없는 이별을 앞두고 이처럼 오묘한 도를 가지고 여러 제자를 가르쳤다.

또 첫머리에서 열자는 정나라 시골에 묻혀 살았는데 아무도 그의 높은 식견을 알아보지 못했다는 것은 도로써 제자들을 강의하는 열자의 성격을 잘 드러내 주고 있다. 여기에서 이미 우리는 세속으로부터 초연히 우주의 원리와 대결하는 열자의 본질과 학문의 성격을 느끼게 된다.

2. 형체를 지닌 것은 형체가 없는 것으로부터 생겨났다

열자가 말했다. "옛날 성인들은 음陰과 양陽을 근거로 해 하늘과 땅을 다스렸다. 모든 형체를 지닌 것은 형체가 없는 것으로부터 생겨났는데 그렇다면 하늘과 땅은 어디로부터 생겨난 것일까? 그것은 이렇게 설명할 수 있다. 태역太易이 있고, 태초太初가 있고, 태시太始가 있고, 태소太素가 있기 때문이다.

'태역'이란 것은 기운[氣]도 나타나지 않은 상태이다. '태초'란 것은 기운이 나타나기 시작한 상태이다. '태시'란 것은 형체가 이루어지기 시작한 상태이다. '태소'란 것은 성질[質]이 갖추어지기 시작한 상태이다. 기운과 형체와 성질이 갖추어졌으되 서로 분리되지는 않았으므로 그것을 혼돈 상태[渾淪]라 말한다.

혼돈 상태란 만물이 서로 혼돈을 이루어 서로 분리되지 않은 상태이다. 그것은 보려 해도 보이지 않고 들으려 해도 들리지 않으며 잡으려 해도 잡히지 않는다. 그러므로 그것을 역易이라 말하는 것이다.

'역'에는 형체와 한계가 없다. '역'이 변하여 일—이 되고, '일'이 변하여 칠七이 되며, '칠'이 변하여 구九가 된다. '구'로 변화한 것은 끝머리에 이른 것이어서, 곧 다시 변하여 '일'이 된다. '일'은 형체 변화의 시작인 것이다. 맑고 가벼운 것은 올라가 하늘이 되고, 탁하고 무거운 것은 내려와서 땅이 되고, 중간의 조화를 이룬 기운은 사람이 된 것이다. 그러므로 하늘과 땅은 정기를 품고 있고, 만물은 변화하고 생겨나고 있는 것이다."

| 원문 |

子列子曰; 昔者聖人, 因陰陽[1]以統天地. 夫有形者, 生於無形, 則天地安從生? 故曰; 有太易,[2] 有太初,[3] 有太始,[4] 有太素.

太易者, 未見氣也. 太初者, 氣之始也. 太始者, 形之始也. 太素者, 質[5]之始也. 氣形質具而未相離, 故曰渾淪.[6]

渾淪者, 言萬物相渾淪而未相離也. 視之不見, 聽之不聞, 循[7]之不得, 故曰易也.

---

1 因陰陽(인음양) : 음과 양을 근거로 하다.

2 太易(태역) : 『주역(周易)』의 태극(太極)이나 『노자』의 태허(太虛)와 같다. 모든 것의 근원, '도'의 근원이 되는 것.

3 太初(태초) : 아직 아무런 형체도 없이 기운만이 있는 상태.

4 太始(태시) : 아직 여러 가지 만물의 성질은 없고 다만 형체만을 이루기 시작한 상태. '태시'가 지극한 시작을 뜻하는 것처럼, 태소(太素)는 지극히 소박한 상태, 물건의 성질이 막 이루어지기 시작하는 때를 뜻함.

5 質(질) : 만물 특유의 성질, 특성.

6 渾淪(혼륜) : 혼돈(渾沌)과 같은 말로 혼연(渾然)히 하나로 뒤섞이고 융합(融合)되어 있는 모양.

7 循(순) : 손으로 더듬어 찾는 것.

42

易無形埒,[8] 易變而爲一,[9] 一變而爲七, 七變而爲九. 九變者, 究也, 乃復變而爲一. 一者, 形變之始也. 淸輕者上爲天, 濁重者下爲地, 冲和[10] 氣者爲人. 故天地含精, 萬物化生.

| 해설 |

여기서는 주로 하늘과 땅이 이루어진 원리를 논하고 있다. 아무것도 없던 '태역'에서부터 기운〔氣〕이 먼저 생기고, 다시 그 기운이 엉겨 형체가 이루어지고, 다시 그 형체에 따라 여러 가지 서로 다른 성질을 지니게 되었다는 것이다. 숫자에 의한 원리의 설명은 이해하기에 모호한 점도 없지 않으나 태초의 혼돈 상태로부터 천지 만물의 창조를 논하는 태도가 퍽 논리적이다.

3. 세상에는 완전한 것이란 없다

열자가 말했다. "하늘과 땅은 완전한 해놓은 일이 없고, 성인은 완전한 능력이 없고, 만물은 완전한 쓰임이 없다.

그러므로 하늘의 직능은 만물을 생겨나게 하고 덮어 보호해 주는

---

8 形埒(형날) : 형(形)은 형체. 날(埒)은 본시 '집의 담장' 또는 '창고의 담'의 뜻이나 여기서는 '한계'를 의미한다.

9 一(일) : 칠(七) · 구(九)와 함께 양기(陽氣)의 발현을 역리(易理)에 의해 설명한 것이다. 어떤 학자들은 일(一)은 태초(太初) 곧 기운의 시작을 뜻하며 칠(七)은 음양(陰陽)과 오행(五行)을 뜻하고, 구(九)는 양(陽)의 수로서 수의 극점을 뜻한다고 설명하기도 한다.

10 冲和(충화) : '충'은 중(中)과 통하여 '중간의 조화를 이룬 것'의 뜻. 『노자』에 보이는 충기(冲氣)와 화기(和氣)로 풀이하는 이도 있다.

것이고, 땅의 직능은 만물이 형체를 지니게 하며, 그것들을 위에 존속하게 해주는 것이고, 성인의 직책은 사람들을 가르쳐 올바로 이끌어 주는 것이고, 만물의 직책은 적성適性에 따라 알맞게 쓰이는 것이다. 그래서 하늘에도 부족한 것이 있고, 땅에도 뛰어난 것이 있으며, 성인에게도 뜻대로 잘 되지 않는 것이 있고, 만물에도 잘 통하는 것이 있다. 왜냐하면 만물을 생겨나게 하고 덮어 보호해 주는 자는 형체를 지니게 하고 그것들을 위에 존속하게 해줄 수는 없는 것이며, 형체를 지니게 하고 그것들을 위에 존속하게 해주는 자는 사람들을 가르쳐 올바로 이끌어 줄 수는 없는 것이며, 사람들을 가르쳐 올바로 이끌어 주는 자는 적성에 따라 알맞게 쓰일 수는 없는 것이고, 적성에 따라 알맞게 쓰이도록 정해진 것은 그것의 자리로부터 벗어날 수가 없기 때문이다.

그러므로 하늘과 땅의 도는 음陰이 아니면 양陽이며, 성인의 가르침은 어짊이 아니면 의로움이고, 만물의 적성은 부드러움이 아니면 억셈이다. 이것은 모두 그의 적성에 따라서 그의 자리로부터 벗어날 수 없는 것들이다.

그러므로 생겨나는 것이 있고, 생겨난 것을 자라게 하는 것이 있다. 형체를 지니게 하는 것이 있고, 형체를 지닌 것을 형체를 따라 쓰이도록 하는 것이 있다. 소리를 나게 하는 것이 있고, 소리 나는 것을 여러 가지 소리가 되게 하는 것이 있다. 색깔을 지니게 하는 것이 있고, 색깔을 지닌 것을 여러 가지 색깔로 어울리게 하는 것이 있다. 맛이 나게 하는 것이 있고, 맛이 나는 것을 여러 가지 맛으로 조화시키는 것이 있다.

생겨나서 자라난 것은 죽게 되지만, 생겨나서 자라게 하는 것은 전혀 끝난 것이 아니다. 형체를 지닌 것을 형체를 따라 쓰이게 한 것은 실지로 있는 것이지만, 형체를 지닌 것을 형체를 따라 쓰이게 하는 것은 전혀 존재하는 것이 아니다. 소리 나는 것을 여러 가지 소리가 되게 한 것은 귀에 들리지만, 소리 나는 것을 여러 가지 소리가 되게 하는 것은 전혀 소리를 내는 것이 아니다. 색깔을 지닌 것을 여러 가지 색깔로 어울리게 한 것은 밝게 드러나게 되지만, 색깔을 지닌 것을 여러 가지 색깔로 어울리게 하는 것은 전혀 드러나는 것이 아니다. 맛이 나는 것을 여러 가지 맛으로 조화시킨 것은 맛볼 수 있지만, 맛이 나는 것을 여러 가지 맛으로 조화시키는 것은 전혀 드러나는 것이 아니다. 이것은 모두 일부러 하는 일이 없는 도의 직능인 것이다.

음이 되게 할 수도 있고 양이 되게 할 수도 있다. 부드럽게 할 수도 있고 억세게 할 수도 있다. 짧게 할 수도 있고 길게 할 수도 있다. 둥글게 할 수도 있고 모나게 할 수도 있다. 살게 할 수도 있고 죽게 할 수도 있다. 덥게 할 수도 있고 서늘하게 할 수도 있다. 떠오르게 할 수도 있고 가라앉게 할 수도 있다. 궁宮 소리가 나게 할 수도 있고 상商 소리가 나게 할 수도 있다. 나오게 할 수도 있고 들어가게 할 수도 있다. 검게 할 수도 있고 누렇게 할 수도 있다. 달게 할 수도 있고 쓰게 할 수도 있다. 노린내가 나게 할 수도 있고 향기가 나게 할 수도 있다. 아는 것도 없고 능력도 없지만, 알지 못하는 것도 없고 할 수 없는 것도 없는 것이다."

| 원문 |

子列子曰; 天地無全功, 聖人無全能, 萬物無全用.

故天職[1]生覆,[2] 地職形載,[3] 聖職教化, 物職所宜.[4] 然則天有所短, 地有所長, 聖有所否,[5] 物有所通. 何則, 生覆者不能形載, 形載者不能教化, 教化者不能違所宜, 宜定者不出所位.

故天地之道, 非陰則陽, 聖人之敎, 非仁則義, 萬物之宜, 非柔則剛. 此皆隨所宜, 而不能出所位者也.

故有生者,**6** 有生生者.**7** 有形者, 有形形者. 有聲者, 有聲聲者. 有色者, 有色色者. 有味者, 有味味者.

生之所生者死矣, 而生生者未嘗終. 形之所形者實**8**矣, 而形形者未嘗有. 聲之所聲者聞矣, 而聲聲者未嘗發. 色之所色者彰**9**矣, 而色色者未嘗顯. 味之所味者嘗矣, 而味味者未嘗呈.**10** 皆無爲**11**之職也.

能陰能陽, 能柔能剛, 能短能長, 能圓能方, 能生能死, 能暑能涼, 能浮能沈, 能宮**12**能商, 能出能沒, 能玄能黃, 能甘能苦, 能羶**13**能香. 無知也, 無能也, 而無不知也, 而無不能也.

---

1 職(직) : 직능. 직책.

2 生覆(생복) : 하늘이 만물을 '생겨나게 하고 또 위를 덮어 보호해 주는 것'.

3 形載(형재) : 땅이 만물의 형체를 이루게 하고, 또 그것들을 위에 올려놓아 존속하게 해주는 것.

4 宜(의) : 적성에 따라 알맞게 쓰이는 것.

5 否(비) : 비색(否塞)한 것. 뜻대로 안되고 막히는 것.

6 生者(생자) : 생겨나는 것. 뒤의 유형자(有形者)·유성자(有聲者)·유색자(有色者)·유미자(有味者)와 함께 만물과 그 모양을 가리킨다.

7 生生者(생생자) : 생겨난 것을 자라나게 하는 것. 형형자(形形者)·성성자(聲聲者)·색색자(色色者)·미미자(味味者)와 함께 도(道)의 작용을 가리킨다.

8 實(실) : 뒤의 유(有)의 반대로 '실존(實存)'.

9 彰(창) : 밝게 드러나는 것.

10 呈(정) : 맛이 드러나는 것.

11 無爲(무위) : 작위(作爲)가 없는 것. 일부러 하지 않는 것.

12 宮(궁) : 상(商)과 함께 옛날 중국 음악의 오음(五音) 중의 하나. 오음은 궁(宮)·상(商)·각(角)·치(徵)·우(羽)의 다섯 가지 음임.

13 羶(전) : 노린내가 나는 것.

하늘과 땅과 성인과 만물은 당초부터 모두가 완전한 기능을 갖춘 것은 아니다. 모두가 제각기 서로 다른 위치와 특성과 직능을 지니고서 도에 의해 서로 다른 일을 하도록 오묘하게 조화되고 있다. 따라서 우리가 알고 있고 보고 있는 이 세상의 실체는 모두가 진실한 것이 아니다. 우리가 알고 있는 물건이며 듣고 있는 소리며 보고 있는 색깔이며 먹는 맛 같은 것들 모두가 진실한 것이 아니다. 우리는 어떤 일도 올바로 알지 못하고 어떤 일도 제대로 할 수 없는 존재이다. 우리가 무엇을 알고 무슨 일을 하려고 애쓸수록 우리는 진실로부터 멀어진다. 일부러 어떤 일을 하려고 하지도 말고 일부러 어떤 일을 알려고 애쓰지 말고 오직 자연스럽게 돌아가도록 '도'의 작용에 맡겨 두어야 한다.

도는 절대적인 것이지만 우리에게 인지되는 것은 아니다. 도는 텅 비고 아무것도 없는 것이어서 아무런 형체나 소리도 없고, 시작도 끝도 없는 것이다. 그리고 도는 우리가 알 수 있는 어떠한 일을 하고 있지도 않다. 드러나게 일부러 하는 일이 없으면서도 그 작용은 어디에나 미치고 무궁한 것이다. 열자는 이처럼 천지 만물의 특성을 파악한 후에 여기에 군림하는 절대적인 섭리로써 도를 내세우고 있는 것이다.

4. 이 세상의 변화는 모두 '무'로 돌아간다

열자가 위衛나라로 가다가 길가에서 밥을 먹고 있었다. 길옆에 백년 묵은 사람의 해골이 있는 것을 보고서 쑥대를 뽑아 그것을 가리키면서 제자인 백풍百豊을 돌아보며 말했다. "오직 나와 이 사람만이 아는 것이지만 모두가 살아 있던 일도 없고 죽었던 일도 없는 것이다.

이것은 지나친 걱정거리인가, 아니면 지나치게 기뻐할 일인가?

　생물이 생겨나 변화하는 종류는 몇 가지나 있는가? 개구리가 메추리가 되는 것처럼 많다. 물질이 물이 있는 곳에 가면 먼지처럼 뜨지만, 물기 있는 흙에 붙게 되면 푸른 이끼가 되며, 언덕 위에 나게 되면 곧 능석陵舄이란 풀이 되고, 능석이 걸찬 흙을 만나면 곧 오족烏足이란 풀이 되는데, 오족의 뿌리는 굼벵이가 되고, 그 잎은 나비가 된다.

　나비는 모두가 변화하여 벌레가 되는데, 아궁이 아래 그것이 생겨나면 그 모양이 껍질을 벗어놓은 것 같은 벌레가 되며, 그 이름을 구철鴝掇이라 부른다. 구철은 천 일이 지나면 변화하여 새가 되는데, 그 이름을 건여골乾餘骨이라 부른다. 건여골의 춤은 사미斯彌라는 벌레가 된다. 사미는 식혜의 초파리가 된다. 식혜의 초파리는 식혜의 잔 벌레에서 생겨난다. 식혜의 잔 벌레는 구유九猷로부터 생겨나고, 구유는 무예瞀芮로부터 생겨나며, 무예는 노린재로부터 생겨난다.

　양의 간은 변화하여 진흙이 되고, 말의 피는 굴러다니는 인불〔燐火〕이 되며, 사람의 피는 도깨비불이 된다.

　매는 새매로 변하고, 새매는 뻐꾹새로 변하며, 뻐꾹새는 오랜 뒤에 다시 매로 변한다. 제비는 조개로 변하고, 들쥐는 메추라기로 변한다. 썩은 외는 물고기로 변하고, 오래 묵은 부추는 비름으로 변한다. 늙은 암양은 원숭이로 변하고, 물고기 알은 벌레로 변한다.

　선원산亶爰山의 짐승은 스스로 새끼를 배고 낳는데, 그 이름을 유類라고 부른다. 하택河澤의 새는 쳐다보기만 해도 새끼를 낳는데, 그 이름을 역鶂이라 부른다. 순수한 암놈이 있는데 그 이름을 대요大腰라 하며, 순수한 수놈이 있는데 그 이름을 치봉穉蜂이라 부른다.

　사思나라의 남자들은 처 없이도 정을 통하며, 사나라 여자들은 남편이 없이도 아이를 밴다. 후직后稷은 큰 발자국에서 나왔고, 이윤伊尹은 뽕밭[空桑]에서 나왔다.

반딧불은 습한 데서 생겨나고, 술파리는 술에서 생겨난다. 양해羊奚풀은 죽순이 돋지 않는 늙은 대나무와 어울려 청녕青寧 벌레를 낳는다. 청녕 벌레는 정程이란 짐승을 낳고, 정은 말을 낳으며, 말은 사람을 낳고, 사람들은 오랜 뒤에는 기틀 속으로 들어간다. 만물이란 모두 기틀에서 나와서 모두가 기틀로 들어가는 것이다.”

| 원문 |

子列子適衛, 食於道. 從者**1**見百歲髑髏.**2** 攓**3**蓬**4**而指, 顧謂弟子百豐**5**曰; 唯予與彼**6**知, 而未嘗生, 未嘗死也. 此過養**7**乎, 此過歡乎?

種**8**有幾? 若䵷**9**爲鶉.**10** 得水爲䌓,**11** 得水土之際, 則爲䵷蠙之衣,**12** 生於陵屯,**13** 則爲陵舄.**14** 陵舄得鬱栖,**15** 則爲烏足,**16** 烏足之根爲蠐螬,**17**

---

1 從者(종자) : 길 옆.
2 髑髏(촉루) : 해골. 마른 사람의 뼈.
3 攓(건) : 뽑다.
4 蓬(봉) : 쑥대.
5 百豐(백풍) : 열자의 제자 이름.
6 彼(피) : 사람의 해골을 가리킨다.
7 養(양) : 양(恙)과 통하여 뒤의 ‘환(歡)’과 반대되는 ‘걱정’의 뜻.(俞樾) 보통은 ‘생양(生養)’의 뜻으로 풀이한다.
8 種(종) : 여러 가지로 생겨나 변화하는 종류.
9 䵷(와) : 개구리. 와(蛙)의 옛 글자.
10 鶉(순) : 메추라기. 새 이름. 개구리가 변하여 메추라기가 된다는 말은 『묵자(墨子)』에도 보인다.
11 䌓(계) : 물 안에 떠 있는 잔 먼지 같은 것.
12 䵷蠙之衣(와빈지의) : ‘개구리와 조개의 옷’, 곧 ‘푸른 이끼’를 뜻한다.
13 陵屯(능둔) : 언덕.
14 陵舄(능석) : 잔풀 이름.

其葉爲胡蝶.

胡蝶[18]胥[19]也, 化而爲蟲, 生竈[20]下, 其狀若脫,[21] 其名曰鴝掇.[22] 鴝掇千日, 化而爲鳥, 其名曰乾餘骨. 乾余骨之沫[23]爲斯彌.[24] 斯彌爲食醯[25]頤輅.[26] 食醯頤輅生乎食醯黃軦.[27] 食醯黃軦生乎九猷.[28] 九猷生乎瞀芮.[29] 瞀芮生乎腐蠸.[30]

羊肝化爲地皐,[31] 馬血之爲轉鄰[32]也, 人血之爲野火[33]也.

鷂[34]之爲鸇,[35] 鸇之爲布穀,[36] 布穀久復爲鷂也. 燕之爲蛤[37]也, 田鼠之爲鶉也, 朽瓜[38]之爲魚也, 老韭[39]之爲莧[40]也. 老羭[41]之爲猨[42]也, 魚卵之

---

15 鬱栖(울서) : 썩은 거름이 많은 흙.

16 烏足(오족) : 풀 이름.

17 蠐螬(제조) : 굼벵이.

18 胡蝶(호접) : 나비.

19 胥(서) : 모두. 다.

20 竈(조) : 부엌 아궁이.

21 脫(탈) : 벌레나 뱀이 껍질을 벗는 것.

22 鴝掇(구철) : 벌레 이름.

23 沫(말) : 춤.

24 斯彌(사미) : 벌레 이름.

25 食醯(식혜) : 먹는 식혜.

26 頤輅(이로) : 초파리 종류의 벌레 이름.

27 黃軦(황황) : 초파리나 하루살이 종류의 잔 벌레 이름.

28 九猷(구유) : 벌레 이름.

29 瞀芮(무예) : 벌레 이름.

30 腐蠸(부권) : 외 같은 것을 파먹고 사는 노린재[黃甲蟲].

31 地皐(지고) : 진흙. 새 이름이라 주장하는 학자도 있다.

32 轉鄰(전린) : 굴러다니는 인불.

33 野火(야화) : 도깨비불.

34 鷂(요) : 새매의 일종.

35 鸇(전) : 새매.

36 布穀(포곡) : 뻐꾸기.

37 蛤(합) : 조개.

38 朽瓜(후과) : 썩은 외.

爲蟲.

亶爰[43]之獸, 自孕[44]而生, 曰類.[45] 河澤之鳥, 視而生, 曰鶂.[46] 純雌[47]其名大蟹,[48] 純雄其名稺蜂.[49]

思士[50]不妻而感, 思女不夫而孕. 后稷[51]生乎巨跡, 伊尹[52]生乎空桑.[53] 厥昭[54]生乎溼,[55] 醯鷄[56]生乎酒. 羊奚[57]比[58]乎不筍久竹,[59] 生青寧,[60] 青寧生程,[61] 程生馬, 馬生人, 人久入於機.[62] 萬物皆出於機, 皆入於機.

---

39 韭(구) : 부추.

40 莧(현) : 비름.

41 羭(유) : 검은 암양.

42 猨(원) : 원숭이.

43 亶爰(선원) : 『산해경(山海經)』에 보이는 산 이름.

44 孕(잉) : 새끼 배는 것.

45 類(유) : 『산해경』에 의하면 그 모양은 살쾡이 같고 머리[髮]가 달린 짐승이라 한다.

46 鶂(역) : 새 이름. 『장자(莊子)』엔 '백역(白鶂)'이 보인다.

47 純雌(순자) : 순수한 암놈. 수놈 없이도 암놈 행세를 할 수 있는 짐승. 순웅(純雄)은 그 반대.

48 大蟹(대요) : 자라 종류의 동물 이름.

49 稺蜂(치봉) : 벌레 이름. 벌의 일종.

50 思士(사사) : 사(思)나라의 남자. 『산해경』에는 '사유(思幽)'의 나라'로 되어 있다.

51 后稷(후직) : 주(周)나라의 시조. 요(堯)임금 시대 그의 어머니 강원(姜嫄)이 거인의 발자국을 밟은 다음 임신이 되어 후직을 낳았다는 전설이 있다.

52 伊尹(이윤) : 상(商)나라 탕(湯)임금 때의 재상. 이윤의 어머니는 이수(伊水)가에 살고 있었는데, 이윤을 밴 다음 뽕나무 밭이 되었다. 어느 여인이 뒤에 뽕을 따러 갔다가 뽕나무 밭에서 이윤을 발견하고 데려다가 임금에게 바쳤다 한다.

53 空桑(공상) : '뽕나무 밭'. 공상(空桑)은 뽕나무 이름이라고도 하나 뒤에는 땅 이름으로 변했다.

54 厥昭(궐소) : 벌레 이름. 반딧불이라고도 한다.

55 溼(습) : 습기. 습한 곳.

56 醯鷄(혜계) : 술이 익을 때 생기는 술파리.

57 羊奚(양해) : 풀 이름.

58 比(비) : 친하게 어울림.

59 不筍久竹(불순구죽) : 늙어서 죽순이 나지 않는 오래된 대나무.

60 青寧(청녕) : 벌레 이름.

61 程(정) : 짐승 이름.

여기서는 만물이 생겨나고 없어지거나 태어나고 죽는 일이 끝없이 이루어지고 있음을 역설하고 있다. 열자가 생물의 변화에 착안하여 그것을 자기의 논거論據로 삼은 것은 좋지만 다만 그 변화의 파악이 과학적인 안목으로 볼 때 철저하지 못하다는 점이 큰 유감이다. 그러나 만물이 무無로 돌아간다는 변화의 극치를 주장하는 열자의 입장만은 충분히 이해할 수 있으리라 믿는다.

5. 사람의 정신과 육체 및 출생에서 죽음에 이르기까지

『황제서黃帝書』에 다음과 같이 기록되어 있다. "형체〔形〕는 움직여 형체를 낳지 못하고 그림자만을 낳는다. 소리는 움직여 소리를 낳지 못하고 울림만을 낳는다. 무無는 움직여 무無를 낳지 아니하고 유有를 낳는다.

형체란 반드시 끝장이 있는 것이다. 하늘과 땅도 끝장이 있는가? 나와 같이 모두 끝장이 있다. 끝장은 다함이 있는 것인가? 알 수가 없다. 도는 끝장이 있는가? 본시 시작도 없었다. 다함이 있는가? 본시 오래 가는 것도 아니다.

삶이 있는 것은 곧 삶이 없는 것으로 되돌아간다. 형체가 있는 것은 곧 형체가 없는 것으로 되돌아간다. 삶이 없는 것은 본시부터 삶이 없

---

62 機(기) : 틀. 기틀. 삶이나 죽음도 자연스러운 것이며, 변화도 자연스러운 것이다. 따라서 만물이 생겨나고 이루어지는 것은 틀이나 기틀에 의해 만들어져 나오고, 만물이 죽거나 없어지는 것은 다시 틀이나 기틀 속으로 들어가 버리는 거나 같다는 것이다.

던 것은 아니다. 형체가 없는 것도 본시부터 형체가 없던 것은 아니다. 삶이 있는 것은 이치에 따르면 반드시 끝장이 있는 것이다. 끝장이 있는 것이 끝장이 없을 수가 없는 것은 또한 삶이 있는 것이 살아가지 않을 수가 없는 거나 같은 것이다. 그런데도 그의 삶을 영원히 하려하고 그의 끝장을 없이 하려하는 것은 원리를 모르고 있는 것이다.

정신精神이란 하늘의 몫이요, 육체란 땅의 몫인 것이다. 하늘에 속하는 것은 맑고 흩어지는 것이며 땅에 속하는 것은 탁하고 모이게 되는 것이다. 정신은 형체를 떠나서 각각 그의 참됨으로 돌아가게 된다. 그러므로 그것을 귀신〔鬼〕이라 부르는 것이다. 귀신이란 돌아간다〔歸, 鬼와 같은 음〕는 뜻으로서 그의 참된 위치로 돌아감을 뜻하는 것이다."

황제께서 말씀하셨다. "정신은 그의 문으로 들어가고 육체는 그의 근본으로 되돌아가는 것이다. 그러니 나의 무엇이 존재하고 있는 것인가?"

사람이란 나면서부터 죽을 때까지 큰 변화 네 시기가 있다. 그것은 갓난아기 때와 젊은 때와 늙은 때와 죽을 때이다.

갓난아기 때에는 기운이 한결 같고 뜻이 하나가 되어 있어서 지극히 조화를 이루고 있으므로 밖의 것들이 그를 손상치 못하고 덕德도 이보다 더할 수가 없다.

젊은 때에는 곧 혈기가 왕성히 넘치고 욕망과 의욕이 가득히 일어나서 밖의 물건이 그에게 공격을 가하게 되고 덕은 그 때문에 쇠퇴하게 마련이다.

늙은 때에는 곧 욕망과 의욕이 부드러워지고 육체의 활동이 그치려 하므로 밖의 물건과 다투지 않게 된다. 비록 갓난아기처럼 완전한 상태에는 미치지 못하지만 젊은 때에 견주어 본다면 여유가 있다.

죽을 때는 곧 쉬는 곳으로 나아가서 종점終點으로 되돌아가게 되는 것이다.

| 원문 |

黃帝書曰; 形動, 不生形而生影. 聲動, 不生聲而生響. 無動, 不生無而生有.

形, 必終者也. 天地終乎? 與我偕終.[1] 終進[2]乎? 不知也. 道終乎? 本無始, 進乎? 本不久.

有生則復於不生, 有形則復於無形. 不生者, 非本不生者也. 無形者, 非本無形者也. 生者, 理之必終者也. 終者不得不終, 亦如生者之不得不生. 而欲恆其生,[3] 畫[4]其終, 惑於數[5]也.

精神者, 天之分, 骨骸[6]者, 地之分. 屬天, 淸而散, 屬地, 濁而聚. 精神離形, 各歸其眞, 故謂之鬼. 鬼, 歸也, 歸其眞宅.[7]

黃帝曰; 精神入其門, 骨骸反其根, 我尙何存?

人自生至終, 大化有四. 嬰孩[8]也, 少壯也, 老耄[9]也, 死亡也.

其在嬰孩, 氣專志一, 和之至也. 物不傷[10]焉, 德莫加焉.

---

1 偕終(해종) : 함께 끝나다.
2 進(진) : 『열자』에서는 흔히 '진(盡)'과 같은 뜻으로 쓰고 있어 '다하다'의 뜻.
3 恆其生(항기생) : 그의 생명을 영원히 하는 것.
4 畫(획) : 없애는 것.
5 數(수) : 원리. 법칙.
6 骨骸(골해) : 해골. 여기서는 육체(肉體)를 뜻한다.
7 眞宅(진택) : 참된 집. 참된 자기의 위치.
8 嬰孩(영해) : 어린 아기. 갓난아기.
9 耄(모) : 늙은이. 늙음.
10 物不傷(물불상) : 밖의 일이나 물건에 대한 욕망이 없으므로 '밖의 것들이 그를 상하게

其在少壯, 則血氣飄溢,**11** 欲慮充起, 物所攻焉, 德故衰焉.

其在老耄, 則欲慮柔焉, 體將休焉, 物莫先**12**焉. 雖未及嬰孩之全, 方**13**於少壯, 間矣.**14**

其在死亡也, 則之於息焉, 反其極**15**矣.

| 해설 |

사람은 일생을 통해 출생으로부터 사망에 이르기까지 크게 나누어 보면 네 단계의 변화를 거친다. 그러나 그것은 만물의 순환 변화의 한 면에 불과한 것이다. 삶이 본의 아닌 자연의 도에 의해 주어진 것처럼 살다가 죽는 것도 자연의 도에 의해 변화함으로써 정신이나 육체가 제각기 자연스럽게 변화하면서 자기 자리를 찾아 되돌아가는 것에 불과한 것이라 한다.

따라서 사람은 죽음과 삶 또는 만물의 변화에 대한 올바른 관념을 가지고서 사람에게 절대적인 영향을 주는 죽음에 대해서도 초연하지 않으면 안 된다는 것이다. 죽음은 자연스러운 것이므로 삶과 마찬가지로 조금도 그 자체를 두려워하거나 걱정할 필요가 없는 것이라는 것이다.

할 수 없다'는 것이다.

11 飄溢(표일) : 왕성하게 넘치는 것.

12 物莫先(물막선) : 밖의 물건과 서로 앞서려 하지 않는다. 밖의 것들과 다투지 않는다.

13 方(방) : 비기다. 견주다.

14 間矣(간의) : 간격이 있다. 여유가 있다.

15 極(극) : 종극. 끝 또는 시작.

6. 어떻게 해야 즐겁게 살 수 있는가?

공자가 태산太山에 놀러 갔다가 영계기榮啓期가 성郕 땅의 들에 있는 것을 보았는데, 그는 사슴 갖옷을 입고 새끼로 띠를 두르고서 금琴을 타면서 노래하고 있었다.

공자가 그에게 물었다. "선생께서 즐거워하시는 이유가 무엇입니까?"

그가 대답했다. "내게는 즐거움이 매우 많습니다. 하늘이 만물을 내심에 있어 오직 사람이 가장 존귀한 것인데, 나는 사람이 될 수 있었으니, 이것이 첫째 즐거움입니다.

남녀의 구별에 있어서는 남자는 존귀하고 여자는 천하므로 남자가 귀한 것인데, 나는 이미 남자가 될 수 있었으니, 이것이 둘째 즐거움입니다.

사람은 나서 해와 달도 보지 못하고 포대기에 싸인 처지를 면해 보지도 못하는 자가 있는데, 나는 이미 나이 구십 줄에 이르렀으니, 이것이 셋째 즐거움입니다.

그리고 가난함이란 선비로서는 정상적인 것이고 죽음이란 인생의 끝장입니다. 정상적인 처지에 있다가 끝장을 맞이하게 되었는데, 무슨 근심이 있을 수 있겠습니까?"

공자가 말했다. "훌륭하십니다! 스스로 여유를 지니시는 분이십니다."

| 원문 |

孔子遊於太山,[1] 見榮啓期[2]行乎郕[3]之野, 鹿裘[4]帶索,[5] 鼓琴而歌.

孔子問曰; 先生所以樂, 何也?

對曰; 吾樂甚多. 天生萬物, 唯人爲貴, 而吾得爲人, 是一樂也.

男女之別, 男尊女卑, 故以男爲貴, 吾旣得爲男矣, 是二樂也.

人生有不見日月, 不免襁褓[6]者, 吾旣已行年九十矣, 是三樂也.

貧者, 士之常[7]也. 死者, 人之終也. 處常得終, 當何憂哉?

孔子曰; 善乎! 能自寬[8]者也.

| 해설 |

여기서는 영계기라는 숨어 사는 사람의 이야기를 빌려 인간 세상에서의 죽고 사는 것과 가난하게 살고 부유하게 사는 것 같은 것으로부터 초연한 생활 방법을 이야기하고 있다. 도가가 이루어진 이후로 시대에 따라 크고 작은 차이는 있었지만 이러한 생활 태도는 중국 사람들이 살아오는 데에 많은 영향을 끼쳤다. 다만 이 중에 보이는 남존여비男尊女卑 사상은 현대 인에게 반발을 사기 쉽지만 열자의 시대를 감안해 이 글을 읽어야만 할 것 이다.

이처럼 빈부나 사생은 물론 세상의 명예와 이익 같은 것으로부터도 초연한 영계기와 공자를 견줄 때 오히려 예교에 집착하던 공자의 태도가 우습게 보일 것이다. 그리고 세상일로부터 초연하기 위해서는 영계기처럼

---

1 太山(태산) : 태산(泰山)으로도 쓰며, 지금의 산동성(山東省)에 있는 큰 산 이름.
2 榮啓期(영계기) : 옛날의 훌륭한 숨어 살던 사람의 이름.
3 郕(성) : 옛 노(魯)나라의 고을 이름.
4 鹿裘(녹구) : 사슴 털가죽으로 만든 갖옷.
5 帶索(대색) : 새끼줄로 허리띠 대신 매는 것.
6 襁褓(강보) : 어린 아기의 포대기. '포대기를 면치 못한다'는 것은 '포대기에 싸인 시절에 죽음'을 뜻한다.
7 常(상) : 정상적인 것. 보통 있는 것.
8 自寬(자관) : 스스로의 마음을 넓고 크게 갖는 것. 스스로 여유를 지니는 것. 『장자』 대종 사(大宗師)편을 참조 바람.

자기에게 주어진 조건을 언제나 최선의 것으로 받아들일 줄도 알아야 함
도 가르쳐 주고 있다.

7. 숨어 사는 이의 즐거움

　임류林類는 나이가 거의 백 살이 되어 가고 있었는데, 봄이 되어도
갖옷을 걸치고 묵은 밭 이랑에 떨어진 이삭을 주우면서 노래를 부르
며 다니고 있었다.

　공자가 위衛나라로 가다가 들에서 그를 발견하고는 제자들을 돌아
보면서 말했다. "저 노인은 더불어 이야기할 만한 분일 것이니 가서
말을 건네 보아라."

　자공子貢이 자청해 가서 밭두렁에서 그를 만나 한숨을 쉬며 말했다.
"선생께서는 일찍이 후회한 일이 없으십니까? 그렇게 노래하고 다니
며 이삭만 줍고 계시니."

　임류는 발길을 멈추지도 않고 노래를 그치지도 않았다. 자공이 그
에게 계속해서 묻자 곧 허리를 젖히면서 대답했다. "내가 무엇을 후회
한단 말이오?"

　자공이 말했다. "선생께서는 젊어서는 힘써 행실을 닦지 아니하셨
고 장년이 되어서는 시세와 다투지 않으셨고 늙어서는 처자도 없습니
다. 죽을 때가 다가오고 있는데 무슨 즐거움이 있어서 이삭을 줍고 다
니면서 노래를 하고 계십니까?"

　임류가 웃으면서 말했다. "내가 즐거워하는 일은 사람들도 모두 지
니고 있는 일이지만 그들은 반대로 근심으로 여기고 있지요. 젊어서
는 힘써 행실을 닦지 아니하고 장년이 되어서는 시세와 다투지 않았

기 때문에 이처럼 오래 살 수 있는 것이오. 늙어서는 처자 없이 죽을 때가 다가오고 있으니 그 때문에 이처럼 즐거워하고 있는 것이오."

자공이 말했다. "오래 살려는 것은 사람들의 인정이요, 죽음이란 사람들이 싫어하는 일입니다. 선생께서는 죽음을 즐거움으로 여기고 계시니 어찌 된 일입니까?"

임류가 말했다. "죽음과 삶은 한 번 갔다가 한 번 되돌아오는 것이오. 그러니 여기에서 죽는 자가 저쪽에서 탄생하지 않음을 어찌 알겠소? 그러므로 나는 죽음과 삶이 서로 같지 않다는 것을 잘 알고 있소. 나라고 또 아귀다툼하며 삶을 추구하는 게 미혹된 일이 아님을 어찌 알겠소? 또한 나의 지금의 죽음이 옛날의 태어남보다 더 낫지 않다는 것을 어찌 알겠소?"

자공은 이 말을 듣고 그 뜻을 깨닫지 못한 채 돌아와 그 말을 공자에게 아뢰었다. 공자가 말했다. "나는 그 분이 더불어 이야기할 만한 사람이라 생각했는데 과연 그렇군. 그러나 그는 터득은 했지만 철저하지는 못한 사람이다."

| 원문 |

林類**1**年且百歲, 底春被裘, **2** 拾遺穗**3**於故畦, **4** 竝歌竝**5**進.

孔子適衛, 望之於野, 顧謂弟子曰; 彼叟**6**可與言者, 試往訊之.

---

1 林類(임류) : 옛날의 숨어 살던 사람 중의 한 사람으로 자세한 생애는 알려지지 않고 있다.
2 底春被裘(저춘피구) : 봄이 되어도 겨울에 입던 갖옷을 걸치고 있다는 뜻.
3 遺穗(유수) : 떨어진 이삭.
4 故畦(고휴) : 묵은 밭.
5 竝……竝(병) : 하면서 ……하다.
6 叟(수) : 노인. 늙은이.

子貢[7]請行, 逆[8]之壟端,[9] 面之而歎曰; 先生曾不悔乎? 而行歌拾穗.

林類行不留, 歌不輟.[10] 子貢叩[11]之不已, 乃仰而應曰; 吾何悔邪?

子貢曰; 先生少不勤行,[12] 長不競時,[13] 老無妻子, 死期將至, 亦有何樂, 而拾穗行歌乎?

林類笑曰; 吾之所以爲樂, 人皆有之, 而反以爲憂. 少不勤行, 長不競時, 故能壽若此. 老無妻子, 死期將至, 故樂若此.

子貢曰; 壽者人之情, 死者人之惡. 子以死爲樂, 何也?

林類曰; 死之與生, 一往一反. 故死於是者, 安知不生於彼? 故吾知其不相若[14]矣. 吾又安知營營[15]而求生, 非惑乎? 亦又安知吾今之死, 不愈昔之生乎?

子貢聞之, 不喩[16]其意, 還以告夫子.[17] 夫子曰; 吾知其可與言, 果然. 然彼得之而不盡者[18]也.

---

7 子貢(자공) : 성은 단목(端木), 이름은 사(賜), 자공은 자이며 위(衛)나라 사람. 공자의 제자로서 말재주와 돈벌이에 뛰어났었다.

8 逆(역) : 맞이하다. 만나다.

9 壟端(농단) : 밭 둔덕 가.

10 輟(철) : 그치다. 중지하다.

11 叩(구) : 묻다.

12 勤行(근행) : 힘써 공부하여 업적을 이루는 것.

13 競時(경시) : 시세와 다투다. 그의 시대의 남들과 다투는 것.

14 不相若(불상약) : 죽음과 삶이 '서로 같지 않은 것'.

15 營營(영영) : 아귀다툼하며 사는 모습.

16 喩(유) : 깨닫다.

17 夫子(부자) : 선생님. 공자를 가리킨다.

18 不盡者(부진자) : 다하지 못한 사람. 철저하지 못한 사람. 임류는 죽음이 삶보다 낫다고 생각했으니 죽음과 삶의 참뜻을 철저히 터득하고 있지는 못한 자라는 것이다.

여기서는 세상의 명예나 이익 같은 것을 초월하여 가난하기는 하지만 아무런 근심 걱정 없이 살아가는 임류란 숨어 사는 사람의 이야기를 인용하고 있다. 근심 걱정 속에 아귀다툼하면서 잘 살아보려고 애쓰는 것은 가난하지만 걱정 없이 사는 것만 못하다는 것이다.

여기에서 처자들까지도 인간 세계의 부담으로 풀이하고 있는 것은 세속적인 가치관으로부터 초연하려는 적극적인 태도라 볼 수 있다. 다만 임류가 죽음이 삶보다 더 나을지도 모른다는 태도를 지닌 것은 죽음과 삶을 자연 순환의 한 현상으로 파악하는 열자의 입장에서 볼 적에는 생사의 뜻을 철저히 파악한 것이라 보기 어렵다는 것이다. 그래서 열자는 공자의 말을 빌려 임류를 '철저하지는 못한 사람'이라 끝머리에서 평하고 있는 것이다.

8. 죽음이 사람들의 쉴 곳이다

자공이 배움에 싫증이 나서 공자에게 말했다. "쉴 곳이 있었으면 좋겠습니다."

공자가 말했다. "삶에는 쉴 곳이란 없는 법이야."

자공이 말했다. "그렇다면 제게는 쉴 수 있는 곳이 없습니까?"

공자가 말했다. "있지. 저 무덤을 바라보면 불룩하고 우뚝하고 봉긋하고 불쑥한데 그 곳이 쉴 곳임을 알 수 있을 것이다."

자공이 말했다. "위대하다, 죽음이여! 군자는 쉬게 되고 소인은 굴복을 하게 되는 것이군요!"

공자가 말했다. "사賜여, 그대는 사실을 깨달았구나! 사람들은 모두 삶의 즐거움은 알지만 삶의 괴로움은 알지 못한다. 늙음의 고단함은 알지만 늙음의 편안함은 알지 못한다. 죽음이 나쁘다는 것은 알지만 죽음이 쉬는 것임은 알지 못하고 있다."

| 원문 |

子貢倦**1**於學, 告仲尼**2**曰; 願有所息.

仲尼曰; 生無所息.

子貢曰; 然則賜**3**息無所乎?

仲尼曰; 有焉耳. 望其壙,**4** 睪如**5**也, 宰如**6**也, 墳如**7**也, 鬲如**8**也, 則知所息矣.

子貢曰; 大哉, 死乎! 君子息焉, 小人伏**9**焉.

仲尼曰; 賜, 汝知之矣. 人胥**10**知生之樂, 未知生之苦. 知老之憊,**11** 未知老之佚.**12** 知死之惡, 未知死之息也.

---

1 倦(권) : 권태로움. 싫증이 남.

2 仲尼(중니) : 공자의 자.

3 賜(사) : 자공(子貢)의 이름.

4 壙(광) : 무덤. 묘혈(墓穴).

5 睪如(고여) : 언덕처럼 불룩하게 솟은 모양. 고(睪)는 고(皐)의 속자.

6 宰如(재여) : 물건이 우뚝 솟은 모양.

7 墳如(분여) : 봉곳이 솟은 모양.

8 鬲如(역여) : 솥처럼 불쑥 솟아 있는 모양.

9 伏(복) : 군자는 천명을 즐기며 태연히 죽으므로 죽음이 휴식이 되지만, 소인에게는 근심과 괴로움을 떠나는 것이며 한편 두려운 것이기 때문에 죽음이 '굴복하여 엎드리는 것'이나 다름없게 되는 것이다.

10 胥(서) : 모두. 다.

11 憊(비) : 가쁨. 피곤함.

12 佚(일) : 안일. 편안함.

여기서는 공자와 그의 제자 자공의 대화를 통해 사람에게 있어 죽음이란 진정한 휴식임을 강조하고 있다. 죽음이 휴식이라면 부지런히 살다가 태연히 죽음을 맞이해야 할 것이다.

한편 학문에 싫증난 제자를 격려하는 말임을 생각할 때, 공자의 학문을 향한 뜨거운 정열과 강한 신념도 느껴진다.

9. 죽음이란 길을 가다가 집으로 돌아가는 것이다

안자晏子가 말했다. "훌륭하다. 옛날부터 있어 온 죽음이여! 어진 사람은 휴식을 하고 어질지 못한 사람은 굴복을 하는 것이다. 죽음이란 사람의 덕德이 귀착하는 곳이다. 옛날에는 죽은 사람을 돌아가신 분이라 말했다. 죽은 사람을 돌아가신 분이라고 말한다면 곧 산 사람은 길을 가고 있는 사람이 된다. 길을 가면서도 돌아갈 줄 모른다면 그는 집을 잃은 자라 할 것이다. 한 사람이 집을 잃으면 온 세상 사람들이 그를 비난하지만 온 천하 사람들이 집을 잃으면 비난할 줄을 모른다.

어떤 사람이 고향을 떠나 집안사람들을 버리고 집안일을 팽개치고 사방으로 유람하면서 돌아가지 않는다면, 그를 어떤 사람이라 하겠는가? 세상에서는 반드시 그를 두고 방탕한 사람이라고 말할 것이다.

또 어떤 사람이 현명하게 세상을 사는 것을 중히 여기고 교묘한 능력을 뽐내며 명예를 닦아 세상에 지나치게 자랑을 하면서도 그칠 줄을 모르는 자가 있다면, 또한 그를 어떤 사람이라 하겠는가? 세상에서는 반드시 그를 지혜와 꾀가 있는 사람이라 여길 것이다.

이 두 사람은 모두가 그릇된 자들이다. 그러나 세상에서는 한쪽 편은 들어 주면서도 다른 한쪽 편은 들어 주지 않는다. 오직 성인만이 제대로 편들어 줄 것도 알고 내칠 것도 안다."

| 원문 |

晏子[1]曰; 善哉, 古之有死也! 仁者息焉, 不仁者伏焉. 死也者, 德之徼[2]也. 古者謂死人爲歸人. 夫言死人爲歸人, 則生人爲行人矣. 行而不知歸, 失家者也. 一人失家, 一世[3]非之, 天下失家, 莫知非焉.

有人去鄉土, 離六親,[4] 廢家業, 遊於四方而不歸者, 何人哉? 世必謂之爲狂蕩[5]之人矣.

又有人鍾[6]賢世,[7] 矜[8]巧能, 脩名譽, 誇張[9]於世, 而不知已者, 亦何人哉? 世必以爲智謀之士.

此二者胥失[10]者也. 而世與[11]一不與一. 唯聖人知所與, 知所去.

---

1 晏子(안자) : 보통은 『안자춘추(晏子春秋)』를 지은 춘추시대 제(齊)나라의 대부인 안영(晏嬰)을 안자라 부른다. 『한서(漢書)』 예문지(藝文志)에서는 그를 유가로 치고 있는데 여기의 안자가 안영을 뜻하는지는 확실치 않다.

2 徼(교) : 돌아오는 것. 돌아가는 곳.

3 一世(일세) : 온 세상.

4 六親(육친) : 부모 형제 처자. (『漢書』 應劭 注) 그 밖에 설이 구구하나 집안사람들을 가리키는 말임에는 틀림없다.

5 狂蕩(광탕) : 사리를 생각할 능력이 없는 방탕한 것.

6 鍾(종) : 중히 여기는 것.

7 賢世(현세) : 현명하게 세상을 살아가는 것.

8 矜(긍) : 뽐내다. 자랑하다.

9 誇張(과장) : 자기를 과시하다. 지나치게 뽐내는 것.

10 胥失(서실) : 다 잘못된 것.

11 與(여) : 편을 들다. 지지하다.

　열자는 인생이란 여행을 하다가 자기 집으로 돌아가는 것과 같은 것이라 생각하고 있다. 삶은 길을 가고 있는 것이요, 죽음은 집으로 돌아가는 것이라는 것이다. 우리나라에서 어른이 죽는 것을 '돌아가신다'고 말하는 것과 일맥상통하는 면이 있는 것 같다.

　그러나 세상 사람들은 이러한 진리를 잘 모른다. 사람들은 삶에 집착하여 교묘히 세상에서 출세하고 잘 살아가는 사람을 가리켜 지혜롭고 꾀 많은 사람이라 말한다. 그러나 이는 자기 가족도 버리고 자신의 할 일도 내팽개치고 방탕하게 사는 자와 같이 그릇된 삶을 사는 자라는 것이다. 사는 일에 집착하는 것도 잘못이고 죽음을 두려워하는 것도 잘못이다. 삶과 죽음이 어떤 것인지 올바로 알지 못하기 때문이라는 것이다.

10. 텅 빈 것과 고요함이 가장 소중하다

　어떤 사람이 열자에게 말했다. "선생님은 어찌하여 텅 빈 것을 귀중히 여기십니까?"

　열자가 말했다. "텅 빈 것은 귀중할 것이 없습니다."

　열자가 또 말했다. "그것은 형식적인 것을 두고 하는 말이 아닙니다. 고요한 것 만한 것이 없고 공허한 것 만한 것이 없습니다. 고요하고 공허하게 살아간다면 그는 사는 방법을 터득한 것이고, 물건을 받고 주고 한다면 그는 처신을 잃은 것입니다.

　일이 형편없게 된 뒤에야 어짊과 의로움을 내세우는 사람이 있는데 자기 자리로 되돌아가게 할 수는 없는 일입니다."

| 원문 |

或謂子列子曰; 子奚¹貴虛?

列子曰; 虛者無貴也.

子列子曰; 非其名²也. 莫如靜, 莫如虛. 靜也虛也, 得其居³矣, 取也
與也, 失其所矣.

事之破碼,⁴ 而後有舞⁵仁義者, 弗能復⁶也.

| 해설 |

　여기서는 사람들이 살아가자면 고요하고 텅 빈 태도와 마음가짐을 가지
는 것이 가장 옳은 길임을 역설하고 있다. 고요하고 텅 빈 것이야말로 올
바른 도의 본성에 들어맞는 가장 자연스러운 길이기 때문이다. 사람이란
물질적인 욕망 때문에 물건을 받고 주고 하면서 자기의 이익을 추구하게
된다. 그 때문에 사람의 본연의 자세로부터 멀어지게 되는 것이다. 일단
본연의 고요하고 텅 빈 상태로부터 멀어지기만 하면 아무리 어짊과 의로
움을 앞세운다 하더라도 다시는 그 본연의 자리로 돌아가지 못한다는 것
이다.

---

1 奚(해) : 어찌하여. 어째서.
2 名(명) : 실(實)에 대한 반대로 어떤 물건이나 일을 나타내는 명칭. 형식적인 것.
3 其居(기거) : 그가 편안히 지낼 방법.
4 破碼(파훼) : 파괴.
5 舞(무) : 고무(鼓舞)하다.
6 復(복) : 본연(本然)의 상태로 되돌아가는 것.

11. 자연은 쉬지 않고 변화한다

육웅鬻熊이 말했다. "자연의 변화에는 그침이 없고 하늘과 땅도 언제나 옮겨 가고 있는데, 누가 그것을 깨닫겠는가? 본시 만물은 저편에서 줄어들면 이편에는 차게 되며, 이편에서 이루어지면 저편에서는 무너지는 것이다. 줄고 차고 이루어지고 무너지며 태어나기도 하고 죽기도 하며, 왔다갔다 연이어지고 있다. 그 사이의 일은 알 수도 없는데 누가 그것을 깨닫겠는가?

무릇 한 가지 기운은 갑자기 나오는 것이 아니며 한 가지 형체는 갑자기 무너지는 것이 아니다. 그러니 그것이 이루어지는 것도 깨닫지 못하지만 그것이 무너지는 것도 깨닫지 못한다. 또한 그것은 사람이 나서부터 늙을 때까지 용모와 얼굴과 지혜와 행동이 하루도 다르지 않은 날이 없는 것과 같은 것이다. 피부와 손톱과 머리카락은 나는 대로 떨어져 나가, 어릴 때부터도 멈추어져 바뀌지 않는 일이 없는 것이다. 그러는 동안에는 깨달을 수가 없고 뒤에 가서야 알게 되는 것이다."

| 원문 |

鬻熊¹曰; 運轉²亡已,³ 天地密移, 疇⁴覺之哉? 故物損於彼者, 盈於此, 成於此者, 虧於彼. 損盈成虧, 隨⁵世⁶隨死, 往來相接, 間⁷不可省, 疇覺

---

1 鬻熊(육웅) : 주(周)나라 문왕(文王)의 스승으로 초(楚)나라에 봉(封)함을 받았다. 저서로 『육자(鬻子)』 22편이 있다.
2 運轉(운전) : 천체의 운행. 사철의 변화.
3 亡已(무이) : 그침이 없는 것.
4 疇(주) : 누구.

之哉?

凡一氣不頓**8**進, 一形不頓虧. 亦不覺其成, 不覺其虧. 亦如人自世至老, 貌色智態, 亡日不異. 皮膚爪髮, 隨世隨落, 非嬰孩時有停而不易也. 閒不可覺, 俟至後知.

| 해설 |

천지와 만물은 잠시도 쉬지 않고 움직이며 변화하고 있다. 잠시도 쉬지 않는 변화를 사람들은 깨닫지 못하고 있을 뿐이다. 천체도 쉴 새 없이 돌고 있고, 지구도 따라서 계속 돌고 있으며, 만물도 변화하고 있다. 이 속에 사는 사람도 예외가 될 수 없다. 태어나서부터 죽을 때까지 한시도 쉬지 않고 사람의 몸과 마음 모두가 변화하고 있다. 이런 당위의 법칙을 안다면 사람의 늙음이나 죽음에 대해 조금도 초조할 필요가 없을 것이다. 움푹한 땅에는 물이 고이고 높은 언덕은 조금씩 낮아지거나 깎여 가는 것처럼, 사람이 낳았다가는 늙고 또 죽는 것이 당연한 순환 법칙이라는 것이다.

12. 하늘과 땅은 무너지고 떨어질 것인가?

기杞나라의 어떤 사람이 하늘과 땅이 무너지고 떨어져 몸 둘 곳이

---

5 隨 …… 隨(수) : ……하는 대로 ……하다. ……하면서 ……한다.
6 世(세) : 생(生)으로 씀이 옳다. (張湛 注) 태어나는 것.
7 閒(간) : 사이. 그 사이의 일.
8 頓(돈) : 갑자기.

없게 될 것을 걱정해 잠도 못자고 밥도 제대로 먹지 못했다.

또 한 사람은 그가 걱정하는 것을 걱정했다. 그래서 그를 찾아가 깨우쳐 주려고 말했다. "하늘은 기운이 쌓여 있는 것이어서 기운이 없는 곳이란 없는 것이오. 당신은 몸을 움직이고 호흡을 하면서 하루 종일 하늘 가운데에서 행동하며 몸담고 있는데 어째서 무너져 떨어질 것을 근심하오?

그 사람이 대답했다. "하늘이 정말 기운이 쌓인 것이라면 해와 달과 별들은 떨어져야 할 것이 아닙니까?

그를 깨우치려는 사람이 말했다. "해와 달과 별들이란 역시 기운이 쌓인 가운데에서 빛을 지니고 있는 것들이오. 그것이 떨어진다 하더라도 맞아서 부상을 당하는 일은 있을 수 없을 것이오.

그 사람이 말했다. "땅이 무너지는 것은 어떻게 합니까?"

깨우치려는 사람이 말했다. "땅이란 흙덩이가 쌓인 것이오. 사방 빈 곳에 꽉 차 있어서 흙덩이가 없는 곳이란 없소. 당신이 머뭇거리고 걷고 밟고 뛰고 하면서 하루 종일 땅 위에서 행동하며 몸담고 있는데 어찌하여 그것이 무너질 것을 두려워하오?"

그 사람은 시원한 듯이 크게 기뻐했고, 그를 깨우치려던 사람도 역시 시원해져서 크게 기뻐했다.

장려자長慮子가 그 이야기를 듣고 웃으면서 말했다. "무지개·구름·안개·바람·비·사철〔四時〕 등과 같은 것은 기운이 쌓여 하늘에 이루어진 것들이다. 산줄기·산봉우리·강·바다·쇠·돌·불·나무 등과 같은 것은 형체가 이루어져 땅에 쌓인 것들이다. 기운이 쌓인 것임을 알고 흙덩이가 쌓인 것임을 안다면 어찌 무너지지 않는다고 말할 수가 있겠는가?

대저 하늘과 땅이란 공허한 가운데 있는 한 가지 미세한 물건이요,

존재하는 물건 가운데에서 가장 큰 것이어서 끝장이 나기도 어렵고 다하기도 어렵도록 본시부터 그렇게 되어 있는 것이다. 헤아리기도 어렵고 알기도 어렵도록 본시부터 그렇게 되어 있는 것이다. 그것이 무너질까 걱정하는 사람은 진실로 너무나 멀리 생각하기 때문이요, 그것이 무너지지 않는다고 말하는 사람도 역시 옳지 않은 것이다. 하늘과 땅은 무너지지 않을 수가 없는 것이니 곧 언젠가는 무너지게 될 것이다. 그것이 무너질 때가 된다면 어찌 걱정하지 않을 수가 있겠는가?"

열자가 그 말을 듣고서 웃으면서 말했다. "하늘과 땅이 무너질 것이라고 말하는 사람도 잘못이지만 하늘과 땅이 무너지지 않을 것이라고 말하는 사람도 역시 잘못이다. 무너질지 무너지지 않을지는 우리로서는 알 수가 없는 일이다. 비록 그렇다 하더라도 저렇게 되어도 한가지요, 이렇게 되어도 한가지인 것이다. 그러므로 태어날 적에는 죽음을 알지 못하고 죽을 때에는 태어나는 것을 알지 못하며, 올 때에는 가는 것을 알지 못하고 갈 때에는 오는 것을 알지 못하는 것이다. 무너지고 안 무너지는 일에 대해 내 어찌 마음을 담아 두겠는가?"

| 원문 |

杞**1**國有人, 憂天地崩墜,**2** 身亡所寄, 廢寢食者,

又有憂彼之所憂者, 因往曉**3**之曰; 天積氣耳, 亡處亡氣. 若屈伸**4**呼

---

1 杞(기) : 옛날 나라 이름. 주(周)나라 무왕(武王)이 은(殷)나라를 쳐부순 다음 하(夏)나라 후손인 동루공(東樓公)을 기나라에 봉하여 우(禹)임금의 제사를 받들도록 했다. 뒤에 초(楚)나라에게 멸망당했으며, 지금의 하남성(河南省) 기현(杞縣)에 그 옛 도읍터가 있다.

2 崩墜(붕추) : 무너져 떨어지다. 여기에서 쓸데없는 걱정을 한다는 말로 '기우(杞憂)'라는 숙어가 생겨났다.

吸, 終日在天中行止, 奈何憂崩墜乎?

其人曰; 天果積氣,日月星宿, 不當墜邪?

曉之者曰; 日月星宿, 亦積氣中之有光耀者. 只使墜, 亦不能有所中傷.**5**

其人曰; 奈地壞何?

曉者曰; 地積塊耳. 充塞四虛, 亡處亡塊. 若躇**6**步跐蹈,**7** 終日在地上行止, 奈何憂其壞?

其人舍然**8**大喜, 曉之者亦舍然大喜.

長廬子**9**聞而笑之曰; 虹蜺**10**也, 雲霧也, 風雨也, 四時也, 此積氣之成乎天者也. 山岳也, 河海也, 金石也, 火木也, 此積形之成乎地者也. 知積氣也, 知積塊也, 奚**11**謂不壞?

夫天地, 空中之一細物, 有中**12**之最巨者, 難終難窮, 此固然**13**矣. 難測難識, 此固然矣. 憂其壞者, 誠爲大遠,**14** 言其不壞者, 亦爲未是. 天地不得不壞, 則會**15**歸於壞. 遇其壞時, 奚爲不憂哉?

---

3 曉(효) : 깨우치다.

4 屈伸(굴신) : 몸을 굽혔다 폈다 하는 행동.

5 中傷(중상) : 맞아서 다치는 것.

6 躇(저) : 주저하다. 제자리걸음.

7 跐蹈(자도) : 밟고 뛰고 하는 것.

8 舍然(석연) : 석연(釋然)과 같은 말로, 시원하게 풀리는 모양.

9 長廬子(장려자) : 옛날의 어진 사람, 초(楚)나라 사람으로 그의 저서로는 『장려자(長廬子)』9편이 있었다 한다.

10 虹蜺(홍예) : 무지개. 홍(虹)은 수무지개, 예(蜺)는 암무지개라 한다.

11 奚(해) : 어찌.

12 有中(유중) : 존재하고 있는 물건 가운데.

13 固然(고연) : 본시부터 그러한 것.

14 大遠(태원) : 너무나 멀리까지 생각을 하는 것.

15 會(회) : 하게 된다, 반드시 ……하게 된다.

子列子聞而笑曰; 言天地壞者亦謬,**16** 言天地不壞者亦謬. 壞與不壞,
吾所不能知也. 雖然, 彼一也, 此一也.**17** 故生不知死, 死不知生, 來不
知去, 去不知來. 壞與不壞, 吾何容心**18**哉?"

| 해설 |

하늘과 땅이 무너지지 않을까 기우杞憂를 하는 사람이 있었다. 반면 하
늘이나 땅은 무너지지 않을 것이라 하여 걱정할 필요가 없다고 주장하는
사람도 있었다. 열자가 보기에 이런 사람들은 모두가 분에 넘치는 생각을
하고 있는 사람들이다.

하늘과 땅이 무너지느냐 무너지지 않느냐 하는 문제는 사람들이 걱정할
일이 아니다. 그런 쓸데없는 생각은 사람들을 올바로 살아가지 못하게 마
음에 혼란을 일으키게 할 따름이다. 사람은 분에 넘치는 생각을 떨쳐 버
리고 자연의 질서에 따라 편안한 마음으로 삶을 누려야만 한다는 것이다.

13. 우리 몸은 하늘과 땅이 맡겨 놓은 형체이다

순舜임금이 증烝에게 물었다. "도란 구하여 가지고 있을 수가 있는
것입니까?"

그는 대답했다. "당신의 몸도 당신이 가지고 있는 것이 아니거늘

---

16 謬(류) : 그릇됨. 잘못.
17 彼一也, 此一也(피일야, 차일야) : 저것도 한가지요, 이것도 한가지이다. 무너져서 모두
가 죽는 것도 한가지이고, 안 무너져서 모두가 사는 것도 한가지라는 뜻임.
18 容心(용심) : 마음에 담아 두고 생각하며 걱정하는 것.

당신이 어떻게 도를 구하여 가지고 있겠습니까?"

순임금이 말했다. "내 몸을 내가 가지고 있는 것이 아니라면 누가 그것을 가지고 있단 말입니까?

그가 대답했다. "그것은 하늘과 땅이 맡겨 놓은 형체입니다. 생명도 당신이 가지고 있는 것이 아니니 그것은 하늘과 땅이 맡겨 놓은 기운이 조화된 것입니다. 타고난 본성도 당신이 가지고 있는 것이 아니니 그것은 하늘과 땅이 맡겨 놓은 따라야 할 원리인 것입니다. 자손들도 당신이 가지고 있는 것이 아니니 그것은 하늘과 땅이 맡겨 놓은 변화의 껍질인 것입니다. 그러므로 나가 다니면서도 갈 곳을 알지 못하고, 들어앉아 있으면서도 지니고 있는 것을 알지 못하고, 음식을 먹으면서도 먹는 이유를 알지 못하는 것입니다. 하늘과 땅은 만물을 지탱하는 강한 양陽의 기운인데 어떻게 우리가 가질 수가 있겠습니까?"

| 원문 |

舜問乎丞**1**曰; 道可得而有乎?

曰; 汝身非汝有也, 汝何得有夫道?

舜曰; 吾身非吾有, 孰有之哉?

曰; 是天地之委形**2**也. 生非汝有, 是天地之委和**3**也. 性命**4**非汝有, 是天地之委順**5**也. 孫子**6**非汝有, 是天地之委蛻**7**也. 故行不知所往, 處不知

---

1 丞(증) : 순임금 시대의 어진 사람.
2 委形(위형) : 맡겨 놓은 형체. 자연에 의해 형성된 것.
3 委和(위화) : 자연이 맡겨 놓은 조화된 기운.
4 性命(성명) : 성격과 운명. 타고난 본성.
5 委順(위순) : 자연이 맡겨 준 따라야만 할 원리.
6 孫子(손자) : 자손.

所持, 食不知所以. 天地, 强陽氣**8**也, 又胡可得而有邪?"

| 해설 |

엄밀히 따져보면 사람은 아무것도 소유하고 있지 않다. 자기의 목숨이나 자기의 몸 또는 자기의 자손들까지도 모두가 사람의 소유가 아니다. 그것들은 모두가 자연에 의해 우리에게 맡겨진 것이다. 사람은 어디서 왔다가 어디로 가는지 또는 왜 살고 있는지도 모르면서 살고 있는 것이다.

이처럼 사람은 아무것도 가진 게 없다. 모두가 자연에 의해 생겨났고 또 자연에 의해 결정되고 있는 것이다. 그러니 사람은 세상에서의 명예나 출세 같은 것을 위해 아귀다툼할 것 없이 초연히 자연을 따라 살아가야 한다는 것이다.

14. 사람들의 도둑질

제齊나라의 국씨國氏는 큰 부자였고 송宋나라의 상씨向氏는 크게 가난했다. 상씨는 송나라로부터 제나라로 가서 부자가 되는 술법을 물었다. 국씨는 그에게 대답했다. "나는 도둑질을 잘 합니다. 처음에 내가 도둑질을 시작해, 일 년 만에 먹고 살 수 있게 되었고, 이 년째에는 풍족하게 되었고, 삼 년이 되자 큰 부자가 되었습니다. 이로부터는 고을 사람들에게까지 재물을 베풀어 주게 되었습니다."

상씨는 크게 기뻐했다. 그는 도둑질했다는 말만을 알아듣고, 그가

---

7 委蛻(위세) : 자연에 의해 벌레가 껍질을 벗듯이 변화하여 이루어지는 껍질 같은 것.
8 强陽氣(강양기) : 만물을 생성하고 변화시키는 강한 양의 기운, 곧 생기(生氣)를 가리킨다.

도둑질한 방법에 대해서는 알지를 못했다. 마침내 그는 남의 집 담을 뛰어넘어 가서 벽에 구멍을 뚫고 들어가 손과 눈이 닿는 대로 무엇이나 집어왔다. 얼마 안 있다가 그는 도둑질한 죄로 잡혀 그의 조상들이 살던 집 재물까지도 몰수당했다.

상씨는 국씨가 자기를 그르쳐 놓았다고 생각하고 그를 찾아가 원망했다.

국씨가 말했다. "당신은 도둑질을 어떻게 했습니까?"

상씨는 자기가 한 짓을 그대로 이야기했다. 그러자 국씨가 말했다. "아이고! 당신은 도둑질하는 도리를 그토록 몰랐단 말입니까? 이제 내가 당신한테 이야기해 드리지요.

내가 듣건대 하늘은 때를 지니고 있고 땅은 이로움을 지니고 있다 더군요. 나는 하늘과 땅의 때와 이로움을 훔쳤습니다. 구름과 비가 내리는 물기와 산과 못이 생산하는 물건으로서 나의 벼를 기르고 나의 곡식을 불렸으며 나의 담을 쌓고 우리 집을 세웠습니다. 땅에서는 새와 짐승을 훔치고 물에서는 고기와 자라를 훔쳤으니 도둑질이 아닌 게 없었습니다. 모든 벼와 곡식과 흙과 나무와 새와 짐승과 고기와 자라는 모두 하늘이 자라게 하는 것이니 어찌 나의 것이라 하겠습니까? 그러나 나는 하늘의 것을 훔쳤기 때문에 재앙이 없었습니다.

모든 금과 옥과 진주와 보배와 곡식과 비단과 재물들은 사람들이 모은 것이니 어찌 하늘이 준 것이라 할 수 있겠습니까? 당신이 그것을 도둑질하여 죄를 졌다면 누구를 원망하겠습니까?"

상씨는 크게 당황하여 국씨가 거듭 자기를 속이는 것이라 생각하고, 동곽東郭 선생을 찾아가 이에 대해 물었다. 동곽 선생이 대답했다.

"그대의 한 몸도 어찌 도둑질한 게 아니겠소? 음陰과 양陽의 조화를 도둑질하여 그대의 삶을 이룩했고 그대의 형체를 이룩했거늘 하물며 그 밖의 물건이야 도둑질 아닌 게 있겠소? 진실로 그러하기 때문에 하늘과 땅과 만물은 서로 떨어질 수가 없는 것이오. 자기 것이라고 생각하고 그것을 가지고 있는 것은 모두가 미혹된 짓이오. 국씨의 도둑질은 공정한 방법이었기 때문에 재앙이 없는 것이오. 당신의 도둑질은 사사로운 마음에서 했기 때문에 죄를 졌던 것이오.

공정함과 사사로움이 있는 것도 도둑질이요, 공정함과 사사로움이 없는 것도 역시 도둑질것이오. 공정한 것을 공정한 것으로 인정하고 사사로운 것을 사사로운 것으로 받아들이는 것이 하늘과 땅의 덕이오. 하늘과 땅의 덕을 아는 사람이라면 누구를 도둑이라 하겠소? 또 누구를 도둑이 아니라 하겠소?"

| 원문 |

齊之國氏大富, 宋之向氏大貧. 自宋之齊, 請其術.[1] 國氏告之曰；吾善爲盜. 始吾爲盜也, 一年而給,[2] 二年而足, 三年大壤.[3] 自此以往, 施[4] 及州閭.[5]

向氏大喜, 喩其爲盜之言, 而不喩其爲盜之道. 遂踰垣[6]鑿室,[7] 手目所及, 亡不探也. 未及時,[8] 以贓[9]獲罪, 沒其先居[10]之財.

---

1 請其術(청기술) : 그에게 부자가 된 술법을 가르쳐 달라고 요청하다.
2 給(급) : 자급자족(自給自足)하다. 먹고 살 수 있게 되다.
3 壤(양) : 양(穰)과 통하여 풍성한 것.
4 施(시) : 시여(施與). 재물을 나누어 주는 것.
5 州閭(주려) : 고을과 마을의 일반 백성들.
6 踰垣(유원) : 남의 집 담을 뛰어 넘는 것.
7 鑿室(착실) : 집 벽에 구멍을 뚫고 방 안으로 들어가는 것.
8 未及時(미급시) : 얼마 되지 않아서.
9 贓(장) : 남의 물건을 훔친 것.
10 先居(선거) : 선대 조상들이 살던 곳.

向氏以國氏之謬己[11]也, 往而怨之.

國氏曰; 若爲盜若何?

向氏言其狀, 國氏曰; 嘻![12] 若失爲盜之道至此乎? 今將告若矣.

吾聞天有時, 地有利. 吾盜天地之時利. 雲雨之滂潤,[13] 山澤之産育, 以生吾禾, 殖[14]吾稼,[15] 築吾垣, 建吾舍. 陸盜禽獸, 水盜魚鼈,[16] 亡非盜也. 夫禾稼土木禽獸魚鼈, 皆天之所生, 豈吾之所有? 然吾盜天而亡殃.[17]

夫金玉珍寶穀帛財貨, 人之所聚, 豈天之所與? 若盜之而獲罪, 孰怨哉?

向氏大惑, 以爲國氏之重罔己[18]也. 過東郭先生, 問焉.

東郭先生曰; 若一身, 庸[19]非盜乎? 盜陰陽之和, 以成若生, 載[20]若形, 況外物而非盜哉? 誠然, 天地萬物, 不相離也. 認而有之,[21] 皆惑也. 國氏之盜, 公道也, 故亡殃. 若之盜, 私心也, 故得罪.

有公私者, 亦盜也. 亡公私者, 亦盜也. 公公私私,[22] 天地之德. 知天地之德者, 孰爲盜邪? 孰爲不盜邪?

---

11 謬己(유기) : 자기를 그르친 것, 자기를 잘못되게 한 것.
12 嘻(희) : 감탄사임.
13 滂潤(방윤) : 습기, 물기가 배어 있는 것.
14 殖(식) : 불리다.
15 稼(가) : 농사지은 곡식.
16 鼈(별) : 자라.
17 殃(앙) : 재앙, 재난.
18 重罔己(중망기) : 거듭 자기를 속이다.
19 庸(용) : 어찌.
20 載(재) : 이룩하다.
21 認而有之(인이유지) : 자기 것이라 인정하고 그것을 가지고 있는 것.
22 公公私私(공공사사) : 공정한 것은 공정한 것으로 받아들이고 사사로운 것은 사사로운 것으로 인정하는 것.

사람은 하늘과 땅 사이에 살면서 하늘과 땅의 힘에 힘입어 살아나간다. 이것을 말을 바꾸어 표현하면 하늘과 땅의 것을 도둑질하며 살아나간다고도 할 수 있다. 그러나 하늘과 땅의 것을 훔치는 것은 공정한 방법이기 때문에 아무런 처벌도 받지 않는다. 남이 모아 놓은 남의 재물을 훔치는 것은 사사로운 욕심에서 행해지는 행동이므로 죄라는 것이다.

이 말은 이 세상에는 본시 사람의 것이란 하나도 없으며 나의 몸이나 생명까지도 그것은 나의 것이 아니라는 높은 관점에 근거를 둔 것이다. 이것은 사람이란 '빈손으로 왔다가 빈손으로 산다'는 불교(佛敎)의 입장과도 통하는 것이다. 이 세상에 자기 것이란 있을 수 없고 결국은 빈손으로 죽어갈 것이라면 사람은 살아가면서 남들과 서로 아귀다툼을 할 이유가 없게 된다. 다만 하늘과 땅의 것을 공정하게 도둑질하면서 의연히 살아갈 따름일 것이다.

이것은 『열자』의 첫머리 「하늘의 상서로운 조짐」편의 결론이라고도 할 수 있다. 사람이란 하늘과 땅에 힘입어 살아가는 것이니 자연의 섭리에 따라 사사로운 마음 없이 살아가야만 한다는 것이다. 여기에서는 사람들이 세상에서 흔히 따지는 착하고 악하다는 생각을 넘어서고 있다. 자연의 섭리는 절대적인 것이어서 우리가 판단하는 착하고 악하다고 하는 것 같은 생각이 적용될 여지조차도 없는 것이다.

제 2 편

황제의 깨달음

黃帝

　본시 '황제'란 두 글자로 이루어진 이 편의 제목은 이 편의 문장 첫 머리에서 따온 것이다. 그러나 후세 도가에 있어서는 황제의 위치도 매우 중요하다. 도학(道學)을 황로지학(黃老之學)이라 부를 만큼 황제는 도가에서 노자와 함께 존경받는 인물이 된다. 그것은 중국의 옛날 전설적인 훌륭한 임금들 중에서도 황제야말로 도가에서 주장하는 가장 이상적인 정치를 행한 임금이라 믿기 때문이다. 유가에서는 요임금과 순임금을 성인으로 치지만 도가의 입장에서 볼 때 요임금과 순임금은 일부러 하는 일 없이 자기 욕망이나 마음도 버린 지극한 경지에까지 도달했다고는 볼 수 없다.

　이 편에서는 주로 이상적인 성인이나 지극한 사람[至人]은 어떠한 사람인가를 설명한 다음 '지극한 사람'의 마음가짐과 행동을 여러 가지 각도에서 설명하고 있다. 이 편을 통해 도가에서 주장하는 이상적인 인간의 모습을 파악할 수 있으리라 믿는다.

　그리고 이 편의 글은 전국시대 말엽부터 도가에 노자와 함께 황제를 가장 위대한 성인으로 받들고 있어 이른바 '황로지학'을 발전시키는 데 크게 작용했을 것으로 믿는다.

1. 황제는 천하를 어떻게 다스렸는가?

황제는 임금 자리에 오른 지 15년 동안 온 천하 사람들이 자기를 떠받들어 주는 것을 기뻐하며, 자기의 몸과 마음을 잘 건사하고, 아름다운 음악과 장식으로 귀와 눈을 즐겁게 하고 코와 입에 맞는 음식을 먹었으나, 살갗은 까칠하고 까맣게 야위고 멍하니 감각은 흐리멍덩해졌다.

그 뒤 15년 동안은 천하가 제대로 다스려지지 않음을 걱정하여 자기의 총명을 다하고 지혜를 다 발휘하면서 백성들을 보살폈는데, 살갗은 까칠하게 까맣게 야위고 멍하니 감각이 흐리멍덩했다.

황제는 이에 크게 한숨지으면서 말했다. "나의 잘못이 지나치다. 자기 한 몸을 건사하는 일에도 그 환난이 이러하고, 만물을 다스리는 일에도 그 환난이 이러하구나!"

이에 만 가지 일을 다 내려놓고 궁전을 버리고 시종들을 다 내보내고 음악 연주를 못하게 하고 먹는 음식을 줄인 다음, 물러나 궁전 깊숙한 건물에서 한갓지게 지내면서 마음을 깨끗이 닦고 몸을 잘 가꾸면서 석 달 동안 정치 일을 친히 돌보지 않았다.

어느 날 낮잠을 자다가 꿈에 화서씨華胥氏의 나라를 여행하게 되었다. 화서씨의 나라는 엄주의 서쪽, 태주의 북쪽에 있었는데, 중원 땅으로부터 몇 천만 리나 떨어져 있는지 알지 못할 거리였다. 그 곳은 배나 수레와 다리의 힘을 빌려 갈 수 있는 곳이 아니며 다만 정신으로만 여행할 수 있는 곳이었다.

그 나라는 우두머리가 없고 저절로 되어 갈 따름이었다. 그 백성들은 욕망이 없고 되는 대로 살아갈 따름이었다. 삶을 즐길 줄도 모르거니와 죽음을 싫어할 줄도 몰라서 일찍 죽는 사람이 없었다. 자기를 더

위할 줄도 모르거니와 남을 멀리 대할 줄도 몰라서 사랑도 미움도 없었다. 거슬러 반역할 줄도 모르거니와 순종할 줄도 모르고 이롭고 해로운 게 없었다. 전혀 아끼고 애석하게 여기는 것도 없거니와 전혀 두려워하고 꺼리는 것도 없었다. 물에 들어가도 빠져 죽지 않고 불에 들어가도 뜨거워하지 않으며, 찌르고 매질해도 상하거나 아파하는 일이 없고 꼬집고 할퀴어도 쓰라리고 쑤시는 것을 몰랐다. 공중을 날아다니기를 땅을 밟고 다니는 것같이 하고 허공에 누워 잠자기를 침대 위에 누워 잠자듯이 했다. 구름과 안개도 그들의 눈이 보는 것을 가리지 못하고 벼락 치는 소리도 그들의 귀가 듣는 것을 어지럽히지 못했다. 아름다움과 흉함도 그들의 마음을 어지럽히지 않았다. 산과 골짜기도 그들의 걸음을 멈추게 하지 못하고 정신으로 내왕하고 있었다.

황제는 잠을 깬 다음 스스로 깨닫고 기뻐했다. 천로天老와 역목力牧과 태산계太山稽를 불러 놓고 그들에게 말했다. "나는 석 달 동안 한가롭게 지내면서 마음을 깨끗이 하고 몸을 닦았소. 그리고 자신을 건사하고 만물을 다스리는 방법을 터득하려 했으나 그 술법은 깨닫지 못하고 있었소. 그런데 피곤하여 잠을 자다가 꿈을 꾼 게 이러했소. 이제야 지극한 도는 사람의 뜻으로는 추구할 수 없는 것임을 알았소. 나는 그것을 알았소. 나는 그것을 터득했소. 그러나 그것을 당신들에게 설명해 줄 수는 없소."

다시 이십팔 년 동안 천하를 크게 다스려 거의 화서씨의 나라와 같이 만들었다. 그리고 황제께서 돌아가셨는데, 백성들은 황제의 업적을 칭송하기를 이백여 년 지나도록 그치지 아니했다.

| 원문 |

黃帝[1]卽位, 十有五年, 喜天下戴己, 養正命,[2] 娛耳目,[3] 供鼻口,[4] 燋

然^{5}肌色奸黣^6, 昏然五情^{7}爽惑.^{8}

又十有五年, 憂天下之不治, 竭聰明, 進^{9}智力, 營百姓, 燋然肌色奸黣, 昏然五情爽惑.

黃帝乃喟然^{10}讚^{11}曰; 朕之過淫^{12}矣. 養一己, 其患如此, 治萬物, 其患如此.

於是放萬機,^{13} 舍^{14}宮寢,^{15} 去直侍,^{16} 徹^{17}鐘懸,^{18} 減廚膳,^{19} 退而閒居大庭^{20}之館, 齋心^{21}服形,^{22} 三月不親政事.

---

1 黃帝(황제) : B.C. 2600년경에 중국을 다스렸다는 전설적인 임금 중의 한 사람. 이른바 삼황오제(三皇五帝) 중의 한 사람이다.

2 正命(정명) : 정(正)은 성(性)으로 씀이 옳으며(張湛 注), 성명(性命) 곧 자신의 몸과 마음.

3 娛耳目(오이목) : 아름다운 음악과 장식으로 귀와 눈을 즐겁게 함.

4 供鼻口(공비구) : 달콤한 향기와 맛 나는 음식을 먹었음을 뜻한다.

5 燋然(초연) : 초췌한 모양. 까칠한 모양.

6 奸黣(간매) : 야위고 검은 빛이 도는 것.

7 五情(오정) : 기쁨(喜)·노여움(怒)·슬픔(哀)·즐거움(樂)·원망(怨) 등의 여러 가지 감정.

8 爽惑(상혹) : 상하여 미혹되는 것. 흐리멍덩해지는 것.

9 進(진) : 진(盡)과 통하여 '다하는 것'.

10 喟然(위연) : 크게 탄식하는 모양.

11 讚(찬) : 탄(歎)으로 씀이 옳으며(張湛 說), 탄식하다, 한숨짓다.

12 淫(음) : 지나치다. 과하다.

13 萬機(만기) : 임금이 처리하는 만 가지 일.

14 舍(사) : 사(捨)와 통하여 '버리다'.

15 宮寢(궁침) : 임금이 거하는 궁전.

16 直侍(직시) : 당직(當直)자와 시자(侍者), 곧 당번과 내시.

17 徹(철) : 철폐하다. 거두다.

18 鐘懸(종현) : 아악(雅樂)에 쓰는 여러 가지 악기.

19 廚膳(주선) : 부엌에서 만들어내는 여러 가지 요리.

20 大庭(대정) : 대내(大內)와 같은 말로, 궁궐이 있는 영역 안을 가리킴.

21 齋心(재심) : 마음을 재계(齋戒)하는 것. 마음을 깨끗이 하는 것.

22 服形(복형) : 형체, 곧 몸을 닦는 것.

晝寢而夢, 遊於華胥氏之國. 華胥氏之國, 在弇州²³之西, 台州之北,
不知斯²⁴齊國²⁵幾千萬里. 蓋非舟車足力之所及, 神遊²⁶而已.

其國無帥長,²⁷ 自然而已. 其民無嗜欲,²⁸ 自然而已. 不知樂生, 不知
惡死, 故無夭殤.²⁹ 不知親己, 不知疏物,³⁰ 故無愛憎. 不知背逆, 不知
向順,³¹ 故無利害. 都³²無所愛惜, 都無所畏忌. 入水不溺, 入火不熱, 斫
撻³³無傷痛, 指摘³⁴無痟癢.³⁵ 乘空如履實, 寢虛若處床. 雲霧不硋³⁶其
視, 雷霆不亂其聽. 美惡不滑³⁷其心, 山谷不躓³⁸其步, 神行而已.

黃帝既寤, 怡然³⁹自得. 召天老⁴⁰力牧太山稽. 告之曰; 朕閒居三月,
齋心服形, 思有以養身治物之道, 弗獲其術. 疲而睡, 所夢若此. 今知至

---

23 弇州(엄주) : 『회남자』에 의하면 중국의 구주(九州) 밖의 정서(正西)쪽에 엄주, 그리고
　　서북쪽에 태주(台州)가 있었다 한다.

24 斯(사) : 거리. 떨어져 있는 것.

25 齊國(제국) : 중국의 중원(中原). 옛 한문화의 발상 지역인 황하 유역을 중심한 지역을
　　가리킨다.

26 神游(신유) : 몸은 움직이지 않고 정신으로 가서 노니는 것.

27 帥長(수장) : 우두머리. 통치자.

28 嗜欲(기욕) : 기호와 욕망.

29 夭殤(요상) : 요절(夭折). 젊어서 일찍 죽는 것.

30 疏物(소물) : 자기 이외의 남이나 사물을 소원히 대하는 것.

31 向順(향순) : 남을 따르며 순종하는 것.

32 都(도) : 모두. 전혀.

33 斫撻(작달) : 사람의 몸을 칼 같은 것으로 찌르고 매질하는 것.

34 指摘(지적) : 손가락으로 꼬집고 할퀴는 것.

35 痟癢(소양) : 쑤시고 쓰라린 것.

36 硋(애) : 막다. 방해하다.

37 滑(골) : 어지럽히다.

38 躓(지) : 넘어지다. 걸려 쓰러지다.

39 怡然(이연) : 기뻐하는 모양. 이(怡)는 오(悟)로 된 판본도 있는데 '오연(悟然)'은 어떤
　　일을 깨닫는 모양.

40 天老(천로) : 역목(力牧), 태산계(太山稽)와 함께 황제의 대신. 『한서(漢書)』에 의하면
　　태산계는 황제의 스승이라 한다.

道不可以情⁴¹求矣. 朕知之矣, 朕得之矣, 而不能以告若矣.

又二十有八年, 天下大治, 幾若華胥氏之國. 而帝登假,⁴² 百姓號⁴³之,
二百餘年不輟.⁴⁴

| 해설 |

황제는 처음에는 나라를 적당히 다스리면서 자기 몸을 건사하고 자기
취미를 즐겨 보았으나 자기 몸과 마음이 형편없이 되었다. 이에 다시 능
력과 성의를 다해 나라를 다스려 보았으나 자기 몸과 마음은 여전했다.

그러다가 꿈에 화서씨의 나라를 방문하게 되어 지극한 다스림이란 어떤
것인가를 깨닫게 되었다. 다스리는 사람이 모든 욕망을 버리고 아무런 의
욕도 없는 자신의 감각이나 마음조차도 모두 잊어버린 경지에 이르러야만
지극한 다스림이 이루어진다는 것을 깨닫게 된다.

열자의 정치 이상은 위아래 사람들의 구별도 없이 저절로 다스려지고
자연스럽게 되어지는 이른바 '무위이치無爲而治'이다. 그런데 덕으로 세상
을 다스려야 한다고 주장하는 유가의 정치 이상도 완전히 덕에 의해 다스
려지는 경지에 이르면 결국 통치하는 사람이 아무런 작위도 가하지 않는
'무위이치'가 된다. 온 세상이 다스리는 사람의 덕을 따르다 보면 가만히
있어도 모든 사람들이 서로 돕고 서로 사양하면서 함께 어울려 살게 되어
저절로 잘 다스려질 것이기 때문이다. 정치에 손을 대는 방법은 정반대이
면서도 도가와 유가의 정치 이상이 궁극에 이르러는 서로 합치되고 있는

---

41 情(정) : 감정. 여기서는 사람의 뜻을 말한다.
42 登假(등가) : '가'는 하(遐)로 씀이 옳으며(張湛 說), 승하(昇遐)와 같은 말로 '임금이
　　돌아가시는 것'.
43 號(호) : 호칭. 칭송하다.
44 不輟(불철) : 끊이지 않다.

것이다.

2. 열고야산의 신인神人

열고야산列姑射山은 해하주海河州 가운데 있다. 그 산 위에 신인神人
이 있는데 바람을 마시고 이슬을 마시되 곡식은 먹지 않았다. 마음은
깊은 샘물과 같았고 모습은 처녀와 같았다. 무엇을 아끼지도 아니하
고 사랑하지도 아니하며, 신선과 성인이 그의 신하 노릇을 했다. 위압
하지도 아니하고 성내지도 아니하니 성실한 사람들이 그의 부림을 받
았다. 베풀어 주지도 않고 은혜를 입히지도 않았으나 쓸 물건은 저절
로 풍족했고, 모으지도 아니하고 거두지도 않았으나 자기에겐 부족함
이 없었다. 음陰과 양陽은 언제나 조화를 이루고 해와 달은 언제나 밝
게 비추었다. 사철은 언제나 순조로웠고 바람과 비는 언제나 고르게
불고 내렸다. 생물의 번식과 양육은 언제나 때에 맞았고 곡식은 해마
다 풍년이 들었다. 그리고 땅 위에는 질병이 없었고, 사람들은 일찍
죽는 일과 불행이 없었다. 만물에는 병폐가 없었고, 귀신은 요사스런
짓을 하지 않았다.

| 원문 |

列姑射山,**1** 在海河洲**2**中. 山上有神人焉, 吸風飲露, 不食五穀.**3** 心如

---

1 列姑射山(열고야산) : 전설적인 산 이름.
2 海河州(해하주) : 『산해경』에도 보이지만 실제로 어느 지역이었는지는 확실하지 않다.
3 五穀(오곡) : 옛날의 대표적인 다섯 가지 곡식. 차기장·메기장·콩·보리·벼.(『周禮』注)

淵泉,**4** 形如處女. 不偎**5**不愛, 仙聖爲之臣. 不畏**6**不怒, 愿愨**7**爲之使. 不施不惠, 而物自足. 不聚不斂, 而已無愆.**8** 陰陽常調, 日月常明, 四時常若,**9** 風雨常均, 字育**10**常時, 年穀常豐, 而土無札傷,**11** 人無夭惡,**12** 物無疵厲,**13** 鬼無靈響**14**焉.

| 해설 |

여기에서는 열자가 그리던 이상적인 인간의 모습이 추구되고 있다. 이상적인 사람을 도가에서는 신 같은 사람〔神人〕· 지극한 사람〔至人〕 또는 참된 사람〔眞人〕 등으로 부르고 있다. 이상적인 사람은 열고야산의 '신인'처럼 아무런 감정이나 욕망 없이 의식적으로 하는 일도 없이 자연과 조화를 이루어 살아가는 것이다. 이러한 신선이나 성인 같은 사람도 그의 밑에서 신하 노릇을 하고 있다.

---

4 淵泉(연천) : 깊은 샘. 마음이 깊고 고요한 데 비유한 것임.
5 偎(외) : 애(愛)와 통하여 '사랑하다'. '아끼다'.
6 畏(외) : 위(威)와 통하여 '위압하다'. '위력으로 누르다'.
7 愿愨(원각) : 성실한 사람.
8 愆(건) : 부족함. 결핍.
9 常若(상약) : 약(若)은 순(順)과 통하여 '언제나 순조로운 것'.
10 字育(자육) : 생물이 새끼를 낳고 기르는 것.
11 札傷(찰상) : 질병(疾病).
12 夭惡(요악) : 어려서 죽는 것과 불행한 일.
13 疵厲(자려) : 병폐. 질병.
14 靈響(영향) : 요사스런 짓. 요망한 소리.

3. 열자의 수련

열자는 노상씨老商氏를 스승으로 삼고 백고자伯高子를 벗으로 삼아, 두 사람의 도道를 다 터득한 다음에 바람을 타고 돌아왔다.

윤생尹生이 그 이야기를 듣고 열자를 따르며 몇 달이 되도록 자기 집은 돌보지 않았다. 틈을 타서 그의 술법을 배우려고 간청하기를 열 번이나 했으나 열 번 다 가르쳐 주지 않았다. 윤생은 열자를 원망하면서 떠나려 했으나 열자는 여전히 아무런 말도 없었다.

윤생은 물러난 뒤 몇 달이 지나서 미련이 가시지 않아 다시 가서 열자를 따랐다.

열자가 말했다. "그대는 어찌하여 자주 왔다갔다 하는가?"

윤생이 말했다. "전에 제가 선생님께 가르침을 간청했으나 선생님께서는 제게 아무것도 일러 주시지 않으셔서 선생님을 정말로 유감스럽게 생각했습니다. 지금은 마음이 풀렸기 때문에 다시 찾아온 것입니다."

열자가 말했다. "전에 나는 그대를 통달한 사람으로 알았는데 지금 보니 그대가 이토록 속이 좁다니? 거기 있게나. 그대에게 내가 스승님께 배우던 일을 이야기해 주겠네.

내가 스승님을 섬기고 훌륭한 사람을 벗으로 삼은 지 삼 년 후에 마음은 감히 옳고 그름을 생각하지 않고 입은 감히 이롭고 해로움을 말하지 않게 되었는데, 그제야 비로소 선생님께서는 나를 한번 돌아보셨지.

오 년 뒤에는 마음은 다시 옳고 그름을 생각하고 입은 다시 이롭고 해로움을 말하게 되었는데, 선생님께서는 비로소 한번 활짝 웃어 주셨어.

칠 년 뒤에는 마음이 생각하는 대로 따라도 다시는 옳고 그름이 없게 되었고, 입이 말하는 대로 따라도 다시는 이롭고 해로움이 없게 되었는데, 선생님께서는 비로소 나를 한번 부르셔서 자리를 나란히 하고 앉으셨지.

구 년 뒤에는 마음이 생각하는 대로 따르고 입이 말하는 대로 버려두어도, 전혀 나의 옳고 그름과 이롭고 해로움을 알지 못하는 건 물론 전혀 저 사람의 옳고 그름과 이롭고 해로움에 대해서도 알지 못하게 되었고, 선생님께서 나의 스승이신지 어떤 사람이 나의 벗인지도 알지 못하게 되었네. 안과 밖의 구별이 없어져 버린 거지.

그 후로는 눈이 귀와 같고 귀가 코와 같고 코는 입과 같아서 같지 않은 것이 없게 되었네. 마음은 엉겨서 뭉쳐지고 몸은 풀려 뼈와 살이 모두 어우러져, 몸이 의지하고 있는 것과 발이 밟고 있는 것들을 깨닫지 못하게 되어 바람을 따라 동쪽으로 갔다 서쪽으로 갔다 하는 것이 마치 나뭇잎이나 매미 껍질처럼 가벼워져서 마침내는 바람이 나를 타는 건지 내가 바람을 타는 건지도 알지 못하게 되었네.

지금 그대가 나의 문하로 들어온 지 얼마 되지도 않았는데 나를 원망스럽게 생각하기를 여러 번이나 했네. 그대의 몸 한 조각도 기운이 받아들여 주지 않을 것이며 그대의 몸의 한 마디조차 땅이 용납해 주지 않을 것이니, 허공을 밟고 다니며 바람을 타는 일이야 될 수가 있겠는가?"

윤생은 너무 부끄러워 한동안 숨을 몰아쉬면서 감히 다시는 더 말하지 못했다.

| 원문 |

列子師老商氏, 友伯高子, 進[1]二子之道, 乘風[2]而歸.

尹生聞之, 從列子居, 數月不省舍.[3] 因閒[4]請蘄[5]其術者, 十反[6]而十不告. 尹生懟[7]而請辭, 列子又不命.[8]

尹生退數月, 意不已,[9] 又往從之.

列子曰; 汝何去來之頻[10]?

尹生曰; 曩[11]章戴[12]有請於子, 子不我告, 固有憾於子. 今復脫然,[13] 是以又來.

列子曰; 曩吾以汝爲達,[14] 今汝之鄙[15]至此乎? 姬![16] 將告汝所學於夫子者矣.

自吾之事夫子, 友若人[17]也, 三年之後, 心不敢念是非, 口不敢言利害, 始得夫子一眄[18]而已.

五年之後, 心庚[19]念是非, 口庚言利害, 夫子始一解顏[20]而笑.

---

1 進(진) : 진(盡)과 통하여 '다하다'. '다 배우다'.

2 乘風(승풍) : 바람을 타다. 『장자』 어슬렁어슬렁 노님편에서도 '열자는 바람을 타고 다니기를 시원히 잘한다'고 했다.

3 省舍(성사) : 자기 집 일을 돌보는 것.

4 因閒(인한) : 틈을 엿보아. 틈을 내어.

5 蘄(기) : 구(求)하다. 가르침을 바라다.

6 十反(십반) : 열 번 되풀이하다.

7 懟(대) : 원망하다.

8 不命(불명) : 명령을 내리지 않다. 돌아가거나 남아 있으라는 아무런 말도 하지 않는 것.

9 意不已(의불이) : 뜻이 다하지 않아. 미련이 가시지 않아서.

10 頻(빈) : 자주. 잦다.

11 曩(낭) : 옛날. 전에.

12 章戴(장대) : 윤생의 자. '대'가 재(載)로 씌어 있는 판본도 있다.

13 脫然(탈연) : 유감스럽던 마음이 풀리는 것.

14 達(달) : 도리에 통달하여 있는 것.

15 鄙(비) : 비천(鄙賤)함. 마음이 좁은 것.

16 姬(거) : 거(居)와 통하여 '있어라', '거기 있거라'의 뜻.

17 若人(약인) : 그러한 사람, 곧 친구인 백고자를 가리킨다.

18 一眄(일면) : 한번 돌아다보다. 일고(一顧).

七年之後, 從心之所念, 庚無是非, 從口之所言, 庚無利害. 夫子始一引吾, 竝席而坐.

九年之後, 橫[21]心之所念, 橫口之所言, 亦不知我之是非利害歟, 亦不知彼之是非利害歟, 亦不知夫子之爲我師, 若人之爲我友, 內外進[22]矣.

而後眼如耳,[23] 耳如鼻, 鼻如口, 無不同也. 心凝形釋,[24] 骨肉都融, 不覺形之所倚, 足之所履, 隨風東西, 猶木葉幹殼,[25] 竟不知風乘我邪, 我乘風乎!

今女居先生之門, 曾未浹時,[26] 而懟憾者再三. 女之片體,[27] 將氣所不受, 汝之一節, 將地所不載. 履虛乘風, 其可幾乎[28]?

尹生甚怍,[29] 屛息[30]良久, 不敢復言.

| 해설 |

열자는 자기가 수련하던 경험을 이야기하면서 완전한 인간에 이르는 단계를 설명하고 있다. 먼저 사람은 마음속에 도사린 옳고 그르다는 생각과

---

19 庚(경) : 갱(更)과 통하여 '다시'.

20 解顏(해안) : 웃을 때 얼굴을 푸는 것. 활짝.

21 橫(횡) : 그대로 따르는 것. 멋대로 버려두는 것.

22 內外進(내외진) : 안팎이 다하다. 나와 남 및 물건과의 한계가 없어지다.

23 眼如耳(안여이) : 눈은 귀와 같다. 이 대목은 뜻과 마음이 없어져 자기 감각 기관의 기능조차도 잊었음을 뜻한다.

24 心凝形釋(심응형석) : 마음은 엉겨 굳어지고 몸은 풀리다, 곧 자기 마음도 잊고[無心], 자신도 잊는[無我] 경지에 이른 것.

25 幹殼(간각) : 매미 껍질.

26 浹時(협시) : 짧은 동안. 일시.

27 片體(편체) : 몸의 한 부분.

28 可幾乎(가기호) : 되기를 바랄 수 있겠는가?

29 怍(작) : 부끄러워하는 것.

30 屛息(병식) : 숨을 몰아쉬는 것.

이롭고 해롭다는 마음을 없애기에 힘써야 한다. 그 다음엔 없애려는 노력 없이 자연스러울 수 있는 단계에 이르러야 한다. 그리고는 옳고 그름과 이롭고 해로운 것에 대한 생각이 마음속에서 완전히 떠나야 한다. 끝으로는 자기 마음도 잊고[無心], 자기 감정도 잊고[無情], 자기 자신의 존재조차도 잊는[無我] 경지에 이르러야 한다. 그렇게 되면 사람도 바람을 타고 허공 속을 마음대로 다닐 수 있게 된다는 것이다.

장자는 어슬렁어슬렁 노님편에서 열자가 바람을 타고 다닌 것은 훌륭한 일이기는 하나 바람을 탄다는 것은 아직 의지하는 데가 있음을 뜻하기 때문에 완전한 참된 사람[眞人]은 못된다고 했다.

4. 지극한 사람[至人]의 경지

열자가 관윤關尹에게 물었다. "지극한 사람은 물속을 다녀도 숨 막히지 아니하고 불을 밟아도 뜨겁지 아니하며 여러 가지 물건의 위 높은 곳을 다녀도 두려워하지 않습니다. 여쭙건대 어떻게 그런 경지에 이르게 되는 겁니까?"

관윤이 대답했다. "그것은 순수한 기운을 지키기 때문이다. 지혜와 기교와 과감한 용기 같은 것이 아니다. 거기 앉거라. 내가 네게 이야기해 주마.

무릇 모습과 모양과 소리와 빛깔이 있는 것은 모두가 물건이다. 물건과 물건이 어찌하여 서로 다르겠느냐? 어떻게 하면 처음의 본래의 모습으로 가게 되겠느냐? 모든 것은 현상인 빛깔이 다르게 할 따름이다.

곧 만물은 형체가 없는 것에 의해 만들어져서 변화가 없는 것으로 돌아가게 된다. 무릇 이러한 것을 터득하여 그러한 사실을 추구하는 사람은 올바른 도리를 알게 될 것이다. 그는 지나치지 않은 법도에 처신하게 되고 끝없는 자연 변화의 원리에 몸을 두게 되어, 만물이 시작되고 끝나는 영원함에 노닐게 될 것이다. 그의 본성이 하나가 되고 그의 기운이 길러지고 그의 덕이 불어나 만물이 만들어진 원리에 통달하게 될 것이다.

이와 같은 사람이라면 그의 천성은 온전히 지켜지고 그의 정신엔 빈틈이 없게 될 것이니 그의 밖의 것들이 어디로부터 끼어들겠느냐?

술 취한 사람이 수레에서 떨어진다면 비록 빠른 속력이라 하더라도 죽지 않는다. 뼈마디는 사람들과 같은데도 피해는 보통 사람들과 다른 것이다. 그것은 그의 정신이 온전하여 수레를 타는 것도 알지 못하고 떨어지는 것도 알지 못하기 때문이다. 죽음과 삶의 놀라움과 두려움이 그의 가슴에 스며들지 않기 때문이다. 그래서 어떤 일을 당하더라도 두려워하지 않는 것이다. 술에 의해 온전하게 된 사람조차도 이러하거늘 하물며 천성에 의해 온전하게 된 사람이야 어떠하겠느냐? 성인은 하늘에 몸을 담아 두기 때문에 만물은 그를 손상시킬 수가 없는 것이다."

| 원문 |

列子問關尹**1**曰; 至人潛行**2**不空,**3** 蹈火不熱, 行乎萬物之上**4**而不慄.**5**

---

1 關尹(관윤) : 관령(關令) 윤희(尹喜). 관문을 지키는 사람. 『장자』 삶의 진실에 통달함편에 비슷한 이야기가 있으니 참조하기 바람.
2 潛行(잠행) : 물속을 헤엄쳐 다니는 것.
3 不空(불공) : '공'은 질(窒)의 잘못. '숨이 막히지 않는 것'.
4 萬物之上(만물지상) : 만물의 위. 매우 높은 곳을 가리킨다.

請問何以至於此?

關尹曰; 是純氣[6]之守也. 非智巧果敢之列. 姬,[7] 魚[8]語女.

凡有貌像聲色者, 皆物也. 物與物何以相遠[9]也? 夫奚足以至乎先? 是色而已.

則物之造乎不形, 而止乎無所化. 夫得是而窮之者[10]焉, 得爲正焉. 彼將處乎不深[11]之度, 而藏乎無端之紀,[12] 遊乎萬物之所終始,[13] 壹其性, 養[14]其氣, 含其德, 以通乎物之所造.[15]

夫若是者, 其天守全, 其神無郤,[16] 物奚自入焉?

夫醉者之墜於車也, 雖疾[17]不死. 骨節與人同, 而犯害與人異. 其神全也, 乘亦弗知也, 墜亦弗知也. 死生驚懼, 不入乎其胷. 是故遻[18]物而不慴.[19] 彼得全於酒, 而猶若是, 而況得全於天乎? 聖人藏於天, 故物莫之能傷也.

---

5 慄(율) : 두려워서 떠는 것.
6 純氣(순기) : 순수한 기운. 마음에 어떤 일에 사로잡힌 생각이나 욕망이 들어 있지 않은 것.
7 姬(거) : 거(居)와 통하여, '거기 있거라', '거기 앉거라'의 뜻.
8 魚(어) : 오(吾)의 잘못.(張湛 說) 나.
9 何以相遠(하이상원) : 어찌 서로 멀겠는가? 만물은 형체와 소리, 빛깔을 지닌 면에서는 서로 다르지 않다는 뜻임.
10 窮之者(궁지자) : 그러한 원리를 추궁하여 도통한 사람.
11 不深(불심) : '심'은 음(淫)으로 쓰는 것이 옳으며(張湛 說), '지나치지 않는 것'. '자연스러운 것'.
12 無端之紀(무단지기) : 끝없는 자연 변화의 원리[紀].
13 萬物之所終始(만물지소종시) : 만물이 끝나고 시작되게 하는 것. 만물의 존재를 시작토록 하고 다시 끝내도록 하는 것은 결국 '도'이다.
14 含(함) : 품다. 불어나다.
15 物之所造(물지소조) : 만물이 창조된 바, 곧 도를 뜻한다.
16 郤(극) : 틈. 틈이 없음은 완전히 통일되어 있음을 뜻한다.
17 疾(질) : 속도가 빠른 것.
18 遻(오) : 만나다.
19 慴(접) : 두려워하다.

　　도에 통달한 지극한 사람은 물건에 의해 행동에 방해를 받지 않는다. 물속에 들어가도 숨이 막히지 않고 불 속에 들어가도 뜨거운 줄 모른다. 그것은 자연의 원리대로 처신하며 도에 통달했기 때문이다. 천성이 통일되고 정신이 온전히 도에 통한 사람은 사람이 지닌 능력이나 성격의 한계를 초월하기 때문에 다른 물건이 그의 몸이나 정신에 관여할 수가 없다는 것이다.

　　『장자』삶의 진실에 통달함편을 아울러 읽으면 더욱 재미있을 것이다.

5. 열자의 활쏘기

　　열자가 백혼무인을 따라서 활을 쏘았다. 활시위를 팽팽하게 당기고 그의 팔꿈치 위에 한 잔의 물을 올려놓은 다음 활을 쏘았는데 화살촉이 앞서 쏜 화살 꼬리에 겹쳐지듯이 맞았고, 화살이 나가자마자 다시 다른 화살이 시위에 메겨졌다. 이때에 그는 마치 꼭두각시 같았다.

　　백혼무인이 말했다. "그것은 활쏘기의 활쏘기이지 활을 쏘지 않는 활쏘기는 아닐세. 그대와 함께 높은 산에 올라가 높이 솟은 바위를 밟고서 백 길의 낭떠러지를 앞에 둔다면 그대는 그대로 쏠 수가 있겠는가?"

　　그리고서 백혼무인은 마침내 높은 산으로 올라갔다. 높이 솟은 바위를 밟고 백 길의 낭떠러지를 앞에 두고 뒤로 돌아서서 뒷걸음질을 치는데 두 다리는 갈라져 하나는 벼랑 밖으로 내어 놓고서 열자를 손짓하며 데리고 갔다. 열자는 땅에 엎드려 발꿈치가 젖도록 땀을 흘렸다.

백혼무인이 말했다. "지극한 사람이란 위로는 푸른 하늘을 뒤져보고 아래로는 땅 속 황천黃泉까지 잠겨들어 가면서 사방팔방을 멋대로 다녀도 정신과 기운이 변하지 않는 법일세. 지금 그대는 두려워 눈을 감으려는 생각을 지니고 있네. 그대는 과녁을 맞히기 어려울 걸세!"

| 원문 |

列禦寇[1]爲伯昏人[2]射. 引之盈貫,[3] 措[4]杯水其肘上,[5] 發之, 鏑[6]矢復沓,[7] 方矢[8]復寓.[9] 當是時也, 猶象人[10]也.

伯昏瞀人曰; 是射之射,[11] 非不射之射也. 當與汝登高山, 履危石,[12] 臨百仞之淵, 若能射乎?

於是瞀人遂登高山, 履危石, 臨百仞[13]之淵, 背逡巡,[14] 足二分, 垂在

---

1 列禦寇(열어구) : 곧 열자(列子). 열자의 이름이 '어구(禦寇)'임을 의심하는 학자도 있다. 이 대목은 『장자』 문후의 스승 전자방편에도 비슷한 기록이 있으니 참조 바람.

2 伯昏人(백혼인) : 앞 '하늘의 상서로운 조짐'편에도 보인 열자의 친구. 그러나 이곳의 기록으로 보아 열자보다 도를 닦는 데 있어서 앞선 선배인 듯하다.

3 盈貫(영관) : 화살촉이 활대에 닿도록 시위를 잔뜩 잡아당기는 것.

4 措(조) : 갖다 놓다. 두다.

5 肘上(주상) : 팔꿈치 위. 시위를 잡아당기는 오른편 팔꿈치 위에 물 잔을 올려놓는다는 것은 활을 쏘는 팔이 움직이지 않음을 증명하기 위한 것이다.

6 鏑(적) : 화살촉. 적(適)과 통하여 아래 '방(方)'자와 대응하는 조사로 보는 이도 있다.

7 復沓(복답) : 화살이 겹쳐서 같은 장소에 들어맞는 것.

8 方矢(방시) : 화살을 쏘자마자.

9 復寓(복우) : 거듭 활시위에 화살을 메기다. 활을 빠르게 쏘는 것을 형용한 말임.

10 象人(상인) : 꼭두각시. 인형(人形).

11 射之射(사지사) : 보통 활쏘기 개념에서 활을 잘 쏘는 것. 곧 세속적인 활쏘기로서 활을 잘 쏘는 것. 따라서 '불사지사(不射之射)'는 보통의 활쏘기 개념을 초월한 정신적인 활쏘기로서 활을 쏘는 것.

12 危石(위석) : 높이 솟은 바위.

13 仞(인) : 길이의 단위. 옛 주척(周尺)으로 일곱 자나 여덟 자. 우리말로는 한 발 정도의 길이이다.

外,¹⁵ 揖¹⁶禦寇而進之. 禦寇伏地, 汗流至踵.¹⁷

伯昏瞀人曰; 夫至人者, 上闚¹⁸青天, 下潛黃泉,¹⁹ 揮斥²⁰八極,²¹ 神氣
不變. 今汝怵然²²有恂目²³之志. 爾於中也²⁴殆矣夫!

| 해설 |

여기에서는 '지극한 사람'의 '지극함'을 활쏘기로써 깨우쳐 주고 있다.
귀신같이 빠른 속도로 백발백중 표적을 맞추는 뛰어난 활쏘기 재주도 세
속적인 기술에 지나지 않는다. 지극한 경지란 무척 어려운 상황에서도 평
지와 같이 행동할 수 있는 것을 말한다. 따라서 '지극한 사람의 경지'란
아무리 밖의 환경이나 사정이 어렵더라도 정신과 마음이 조금도 흔들리지
않고 초연한 것이다. 그것은 자기와 만물이 혼연히 하나가 되고 자기 마
음이 자연과 융합할 때에만 가능하다. 여기의 열자 이야기는 열자가 아직
도 공부를 올바로 다 하지 못했던 시절의 일이다.『장자』문후의 스승 전
자방편을 참조하기 바란다.

---

14 背逡巡(배준순) : 뒤로 돌아서서 우물쭈물 나아가는 것.
15 垂在外(수재외) : 한쪽 발이 벼랑 바깥쪽으로 매달려 있는 것.
16 揖(읍) : 손짓 하는 것.
17 踵(종) : 발꿈치.
18 闚(규) : 하늘로 올라가 '뒤져보는 것'.
19 黃泉(황천) : 땅 속의 지하수, 땅 아래 세계.
20 揮斥(휘척) : 멋대로 쏘다니는 것.
21 八極(팔극) : 팔방(八方), 사방팔방.
22 怵然(출연) : 두려워하는 모양.
23 恂目(준목) : 두려워서 눈을 감는 것.
24 中也(중야) : 화살로 표적을 맞추는 것.

6. 지극한 믿음은 모든 것을 이겨 낸다

범씨 집안에 자화子華라는 아들이 있었다. 개인적으로 밑의 사람들을 잘 거느려서 온 나라가 그에게 복종했다. 진晉나라에서 임금에게 총애를 받아 벼슬을 하지 않았지만 삼경三卿보다도 더한 위치에 있었다. 그가 눈으로 특별히 봐 주기만 해도 진나라에서는 그에게 벼슬을 주었고, 그가 입으로 각별히 비난하기만 해도 진나라에서는 그를 내쳤다. 그의 집에 찾아와 머무는 사람들이 나라의 조정만큼이나 성황을 이루었다.

자화는 그의 집의 협기가 있는 손님들로 하여금 지혜가 있고 없음을 가지고 서로 겨루게 하고, 힘이 강하고 약함을 가지고 서로 싸우게 했다. 비록 눈앞에서 상하거나 다친다 하더라도 조금도 개의치 아니했다. 밤낮으로 종일 이렇게 장난하며 즐겨 그런 일이 온 나라 안에 거의 풍습처럼 되어 버렸다.

화생禾生과 자백子伯은 범씨 집의 중요한 손님이었다. 길을 나서서 성 밖의 교외를 지나다가 농사짓는 영감 상구개商丘開의 집에 머물게 되었다. 밤중에 화생과 자백 두 사람은 서로 자화의 명성과 세도를 이야기했다. 자화는 산 사람을 죽게 할 수도 있고 죽은 사람을 살려 줄 수도 있으며, 부한 사람을 가난하게 할 수도 있고 가난한 사람을 부하게 해줄 수도 있다고 했다.

상구개는 전부터 굶주림과 헐벗음에 몰리고 있었는데, 마침 창 북쪽에 숨어서 이 이야기를 들었다. 양식을 빌린 다음 삼태기를 짊어지고 자화의 집을 찾아갔다. 자화의 집 무리들은 모두가 좋은 집안 사람들이어서 비단옷을 입고 높은 수레를 탄 채 더딘 걸음으로 먼 산을 바라보며 거닐고 있었다.

그들이 상구개를 둘러보니 늙고 힘도 약하고 얼굴은 거무칙칙하고 의관도 챙겨 입지 못해서 그를 업신여겼다. 그리고 그에게 짓궂게 굴며 거짓말로 속이면서, 밀치고 쥐어박고 쓰러뜨리고 때리고 아무 짓이나 멋대로 했다. 상구개는 언제나 성내는 표정조차도 짓지 않아, 여러 사람들은 놀리는 재주가 다해 골려 주는 일에도 지치게 되었다.

  마침내 그들은 상구개와 함께 높은 누대에 올라가 여러 사람들에게 되는 대로 말했다. "누구든지 여기서 뛰어 내리는 사람이 있으면 상으로써 백금百金을 주겠다." 사람들이 모두 앞 다투어 나서자 상구개는 정말로 그러는 줄로 생각했다. 그는 마침내 남보다 먼저 뛰어 내렸는데, 몸이 새가 땅 위를 내려앉듯이 떨어져 살갗이며 뼈에 다친 데가 없었다. 범씨네 무리들은 우연한 일이라 생각하고 그것을 이상하게 여기지 않았다.

  그래서 다시 강물이 굽이치는 깊은 물굽이를 가리키면서 말했다. "저 속에 보배로운 구슬이 있는데 물속으로 들어가면 건져 낼 것이다." 상구개는 다시 그 말대로 물속으로 뛰어 들어갔다가 나올 적에는 정말로 구슬을 가지고 나왔다. 여러 사람들은 비로소 모두 놀라 의아해했다. 자화는 그를 비로소 고기 먹고 비단옷 입는 무리 속에 넣어 주었다.

  얼마 있다가 범씨 집 창고에 큰 불이 났다. 자화가 말했다. "만약 불 속으로 들어가 비단을 가져나오는 사람이 있다면 꺼내온 물건의 다소에 따라 상을 주겠다." 상구개는 불 속으로 들어갔는데 어려워하는 빛도 없었고, 불 속에서 왔다갔다 하는데 눈에는 재도 들어가지 않고 몸도 그을리지 아니했다.

  범씨네 무리들은 그가 도를 터득하고 있다고 생각하고 이에 모두 그에게 사과했다. "우리는 선생께서 도를 터득하고 계신 것도 모르고 선생을 속였고, 선생께서 신 같은 분[神人]이심을 모르고 선생을 욕보였습니다. 선생께서는 우리를 어리석다 여기셨을 것입니다. 선생께서는 우리를 귀머거리라 여기셨을 것입니다. 선생께서는 우리를 장님이라 여기셨을 것입니다. 감히 그 도를 여쭈어 보고자 합니다."

상구개가 대답했다. "저는 도를 터득한 게 없습니다. 저의 마음으로도 역시 그 까닭을 알지 못하겠습니다. 그러나 여기의 한 가지 사실을 선생들께 이야기해 보겠습니다. 전에 선생들 중 손님 두 명이 제 집에 묵은 일이 있는데 그 분들이 범씨네 권세를 칭송하는 이야기를 들었습니다. 산 사람을 죽게 할 수도 있고 죽은 사람을 살려 줄 수도 있으며, 부유한 사람을 가난하게 할 수도 있고 가난한 사람을 부유하게 해줄 수도 있다는 말이었습니다. 저는 그것을 진실로 여기고 의심하는 마음이 없었습니다. 그래서 먼 길을 마다 않고 찾아왔던 것입니다. 여기에 와서도 그 선생들의 말을 모두 사실이라 여겼습니다. 다만 그것을 진실로 믿는 데 철저하지 못할까 두렵고 그것을 실천하는 데 미흡할까 두렵기만 해서 몸 둘 바를 알지 못했고, 이로움이나 해로움이 있는 것도 알지 못했으며, 마음을 통일시키기만 했을 따름입니다. 모든 것들이 나를 거스르지 않았던 것은 그와 같았기 때문일 뿐입니다. 지금에야 비로소 선생들이 나를 속였음을 알게 되어 저의 마음속에 의심스러운 생각을 품게 되었고, 밖으로는 보고 듣는 것을 조심하게 되었습니다. 따라서 옛날에 불에 타지도 않고 물에 빠지지도 않았던 일을 요행으로 여기게 되었습니다. 그렇게 되자 놀란 듯이 몸 안이 뜨거워지고 두려워서 떨리게 되었으니 물과 불을 어찌 다시 가까이 할 수가 있겠습니까?"

그 뒤로부터 범씨네 무리들은 길에서 거지나 짐승 의원을 만나더라도 감히 욕보이지 아니하고 반드시 수레에서 내려 그에게 인사를 하게 되었다.

재아宰我가 그 이야기를 듣고서 그것을 공자에게 아뢰었다. 공자가
말했다. "그대는 알지 못하느냐? 무릇 지극한 마음을 가지고 있는 사
람은 모든 것을 감동시킬 수가 있으며, 하늘과 땅을 움직이고 귀신을
감동시켜 위아래와 사방을 멋대로 나돌아 다녀도 거슬리는 것이 없는
법이라네. 어찌 다만 위험한 곳을 밟고 서 있을 수 있고 물과 불에 들
어갈 수 있을 뿐이겠느냐? 상구개는 거짓을 믿었는데도 밖의 것들이
모두 거슬리지 않았다. 하물며 상대방과 내가 모두 진실한 경우에야
어떠하겠느냐? 너희들은 이것을 마음에 새겨 두어라."

| 원문 |

范氏有子曰, 子華. 善養私名,[1] 擧國服之. 有寵於晋君, 不仕而居三
卿[2]之右.[3] 目所偏視,[4] 晋國爵之, 口所偏肥,[5] 晋國黜[6]之. 遊其庭者, 侔[7]
於朝.

子華使其俠客,[8] 以智鄙[9]相攻, 彊弱相凌.[10] 雖傷破於前, 不用介意.

---

1 私名(사명) : 유협(遊俠)의 무리.(張湛 注) 개인의 재주와 능력이 있는 부하들.
2 三卿(삼경) : 주(周)나라 제도에선 사도(司徒)·사마(司馬)·사공(司空)을 말하며, 나라
의 재상급 벼슬.
3 右(우) : 오른편. 옛날엔 왼편보다 오른편을 존중하여 '보다 높은 자리'나 '더 뛰어난 것'
를 뜻했다.
4 偏視(편시) : 그에게만 치우쳐 특별히 보는 것.
5 偏肥(편비) : '비'는 비(毖)와 통하여, '특별히 훼방하다'. '특별히 비방하다'.
6 黜(출) : 벼슬자리로부터 내치는 것.
7 侔(모) : 같다. 비등하다.
8 俠客(협객) : 의협적인 사람. 여기서는 그의 밑에 와서 심부름이나 하며 지내는 사람, 유
객(遊客) 또는 식객(食客).
9 智鄙(지비) : 지혜가 있는 것과 지혜가 낮은 것.
10 相凌(능) : 서로 업신여김. 서로 골려 줌. 서로 싸움.

終日夜, 以此爲戲樂, 國殆成俗.

禾生子伯, 范氏之上客. 出行經坰外,**11** 宿於田更**12**商丘開之舍. 中夜, 禾生子伯二人, 相與言子華之名勢. 能使存者亡, 亡者存, 富者貧, 貧者富.

商丘開先窘**13**於飢寒. 潛於牖**14**北聽之. 因假糧**15**荷畚,**16** 之子華之門. 子華之門徒, 皆世族**17**也, 縞衣**18**乘軒,**19** 緩步闊視.**20**

顧見商丘開, 年老力弱, 面目犂**21**黑, 衣冠不檢,**22** 莫不眲**23**之. 旣而狎侮**24**欺詒,**25** 攩㧙**26**挨抌,**27** 亡所不爲. 商丘開常無慍容,**28** 而諸客之技單,**29** 憊**30**於戲笑.

遂與商丘開俱乘高臺, 於衆中漫言**31**曰; 有能自投下者, 賞百金. 衆皆

11 坰外(경외) : 성 밖의 교외.
12 田更(전경) : 경(更)은 수(叟)로 씀이 옳으며(張湛 說), '농사짓는 노인'.
13 窘(궁) : 궁(窮)과 통하여, '궁지에 빠지다'.
14 牖(유) : 창.
15 假糧(가량) : 양식을 남에게 꾸는 것.
16 荷畚(하분) : 삼태기를 짊어지는 것.
17 世族(세족) : 잘 사는 집안, 문벌이 있는 집안.
18 縞衣(호의) : 흰 비단옷을 입는 것.
19 軒(헌) : 큰 수레.
20 闊視(활시) : 거만한 태도로 주위를 둘러보는 것.
21 犂(리) : 검은 것.
22 檢(검) : 챙기다. 정돈하다.
23 眲(익) : 얕잡아보다. 멸시하다.
24 狎侮(압모) : 장난치며 골리는 것.
25 欺詒(기태) : 속이는 것.
26 攩㧙(당필) : '당'은 밀치는 것, 또는 때리는 것. '필'은 밀어뜨리는 것, 또는 쥐어박는 것.(張湛 注)
27 挨抌(애침) : '애'는 떠미는 것. '침'은 두드려 주는 것.
28 慍容(온용) : 성난 얼굴.
29 單(단) : 다하다. 탄(殫)과 같은 뜻.
30 憊(비) : 지치다.

競應, 商丘開以爲信然.[32] 遂先投下, 形若飛鳥, 揚於地, 肌骨[33]無磁.[34] 范氏之黨, 以爲偶然, 未詎[35]怪也.

因復指河曲[36]之淫隈[37]曰; 彼中有寶珠, 泳[38]可得也. 商丘開復從而泳之, 旣出, 果得珠焉. 衆昉[39]同疑, 子華昉令豫[40]肉食衣帛之次.[41]

俄而[42]范氏之藏大火. 子華曰; 若能入火取錦者, 從所得多少賞若. 商丘開往, 無難色, 入火往還, 埃[43]不漫,[44] 身不焦.

范氏之黨, 以爲有道, 乃共謝之曰; 吾不知子之有道而誕[45]子, 吾不知子之神人而辱子. 子其愚我也, 子其聾我也, 子其盲我也. 敢問其道.

商丘聞曰; 吾亡道. 雖吾之心, 亦不知所以. 雖然, 有一於此, 試與子言之. 曩[46]子二客之宿吾舍也, 聞譽范氏之勢, 能使存者亡, 亡者存, 富者貧, 貧者富. 吾誠之[47]無二心,[48] 故不遠而來. 及來, 以子黨之言皆實也. 唯恐誠之之不至, 行之之不及, 不知形體之所措, 利害之所存也. 心

---

31 漫言(만언) : 함부로 책임 없는 말을 하는 것.
32 信然(신연) : 정말 그러하다.
33 肌骨(기골) : '肌'는 肌(肌)와 같은 글자. '살갗과 뼈'.
34 磁(훼) : 깨어지다. 다치다.
35 詎(거) : 거(遽)와 통하여 '갑자기', 또는 '그것'.
36 河曲(하곡) : 강물이 굽이치는 곳.
37 淫隈(음외) : 깊은 모퉁이.
38 泳(영) : 잠수하는 것, 물속을 헤엄치는 것.
39 昉(방) : 비로소.
40 豫(예) : 참여시키다. 끼게 하다.
41 次(차) : 차례, 대열(隊列).
42 俄而(아이) : 갑자기. 조금 있다.
43 埃(애) : 먼지. 여기서는 연기와 재를 가리킴.
44 漫(만) : 가리다. 방해를 받다.
45 誕(탄) : 속이다.
46 曩(낭) : 전에. 옛날에.
47 誠之(성지) : 그것을 진실로 받아들이다.
48 二心(이심) : 두 가지 마음. 의심하는 것.

一而已. 物亡迕⁴⁹者, 如斯而已. 今昉知子黨之誕我, 我內藏猜慮,⁵⁰ 外矜⁵¹觀聽, 追幸昔日之不焦溺也. 怛然⁵²內熱, 惕然⁵³震悸⁵⁴矣. 水火豈復可近哉?

自此之後, 范氏門徒, 路遇乞兒馬醫, 弗敢辱也, 必下車而揖之.

宰我⁵⁵聞之, 以告仲尼. 仲尼曰; 汝弗知乎? 夫至信之人, 可以感物也. 動天地, 感鬼神, 橫⁵⁶六合⁵⁷而無逆者. 豈但履危險, 入水火而已哉? 商丘開信偽, 物猶不逆, 況彼我皆誠哉? 小子⁵⁸識之.

| 해설 |

지극한 믿음을 지니고 있으면 높은 곳에서 뛰어 내려도 다치지 않고 불이나 물에 들어가도 데거나 빠져 죽지 않는다. 그것은 믿음에 의해 그 사람의 마음이 통일되었기 때문이다. 마음만 완전히 통일되면 몸의 한계나 심리적인 동요로부터 완전히 벗어날 수가 있기 때문이다.

상구개란 사람은 남의 거짓을 진실이라 믿고도 몸의 여러 가지 위해를 초월할 수 있었다. 따라서 공자가 지적한 것처럼 진실을 참되게 믿을 수 있다면 사람은 거의 신과 같은 사람의 경지에 도달할 수 있다는 것이다.

---

49 迕(오) : 거스르다.

50 猜慮(시려) : 의심하는 생각.

51 矜(긍) : 삼가다. 조심하다.

52 怛然(달연) : 놀라는 모양. 갑자기.

53 惕然(척연) : 근심하고 두려워하는 모양.

54 震悸(진계) : 몸과 마음이 떨리는 것.

55 宰我(재아) : 춘추시대 노(魯)나라 사람으로 재여(宰子)라고도 부른다. 말을 잘하던 공자의 제자 중의 한 사람.

56 橫(횡) : 횡행(橫行)하다. 멋대로 돌아다니다.

57 六合(육합) : 하늘과 땅과 사방.

58 小子(소자) : 제자들을 가리켜 이르는 말.

7. 양앙梁鴦의 호랑이 기르는 법

주周나라 선왕宣王의 목정牧正으로 양앙이란 일꾼이 있었는데 들새와 들짐승을 잘 길렀다. 집 뜰 안에 먹이를 뿌려 놓으면 비록 호랑이나 이리나 매나 독수리의 종류라 하더라도 유순히 길들여지지 않는 게 없었다. 암놈과 수놈들이 눈앞에서 교미하고 새끼를 쳐서 무리를 이루었다. 종류가 다른 짐승들이 함께 섞여 있어도 서로 싸우거나 물어뜯지 않았다.

임금은 그의 재주가 그의 일생에서 끝날 것을 걱정하여 모구원毛丘園으로 하여금 그에게 가서 재주를 전해 받도록 했다.

양앙이 말했다. "저는 천한 일꾼입니다. 당신께 이야기해 줄 만한 무슨 재주가 있겠습니까? 임금님께서 내가 당신께 재주를 숨긴다고 여기실까 두려우니 그저 제가 호랑이를 기르는 방법을 한 말씀 드려 보겠습니다.

모든 짐승은 자기를 따라 주면 기뻐하고 자기를 몰려 하면 성을 냅니다. 그것은 바로 혈기를 지닌 동물들의 본성입니다. 그러니 기쁨이나 성냄을 어찌 그 놈들이 함부로 드러내도록 두겠습니까? 그것은 모두 모두 그 놈들을 거스르는 짓입니다.

호랑이를 기르는 사람은 감히 살아 있는 것을 그 놈들에게 주어서는 안 됩니다. 그 까닭은 그 놈들은 그것을 죽이기 위해 성을 내기 때문입니다. 감히 온전한 물건도 그 놈들에게 주어서는 안 됩니다. 그 까닭은 그 놈들은 그것을 부수기 위해 성을 내기 때문입니다. 그 놈들이 배고프고 배부른 때를 알맞게 맞추어 주어 그의 성내는 마음을 풀어 주어야 합니다.

호랑이와 사람은 종류가 다른 동물이지만 자기를 길러 주는 자에게는 좋아하며 따릅니다. 그리고 그가 상대방을 죽이는 것은 거슬리기 때문입니다. 그러니 내 어찌 감히 그 놈들을 거슬러 성나게 만들겠습니까? 그렇다고 그 놈들을 따름으로써 기쁘게 만들지도 않습니다. 기쁜 마음이 제자리로 돌아가면 반드시 성이 나게 되고, 성난 마음이 제자리로 돌아가면 언제나 기뻐하게 되는데, 모두가 알맞지 않은 것입니다.

　지금 내 마음에는 거슬림도 따름도 없습니다. 그래서 새나 짐승들이 나를 볼 적에 마치 그들의 친구처럼 여깁니다. 그러므로 나의 동산에서 노는 놈들은 큰 숲이나 넓은 연못을 생각하지 않고 나의 집 뜰에서 잠자는 놈들은 깊은 산이나 그윽한 골짜기를 바라지 않습니다. 이치가 그렇게 만들어 주는 것입니다."

| 원문 |

　周宣王^{1}之牧正,^{2} 有役人^{3}梁鴦者, 能養野禽獸. 委食^{4}於園庭之內, 雖虎狼鵰鶚^{5}之類, 無不柔馴者. 雄雌在前, 孳尾^{6}成羣. 異類雜居, 不相搏噬^{7}也.

　王慮其術終於其身, 令毛丘園^{8}傳之.

---

1 周宣王(주선왕) : 주나라 열한 번째 임금(B.C. 827-782 재위), 그의 손자 평왕(平王)은 도읍을 동쪽 낙양(洛陽)으로 옮겨 그 이후를 동주(東周)라 부른다.
2 牧正(목정) : 임금의 새와 짐승을 기르는 관리.
3 役人(역인) : 낮은 관리, 일꾼.
4 委食(위사) : 먹이를 여기저기에 뿌려 놓고 기르는 것.
5 鵰鶚(조악) : 매와 독수리 같은 사나운 새들.
6 孳尾(자미) : '자'는 젖을 먹여 기르는 것. '미'는 교미(交尾)하는 것.
7 搏噬(박서) : 서로 치고 물어뜯고 하는 것.
8 毛丘園(모구원) : 원(園)은 어(圉)로 된 판본도 있으며, 역시 짐승을 기르는 관리임.

梁鴦曰; 鴦, 賤役也. 何術以告爾? 懼王之謂隱於爾也, 且一言我養虎之法.

凡順之則喜, 逆之則怒, 此有血氣者之性也. 然喜怒豈妄發哉? 皆逆之所犯也.

夫食虎**9**者, 不敢以生物與之, 爲其殺之之怒也. 不敢以全物**10**與之, 爲其碎之之怒也. 時其飢飽, 達其怒心.**11**

虎之與人異類, 而媚**12**養己者, 順也. 故其殺之, 逆也. 然則吾豈敢逆之使怒哉? 亦不順之使喜也. 夫喜之復**13**也必怒, 怒之復也常喜, 皆不中**14**也.

今吾心無逆順者也, 則鳥獸之視吾, 猶其儕**15**也. 故遊吾園者, 不思高林曠澤,**16** 寢吾庭者, 不願深山幽谷. 理使然也.

| 해설 |

도에 이르는 길은 자기의 마음과 감정을 없애는 것이다. 마음과 감정이 없으면 사나운 들짐승이라 하더라도 그의 앞에서는 무감각하게 되어 유순해진다. 마음이 없는 완전한 경지에 들어가면 사나운 들짐승뿐만 아니라 높은 절벽이나 깊은 물이나 뜨거운 불길까지도 그에게 아무런 위해를 가할 수 없다는 것이다.

---

9 食虎(사호) : 호랑이를 기르는 것.
10 全物(전물) : 머리와 다리가 다 붙은 완전한 물건.
11 達其怒心(달기노심) : 그의 성내는 마음을 풀어 주어 부드럽게 해주는 것.
12 媚(미) : 아첨하다. 좋아하다.
13 復(복) : 기쁘거나 성나지 않았던 본래의 상태로 되돌아가는 것.
14 中(중) : 들어맞다. 적합하다.
15 儕(제) : 친구. 같은 무리.
16 曠澤(광택) : 넓은 못.

8. 어떻게 하면 배를 잘 다루게 되는가?

안회顔回가 공자에게 물었다. "제가 일찍이 상심觴深 연못을 건너는데 뱃사공이 배 다루기를 귀신처럼 하더군요. 저는 그에게 배 다루는 법을 배울 수가 있겠느냐고 물었습니다. 그의 대답은 다음과 같았습니다. '배울 수 있습니다. 물 위를 헤엄칠 줄 아는 사람에게는 가르칠 수 있습니다. 헤엄을 잘 치는 사람은 배를 다루는 재주도 압니다. 그리고 물속을 헤엄칠 줄 아는 사람은 배를 본 일이 없다 하더라도 바로 배를 다룰 줄 알 것입니다.' 제가 왜 그러냐고 물었습니다만 설명해 주지 않았습니다. 감히 어찌하여 그렇게 말했는지 여쭈어 보고자 합니다."

공자가 말했다. "아아, 나와 너는 오랫동안 옛글을 다루어 왔지만 그 진실에는 도달하지 못했구나. 그렇지만 이야기해 볼까. 헤엄칠 줄 아는 사람에게는 가르칠 수 있다고 한 것은 물을 가벼이 여기기 때문일 것이다. 헤엄을 잘 치는 사람은 그 재주도 알고 있다고 한 것은 물을 잊기 때문일 것이다. 그리고 물속을 헤엄칠 줄 아는 사람은 배를 본 일이 없다 하더라도 바로 배를 다룰 줄 안다고 한 것은 그는 깊은 물을 언덕처럼 생각하고 배가 뒤집히는 것을 마치 수레가 뒤로 구르는 것으로 알기 때문일 것이다. 뒤집히고 뒤로 구르고 하는 여러 가지 현상이 바로 눈앞에 벌어져 있지만 그의 마음엔 들어오질 않는 것이다. 어떤 일이 닥친다 한들 어찌 여유가 없겠느냐? 기왓장을 걸고 놀음을 하면 잘하다가도 은고리[鉤]를 걸고 하면 겁을 내게 되고 황금을 걸고 하면 멍청하게 된다. 기교는 같지만 아까운 마음이 있으면 그 밖의 물건을 중히 여기게 되는 것이다. 밖의 물건을 중히 여기는 사람은 마음을 졸이게 되는 것이다."

| 원문 |

顔回[1]問乎仲尼曰; 吾嘗済乎觴深[2]之淵矣, 津人[3]操舟若神, 吾問焉, 曰; 操舟可學邪? 曰; 可. 能遊[4]者可教也. 善遊者數[5]能. 乃若夫沒人,[6] 則未嘗見舟, 而謖[7]操之者也. 吾問焉而不告. 敢問何謂也?

仲尼曰; 譆![8] 吾與若, 玩其文也久矣, 而未達其實. 而固且道與. 能遊者可教也, 輕水也. 善遊者之數能也, 忘水也. 乃若夫沒人之未嘗見舟也而謖操之也, 彼視淵若陵, 視舟之覆猶其車卻[9]也. 覆卻萬物方陳乎前, 而不得入其舍.[10] 惡[11]往而不暇?[12] 以瓦摳[13]者巧, 以鈎[14]摳者憚,[15] 以黃金摳者惛.[16] 巧一也, 而有所矜, 則重外也. 凡重外者, 拱內[17]."

---

1 顔回(안회) : 춘추시대 노(魯)나라 사람. 자가 자연(子淵)이어서 안연(顔淵)이라고도 부른다. 공자의 제자 중에서도 학문과 덕행이 뛰어나 공자의 사랑을 받았던 제자임.

2 觴深(상심) : 연못의 이름.

3 津人(진인) : 사공.

4 遊(유) : 물위를 헤엄치는 것.

5 數(수) : 재주. 술(術)의 뜻.

6 沒人(몰인) : 물속을 헤엄치는 사람, 잠수하는 사람.

7 謖(속) : 일어나다. 바로. 『장자』 삶의 진실에 통달함편엔 '변(便)'으로 되어 있다.

8 譆(의) : 아아, 감탄사.

9 卻(각) : 뒷걸음. 뒤로 물러남.

10 舍(사) : 마음. 마음은 정신이 깃드는 집[舍]이란 뜻에서 '사'라고 한 것이다.(宣穎 說)

11 惡(오) : 어찌. 어느 곳.

12 暇(하) : 틈. 여유.

13 摳(구) : 손으로 물건을 더듬어 찾는 것. 여기서는 옛날의 장구(藏彄)라는 놀음을 하는 것을 뜻한다.

14 鈎(구) : 은이나 동(銅)으로 만든 고리.

15 憚(탄) : 꺼리다. 거리끼다.

16 惛(혼) : 멍청해지다.

17 拱內(공내) : 마음을 졸이다, 마음이 졸렬해지다. '공'은 졸(拙)로 되어 있는 판본도 있다. 같은 뜻임.

물속에 들어가 헤엄을 잘 칠 수 있는 사람은 배우지 않아도 배를 마음
대로 다룰 수 있다. 사람의 마음이 온전하면 외부의 여러 가지 조건이나
재주는 아무 문제가 되지 않는다. 이와 같은 내용이 『장자』 삶의 진실에
통달함편에도 있으니 참조하기 바란다.

9. 소용돌이치는 물속에서도 헤엄치는 방법

공자가 여량呂梁에서 물 구경을 하고 있었다. 그 곳 폭포는 서른 길
이나 되고 물거품은 삼십 리나 뻗쳐 있어 거북이나 악어나 물고기나
자라도 헤엄칠 수가 없는 형세였다. 한 장정이 그 곳에서 헤엄치고 있
는 것을 보고서 괴로움이 있어 죽으려고 하는 사람인 줄 알고 제자들
로 하여금 흐름을 따라 내려가 그를 건져 주도록 했다.

그는 수백 보步 거리를 헤엄쳐 내려간 뒤 나와서는 머리를 풀어 헤
친 채 노래하며 걸어가서 언덕 위의 길을 거니는 것이었다. 공자는 그
를 따라가서 물었다. "여량은 폭포의 높이가 서른 길이나 되고 흐르는
물거품은 삼십 리에 뻗쳐 있어 거북이나 악어나 물고기나 자라도 헤
엄칠 수가 없는 곳입니다. 조금 전에 나는 선생께서 물에 들어가는 것
을 보고서 괴로움이 있어 죽으려는 사람인 줄 알고 제자들로 하여금
물결을 따라 내려가 선생을 건져 주도록 했습니다. 선생은 물에서 나
와 머리를 풀어 헤친 채 노래를 하며 걷고 있습니다. 나는 선생을 귀
신이 아닌가 하고 생각했는데 선생을 살펴보니 사람입니다. 여쭙건대
물에 들어가는 데에도 도가 있습니까?"

그가 대답했다. "없습니다. 제겐 도가 없습니다. 저는 타고난 바탕

대로 시작한 것이 습성으로 발전하고 천성天性이 되어 버려, 소용돌이와 함께 들어가 용솟음과 더불어 나옵니다. 물의 도를 따르기만 하지 개인의 능력으로 하는 것이 아닙니다. 이것이 제가 물속에서 움직이는 도입니다."

공자가 물었다. "타고난 바탕대로 시작한 것이 습성으로 발전하고 천성이 되어 버렸다는 것은 무엇을 말하는 것입니까?"

그가 대답했다. "저는 육지에서 나서 육지에서 안심하고 지내는데 이것이 바탕입니다. 다시 물에서 자라나 물에서 안심하고 지내게 되었는데 이것이 습성입니다. 제가 그렇게 되는 까닭도 모르면서 그렇게 되어 버렸는데 그것이 천성입니다."

| 원문 |

孔子觀於呂梁,[1] 懸水[2]三十仞, 流沫[3]三十里, 黿[4]鼉[5]魚鼈[6]之所不能遊也. 見一丈夫遊之, 以爲有苦而欲死者也, 使弟子竝流而承[7]之.

數百步而出, 被髮行歌, 而遊於棠行.[8] 孔子從而問之日; 呂梁懸水三十仞, 流沫三十里, 黿鼉魚鼈所不能遊. 向[9]吾見子道之,[10] 以爲有苦而欲死者, 使弟子竝流將承子. 子出而被髮行歌, 吾以子爲鬼也, 察子則人

---

1 呂梁(여량) : 땅 이름. 지금의 강소(江蘇)성 팽성(彭城)에 있다.
2 懸水(현수) : 폭포(瀑布).
3 沫(말) : 물거품.
4 黿(원) : 큰 자라의 일종. 거북이.
5 鼉(타) : 악어.
6 鼈(별) : 자라.
7 承(승) : 『장자』엔 승(拯)으로 되어 있으며 물에서 건져 올려 주는 것.
8 棠行(당행) : 당(棠)은 당(塘)과 통하여 방축. 행(行)은 길. 따라서 방축 위의 길.
9 向(향) : 방금 전.
10 道之(도지) : 도(道)는 도(蹈)로 씀이 옳으며, '물속으로 걸어 들어가는 것'.

也. 請問蹈水有道乎?

曰; 亡. 吾無道. 吾始乎故,**11** 長乎性, 成乎命. 與齋**12**俱入, 與汨**13**偕
出. 從水之道, 而不爲私焉. 此吾所以道之也.

孔子曰; 何謂始乎故, 長乎性, 成乎命也?

曰; 吾生於陵,**14** 而安於陵, 故也. 長於水, 而安於水, 性也. 不知吾所
以然而然, 命也.

| 해설 |

　지극한 사람의 또 한 가지 요건은 자기의 사사로운 능력이나 마음을 벗
어나 천성대로 행동하는 데 있다. 그것은 곧 자기를 없애고 완전히 자연에
융화됨을 말한다. 그런 사람은 만물에 대해 거스르는 일이 없기 때문에
아무리 험난한 곳에 몸을 두더라도 어떤 물건도 그를 상케 하지 못한다.

　이 대목도 『장자』 삶의 진실에 통달함편에 있으니 참조하기 바란다.

10. 매미를 줍듯이 잡는 방법

　공자가 초楚나라에 가서 숲속을 지나다가 꼽추가 매미를 잡는 것을
보았는데 마치 매미를 줍는 것과 같았다. 공자가 말했다. "당신은 교
묘하오. 특별한 방법이 있는 겁니까?"

---

11 故(고) : 타고난 바탕. 본래의 바탕.
12 命(명) : 하늘이 내려 준 것, 천성(天性).
13 齋(재) : 소용돌이.
14 汨(골) : 용솟음.
15 陵(능) : 언덕. 여기서는 육지를 뜻한다.

그가 대답했다. "제게는 도가 있습니다. 오뉴월에 막대기 끝에 공을 두 개 쌓아 놓고서 떨어뜨리지 않으면 매미를 놓치는 일이 극히 드물게 됩니다. 세 개를 쌓아 놓고도 떨어뜨리지 않으면 매미를 놓치는 일은 열 번에 한 번 정도가 됩니다. 다섯 개를 쌓아 놓고도 떨어뜨리지 않으면 마치 매미를 줍는 것같이 될 것입니다. 저의 몸가짐은 마치 나무 그루터기가 서 있는 것 같고 저의 팔 움직임은 마치 마른 나뭇가지와 같습니다. 비록 하늘과 땅이 크고 만물은 많다고 하지만 다만 매미 날개만을 알 뿐입니다. 저는 몸을 젖히지도 않고 기울이지도 않으며 만물을 가지고 매미의 날개와 바꾸는 일이 없는데 어찌하여 못 잡겠습니까?"

공자는 제자들을 돌아다보면서 말했다. "지닌 뜻이 산만해지지 않는다면 곧 귀신처럼 되는 법인데, 그것은 꼽추 영감을 두고 한 말일 것이다."

영감이 말했다. "당신은 선비의 긴 옷을 입은 사람입니다. 그런데 어찌 이런 것을 물을 줄 아십니까? 당신이 추구하는 일을 터득하고 난 다음에 다시 이런 이야기를 하도록 하십시오."

| 원문 |

仲尼適楚, 出於林中, 見痀僂**1**者承蜩,**2** 猶掇**3**之也. 仲尼曰; 子巧乎, 有道邪?

曰; 我有道也. 五六月**4**累**5**坑**6**二而不墜, 則失者錙銖.**7** 累三而不墜,

---

1 痀僂(구루) : 꼽추.
2 承蜩(승조) : 긴 막대기 끝에 적당한 물건을 달아가지고 매미를 잡는 것.
3 掇(철) : 줍는 것.

則失者十一.⁸ 纍五而不墜, 猶掇之也. 吾處也若橛⁹株駒,¹⁰ 吾執臂¹¹若槁木之枝. 雖天地之大, 萬物之多, 而唯蜩翼之知. 吾不反不側,¹² 不以萬物易蜩之翼, 何爲而不得?

孔子顧謂弟子曰; 用志不分, 乃凝¹³於神, 其痀僂丈人之謂乎!

丈人曰; 汝逢衣¹⁴徒也. 亦何知問是乎? 修汝所以,¹⁵ 而後載言其上.

| 해설 |

여기서는 매미를 귀신처럼 잘 잡는 꼽추 이야기를 하면서, 사람이 뜻을 순수하게 통일하기만 하면 무슨 일이나 귀신처럼 할 수 있는 방법을 터득하게 됨을 이야기하고 있다. 이처럼 뜻을 통일시키는 것도 지극한 사람의 요건 중 하나이다. 이 대목도 『장자』 삶의 진실에 통달함편에 실려 있다.

---

4 五六月(오륙월) : 오뉴월. 매미가 가장 많은 달임.

5 纍(류) : 루(累)와 통하여, 쌓아 올리는 것.

6 垸(완) : 환(丸)과 통하여, '공', '알'.

7 錙銖(치수) : 무게의 단위. '치'는 육수(六銖), 일수(一銖)는 십이분(十二分).(『淮南子』 天文) 모두 극히 작은 무게의 단위이므로 여기서는 '극히 작은 것' 또는 '극히 미세한 것'을 뜻한다.

8 十一(십일) : 열에서 하나. 십분의 일. 일할(一割).

9 橛(궐) : 말뚝, 토막나무. 세우다.(李頤 說)

10 株駒(주구) : 나무 그루터기.

11 執臂(집비) : 팔놀림.

12 不反不側(불반불측) : 몸이 젖혀지지도 않고 기울어지지도 않다, 몸이 꼿꼿함을 뜻한다.

13 凝(응) : 의(疑)로 씀이 옳으며, 의(疑)는 의(擬)와 통하여 '비슷하게 되다', '견줄 만하게 되다'.(王叔岷 說)

14 逢衣(봉의) : 봉(逢)은 대(大)의 뜻으로 '품이 넓고 자락이 긴 옷', 곧 '유복(儒服)'. 공자는 젊어서 노(魯)나라에 있을 때부터 봉의(逢衣)를 입었다.(『禮記』 儒行편)

15 汝所以(여소이) : 당신이 추구하는 일, 곧 선비라면 어짊과 의로움을 닦은 다음에 자연의 도를 이야기할 수 있게 된다는 뜻임.

11. 갈매기와 친하게 사귀는 법

바닷가에 사는 사람 중에 갈매기를 좋아하는 사람이 있었다. 매일 아침 바닷가로 나가서 갈매기들과 더불어 놀았는데 놀러 오는 갈매기들이 백 마리도 넘었다.

어느 날 그의 아버지가 말했다. "내가 듣건대 갈매기들이 모두 너와 어울려 논다더구나. 네가 좀 잡아 오너라. 내 그걸 가지고 놀고 싶으니."

그 다음날 바닷가로 나가 보니 갈매기들은 날아와 맴돌면서도 내려오지는 않았다.

이런 까닭에 "지극한 말이란 말을 벗어난 것이고 지극한 행위란 일부러 행동하지 않는 것이다. 보통 지혜 있다는 사람들이 안다는 것은 매우 천박한 것이다"라고 말하는 것이다.

| 원문 |

海上[1]之人, 有好漚鳥[2]者. 每旦之海上, 從漚鳥遊, 漚鳥之至者, 百住[3] 而不止.

其父曰; 吾聞漚鳥皆從汝遊. 汝取來, 吾玩之.

明日之海上, 漚鳥舞而不下也.

故曰; 至言去言, 至爲無爲. 齊智[4]之所知, 則淺矣.

---

1 海上(해상) : 바닷가.
2 漚鳥(구조) : '구'는 구(鷗)와 통하여 '갈매기'.
3 住(주) : 수(數)와 통하는 글자.
4 齊智(제지) : 보통 세상에서 지혜 있다는 사람.

끝부분에서 이야기한 것처럼 지극한 사람의 또 한 가지 조건은 말로 자기 뜻을 표현하지 않고 일부러 어떤 일을 하려고 행동하지 않는 것이다. 사람이 아무런 말도 없고 아무런 뜻도 없다면 곧 자연에 융화될 수가 있다는 것이다. 갈매기 같은 새들도 아무런 욕망이나 특별한 마음도 없이 대하기만 하면 함께 어울려 놀아 주게 된다. 그러나 일단 갈매기를 건드리려는 마음을 갖기만 해도 갈매기들은 그 사람이 자연스럽지 못함을 느끼고 그를 가까이 하지 않는다는 것이다.

12. 불길 속에서도 태연한 지극한 사람

조양자趙襄子가 십만의 무리를 이끌고 중산中山으로 사냥을 나갔다. 마른 풀을 쓰러뜨리고 숲을 불태워 타오르는 불길이 백 리 너비로 뻗쳤다.

이때 한 사람이 절벽 바위 사이에서 나와 연기와 불꽃 속을 오르내리고 있었다. 여러 사람들은 귀신인 줄 알았다. 불길이 지나간 뒤 천천히 걸어왔는데 아무 일도 겪지 않은 사람 같았다.

양자는 이상하게 생각하고 그를 붙잡아 놓고는 천천히 그를 살펴보았다. 모습이나 혈색과 귀 눈 코 입 모두 사람이었고, 숨 쉬는 것이나 목소리도 사람이었다. 그에게 무슨 도가 있어서 바위 사이에서 지내고 있으며 무슨 도가 있기에 불 속에 들어가 있을 수 있었느냐고 물었다.

그 사람이 대답했다. "어떤 물건을 바위라 말하고, 어떤 물건을 불이라 말하는 것입니까?"

양자가 말했다. "당신이 조금 전에 나온 곳이 바위이고, 조금 전에 지나온 것이 불이지요."

그 사람은 말했다. "저는 모르겠는데요."

위魏나라 문후文侯가 그 이야기를 듣고서 자하子夏에게 물었다. "그 사람은 어떤 사람인가요?"

자하가 말했다. "공자님 말씀에 의하면 만물과 화합하는 사람은 만물과 크게 융합함으로써 같게 되어, 만물은 그를 상케 하거나 방해할 수가 없습니다. 쇠나 돌 속으로 들어가고 물이나 불 속으로 들어가도 괜찮습니다."

문후가 말했다. "선생님은 어찌하여 그렇게 하시지 않습니까?"

자하가 대답했다. "마음을 도려내고 지혜를 버리는 일은 저로서는 아직 할 수가 없습니다. 그렇지만 그런 이야기를 할 여유는 있다고 여겨져 해본 것이지요."

문후가 말했다. "공자님께서는 어찌하여 그렇게 하시지 않으셨을까요?"

자하가 대답했다. "공자님께서는 그것을 하실 수 있으면서도 그것을 하시지 않을 줄도 아는 분이셨습니다."

문후는 크게 기뻐했다.

| 원문 |

趙襄子[1]率徒十萬, 狩[2]於中山,[3] 藉[4]芿[5]燔[6]林, 扇赫[7]百里.

---

1 趙襄子(조양자) : 춘추시대 진(晉)나라의 조무휼(趙無恤). 조앙(趙鞅)의 작은 아들이었으나 형 백로(伯魯)보다 어질다 하여 뒤에 태자가 되었음. 이름을 무휼(毋卹)로도 쓰며 '양자'는 그의 시호이다.

有一人, 從石壁中出, 隨煙燼[8]上下, 衆謂鬼物. 火過, 徐行而出, 若無所經涉[9]者.

襄子怪而留之, 徐而察之, 形色七竅,[10] 人也, 氣色音聲, 人也. 問奚道而[11]處石, 奚道而入火? 其人曰; 奚物而謂石, 奚物而謂火?

襄子曰; 而嚮[12]之所出者, 石也, 而嚮之所涉者, 火也.

其人曰; 不知也.

魏文侯聞之, 問子夏[13]曰; 彼何人哉?

子夏曰; 以商[14]所聞夫子[15]之言, 和[16]者大同[17]於物, 物無得傷閡[18]者. 遊金石, 蹈水火, 皆可也.

文侯曰; 吾子奚不爲之?

子夏曰; 刳心[19]去智, 商未之能. 雖然, 試語之有暇[20]矣.

---

2 狩(수) : 불을 놓아 짐승을 몰며 사냥하는 것.

3 中山(중산) : 지금의 섬서(陝西)성 경양(涇陽)·순화(淳化) 두 현(縣) 경계에 있는 산 이름.

4 藉(자) : 깔다. 쓰러뜨리다.

5 芀(잉) : 깎지 않은 마른 풀.(張湛 注)

6 燔(번) : 불사르다.

7 扇赫(선혁) : '선은 선(煽)과 통하여, '불길이 타오르는 것.

8 煙燼(연진) : 연기와 불똥.

9 經涉(경섭) : 지나오다. 불이나 물을 거쳐 건너오다.

10 七竅(칠규) : 사람의 겉모양에 뚫린 '일곱 가지 구멍', 곧 귀와 눈과 코와 입.

11 而(이) : 너. 그대.

12 嚮(향) : 조금 전. 바로 전에.

13 子夏(자하) : 춘추시대 위(衛)나라 사람. 성은 복(卜), 이름은 상(商). 공자의 제자로서 학문과 시에 뛰어났고, 공자가 죽은 뒤에 위나라 문후(文侯)가 그를 스승으로 섬겼다.

14 商(상) : 자하의 이름.

15 夫子(부자) : 선생님. 여기서는 공자를 가리킨다.

16 和(화) : 사사로운 마음 없이 만물과 화합하는 것.

17 大同(대동) : 도(道)에 의해 만물과 융합함으로써 같게 되는 것.

18 傷閡(상애) : 몸이 상하거나 행동에 장애를 받는 것.

文侯曰; 夫子奚不爲之?

子夏曰; 夫子能之而能不爲者也.

文侯大說.[21]

| 해설 |

자기의 마음도 없고 사사로운 욕심도 없는 사람은 만물과 완전히 융화하여 만물이 그를 상하게 하거나 그의 행동을 가로막지 않는다는 것이다. 계속하여 지극한 사람의 조건으로 자기의 마음이나 자기를 버리고 자연에 융화할 것을 주장한다.

13. 사람의 관상은 제대로 볼 수 있는 것인가?

한 귀신 같은 무당이 제齊나라로부터 정鄭나라로 와서 살았는데 이름을 계함季咸이라 했다. 사람들이 죽고 사는 것과 흥하고 망하는 것과 화를 당하고 복을 받는 것과 오래 살고 일찍 죽는 것을 몇 년 몇 월 몇 순旬 며칠이란 날짜까지 귀신처럼 알아맞혔다. 정나라 사람들은 그를 보기만 하면 모두 피해 달아났다.

열자는 그를 보고서 마음으로 반해 돌아가서 그 이야기를 스승 호구자壺丘子에게 아뢰었다. "처음엔 저는 선생님의 도를 지극한 것으로 알았는데, 더 지극한 이가 있습니다."

---

19 刳心(고심) : 마음을 도려내다. 곧 사사로운 마음을 버리는 것.

20 暇(하) : 틈, 여유.

21 說(열) : 기뻐하다.

호구자가 말했다. "나와 너는 모든 형식적인 것을 부정하고 있다. 그런데 사실에 대해 제대로 알지도 못하는데 정말로 도를 터득했단 말이냐? 암컷이 많다 하더라도 수컷이 없다면 어떻게 알을 낳겠느냐? 그런데도 너는 도와 세상을 대립시켜 놓고 꼭 자기 생각을 믿으려는 거지! 그래서 다른 사람이 네 관상을 볼 수 있게 되는 것이야. 그를 데리고 와 보아라. 나를 그에게 보여 보기로 하자."

다음날 열자는 무당과 함께 호구자를 찾아뵈었다. 그는 나오면서 열자에게 말했다. "아아, 당신의 선생님은 죽을 것이오! 살지 못하겠소. 열흘 정도도 못 살 것이오. 나는 괴상한 것을 보았소. 물에 젖은 재를 본 것이오."

열자는 들어가 옷깃이 젖도록 눈물을 흘리면서 그 이야기를 호구자에게 아뢰었다. 호구자가 말했다. "방금 전에 나는 그에게 땅 무늬의 얼굴을 보여 주었네. 꼼짝하지 않고 움직이지도 멈추지도 않는 모습이지. 그는 아마 나의 덕의 빌미가 막혀 있는 것을 보았을 게야. 다시 데려와 보거라!"

다음날 다시 그와 더불어 호구자를 찾아뵈었다. 나오면서 그는 열자에게 말했다. "다행이오! 당신 선생님은 나를 만난 뒤로 병이 나았소. 활짝 생기가 솟았소. 나는 막혔던 게 열린 것을 보았소."

열자가 들어가서 호구자에게 아뢰자 호구자가 말했다. "방금 전에 나는 그에게 하늘과 땅의 얼굴을 보여 주었네. 명분이나 사실이 끼어들지 않아서, 생기가 발뒤꿈치로부터 솟아나오는 것이지. 이것이 막혔던 게 열리는 것이네. 그는 아마 나의 좋은 빌미를 보았을 게야. 다시 데려와 보거라!"

다음날 다시 그와 더불어 호구자를 찾아뵈었다. 나오면서 그는 열자에게 말했다. "당신 선생님은 앉아 계시는 모습이 고르지 않아서 나는 관상을 보아드릴 수가 없소. 모습을 고르게 하시면 다시 관상을 보아드리지요."

열자가 호구자에게 사실을 아뢰자 호구자는 말했다. "방금 전에 나는 그에게 공중의 텅 비어 아무 조짐도 없는 모양을 보여 주었네. 그는 아마 나의 평평히 끝없이 펼쳐져 있는 기운의 빌미를 보았을 게야. 맴도는 물도 소용돌이치면 깊은 못이 되고, 고인 물도 소용돌이치면 깊은 못이 되고, 흐르는 물도 소용돌이치면 깊은 못이 되고, 솟아오른 물도 소용돌이치면 깊은 못이 되고, 위로부터 떨어지는 물도 소용돌이치면 깊은 못이 되고, 스며나온 물도 소용돌이치면 깊은 못이 되고, 합쳐지는 물길도 소용돌이치면 깊은 못이 되고, 흘러와서 고이는 물길도 소용돌이치면 깊은 못이 되고, 여러 갈래 물길이 모이는 것도 소용돌이치면 깊은 못이 되는데, 이것을 아홉 가지 못이라 하는 것일세. 다시 데려와 보거라!"

다음날 다시 그와 더불어 호구자를 찾아뵈었다. 서 있다가 자리에 앉기도 전에 그는 자기 자신도 잃은 듯이 달아났다. 호구자가 말했다. "그를 쫓아가 잡아라!"

열자는 그를 뒤쫓았으나 잡지 못하고 되돌아와 호구자에게 아뢰었다. "이미 없어졌습니다. 이미 보이지 않게 되었습니다. 저는 따라갈 수가 없었습니다."

호구자가 말했다. "방금 전에 나는 그에게 나의 근본으로부터 아직 나오지도 않았던 때의 모습을 보여 주었네. 나는 그와 더불어 텅 비어 있으면서 되어 가는 대로 움직여 그가 누구인지도 알지 못하게 했던 걸세. 그래서 형체가 없는 것으로도 여겨졌고 물결이 흐르는 것으로도 여겨졌던 게야. 그래서 도망을 친 거지."

그 뒤로 열자는 스스로 학문을 시작도 하지 못했다 생각하고 집으로 돌아가서는 삼 년 동안 집밖으로 나가지 않았다. 처를 위해 밥을 지어 주었으며, 돼지를 먹이기를 사람을 양육하듯 했다. 모든 일에 치우치는 일이 없게 되고, 무늬를 새기고 쪼는 일을 하는 것 같은 생활로부터 소박함으로 되돌아왔다. 우뚝 홀로 그의 형체만이 서 있을 뿐 어지러운 속에 참됨만을 지니게 있게 되었다. 그는 한결같이 이렇게 끝까지 지냈다.

| 원문 |

有神巫**1**, 自齊來處於鄭, 命**2**曰季咸. 知人死生存亡禍福壽夭, 期以歲月旬日如神. 鄭人見之, 皆避而走.

列子見之而心醉, 而歸以告壺丘子**3**曰; 始吾以夫子之道爲至矣, 則又有至焉者矣.

壺子曰; 吾與汝無其文.**4** 未旣其實,**5** 而固得道與? 衆雌而無雄, 而又奚卵焉? 而以道與世抗,**6** 必信矣夫! 故使人得而相汝. 嘗試**7**與來, 以予示之.

明日, 列子與之見壺子. 出而謂列子曰; 譆!**8** 子之先生死矣. 弗活矣. 不可以旬數**9**矣. 吾見怪焉, 見溼灰**10**焉.

---

1 神巫(신무) : 귀신처럼 사람들의 관상을 잘 보는 무당 또는 관상쟁이.
2 命(명) : 이름을 붙임.
3 壺丘子(호구자) : 열자의 스승.
4 無其文(무기문) : 그 무늬를 없는 것으로 하다. 모든 일의 형식을 무시하다. 형식적인 것을 부정하다.
5 旣其實(기기실) : 그 사실을 다하다, 사실에 대해 제대로 알다.
6 抗(항) : 맞서다. 다투다. 겨루다.
7 嘗試(상시) : 시험삼아, ……을 해보자.
8 譆(희) : 감탄사. 아아!
9 旬數(순수) : 일순을 세다. 열흘을 넘기다.

列子入, 涕泣[11]沾衿,[12] 以告壺子. 壺子曰; 向[13]吾示之以地文,[14] 罪乎[15]不誫[16]不止, 是殆見吾杜[17]德幾[18]也. 嘗又與來!

明日, 又與之見壺子. 出而謂列子曰; 幸矣! 子之先生遇我也, 有瘳[19]矣. 灰然[20]有生矣. 吾見杜權[21]矣.

列子入告壺子, 壺子曰; 向吾示之以天壤,[22] 名實不入,[23] 而機[24]發於踵,[25] 此爲杜權, 是殆見吾善者幾也. 嘗又與來!

明日, 又與之見壺子. 出而謂列子曰; 子之先生, 坐不齋,[26] 吾無得而相焉. 試齋, 將且復相之.

列子入告壺子, 壺子曰; 向吾示之以太冲[27]莫朕,[28] 是殆見吾衡氣[29]幾

---

10 溼灰(습회) : 젖은 재. 생기가 없는 것에 비유한 것임.

11 涕泣(체읍) : 눈물을 흘리면서 우는 것.

12 沾衿(첨금) : 금(衿)은 금(襟)과 통하여, '옷깃을 적시다'.

13 向(향) : 방금. 조금 전에.

14 地文(지문) : 땅 무늬. 흙덩이처럼 생명이 없는 듯한 것.

15 罪乎(죄호) : 맹호(萌乎)로 씀이 옳으며(『장자』자연에 따르는 제왕), 지각(知覺) 없이 움직이지 않는 모양.

16 誫(진) : 진(震)과 통하는 자로서, '움직이는 것'.

17 杜(두) : 막히다.

18 德幾(덕기) : 덕의 빌미, 곧 생동(生動)하는 기틀을 가리킨다.

19 瘳(추) : 병이 낫는 것.

20 灰然(회연) : 회(灰)는 회(恢)와 통하여, '회복되는 모양'.

21 杜權(두권) : 막혔던 게 변화를 일으키며 트이는 것.

22 天壤(천양) : 하늘과 땅. 음(陰) 가운데 양(陽)이 생동하는 것을 상징한다.

23 名實不入(명실불입) : 명분이나 사실이 개입되지 못한다. 곧 이렇다 하고 지적할 만한 게 없음을 뜻한다.

24 機(기) : 기틀. 생기(生機).

25 踵(종) : 발꿈치. 가장 아래쪽에서 생기가 솟아나기 시작함을 뜻한다.

26 齋(재) : 제(齊)와 통하여, '고르다'의 뜻. 부재(不齋)는 인상(人相)이 일정하지 않고 불안정함을 뜻한다.

27 太冲(태충) : 지극히 텅 비어 있는 상태.

28 莫朕(막짐) : 조짐(兆朕)을 알 수 없는 것.

29 衡氣(형기) : 평평하게 끝없이 펼쳐져 있는 기운.

也. 鯢旋[30]之潘[31]爲淵, 止水之潘爲淵, 流水之潘爲淵, 濫水[32]之潘爲淵, 沃水[33]之潘爲淵, 氿水[34]之潘爲淵, 雍水[35]之潘爲淵, 汧水[36]之潘爲淵, 肥水[37]之潘爲淵, 是爲九淵[38]焉. 嘗又與來!

明日, 又與之見壺子. 立未定, 自失而走. 壺子曰; 追之!

列子追之而不及, 反以報壺子曰; 已滅矣, 已失矣, 吾不及也. 壺子曰; 向吾示之以未始出吾宗.[39] 吾與之虛而猗移,[40] 不知其誰何. 因以爲茅靡,[41] 因以爲波流, 故逃也.

然後, 列子自以爲未始學而歸. 三年不出, 爲其妻爨,[42] 食豨[43]如食人, 於事無親,[44] 雕琢[45]復朴.[46] 塊然[47]獨以其形立, 忿然[48]而封戎,[49] 壹以

---

30 鯢旋(예선) : 큰 고기가 맴도는 것. 큰물이 맴도는 것.

31 潘(번) : 소용돌이치다.

32 濫水(함수) : 용솟음치는 물.

33 沃水(옥수) : 샘물이 위로부터 아래로 떨어져 고이는 것.(張湛 說)

34 氿水(궤수) : 샘 곁에서 스며나오는 물.(張湛 說)

35 雍水(옹수) : 강물이 갈라졌다가 다시 합쳐지는 것.(張湛 說)

36 汧水(견수) : 물이 흘러와 고이는 것.(張湛 說)

37 肥水(비수) : 물이 나온 곳이 다른 여러 갈래의 물이 흘러와 합쳐지는 것.

38 九淵(구연) : 아홉 가지 못. 똑같은 물이지만 여러 가지 변화를 일으키다가 소용돌이로 말미암아 다시 깊은 못이 되는 것처럼 사람의 얼굴 관상도 일정하지 않은 것임을 비유한 것이다.

39 未始出吾宗(미시출오종) : 나의 근원으로부터 아직껏 나오지도 않은 상태, 곧 태초(太初)의 무(無)의 상태를 뜻한다.

40 猗移(의이) : 자연의 상태대로 변화해 가는 것.

41 茅靡(모미) : 모(茅)는 퇴(頹)와 통하여, '되어 가는 대로 움직여 가는 것.'(孫志祖 說)

42 爨(찬) : 불을 때어 밥을 짓는 것.

43 食豨(사희) : 돼지를 먹이는 것.

44 無親(무친) : 친하게 마음을 두는 곳이 없는 것.

45 雕琢(조탁) : 칼로 새기고 징으로 쪼고 하여 아름다운 무늬를 새기는 것. 여기서는 인위적(人爲的)인 것을 뜻한다.

46 復朴(복박) : 소박(素朴)함으로 되돌아가다.

47 塊然(괴연) : 흙덩이 같은 모양. 우뚝한 것.

48 忿然(분연) : 분연(紛然)과 통하여, 어지러운 모양.

是終.

　사람의 수양은 형식보다도 내용이 더 중요하다. 유명한 관상쟁이인 계함과 호구자의 대결을 통하여 지극한 사람의 겉모양은 텅 비고 아무것도 없는 것임을 강조하고 있다. 무의 상을 지닌 호구자를 보고 마침내 계함은 꽁무니를 빼어 도망을 치고 말았던 것이다. 한편 아무리 밝은 눈을 가지고 살피고 아무리 뛰어난 판단력을 가지고 살핀다 하더라도 사람들이 보는 것이나 사람들이 판단하는 것은 모두가 그릇될 수밖에 없다는 사실도 강조하고 있다. 『장자』 자연에 따르는 제왕편에도 이 같은 내용의 글이 있으니 참조하기 바란다.

14. 어떻게 하면 사람들이 따르게 되는가?

　열자가 제齊나라로 가다가 중도에서 되돌아와 백혼무인을 만났다.
　백혼무인이 말했다. "무슨 일로 되돌아왔나?"
　그가 대답했다. "저는 놀랐습니다." "무슨 일로 놀랐나?" "제가 열 번째 장국밥집에서 밥을 사먹으려는데 다섯 번째 장국밥집에서 먼저 알고 대접해 주었기 때문입니다."
　백혼무인이 물었다. "그 일로 자네는 무엇 때문에 놀랐는가?"
　그가 대답했다. "마음속의 생각을 풀어놓지도 않았는데 몸을 통해

---

49 封戎(봉융) : 큰 것. 참된 것. 봉(封)・융(戎) 모두 대(大)의 뜻이 있다. (『詩經』 毛傳, 『爾雅』)

그것이 새어 빛을 이룸으로써 밖으로 사람들의 마음을 감응시킨 것입니다. 사람들로 하여금 노숙한 것을 존경하는 일을 가벼이 하게 해 환난이 이르도록 한 것 같습니다. 장국집이란 다만 밥과 국 같은 물건을 만들어 팔기 때문에 이익이 많이 남는 것도 없으니, 그들은 이익이 되는 것도 거의 없고 권세도 가볍기 짝이 없는데도 그와 같이 했습니다. 그러니 하물며 천하를 다스리는 임금으로 나라를 위해 수고롭게 일하고 일을 처리함에 지혜를 다하는 분이라면 어떠하겠습니까? 임금님은 저에게 일을 맡기고 제게 공로를 드러내라고 할 것입니다. 저는 그 때문에 놀란 것입니다."

백혼무인이 말했다. "훌륭한 관찰이군! 그대는 그대로 처신하게! 사람들이 그대를 따를 걸세."

얼마 안 있다가 그가 열자에게 가 보니 문 밖에 사람들 신이 가득했다. 백혼무인은 북쪽을 향해 서서 지팡이를 세워 턱을 고이고 서 있다가 잠시 뒤에 말없이 나가 버렸다. 문지기가 그 사실을 열자에게 알렸다. 열자는 신을 들고 맨발로 달려가 모시고 집 문 앞에 이르러 여쭈었다. "선생께서 일부러 오셨거늘 어찌하여 약이 될 가르침을 내려 주시지 않고 가십니까?"

대답했다. "이미 가르쳐 주었잖나? 내 본시 그대에게 말하기를 사람들이 그대를 따를 것이라 했는데 과연 그대를 따르고 있네. 그대가 사람들로 하여금 그대를 따르도록 할 수 있었던 게 아니라, 그대가 사람들로 하여금 그대를 따르지 않도록 할 수가 없었던 때문이지. 그대가 무엇으로 사람들을 감동시킬 수 있었는가? 사람들을 감동시키려고 미리 특이한 방법을 썼는가? 반드시 사람들을 감동시키려 한다면 그대 자신의 본성을 흔들어 버려야 함은 더 말할 필요도 없네. 그대를 따라 노는 사람들도 그대에게 그런 사실을 알려줄 수 없을 걸세. 저하잘것없는 말들은 모두가 사람에게 독이 되네. 알지도 못하고 깨닫지도 못하는 자들이 어찌 남을 올바로 이끌어 줄 수가 있겠는가?"

| 원문 |

子列子之齊, 中道而反, 遇伯昏瞀人.

伯昏瞀人曰; 奚方[1]而反? 曰; 吾驚焉. 惡乎[2]驚? 吾食於十漿,[3] 而五漿先饋.[4]

伯昏瞀人曰; 若是則汝何爲驚已? 曰; 夫內誠不解,[5] 形諜[6]成光,[7] 以外鎭人心. 使人輕乎貴老, 而韲[8]其所患. 夫漿人特爲食羹之貨, 無多餘之贏[9], 其爲利也薄, 其爲權也輕, 而猶若是. 而況萬乘[10]之主, 身勞於國, 而智盡於事? 彼將任我以事, 而效我以功. 吾是以驚. 伯昏瞀人曰; 善哉, 觀乎! 汝處己, 人將保[11]汝矣.

無幾何而往, 則戶外之屨[12]滿矣. 伯昏瞀人北面[13]而立, 敦杖[14]蹙之乎

---

1 奚方(해방) : 무슨 일로. 어째서.

2 惡乎(오호) : 어찌하여.

3 十漿(십장) : 장(漿)은 장국밥을 파는 집(張湛 說), 따라서 열 번째 장국밥집.

4 饋(궤) : 먹이다. 먹을 것을 보내다. 열자를 존경하여 앞을 다투어 먼저 음식을 보내 온 것이다.

5 內誠不解(내성불해) : 마음속의 생각을 풀어놓지 않다. 마음속의 자기 생각을 드러내 보이지 않는 것.

6 形諜(형첩) : 첩(諜)은 설(渫)의 뜻으로 빌려 쓴 글자(孫詒讓 說), 형체로부터 새어나오다. 몸 밖으로 스며나오다.

7 成光(성광) : 빛과 같은 위엄을 이루다.

8 韲(제) : 술이 익듯 저절로 되는 것.

9 贏(영) : 남은 것. 여유.

10 萬乘(만승) : 만 대의 수레. 옛날 천자는 만승, 제후는 천승의 전차를 가지고 있었다.

11 保(보) : 附(부)와 통하여, '붙다'. '따르다'.

12 屨(구) : 신. 신발.

13 北面(북면) : 집은 모두 남향(南向)이므로 북쪽을 향한다는 것은 집을 앞에 둔 것을 뜻

頤,**15** 立有閒, 不言而出. 賓者**16**以告列子, 列子提履,**17** 徒跣**18**而走, 曁**19** 乎門. 問曰; 先生旣來, 曾不廢**20**藥**21**乎?

曰; 已矣. 吾固告汝曰; 人將保汝. 果保汝矣. 非汝能使人保汝, 而汝 不能使人無汝保也. 而焉用之感也? 感豫出異, 且必有感也, 搖**22**而本 身,**23** 又無謂也. 與汝遊者, 莫汝告也. 彼所小言, 盡人毒也. 莫覺莫悟, 何相孰**24**也?

| 해설 |

이 이야기는 『장자』 도가의 계승자 열어구편에도 나온다. 자기의 훌륭함을 겉으로 드러내어 남의 존경이나 신임을 받는다는 것은 아직 도를 터득하지 못했기 때문이다.

자기의 마음이나 욕망을 버리고 나면 남들이 그를 알고 따르거나 존경할 수도 없게 된다. 지극히 위대한 사람은 어떤 일을 함으로써 남과의 어떤 관계를 이룩하지 않는다. 모든 관계가 무의식적이고 자연스러울 따름이다.

한다.

14 敦杖(돈장) : 지팡이를 세우는 것.

15 蹙之乎頤(축지호이) : 그것을 가지고 턱을 고이다.

16 賓者(빈자) : 문 앞에서 손님을 안내하는 사람.

17 提履(제리) : 신을 드는 것.

18 徒跣(도선) : 맨발.

19 曁(기) : 이르다. 모셔오다.

20 廢(폐) : 놓아두는 것.(張湛 說) 주는 것.

21 藥(약) : 훌륭한 말 또는 교훈이 되는 말에 비유한 것이다.

22 搖(요) : 흔들다. 움직이다.

23 本身(본신) : 자기 자신의 몸.

24 孰(숙) : 익게 하다. 이룩하다. 올바로 이끌어 주어 제대로 되는 것.

15. 홀로 잘난 체하는 사람과 모든 사람과 잘 어울리는 사람

양주楊朱가 남쪽 패沛 땅을 향해 떠날 때 노자가 서쪽 진秦나라로 놀러 왔다. 교외에서 노자를 마중하려 했으나 결국은 양梁나라까지 가서야 노자를 만났다.

노자가 중도에서 하늘을 우러러 탄식하면서 말했다. "처음에는 그대를 가르칠 수 있다고 생각했었는데 이제 보니 가르칠 수 없는 사람이군!" 양주는 응대를 하지 못했다.

여관으로 돌아가 세수하고 양치질한 뒤 두건을 고쳐 쓰고 머리를 빗은 다음 찾아가 신을 문 밖에 벗어 놓고 무릎으로 기어가면서 말했다. "조금 전에 선생님께서는 하늘을 우러러 탄식하시면서 '처음에는 그대를 가르칠 수 있다고 생각했었는데 이제 보니 가르칠 수 없는 사람이군!' 하고 말씀하셨습니다. 저는 여쭈어 보고자 했으나 선생님은 틈을 주지 않고 떠나가셔서 감히 여쭙지를 못했습니다. 지금은 선생님께서 한가하시니 그렇게 된 제 잘못에 대해 여쭈어 보고자 합니다."

노자가 대답했다. "그대는 눈을 부릅뜨고 멋대로 날뛰고 있으니 누가 그대와 어울리려 하겠는가? 매우 흰 것은 검은 듯이 보이고 훌륭한 덕은 부족한 듯이 보이는 것일세."

양자는 죄송스러운 듯 얼굴빛을 달리하면서 말했다. "삼가 가르침을 받들겠습니다."

그가 전에 올 때만 해도 여관에 든 사람들이 그를 마중하고 전송했고, 여관 주인은 자리 시중을 하고, 그의 처는 망건과 빗질 시중을 했으며, 여관에 든 사람들은 자리를 비켜 주었고, 불을 쬐던 사람들도 아궁이에서 물러서 주었다. 그러나 그가 돌아갈 적에는 여관에 든 사람들이 그와 더불어 자리를 다투게 되었다.

| 원문 |

楊朱**1**南之沛,**2** 老耼**3**西遊於秦. 邀**4**於郊, 至梁而遇老子.

老子中道仰天而歎曰; 始以汝爲可敎, 今不可敎也. 楊朱不答.

至舍,**5** 進涫漱**6**巾櫛,**7** 脫履戶外, 膝行而前曰; 向者夫子仰天而歎曰; 始以汝爲可敎, 今不可敎, 弟子欲請, 夫子辭行不閒, 是以不敢. 今夫子閒矣, 請問其過.**8**

老子曰; 而睢睢**9**而盱盱,**10** 而誰與居? 大白若辱,**11** 盛德若不足.

楊朱蹴然**12**變容曰; 敬聞命矣.

其往也, 舍者**13**迎將,**14** 家公**15**執席, 妻執巾櫛, 舍者避席, 煬者**16**避竈.**17** 其反也, 舍者與之爭席矣.

---

1 楊朱(양주) : 전국시대 위(衛)나라 사람. 그는 '자기 몸의 터럭 한 개를 뽑으면 온 천하가 이롭게 된대도 그러지 않는다'는 극도의 위기주의를 주장하여, 묵자(墨子)의 모든 사람들이 다 같이 서로 사랑해야 한다는 '겸애(兼愛)'의 주장과 대조를 이뤘다.

2 沛(패) : 지금의 강소성(江蘇省)에 있는 고을 이름.

3 老耼(노담) : 도가의 창시자인 노자의 이름. 노자와 양주는 시대 차이가 너무 나서 실재로 두 사람이 만났을 가능성은 희박하다.

4 邀(요) : 맞이하다. 부르다.

5 舍(사) : 객사(客舍), 여관.

6 涫漱(관수) : '관은 관(盥)과 통하여, '세수하고 양치질하는 것.

7 巾櫛(건즐) : 두건을 고쳐 쓰고 머리에 빗질을 하는 것.

8 過(과) : 과오. 잘못.

9 睢睢(휴휴) : 눈을 부릅뜨는 모양.

10 盱盱(우우) : 눈을 크게 뜨는 모양[張目]. '휴휴'와 함께 남을 우습게 여기며 멋대로 행동하는 것을 눈 모양을 이용하여 형용한 말임.

11 辱(욕) : 흰 것을 검게 물들인 것.(『儀禮』 士昏禮 鄭注)

12 蹴然(축연) : 송구스러운 모양.

13 舍者(사자) : 여관에 든 다른 사람들.

14 迎將(영장) : 마중하고 전송하는 것.

15 家公(가공) : 여관 주인.

16 煬者(양자) : 불을 쬐던 사람들.(張湛 說)

17 竈(조) : 아궁이. 『회남자』에 '가난한 사람들은 아궁이의 불을 쬐었다' 했다.

양주는 매우 똑똑하고 잘난 체하여 사람들이 그를 어려워하며 되도록 잘 모시려 했다. 그러나 노자의 가르침을 받든 뒤로는 모든 사람들이 그와 자연스럽게 어울리게 되었다는 것이다. 사람이 너무 잘난 것 같거나 너무 아는 게 많은 것 같으면 다른 사람들이 그를 가까이 할 때 매우 조심한다. 잘못하다가는 그에게 혼날까 두렵기 때문인 것이다. 그러나 자신을 버리고 자기와 남의 차별까지도 잊음으로써 자연과 동화된 사람에게는 아무나 마음 놓고 가까이 간다. 그에게서는 아무런 불편이나 위압 또는 두려움 같은 것을 느끼지 않기 때문인 것이다. 이 대목은 『장자』 다른 일에 빗대어 한 말[寓言]편에도 들어 있으니 참조하기 바란다.

16. 스스로 자기는 예쁘다고 여기는 사람과 자기는 못났다고 생각하는 사람

양주가 송宋나라 동쪽을 지나다 여관에 들게 되었다. 여관 주인에게 두 명의 첩이 있었는데 그 중 한 사람은 예쁘고 그 중 한 사람은 못났다. 그런데 못난 사람이 존중을 받고 예쁜 사람은 천대를 받고 있었다.

양자가 그 까닭을 물으니 여관에서 일하는 사람이 말했다. "그 중 예쁜 사람은 스스로 예쁘다고 뽐내지만 저는 그가 예쁘다는 것을 알지 못하겠습니다. 그러나 못난 사람은 스스로 못났다고 여기고 있는데 저는 그가 못났다는 것을 알지 못하겠습니다."

양자가 말했다. "너희들은 이것을 기억해 두어라. 현명한 행동을 하면서도 스스로는 현명하다고 생각하는 몸가짐을 버릴 수만 있다면 그 누가 그를 사랑하지 않겠는가?"

| 원문 |

楊朱過宋東之於逆旅.¹ 逆旅人有妾二人, 其一人美, 其一人惡,² 惡者
貴而美者賤.

楊子問其故, 逆旅小子對曰; 其美者自美, 吾不知其美也. 其惡者自
惡, 吾不知其惡也.

楊子曰; 弟子記之. 行賢而去自賢之行, 安往而不愛哉?

| 해설 |

지극한 사람은 자기 자신을 텅 비게 함으로써 아무리 재주가 많아도 뽐
낼 줄을 모른다. 아무리 훌륭한 사람이라 하더라도 자기 자신이 훌륭하다
고 남 앞에 내세우는 자들은 정말로 훌륭한 사람이 못된다. 이 이야기도
『장자』산 속의 나무〔山木〕편에 들어 있으니 참조하기 바란다.

17. 강하고 억센 것과 약하고 부드러운 것

천하에는 언제나 이기는 도가 있고 언제나 이기지 못하는 도가 있
다. 언제나 이기는 도를 부드러움이라 부르고 언제나 이기지 못하는
도를 강함이라 부른다. 이 두 가지는 알기 쉬운 것인데도 사람들은 그
것을 알지 못하고 있다.

---

1 逆旅(역려) : 여관. 객사.
2 惡(악) : 보기 싫은 것. 못난 것.

그러므로 옛날 말에 '강함은 자기만 못한 자에게 앞서지만 부드러움은 자기보다 뛰어난 자에게 앞선다' 했다. 자기만 못한 자에게 앞서는 사람은 자기와 같은 상대를 만나게 되면 곧 위태로워질 것이다. 자기보다 뛰어난 자에게 앞서는 사람은 위태롭게 되는 일이 없을 것이다.

이러한 도를 지키면 어떤 사람을 이기는 일은 아무런 문제도 되지 않으며, 이러한 도를 지키면 천하를 맡아 다스리는 일도 아무런 문제가 되지 않을 것이다. 그것은 이기지 않으려 해도 자연스럽게 이기게 되고 맡아 다스리지 않으려고 해도 자연스럽게 맡아 다스려지게 되기 때문이다.

『육자鬻子』에 이런 말이 있다. "억세려 한다면 반드시 부드러움으로써 스스로를 지켜야 하고 강하려 한다면 반드시 약함으로써 스스로를 보전해야 된다. 부드러움을 쌓아 가면 반드시 억세어지고 약함을 쌓아 가면 반드시 강해진다. 그에게 쌓인 것을 보면 그것으로써 그에게 화가 닥칠지 복을 받게 될 것인지 알 수 있다. 강한 사람은 자기만 못한 사람에게는 이기지만 자기와 비슷한 사람을 만나면 억세어서 부러진다. 부드러운 사람은 자기보다 뛰어난 사람을 이기므로 그의 힘은 다 헤아릴 수가 없는 것이다."

『노자』에도 이런 말이 있다. "군대가 강하면 곧 멸망당할 것이며 나무가 억세면 쉽게 꺾일 것이다. 부드럽고 약한 것은 삶의 무리이고, 굳고 강한 것은 죽음의 무리이다."

| 원문 |

天下有常勝之道, 有不常勝之道. 常勝之道曰柔, 常不勝之道曰彊.[1]
二者亦[2]知, 而人未之知.

故上古之言, 彊先不己若者,[3] 柔先出於己者.[4] 先不己若者, 至於若己, 則殆矣. 先出於己者, 亡所殆矣.

以此, 勝一身若徒,[5] 以此, 任天下若徒. 謂不勝而自勝, 不任而自任也.

粥子[6]曰; 欲剛必以柔守之, 欲彊必以弱保之. 積於柔必剛, 積於弱必彊. 觀其所積, 以知禍福之鄉.[7] 彊勝不若己, 至於若己者剛.[8] 柔勝出於己者, 其力不可量.

老耼曰;[9] 兵彊則滅, 木彊則折. 柔弱者生之徒, 堅彊者死之徒.

| 해설 |

여기서는 도가에서 늘 주장하는 '부드럽고 약한 것'이 강하고 억센 것보다 실제로는 더 강하다는 것을 강조하고 있다. 『노자』에서는 부드럽고 약한 것의 강함을 상징하는 물건으로 물을 들고 있다. 물은 부드럽기 짝이 없는 것이지만 바위를 깎아낸다. 반대로 굳거나 강한 것은 쉽게 깨어지거나 부러지게 마련이라는 것이다.

---

1 彊(강) : 강함. 강(强)과 통함.
2 亦(역) : 이(易)로 씀이 옳으며(張湛 說), '쉽다'는 뜻.
3 不己若者(불기약자) : 자기만 못한 사람.
4 出於己者(출어기자) : 자기보다 뛰어난 사람.
5 若徒(약도) : '도'는 공묵(空默)의 뜻으로(張湛 說), '아무것도 아닌 것 같은 것'.
6 粥子(육자) : '육'은 육(鬻)으로도 쓰며, 앞에 나온 주나라 문왕(文王) 시대의 육웅(鬻熊). 저서로 『육자』 한 권이 있다.
7 鄕(향) : 향(向)과 통하여, '향배(向背)' 또는 '향방(向方)'.
8 至於若己者剛(지어약기자강) : 자기와 같은 사람을 만나게 되면 억세어서 부러진다. '강'은 억세어서 부러짐을 뜻함.
9 老耼曰(노담왈) : 『노자』 제6장에 보이는 글임.

18. 성인이 보는 사람과 동물의 모습 및 지혜

모습은 똑같지 않다 하더라도 지혜는 같을 수 있고, 지혜는 똑같지 않다 하더라도 모습은 같을 수 있다. 성인은 지혜가 같은 사람은 취하되 모습이 같은 사람은 버린다. 보통 사람들은 모습이 같은 사람은 가까이 하되 지혜가 같은 사람은 멀리한다. 모습이 나와 같은 사람은 가까이 하면서 그를 사랑하고, 모습이 나와 다른 사람은 멀리하면서 그를 두려워한다.

일곱 자 크기의 몸통을 가지고 있고 손과 발 모양이 다르지만 위에 머리가 나고 입 안에 이가 있으며 꼿꼿이 서서 걸어가는 동물을 두고 사람이라 부른다. 그러나 사람이라고 해서 반드시 짐승의 마음을 지니지 않은 것은 아니다. 비록 짐승의 마음을 지니고 있다 하더라도 모습 때문에 친한 대접받고 있는 것이다.

날개를 지니고 있고 뿔을 머리에 달고 있으며 이가 갈라져 있고 발톱이 퍼져 있으며 위로 날아오르고 엎드려서 달리는 동물을 두고 새와 짐승이라고 부른다. 그런데 새나 짐승이라고 해서 반드시 사람과 같은 마음이 없는 것은 아니다. 비록 사람의 마음을 가지고 있다 하더라도 모습 때문에 소원히 대접받고 있는 것이다.

복희씨와 여와씨와 신농씨와 하후씨는 뱀의 몸뚱이에 사람의 얼굴을 하고 있었고 소 같은 머리에 호랑이 같은 코가 달려 있었다. 이들은 사람과 다른 모습이었지만 위대한 성인의 덕을 지니고 있었다. 하나라 걸桀왕과 은나라 주紂왕 및 노나라 환공桓公과 초나라 목공穆公은 모습에 있어서는 눈 코 입 귀를 모두 갖추고 있어서 모두 사람과 같았지만 새나 짐승과 같은 마음을 지니고 있었다. 그런데도 일반 사람들은 한 가지 모습만을 근거로 지혜 있는 사람을 구하고 있는데, 그것은 잘 될 수 없는 일인 것이다.

황제와 염제가 판천의 들판에서 싸울 때에는 곰과 말곰과 이리와 표범과 살쾡이와 호랑이를 앞장서서 달리게 하고 독수리와 갈단새와 매와 솔개로 깃발을 삼았다. 이들은 힘으로 새와 짐승을 부린 사람들이다.

요임금은 기夔를 전악관典樂官에 임명했는데 돌북을 치고 두드리자 여러 짐승들이 몰려와 춤을 추었고 소소簫韶를 아홉 번 장을 바꿔가며 연주하자 봉황새도 날아와 가락에 맞추어 춤추었다. 이것은 음악으로써 새와 짐승을 따르게 한 것이었다.

그러니 새와 짐승의 마음이 어디가 사람들과 다르다고 하겠는가? 형체와 목소리가 사람들과 다르므로 그것들과 접촉하는 방법을 알지 못할 뿐인 것이다. 성인들은 알지 못하는 것이 없고 통달하지 않은 것이 없기 때문에 그들을 끌어다가 부릴 수가 있었던 것이다.

새와 짐승의 지혜도 자연이 사람들과 같은 점이 있는 것이다. 그들은 다 같이 삶을 꾸려 나가고 있는데, 그렇다고 사람들로부터 지혜를 빌리지는 않는다. 암컷과 수컷이 서로 짝을 짓고 어미와 자식은 서로 친근히 지내며, 평평한 곳을 피해 험한 곳을 의지하여 지내고 추위를 피해 따스한 곳으로 나가며, 살아감에 있어서는 무리를 이루고 다닐 적에는 줄을 지으며, 어린 놈은 안에서 지내고 장성한 놈은 밖에서 활동한다. 마실 적에는 서로 이끌어 주고, 먹을 때에는 울음으로 자기 무리를 부른다.

태곳적에는 사람들과 더불어 함께 살면서 사람들과 나란히 다녔다. 임금이 다스리는 시대에 와서야 비로소 놀라서 흩어져 달아나게 되었다. 말세에 이르러는 숨고 도망침으로써 환난과 위해를 피했다.

지금 동쪽의 개씨의 나라에는 그 나라 사람들 중에 가축들의 말을 알아듣는 사람들이 퍽 많은데, 그것은 경험을 통한 지식에 의해 얻은 재주이다. 태곳적의 성인들은 만물의 실정과 상태를 모두 알았고, 다른 종류의 동물들 음성도 다 알아들어 그들을 불러 모아 놓고 가르쳐서 그들은 사람들과 같은 대우를 받았다. 먼저 귀신과 도깨비들을 불러 모았고, 다음에는 사방의 사람들을 모아 들였으며, 끝으로 새와 짐승과 벌레와 나방들을 모아 들였다. 그것은 혈기를 지닌 동물들은 마음과 지혜가 사람들과 크게 다르지 않음을 말해 주는 것이다. 성인께서는 아는 것이 그러했기 때문에 그들을 가르치고 이끌어 주는 데 잘못되는 일이 없었다.

| 원문 |

狀不必童,[1] 而智童, 智不必童, 而狀童. 聖人取童智而遺童狀. 衆人近童狀而疏[2]童智. 狀與我童者, 近而愛之. 狀與我異者, 疏而畏之.

有七尺之骸,[3] 手足之異, 戴髮含齒,[4] 倚而趣[5]者, 謂之人. 而人未必無獸心. 雖有獸心, 以狀而見親矣.

傅翼[6]戴角, 分牙[7]布爪,[8] 仰飛伏走, 謂之禽獸. 而禽獸未必無人心. 雖有人心, 以狀而見疏矣.

庖犧[9]氏女媧[10]氏神農[11]氏夏后[12]氏, 蛇身人面, 牛首虎鼻. 此有非人之

---

1 童(동) : 동(同)으로 씀이 옳으며(張湛 說), '같은 것.
2 疏(소) : 소원(疏遠)하다. 멀리하다.
3 骸(해) : 뼈. 몸. 여기서는 신장(身長)을 뜻함.
4 含齒(함치) : 입 안에 이가 있는 것.
5 倚而趣(의이취) : 의지해 걸어가다, 곧 꼿꼿이 서서 다님을 뜻한다.
6 傅翼(부익) : 날개가 붙어 있는 것.
7 分牙(분아) : 코끼리나 멧돼지처럼 어금니가 갈라져 나 있는 것.
8 布爪(포조) : 짐승이나 새의 발톱이 땅을 향해 퍼져 있는 것.

狀, 而有大聖之德. 夏桀[13]殷紂,[14] 魯桓楚穆,[15] 狀貌七竅,[16] 皆同於人, 而有禽獸之心. 而衆人守一狀[17], 以求至智, 未可幾也.

黃帝[18]與炎帝[19], 戰於阪泉[20]之野, 帥熊羆[21]狼[22]豹[23]貙[24]虎爲前驅, 鵰[25]鶡[26]鷹鳶[27]爲旗幟, 此以力使禽獸者也.

堯[28]使夔[29]典樂,[30] 擊石[31]拊[32]石, 百獸率舞, 簫韶[33]九成,[34] 鳳皇來儀.

---

9 庖犧(복희) : 복희(伏羲)로 흔히 쓰며 중국의 전설적인 삼황(三皇) 중의 한 사람. 문자의 시초라 할 수 있는 팔괘(八卦)를 처음 만들고, 밭 갈고 고기 잡고 짐승 기르는 법을 백성들에게 가르쳤다 한다.

10 女媧(여와) : 태곳적의 여황으로 복희씨의 누이동생이라 한다. 악기 중의 생황(笙簧)을 처음으로 만들고 혼인법을 제정했다 한다.

11 神農(신농) : 옛 전설적인 황제로서 강(姜)씨의 조상이라 하며, 백성들에게 농사짓는 법과 병 고치는 법 등을 가르쳤다 한다.

12 夏后(하후) : 순(舜)임금 때 우(禹)는 천하의 홍수를 다스린 공로로 천자의 자리를 물려받아 하나라를 세웠다. 그리하여 우임금을 하후(夏后)라고도 부른다.

13 夏桀(하걸) : 하나라 맨 끝의 걸(桀)왕, 포학한 정치를 하다가 은(殷)나라 탕(湯)임금에게 멸망당했다.

14 殷紂(은주) : 은나라 최후의 주(紂)왕. 포학한 임금의 대표자로 치며, 주나라 무왕(武王)에게 멸망당했다.

15 魯桓楚穆(노환초목) : 노나라의 환공(桓公)과 초나라 목공(穆公), 이들은 모두 포학하게 백성을 다스린 제후들임.

16 七竅(칠규) : 귀 · 눈 · 코 · 입의 일곱 개 구멍.

17 守一狀(수일장) : 한 가지 자기와 모습이 같다는 조건만으로 친근히 생각하는 것.

18 黃帝(황제) : 태곳적 삼황(三皇) 중의 한 사람.

19 炎帝(염제) : 옛날 신농씨(神農氏). 화덕(火德)으로 황제가 되었다 해서 염제라 부른다.

20 阪泉(판천) : 후세엔 산서(山西)성 양곡현(陽曲縣)에 있는 산 이름으로 쓰이고 있으나 그 산 근처 지방의 이름이었다고 생각된다.

21 羆(비) : 말곰.

22 狼(랑) : 이리.

23 豹(표) : 표범.

24 貙(추) : 살쾡이.

25 鵰(조) : 독수리.

26 鶡(갈) : 갈단(鶡旦)이라고도 부르는 닭처럼 생긴 싸움 잘하는 사나운 새 이름.

27 鳶(연) : 솔개.

28 堯(요) : 옛 성군(聖君). 이 대목의 기록은 『서경(書經)』에 근거를 둔 것이다. 『서경』에

此以聲³⁵致禽獸者也.

然則禽獸之心, 奚爲異人? 形音與人異, 而不知接之之道焉. 聖人無所不知, 無所不通, 故得引而使之焉.

禽獸之智, 有自然與人童者. 其齊欲攝生,³⁶ 亦不假智於人也. 牝牡相偶, 母子相親, 避平依險, 違寒就溫. 居則有羣, 行則有列, 小者³⁷居內, 壯者居外. 飮則相攜, 食則鳴羣.

太古之時, 則與人同處, 與人竝行. 帝王之時, 始驚駭散亂矣. 逮於末世, 隱伏³⁸逃竄,³⁹ 以避患害.

今東方介氏之國, 其國人數數⁴⁰解六畜⁴¹之語者, 蓋偏知⁴²之所得. 太古神聖之人, 備知萬物情態, 悉解異類⁴³音聲, 會而聚之, 訓而受之, 同於人民. 故先會鬼神魑魅,⁴⁴ 次達八方人民, 末聚禽獸蟲蛾. 言血氣之類, 心智不殊遠也. 神聖知其如此. 故其所教訓者, 無所遺逸⁴⁵焉.

는 순(舜)임금의 일로 나옴.
29 夔(기) : 순임금의 신하 이름.
30 典樂(전악) : 음악을 관장하는 관리 이름.
31 石(석) : 경(磬). 돌북.
32 拊(부) : 가벼이 두드리는 것.
33 簫韶(소소) : 순임금이 만든 음악 이름.
34 九成(구성) : '성'은 악장. 구장(九章)과 비슷한 말.
35 聲(성) : 소리. 음악.
36 攝生(섭생) : 삶을 꾸려나가는 것.
37 小者(소자) : 작은 놈. 곧 어린 것. 뒤의 장자(壯者)는 그 반대로 '장성한 놈'.
38 隱伏(은복) : 안 보이게 숨는 것.
39 逃竄(도찬) : 도망쳐 숨어 버리는 것.
40 數數(삭삭) : 자주 있는 모양.
41 六畜(육축) : 소·말·양·개·닭·돼지의 대표적인 가축.
42 偏知(편지) : 동물의 마음이나 소리에 대해 두루 다 아는 것.
43 異類(이류) : 사람과 다른 동물.
44 魑魅(이매) : 도깨비. 허깨비.
45 遺逸(유일) : 가르치며 다스리는 범위에서 잊거나 빠뜨리는 것.

　사람의 모습은 새와 짐승과 다르지만 사람들 중에는 새와 짐승 같은 마음을 지닌 자가 있다. 그런데도 사람들은 겉모양만 보고 자기와 모습이 다른 동물이라면 무조건 멀리한다. 그러나 옛날 성인들은 겉모습에는 상관없이 사람은 물론 귀신으로부터 모든 동물에 이르기까지 천하의 모든 것을 다스렸다. 그것은 겉모양에만 사로잡히지 않고 만물의 마음에 통달해 있었기 때문이다.

　말세로 올수록 사람 이외의 동물들을 배척하게 되었지만 정말로 잘 사는 평화로운 세상이란 모든 동물들까지도 사람과 함께 잘 다스려지는 세상을 말한다. 그렇게 되기 위해서는 겉모습보다도 그 안의 여러 가지 진리에 통달해야만 한다. 사람이고 동물이고 겉모습과 속의 지혜는 완전히 다른 문제임을 명심해야 한다는 것이다.

19. 아침에 세 개와 저녁에 네 개 혹은 아침에 네 개와 저녁에 세 개

　송나라에 저공狙公이란 사람이 있었는데 원숭이를 사랑하여 원숭이를 기르다 보니 무리를 이루었다. 그는 원숭이들의 뜻을 알아들을 수 있었고 원숭이도 역시 저공의 마음을 알아차렸다. 그는 집안 식구들의 먹는 것을 줄이면서 원숭이들의 욕망을 채워 주고 있었는데 얼마 못 가서 궁핍하게 되었다.

　원숭이들의 먹이를 제한하고자 했으나 여러 원숭이들이 자기를 따르지 않게 될까 두려워서 먼저 그들을 속여 말했다. "너희들에게 주는 밤을 아침엔 세 개 저녁엔 네 개로 정하면 만족하겠느냐?" 여러 원숭이들은 모두 일어서서 성을 내었다.

조금 있다가 말했다. "너희들에게 주는 밤을 아침엔 네 개 저녁엔 세 개로 정하면 만족하겠느냐?" 여러 원숭이들은 모두 따르며 기뻐했다.

만물 중에 능력 있는 것들이 없는 것들을 농락하는 실상이 모두 이와 같다. 성인은 지혜로써 여러 어리석은 이들을 농락하는데 실은 저공이 지혜로써 여러 원숭이들을 농락하는 것과 같은 것이다. 명분이나 사실에 아무런 손상도 없이 그들을 기쁘게도 하고 노엽게도 할 수 있는 것이다.

| 원문 |

宋有狙[1]公者, 愛狙, 養之成羣. 能解狙之意, 狙亦得公之心. 損其家口,[2] 充狙之欲, 俄而匱[3]焉.

將限其食, 恐衆狙之不馴於己也, 先誑[4]之曰; 與若芧[5]朝三而暮四, 足乎? 衆狙皆起而怒.

俄而曰; 與若芧朝四而暮三, 足乎? 衆狙皆伏而喜.

物之以能鄙[6]相籠,[7] 皆猶此也. 聖人以智籠羣愚, 亦猶狙公之以智籠衆狙也. 名實不虧, 使其喜怒哉.

---

1 狙(저) : 원숭이. 저공(狙公)은 원숭이를 잘 기르는 데에서 붙여진 별명.
2 家口(가구) : 식구들이 먹는 음식.
3 匱(궤) : 다하다. 부족하다. 궁핍하다.
4 誑(광) : 속이다.
5 芧(저) : 밤(栗), 또는 도토리의 한 종류.
6 能鄙(능비) : 능력이 뛰어난 사람과 능력이 형편없는 사람.
7 籠(농) : 농락(籠絡)하다.

　여기서는 저공이 원숭이들을 농락하여 노엽게도 했다, 기쁘게도 했다 하는 것으로서 위정자들이 백성을 농락하는 실상을 애기하고 있다. 어리석은 백성들이란 똑같은 물건을 주면서도 기쁘게도 할 수 있고 노엽게도 만들 수 있다는 것이다. 열자가 말하는 성인이란 나라의 정치를 맡은 책임자들을 가리킨다.

　『장자』 모든 사물은 한결같음[齊物論]편에도 이 이야기가 인용되어 있으나 이야기를 인용한 목적에는 차이가 있다. 장자는 실질적으로 같은 것을 놓고서 헛된 명분을 근거로 아귀다툼하고 있는 사람들의 어리석음을 비유하기 위한 것임에 비해 열자는 나라를 다스리는 윗자리의 사람들이 명분만을 가지고 백성들을 농락하는 현실을 꼬집고 있는 것이다.

20. 기성자가 기른 싸움닭

　기성자가 주나라 선왕宣王을 위해 싸움닭을 길렀다.

　십 일 만에 닭을 싸움시킬 만하냐고 묻자 그는 대답했다. "안됐습니다. 지금 헛되이 교만하게 자기 기운만을 믿고 있습니다."

　다시 십 일 만에 묻자 대답했다. "아직 안됐습니다. 마치 그림자나 소리울림처럼 닭만 보면 싸우려 듭니다."

　다시 십 일 만에 묻자 대답했다. "아직 안됐습니다. 아직도 상대방을 노려보고 기운이 왕성합니다."

　다시 십 일 만에 묻자 말했다. "거의 다 됐습니다. 닭이란 비록 우는 짐승이라 하지만 이제는 변화가 없게 되었습니다. 저 놈을 바라보면 마치 나무로 만든 닭 같은데 그의 덕이 온전하기 때문입니다."

그 닭에게 다른 닭들은 감히 도전을 하지 못하고 모두 되돌아서서 도망쳐 버렸다.

| 원문 |

紀渻子爲周宣王養鬪雞.[1]

十日而問雞可鬪已乎? 曰; 未也. 方虛驕[2]而恃氣.[3]

十日又問, 曰; 未也. 猶應影響.[4]

十日又問, 曰; 未也. 猶疾視[5]而盛氣.

十日又問, 曰; 幾矣.[6] 雞雖有鳴者, 已無變矣. 望之似木雞[7]矣, 其德全矣.

異雞無敢應者, 反走耳.

| 해설 |

여기서는 싸움닭을 기르는 이야기를 빌려 사람이 완전한 덕을 지니도록 수양하는 방법을 단계적으로 비유를 통해 설명하고 있다. 상대방이 아무리 날뛰고 밖의 조건에 어떤 변화가 오더라도 그의 몸가짐이나 지각과 감정에 아무런 변화가 없는 싸움닭에게는 감히 어떤 닭도 그와 맞서 싸우려 들지 못한다. 사람도 수양이 그러한 단계에 이르러야 완전한 사람이 될

---

1 鬪雞(투계) : 싸움닭.
2 虛驕(허교) : 헛되이 교만한 것.
3 恃氣(시기) : 자기 기운을 믿는 것.
4 影響(영향) : 물건에 그림자가 따르고 소리에 울림이 따르듯 다른 닭을 보기만 하면 싸우려 드는 것.
5 疾視(질시) : 노려보다. 흘겨보다.
6 幾矣(기의) : 거의 되었다.
7 木雞(목계) : 나무를 깎아 만든 닭.

수 있다는 것이다. 이 이야기는 『장자』 삶의 진실에 통달함편에도 실려 있으니 참조하기 바란다.

21. 온 세상 사람들이 자기를 사랑하고 이롭게 해주려고 하도 록 만드는 방법

혜앙이 송나라 강왕康王을 뵈었는데 강왕은 발을 구르고 헛기침을 하면서 다급히 말했다. "내가 좋아하는 것은 용감하고도 힘이 있는 것이오. 어짊과 의로움을 행하는 일은 좋아하지 않소. 그대는 무엇으로서 나를 가르치려 하오?"

혜앙이 대답했다. "제가 지금 가지고 있는 도는 어떤 사람이 비록 용감하다 하더라도 그를 찔러 봤자 칼이 들어가지 않고 비록 힘이 있다 하더라도 그를 쳐 봤자 얻어맞지 않는 것입니다. 대왕께서는 유독 여기에 뜻이 없으시다는 말씀이십니까?"

송나라 임금이 말했다. "좋소! 그것은 내가 들어보고 싶은 말이오."

혜앙이 말했다. "그를 찔러도 칼이 들어가지 않고 그를 쳐도 얻어 맞지 않는다 하더라도 그것은 그래도 욕된 일입니다. 제가 지금 가지고 있는 도는 사람들로 하여금 비록 용감하다 하더라도 감히 찌르지 못하고 비록 힘이 있다 하더라도 감히 치지 못하도록 만드는 것입니다.

그런데 감히 그런 짓을 하지 못한다는 것은 그에게 그럴 뜻조차 없다는 것은 아닙니다. 제가 지금 가지고 있는 도는 사람들로 하여금 근본적으로 그런 짓을 하려는 뜻도 갖지 못하도록 하는 것입니다.

그런 짓을 할 뜻은 없다 하더라도 그에게 사랑하고 이롭게 해주려는 마음이 있는 것은 아닙니다. 제가 지금 가지고 있는 도는 천하의 남자와 여자들로 하여금 모두가 기뻐하면서 그를 사랑하고 이롭게 하려 들지 않는 이가 없도록 하는 것입니다. 이것이 용감하고도 힘 있는 것에 비해 네 배 이상 더 훌륭합니다. 대왕께서는 유독 거기에 뜻이 없으시다는 말씀이십니까?"

송나라 임금이 말했다. "그것은 내가 얻기 바라는 일이오."

혜앙이 대답했다. "공자와 묵자가 바로 그런 분이십니다. 공자와 묵자는 땅 없이도 임금 노릇을 했고 벼슬 없이도 우두머리 노릇을 했습니다. 천하의 남자와 여자들은 모두가 자기의 목을 빼고 발 돋음을 하면서까지 그가 자기들을 편안하고 이롭게 해주기를 바랐습니다. 지금 대왕께서는 만승의 전차를 가지고 세상을 다스리는 임금이십니다. 진실로 그러실 뜻만 계시다면 곧 사방 나라 안이 다 그 이익을 얻게 될 것입니다. 그렇게 되면 공자나 묵자보다도 훨씬 훌륭한 분이 될 것입니다."

송나라 임금이 대답을 않고 있자 혜앙은 빠른 걸음으로 나갔다. 송나라 임금이 옆 신하들에게 말했다. "변사로군! 저 사람은 이론으로 나를 설복시켰네!"

| 원문 |

惠盎見宋康王, 康王蹀足[1]謦欬,[2] 疾言[3]曰; 寡人之所說者, 勇有力也.

---

1 蹀足(접족) : 발을 구르는 것.
2 謦欬(경해) : 헛기침을 하는 것. 모두 급한 성미의 소유자임을 나타낸다.
3 疾言(질언) : 빠른 속도로 말하는 것.

不說爲仁義者也. 客將何以敎寡人?

惠盎對曰: 臣有道於此, 使人雖勇, 刺[4]之不入, 雖有力, 擊之弗中, 大王獨無意邪?

宋王曰: 善, 此寡人之所欲聞也.

惠盎曰: 夫刺之不入, 擊之不中, 此猶辱也. 臣有道於此, 使人雖有勇弗敢刺, 雖有力弗敢擊.

夫弗敢, 非無其志也. 臣有道於此, 使人本無其志也.

夫無其志也, 未有愛利之心也. 臣有道於此, 使天下丈夫女子, 莫不驩然[5]皆欲愛利之. 此其賢於勇有力也, 四累[6]之上也. 大王獨無意邪?

宋王曰: 此寡人之所欲得也.

惠盎對曰: 孔墨是已. 孔丘墨翟,[7] 無地而爲君, 無官而爲長. 天下丈夫女子, 莫不延頸[8]擧踵[9]而願安利之. 今大王, 萬乘之主也. 誠有其志, 則四境之內, 皆得其利矣. 其賢於孔墨也遠矣.

宋王無以應, 惠盎趨而出. 宋王謂左右曰: 辯矣. 客之以說服寡人也.

| 해설 |

여기에서는 선한 마음을 가지고 사람들을 대하는 사람은 온 세상 사람

---

4 刺(척) : 칼 같은 것으로 사람을 찌르는 것.
5 驩然(환연) : 환연(歡然)과 통하여, 기쁜 듯이 행동하는 것.
6 四累(사루) : 네 배. 그러나 사층(四層)으로 봄이 정확하다. 일층은 찔러도 들어가지 않고 쳐도 맞지 않는 것, 이층은 감히 못하게 하는 것, 삼층은 그럴 뜻도 없게 하는 것, 사층은 그를 사랑하고 이롭게 만드는 것임.
7 墨翟(묵적) : 묵자(墨子). 그는 온 세상을 아울러 사랑해야 한다는 '겸애(兼愛)'와 근검(勤儉)을 주장했던 묵가의 창설자임.
8 延頸(연경) : 어떤 소원 때문에 목을 길게 빼고 바라는 것.
9 擧踵(거종) : 발뒤꿈치를 드는 것.

들을 굴복시켜 따르게 할 수 있음을 설명하고 있다. 용기와 힘으로는 한 사람밖에 굴복시킬 수 없을 뿐만 아니라 남의 미움을 사지만 선한 마음으로 남을 대하는 사람은 누구나가 그를 사랑하며 이롭게 해주려든다는 것이다.

다만 여기에서 그런 이상적인 경지에 이르렀던 성인으로 공자와 묵자를 들고 있는 것은 도가 사상과는 어긋나는 태도인 것 같다. 이 장과 같은 내용이 『여씨춘추呂氏春秋』 순설順說편에도 실려 있다. 끝머리에서 송나라 강왕이 자신을 설복시킨 혜앙을 가리켜 "변사로군!"하고 탄복하고 있는 것과 함께 생각해 볼 때, 이 장은 전국시대 유세가遊說家가 상대방의 생각에 맞추어 유세하는 전형적인 행태를 전하기 위해 쓴 것이라 보면 될 것이다.

이 「황제의 깨달음」편에서는 대체로 도가에서 이상적인 인간의 모습이라고 생각하는 지극한 사람에 이르는 수양 방법과 지극한 사람의 몸가짐 마음가짐 등을 해설하고 있다.

제3편

주나라 목왕의 세상 유람

周穆王

　이 편에서는 주로 환술(幻術)과 사람이 살고 죽고 만물이 변화하는 원리가 서로 통하고 있다는 것과 꿈을 꿀 때와 깨어 있을 때의 차이 등을 논하고 있다. 이러한 환상과 현실 및 꿈꾸는 것과 깨어 있는 것을 초월한 참된 사람이야말로 세상의 고통과 즐거움이나 명예와 이익 같은 것으로부터도 초연할 수 있다는 것이다. '주나라 목왕'은 첫 장에서 환상과 같은 세계 유람을 하고 있어서 특히 이 편 제목에 쓰이고 있는 것이다.

1. 주나라 목왕과 환술 및 세상 유람

주나라 목왕 때에 먼 서쪽의 나라로부터 한 환술사幻術師가 왔다. 물과 불에도 들어가고 쇠와 돌을 꿰뚫으며 산과 냇물을 둘러엎고 성과 고을을 옮겼으며, 떨어지지 않고 허공을 타고 다녔고, 물건에 부딪뜨려도 방해를 받지 아니했다. 그의 천변만화하는 재주는 끝이 없었다. 물건의 형체를 변화시킴은 말할 것도 없거니와 사람들의 생각까지도 바꾸어 놓을 수 있었다.

목왕은 그를 신처럼 공경하고 그를 임금처럼 섬겼다. 천자의 궁전을 내주어 그에게 거처하게 했고, 소와 양과 돼지를 잡아 요리해 그에게 바쳤으며, 여자 악공들을 골라서 그를 즐겁게 해주었다. 그러나 환술사는 임금의 궁실이 형편없고 초라하여 거처할 수 없다고 했고, 임금의 부엌 요리를 비린내와 노린내가 나서 먹을 수 없다고 했으며, 임금 밑의 여자들을 암내가 나고 못생겨서 가까이 할 수 없다고 했다.

목왕은 곧 그를 위해 집을 다시 지었는데 토목 일이며 붉고 흰 색칠을 기교를 다하여 하도록 했다. 임금의 여러 창고가 그 때문에 텅 비게 된 다음 높은 집이 비로소 완성되었다. 그 높이는 천 길이나 되어 종남산終南山보다도 높게 솟아, 그 건물을 '하늘 위에 솟은 누대樓臺'라 이름 붙였다. 정나라와 위나라의 처녀들 중에서도 아리땁고 날씬한 사람들을 골라서, 향수 뿌리고 기름 바르고 눈썹을 곱게 그리게 하고, 비녀를 꽂고 귀고리를 달고 엷은 비단 옷을 입히고 제齊나라의 흰 비단 신을 끌게 한 위에, 흰 분을 바르고 검은 눈썹을 그리게 하고 구슬 고리를 달게 했다. 향내 나는 풀을 모아 건물 안에 가득 채우고 승운承雲·육영六瑩·구소九韶·신로晨露 같은 음악을 연주해 그를 즐겁게 했다. 날마다 구슬 옷을 바치고 아침마다 옥 같은 음식을 올렸다. 환술사는 그것들을 시원치 않게 여기면서 마지못해 대하는 것 같았다.

얼마 안 있다가 그는 왕에게 함께 유람할 것을 요청했다. 왕이 환술사의 소맷자락을 잡자 위로 치솟아 하늘 가운데까지 가서야 멈추었다. 그리고는 곧 환술사의 집에 도착했다. 환술사의 집은 금과 은으로 지었고 진주와 구슬을 둘렀으며, 구름과 비오는 곳의 위로 솟아 있어서 그 아래쪽은 어디에 의지하고 있는지 알 수가 없었으며, 그 집을 바라보면 마치 구름더미 같았다. 귀와 눈으로 보고 듣는 것과 코와 입으로 맡고 맛보는 것이 모두가 인간 세상에 있는 것이 아니었다. 왕은 실로 하느님의 청도淸都나 자미紫微 같은 궁전이고 균천鈞天이나 광악廣樂 같은 음악이어서, 하느님이 사는 곳이라 생각했다.

왕이 몸을 굽히고 바라보니 자기의 궁전은 흙덩이를 포개 놓고 땔나무를 쌓아 놓은 것같이 보였다. 왕은 자신이 수십 년을 이곳에 산다 하더라도 자기의 나라는 생각하지도 않을 것 같았다.

환술사는 다시 왕에게 함께 유람하기를 요청했다. 그가 간 곳에서는 우러러보아도 해와 달이 보이지 않고 몸을 굽혀 보아도 강과 바다가 보이지 않았다. 빛과 그림자가 비치는 곳을 왕은 눈이 부셔 바라볼 수가 없었다. 소리와 울림이 들려오면 왕의 귀는 어지러워 들을 수가 없었다. 온 뼈마디와 온 내장이 떨리며 안정되지 않았고, 마음은 어지러워지고 감정은 사라져 갔다. 환술사에게 돌아가기를 요청하자 환술사는 왕을 옮겨 놓았는데, 마치 허공에서 떨어지는 것 같았다.

왕이 잠에서 깨어나 보니 앉아 있는 곳은 조금 전의 곳이며 시중하는 사람들도 조금 전의 사람들이었다. 그의 앞을 보니 술도 아직 맑게 가라앉지 않았고 안주도 아직 마르지 않았다. 왕이 갔다 온 곳을 물으니 곁의 신하들이 "임금님께서는 가만히 계시기만 하셨습니다" 하고 대답했다. 이로부터 목왕은 자기 정신을 잃었다가 석 달 만에야 회복되었다.

다시 환술사에게 물으니 환술사가 대답했다. "저와 왕께서는 정신적인 유람을 했던 것입니다. 형체야 어찌 움직였겠습니까? 또한 조금 전에 계시던 곳이 어찌 왕궁과 다른 곳이었겠습니까? 조금 전에 노니신 곳이 어찌 임금님의 정원과 다른 곳이었겠습니까? 임금님께서는 언제나 있었던 일에 습관이 되어 잠시 동안의 일은 없었던 것으로 의심하고 계시는 것입니다. 변화가 결국은 어떻게 되는 것과 느리고 빠른 차이를 모두 더듬어 알 수가 있으시겠습니까?"

목왕은 크게 기뻐하며 나랏일도 돌보지 아니하고 신하나 첩들과 즐기지도 아니하며 뜻대로 먼 곳을 유람했다. 여덟 마리의 준마駿馬가 끄는 수레를 마련해 타고 다니는데, 수레 오른편 안쪽에서 끄는 말은 화류驊騮였고, 왼편 안쪽에서 끄는 말은 녹이綠耳였으며, 수레 오른편 바깥쪽에서 끄는 말은 적기赤驥였고, 왼편 바깥쪽에서 끄는 말은 백의白㵭였다. 임금의 수레는 조보造父가 몰았고, 태병离㕲이 조수 노릇을 했다. 따르는 수레의 말들을 보면 오른편 안쪽에서 끄는 말은 거황渠黃이었고, 왼편 안쪽에서 끄는 말은 유륜踰輪이었으며, 왼편 바깥쪽에서 끄는 말은 도리盜驪였고, 오른편 바깥쪽에서 끄는 말은 산자山子였다. 백요柏夭가 수레 모는 것을 주관했고 참백參百이 보조 수레몰이였으며 분융奔戎이 조수 노릇을 했다.

천리 길을 달려 거수씨巨蒐氏의 나라에 이르렀다. 거수씨는 흰 따오기[白鵠]의 피를 바쳐 왕으로 하여금 마시게 했고, 소와 말의 젖을 준비해 놓고 왕의 발을 씻게 했다. 왕의 두 수레를 몬 사람들 모두에게도 그런 대접을 했다.

다 마시고 난 다음 길을 떠나 마침내는 곤륜산崑崙山 언덕 아래 적수赤水의 북쪽 기슭에 묵게 되었다. 다음날엔 곤륜산 언덕으로 올라가 황제의 궁전을 구경하고 거기에서 하늘에 제사 지내는 봉선封禪을 함으로써 후세에 그 사실을 전하게 했다. 마침내는 서왕모西王母의 손님으로 방문하여 요지瑤池 가에서 술을 마셨다. 서왕모는 왕을 위해 노래를 불렀고 왕은 이에 화창했는데 그 가사는 슬픈 것이었다. 그리고는 해가 들어가는 곳을 보았으니 하루에 만 리 길을 달렸던 것이다.

왕은 이에 탄식하며 말했다. "아아, 나 한 사람은 덕이 충분하지도 않으면서 즐거움을 흡족히 누렸다. 후세에 나의 허물을 따져 책하는 이가 있을 것인가?" 목왕은 거의 신 같은 사람이 되어 있었다. 자기 자신의 즐거움을 잘 추구하고도 백 년 지나 돌아가셨는데, 세상에선 왕이 하늘나라로 올라가셨다고 했다.

| 원문 |

周穆王**1**時, 西極之國, 有化人**2**來, 入水火, 貫金石, 反山川, 移城邑, 乘虛不墜, 觸實不硋,**3** 千變萬化, 不可窮極. 既已變物之形, 又且易人之慮.

穆王敬之若神, 事之若君, 推路寢**4**以居之, 引三牲**5**以進之, 選女樂以娛之. 化人以爲王之宮室, 卑陋而不可處, 王之廚饌,**6** 腥螻**7**而不可饗,

---

1 周穆王(주목왕) : 주나라 제5대 임금. 이름은 만(滿), B.C. 1001년부터 B.C. 945년까지 55년간 임금 자리에 있었다.
2 化人(화인) : 환술사(幻術師). 요술쟁이.
3 硋(애) : 礙(애)와 통하여 '막히는 것'. '장애를 받는 것'.
4 路寢(노침) : 천자의 정전(正殿).
5 三牲(삼생) : 소·양·돼지. 세 가지 희생(犧牲).
6 廚饌(주찬) : 요리장에서 만들어지는 음식들.
7 腥螻(성루) : 날고기처럼 비린내 나고 도로태[螻蛄]처럼 노린내가 나는 것.

王之嬪御,[8] 膻惡[9]而不可親.

　穆王乃爲之改築, 土木之功, 赭堊[10]之色, 無遺巧焉. 五府[11]爲虛, 而臺始成. 其高千仞, 臨終南[12]之上, 號曰中天之臺. 簡[13]鄭衛[14]之處子[15]娥媌[16]靡曼[17]者, 施芳澤,[18] 正蛾眉, 設笄珥,[19] 衣阿錫,[20] 曳[21]齊紈,[22] 紛白黛黑, 珮玉環. 雜芷若[23]以滿之, 奏承雲[24]六瑩[25]九韶[26]晨露[27]以樂之. 日月獻玉衣, 旦旦[28]薦玉食. 化人猶不舍然,[29] 不得已而臨之.

　居亡幾何, 謁王同遊. 王執化人之袪,[30] 騰而上者, 中天迺止. 暨及化

---

8 嬪御(빈어) : 임금 밑의 여자들.

9 膻惡(잔악) : '잔'은 암내가 나는 것. '악'은 못생긴 것.

10 赭堊(자악) : 붉은 칠과 흰 칠.

11 五府(오부) : 임금의 다섯 가지 창고, 즉 태부(太府)·옥부(玉府)·내부(內府)·외부(外府)·선부(膳府).(『周禮』)

12 終南(종남) : 남산(南山) 또는 중남(中南)이라고도 부르며, 장안(長安) 남쪽에 있던 산 이름.

13 簡(간) : 가리다. 선택하다.

14 鄭衛(정위) : 정나라와 위나라. 이 두 나라는 『시경』에도 음란한 시를 가장 많이 남기고 있어 옛날부터 여색과 놀이에 뛰어난 지방으로 쳤다.

15 處子(처자) : 처녀.

16 娥媌(아모) : 예쁜 것. 아름다운 것.

17 靡曼(미만) : 날씬한 것. 가냘프면서도 아름다운 것.

18 芳澤(방택) : 향기와 윤택, 곧 향수 뿌리고 기름을 바르는 것.

19 笄珥(계이) : 비녀와 귀고리.

20 阿錫(아석) : 얇은 비단.

21 曳(예) : 끄는 것. 신을 신는 것. 옷자락이 끌리는 것으로 볼 수도 있다.

22 齊紈(제환) : 제나라에서 생산되는 흰 비단.

23 芷若(지약) : 향초(香草)의 이름.

24 承雲(승운) : 옛 황제(黃帝)의 음악.

25 六瑩(육영) : 제곡(帝嚳)의 음악.

26 九韶(구소) : 순(舜)임금이 작곡한 음악.

27 晨露(신로) : 은(殷)나라 탕(湯)임금의 음악.

28 旦旦(단단) : 아침마다.

29 舍然(사연) : 석연(釋然). 그럴싸하게 여기는 것.

30 袪(거) : 소매.

人之宮. 化人之宮, 構以金銀, 絡³¹以珠玉, 出雲雨之上, 而不知下之據, 望之若屯雲³²焉. 耳目所觀聽, 鼻口所納嘗, 皆非人間之有. 王實以爲清都³³紫微,³⁴ 鈞天廣樂,³⁵ 帝之所居.

王俯而視之, 其宮榭³⁶若累塊³⁷積蘇³⁸焉. 王自以居數十年, 不思其國也.

化人復謁³⁹王同遊. 所及之處, 仰不見日月, 俯不見河海. 光影所照, 王目眩不能得視. 音響所來, 王耳亂不能得聽. 百骸六藏,⁴⁰ 悸而不凝,⁴¹ 意迷精喪. 請化人求還, 化人移之, 王若磒虛⁴²焉.

旣寤, 所坐猶嚮者之處, 侍御猶嚮者之人. 視其前則酒未清, 肴未昲,⁴³ 王問所從來, 左右曰; 王默存耳. 由此穆王自失者三月而復.

更問化人, 化人曰; 吾與王神遊也. 形奚動哉? 且曩之所居, 奚異王之宮? 曩之所遊, 奚異王之圃? 王閒恆,⁴⁴ 疑蹔亡,⁴⁵ 變化之極, 徐疾之間, 可盡模⁴⁶哉?

---

31 絡(낙) : 두루. 다.

32 屯雲(돈운) : 구름이 모인 것. 구름더미.

33 淸都(청도) : 천제(天帝)가 사는 곳.

34 紫微(자미) : 천제의 궁전.

35 鈞天廣樂(균천광악) : 두 가지 다 천제의 음악.

36 宮榭(궁사) : 궁전 안의 여러 가지 건물들. 궁전과 누각.

37 累塊(누괴) : 흙덩이를 쌓아 놓은 것.

38 積蘇(적소) : 땔나무를 쌓아 놓은 것.

39 謁(알) : 청하다. 요청하다.

40 百骸六藏(백해육장) : 온 몸의 뼈와 모든 내장을 뜻한다.

41 悸而不凝(계이불응) : 떨리며 안정되지 않는 것.

42 磒虛(운허) : 허공에 떨어져 내리는 것.

43 昲(비) : 마르다.

44 閒恒(한항) : 항상 있었던 일들에 익숙해져 있는 것.

45 疑蹔亡(의잠무) : 잠시 동안 경험한 일 밖의 없는 일에 대해서는 없었던 것으로 의심하다.

46 模(모) : 모양을 더듬다. 헤아리다.

王大悅, 不恤國事, 不樂臣妾, 肆意遠遊. 命駕八駿之乘,[47] 右服[48] 蕭驪[49]而左綠耳, 右驂[50]赤驥而左白㿟. 主車[51]則造父[52]爲御, 离裔爲右. 次車之乘, 右服渠黃[53]而左踰輪, 左驂盜驪而右山子. 柏夭[54]主車, 參百 爲御, 奔戎爲右.

馳驅千里, 至于巨蒐氏之國. 巨蒐氏[55]乃獻白鵠[56]之血, 以飮王, 具牛 馬之湩[57]以洗王之足, 及二乘之人.

已飮而行, 遂宿于崑崙[58]之阿, 赤水[59]之陽. 別日升崑崙之丘, 以觀黃 帝之宮,[60] 而封[61]之, 以詒後世. 遂賓于西王母,[62] 觴[63]于瑤池[64]之上. 西王

---

47 八駿之乘(팔준지승) : 여덟 마리 준마가 끄는 수레.

48 服(복) : 복마(服馬) 여러 마리 말이 한 수레를 끌 때 가운데 편에 서는 말.

49 蕭驪(화류) : '화'는 화(驊)의 옛 글자이며 아래 녹이(綠耳) · 적기(赤驥) · 백의(白㿟) 와 함께 명마의 이름.

50 驂(참) : 참마(驂馬). 여러 마리의 말이 한 수레를 끌 때 바깥쪽에 서는 말들.

51 主車(주거) : 임금이 탄 수레. 주가 되는 수레.

52 造父(조보) : 아래 태병(离裔)과 함께 옛날의 유명한 수레몰이.

53 渠黃(거황) : 아래 유륜(踰輪) · 도리(盜驪) · 산자(山子)와 함께 명마 이름.

54 柏夭(백요) : 뒤의 참백(參百) · 분융(奔戎)과 함께 옛날에 유명했던 수레몰이.

55 巨蒐氏(거수씨) : 서융(西戎), 곧 지금의 중앙아시아 쪽에 있던 나라 이름.

56 白鵠(백혹) : 흰 따오기.

57 湩(동) : 젖.

58 崑崙(곤륜) : 중국의 서쪽에 있는 큰 산 이름.

59 赤水(적수) : 강물 이름. 『산해경』에 "사막(流沙)의 가, 적수(赤水)의 뒤, 흑수(黑水)의 앞쪽에 큰 산이 있는데 곤륜산(崑崙山之丘)이라 부른다. 거기에 한 사람이 굴속에 살고 있는데 그를 서왕모(西王母)라 부른다" 했다.

60 黃帝之宮(황제지궁) : 황제는 온 나라를 두루 다녔는데 곤륜산에 올라 궁전을 지었다 한 다.(陸賈 『新語』) 따라서 해가 떠오르면서 궁전이 후광을 받고 보였던 것이다.

61 封(봉) : 명산 같은 곳에 제단을 쌓고 하늘에 제사 지내는 것. 봉선(封禪).

62 西王母(서왕모) : 『산해경』에 의하면 곤륜산에 산다는 전설적인 선녀 이름. 『산해경』에 는 "호랑이 이빨을 지녔고, 흐트러진 머리에 구슬 머리 장식을 꽂았으며 휘파람을 잘 불 었다" 했다. 그러나 후세에 올수록 아름다운 선녀로 변해 한나라 무제(武帝)에겐 먹으면 죽지 않고 오래 산다는 복숭아를 바쳐 유명하다.(『漢武內傳』)

63 觴(상) : 술잔. 술잔을 드는 것.

母爲王謠, 王和之, 其辭哀焉. 迺觀日之所入, 一日行萬里.

王乃歎曰; 於乎! 予一人, 不盈于德, 而諧於樂. 後世其追數[65]吾過乎! 穆王幾神人哉! 能窮當身之樂, 猶百年乃徂, 世以爲登假[66]焉.

| 해설 |

여기서는 주나라 목왕이 환술사와 함께 기가 막히는 정신적인 유람을 하고 다시 여덟 마리의 준마가 끄는 수레를 타고 천하를 두루 다니며 노는 이야기가 씌어 있다. 이 이야기는 서왕모西王母의 전설과 합쳐져 유명한 『목천자전穆天子傳』이라는 소설로 이루어져 전해지고 있다.

이 세상 밖에도 더욱 무한히 넓은 세상이 있고 거기에는 이 세상에선 생각할 수도 없는 진정한 즐거움이 있다는 것이다. 세상 사람들은 임금이라 하더라도 자기의 귀와 눈 또는 입과 코가 느끼는 감각을 벗어나지 못해 제한된 이 세상 속에서의 부유함과 즐거움이나 명예나 이익 같은 것을 좇아 아귀다툼하게 된다.

지극한 사람이란 이러한 세상의 사람이 지니는 한계를 초월하는 것이다. 목왕 같은 천자까지도 한 번 이 세상의 한계를 넘어 이 세상 밖으로 나가서는 돌아갈 생각도 하지 않았던 것이다. 이 세상의 부귀영화 같은 것은 뜬 구름이나 같다는 것이다.

---

64 瑤池(요지) : 곤륜산에 있는 못 이름.
65 數(삭) : 꾸짖다. 책하다.
66 登假(등가) : '가'는 하(遐)로 씀이 옳으며, 승하(昇遐)의 뜻. 임금이 돌아가시는 것.

2. 사람들의 환상 및 삶과 죽음

　노성자老成子가 윤문尹文 선생에게 환술幻術을 배우기도 했는데 3년이 넘도록 일러주지 않았다. 노성자는 자기 잘못이 무엇인가 물으면서 물러가게 해줄 것을 요청했다. 윤문 선생은 몸을 굽혀 보이고 그를 방으로 들어오게 하고는 곁의 사람들을 다 물러가게 한 다음 그에게 말했다. "옛날 노자가 서쪽으로 떠나가실 때에 돌아다보시며 나에게 다음과 같이 말씀하셨소.

　'삶을 지니고 있는 기운이나 형체를 지니고 있는 모양들은 모두가 환상이야. 조화造化가 시작되는 것과 음陰과 양陽이 변화하는 것을 삶이라고도 하고 죽음이라고도 말하는 것이지. 법칙을 추궁하여 변화에 통달함으로써 형체를 옮겨 놓기도 하고 바꾸어 놓기도 하는 것을 사물을 마음대로 변화시키는 환술이라고 말하는 것이야. 조물주는 작용이 교묘하고 하는 일이 심오하기 때문에 본시부터 추궁하기 어렵고 단서를 찾기도 어려운 것이지. 형체를 이용하는 자는 그의 교묘함이 분명하다 하더라도 그 하는 일은 천박한 것이야. 그러므로 생겨났다가 없어졌다가 하는데 환술의 변화는 삶과 죽음이나 다르지 않다는 것을 알아야만 비로소 환술을 배울 수가 있게 되지.' 나와 당신도 역시 환상이거늘 어찌 환술을 반드시 배워야만 되겠소?"

　노성자는 돌아가 윤문 선생의 말을 따라서 석 달 동안 깊이 생각한 끝에 마침내는 만들고 없애고 하는 일을 자유롭게 하고, 사철을 뒤바꾸어 놓을 수 있고, 겨울에 우레를 일으키고 여름에 얼음을 만들며, 날아다니는 것들을 뛰어다니게 하고 뛰어다니는 것들을 날아다니게 할 수 있게 되었다. 그러나 평생을 두고 그의 환술을 드러내지 않았기 때문에 세상에는 전해지지 않았다.

열자가 말했다. "변화를 잘 일으키는 사람은 그 방법을 남몰래 사용하여 그가 해 놓은 일은 보통 사람들과 같다. 오제五帝의 위대한 덕이나 삼왕三王의 큰 공로는 반드시 모두가 지혜와 용기의 힘으로 이루어진 것은 아니다. 혹시 환술의 변화를 근거로 이루어 놓은 것임을 누가 알아낼 수 있겠는가?"

| 원문 |

老成子**1**學幻於尹文先生,**2** 三年不告. 老成子請其過而求退, 尹文先生揖而進之於室, 屛**3**左右而與之言曰; 昔老聃之徂西也, 顧而告予曰;

有生之氣, 有形之狀, 盡幻也. 造化之所始, 陰陽之所變者, 謂之生, 謂之死. 窮數**4**達變, 因形移易者, 謂之化, 謂之幻. 造物者, 其巧妙, 其功深, 固難窮難終. 因形者**5**其巧顯, 其功淺. 故隨起隨滅, 知幻化之不異生死也, 始可與學幻矣. 吾與汝亦幻也. 奚須學哉?

老成子歸, 用尹文先生之言, 深思三月, 遂能存亡自在, 幡校**6**四時, 多起雷, 夏造冰, 飛者走, 走者飛. 終身不著其術, 故世莫傳焉.

子列子曰; 善爲化者, 其道密庸,**7** 其功同人. 五帝**8**之德, 三王**9**之功,

---

1 老成子(노성자) : 성이 노성(老成), 이름은 방(方). 춘추시대 송(宋)나라 대부. 저서 십편이 있는데 황로(黃老)의 도에 입각한 것이라 한다.

2 尹文先生(윤문선생) : 전국시대 윤문자(尹文子)인 듯하나 시대가 잘 들어맞지 않는다. 윤문자는 본시 명가(名家)에 속하는 사람이지만 황로 사상에도 깊이 간여했다. 열자의 후세 사람이었기 때문에 인물의 연대에 차질이 있는지 모른다.

3 屛(병) : 물리치다.

4 數(수) : 술법(術法). 법칙. 법도.

5 因形者(인형자) : 형체를 근거로 하여 변화하는 것.

6 幡校(번교) : 번교(翻校)와 통하는 말로, '순서를 뒤바꾸는 것'.

7 密庸(밀용) : 비밀히 사용하다. 살며시 쓰다.

8 五帝(오제) : 태곳적의 훌륭한 다섯 임금. 황제(黃帝)·전욱(顓頊)·제곡(帝嚳)·당요

未必盡智勇之力, 或由化而成, 孰測之哉?

| 해설 |

사람들의 환술이란 바로 자연의 조화에 의한 삶과 죽음이나 자연의 변화와 같다는 것이다. 앞 대목의 서역에서 온 환술사는 주로 목왕을 정신적으로 유람하도록 했는데, 진정한 환술의 '환'이란 환상이나 환각이 아니라 바로 조화의 도를 터득하는 것이라는 것이다. 따라서 진정한 환술사는 자기의 재주를 밖으로 드러내지 않고서 변화를 일으켜 놓는다. 따라서 사람들은 그 변화가 바로 환술에 의한 것임을 전혀 깨닫지 못하게 된다는 것이다.

3. 깨어 있을 때와 꿈꿀 때

깨어 있는 것에는 여덟 가지 징험이 있고 꿈을 꾸는 것에는 여섯 가지 징후가 있다.

무엇을 여덟 가지 징험이라 말하는가? 첫째는 일하는 것, 둘째는 행동하는 것, 셋째는 무엇인가 얻는 것, 넷째는 무엇인가 잃는 것, 다섯째는 슬픈 일을 당하는 것, 여섯째는 즐거운 일이 있는 것, 일곱째는 살고 있는 것, 여덟째는 죽는 것이다. 이러한 여덟 가지 징험은 형체를 통하여 접하게 되는 것이다.

(唐堯) · 우순(虞舜)의 다섯 분.(『史記』, 『大戴禮』 등)

9 三王(삼왕) : 하(夏) · 은(殷) · 주(周) 세 왕조를 연 임금. 곧 우(禹) · 탕(湯) · 문왕(文王)과 무왕(武王).

무엇을 여섯 가지 징후라 말하는가? 첫째는 올바로 꾸는 꿈, 둘째는 놀라 깨는 꿈, 셋째는 무엇을 그리워하는 꿈, 넷째는 잠을 자지 않으면서 꾸는 꿈, 다섯째는 기쁜 꿈, 여섯째는 두려운 꿈이다. 이러한 여섯 가지는 징험은 정신을 통하여 접하게 되는 것이다.

감각에 의한 변화가 일어나는 것을 알지 못하는 사람은 그 일에 부딪치면 곧 그것이 그렇게 된 까닭을 잘 모른다. 감각에 의한 변화가 일어나는 것을 아는 사람은 그 일에 부딪치면 곧 그것이 그렇게 된 까닭을 알게 된다. 그 일이 그렇게 된 까닭을 안다면 곧 놀라는 일이 없을 것이다.

한 물체가 차고 비고 없어지고 생기는 것은 모두가 하늘과 땅의 변화로 통하고 여러 가지 물건이나 일을 통해 영향이 드러난다. 그러므로 음기陰氣가 강하면 곧 큰 강물을 건너면서 두려워하는 꿈을 꾼다. 양기陽氣가 강하면 곧 큰 불 속을 지나면서 데는 꿈을 꾼다. 음과 양의 기가 모두 강하면 곧 남을 살려 주거나 죽이는 꿈을 꾼다.

매우 배부를 적에는 남에게 주는 꿈을 꾸고 매우 배고플 적에는 남의 것을 빼앗는 꿈을 꾼다. 그러므로 마음이 들뜨고 허해져서 병이 난 사람은 날아오르는 꿈을 꾼다. 마음이 가라앉고 실해져서 병이 난 사람은 물에 빠지는 꿈을 꾼다. 허리띠를 깔고 자면 곧 뱀을 꿈에 보게 된다. 날아가던 새가 와서 머리털을 물면 곧 날아 다니는 꿈을 꾸게 된다. 날씨가 음산해질 때에는 불을 꿈꾸게 되고 병이 나려 할 때에는 음식을 먹는 꿈을 꾸게 된다. 꿈에 술 마시는 사람은 근심이 있는 사람이고, 꿈에 노래하고 춤추는 사람은 통곡할 일이 있는 사람이다.

열자가 말했다. "정신이 대하게 되는 것이 꿈이고 형체가 접하게 되는 것이 일이다. 그러므로 낮에는 생각하고 밤에는 꿈을 꾸는데 정신과 형체가 일이나 물건을 대하게 되기 때문이다. 그러므로 정신이 안정된 사람은 생각과 꿈이 자연히 없어진다. 진실로 깨어 있는 사람은 말하지 아니하고 진실로 꿈꾸는 사람은 깨닫지를 못 한다. 물건의 변화란 저쪽으로 갔다 이쪽으로 왔다 하는 것이기 때문이다. 옛날의 참된 사람은 그가 깨어 있어도 스스로를 잊고, 그가 잠잔다 해도 꿈꾸지 않는다 했는데 어찌 헛된 말이겠는가?"

| 원문 |

覺[1]有八徵,[2] 夢有六候.[3]

奚謂八徵? 一曰故,[4] 二曰爲,[5] 三曰得, 四曰喪, 五曰哀, 六曰樂, 七曰生, 八曰死. 此者八徵, 形所接也.

奚謂六候? 一曰正夢,[6] 二曰蘁夢,[7] 三曰思夢,[8] 四曰寤夢,[9] 五曰喜夢, 六曰懼夢. 此六者, 神所交也.

不識感變[10]之所起者, 事至則惑其所由然.[11] 識感變之所起者, 事至則知其所由然. 知其所由然, 則無所怛.[12] 一體之盈虛消息,[13] 皆通於天地,

---

1 覺(각) : 잠자지 않고 깨어 있는 것.
2 徵(징) : 징험(徵驗).
3 候(후) : 징후(徵候).
4 故(고) : 일하는 것.(張湛 說)
5 爲(위) : 작위(作爲). 행동하는 것.
6 正夢(정몽) : 올바른 꿈. 보통 꿈.
7 蘁夢(악몽) : '악'은 악(愕)과 통하여, '놀라는 꿈.
8 思夢(사몽) : 어떤 일을 골똘히 생각는 꿈. 무언가를 그리워하는 꿈.
9 寤夢(오몽) : 잠을 자지 않고 깨어 있으면서 꾸는 꿈.
10 感變(감변) : 정신이 물건이나 일을 접해 느끼는 것과 형체가 물건이나 일을 접해 변화하는 것.
11 所由然(소유연) : 그렇게 되는 까닭.
12 怛(달) : 놀라는 것.
13 消息(소식) : 없어지는 것과 생겨나는 것.

應於物類. 故陰氣壯, 則夢涉大水而恐懼. 陽氣壯, 則夢涉大火而燔焫.[14] 陰陽俱壯, 則夢生殺.

甚飽則夢與, 甚飢則夢取. 是以以浮虛爲疾者, 則夢揚.[15] 以沈實爲疾者, 則夢溺. 藉帶[16]而寢, 則夢蛇. 飛鳥銜髮, 則夢飛. 將陰夢火, 將疾夢食. 飮酒者憂, 歌儛[17]者哭.

子列子曰; 神遇爲夢, 形接爲事. 故晝想夜夢, 神形所遇. 故神凝[18]者, 想夢自消. 信覺不語, 信[19]夢不達,[20] 物化之往來[21]者也. 古之眞人, 其覺自忘, 其寢不夢, 幾[22]虛語哉?

| 해설 |

여기서는 꿈과 생시의 경계를 논하고 있다. 깨어 있을 때의 일이란 육체의 활동을 수반하지만 꿈은 정신적인 활동에 그친다. 그러나 깨어 있을 때나 꿈꾸는 일이나 모두 밖의 일이나 물건의 변화에 접해 일어나는 것임은 같다. 따라서 어느 편이 참되고 어느 편이 허망된 것이라고 단정할 수가 없다. 참된 사람이 꿈과 생시를 초월하는 이유가 여기에 있다.

참된 사람은 깨어 있다 해도 세상의 어떤 일에도 집착하는 법이 없고 잠을 잔다 하더라도 꿈꾸는 일이 없다. 깨어서는 스스로를 잊고 있는 듯

---

14 燔焫(번열) : 불에 데는 것.

15 揚(양) : 공중으로 떠오르는 것.

16 藉帶(자대) : 허리띠를 까는 것.

17 儛(무) : 무(舞)와 같은 자로, '춤추는 것.

18 神凝(신응) : 정신이 안정되는 것.

19 信(신) : 정말. 진실로.

20 達(달) : 통달하는 것, 깨닫는 것.

21 物化之往來(물화지왕래) : 일이나 물건의 변화가 저쪽으로 갔다 이쪽으로 왔다 하는 것처럼 변화무쌍하다는 말.

22 幾(기) : 기(豈)의 뜻, 곧 '어찌'.

하고 꿈을 꾸려 해도 물건의 변화에 따라 함께 변화할 뿐이니 꿈이 꾸어지지 않는다. 심지어 꿈을 꾼다 하더라도 그것이 꿈인지 알지를 못한다.

4. 우리가 보고 있는 것은 허망한 것인가, 진실한 것인가?

이 세상 서쪽 끝 남쪽 모서리에 한 나라가 있었다. 그 경계가 접하고 있는 곳은 어디까지인지 알지 못하지만 나라 이름을 '고망古莽의 나라'라 불렀다. 음과 양의 기운이 마주치지 않는 곳이기 때문에 추위와 더위의 구별이 없었다. 해와 달의 빛이 비추지 않는 곳이기 때문에 낮과 밤의 분별도 없었다.

그 나라 백성들은 먹지도 않고 입지도 않고 잠을 많이 잤는데 오십일에 한 번 깨어날 정도였다. 그들은 꿈속에서 본 일들을 사실로 여기고 깨어나서 한 일들을 허망된 것으로 여겼다.

사방이 바다인 중간 지방을 '중앙의 나라'라 불렀다. 황하의 남쪽으로부터 북쪽에 걸쳐 있고 태산泰山의 동쪽으로부터 서쪽으로 뻗쳐 있어 만여 리나 되는 넓은 나라였다. 그 곳은 음과 양의 변화에 일정한 법도가 있었으므로 한동안은 추웠다 한동안은 더웠다 했다. 어둡고 밝은 분별이 뚜렷했기 때문에 한 동안은 낮이었다 한 동안은 밤이었다 하고 바뀌었다.

그 곳 백성들 중에는 지혜 있는 이도 있고 어리석은 이도 있었으며 만물이 잘 자라고 번식하고 사람들은 여러 가지 재주를 지니고 있었다. 임금과 신하가 있어 서로 신분을 따라 행동하고 예법이 있어 서로 법도를 따라 접촉했다. 그들이 말하고 행동하는 것은 이루 헤아리거나 잴 수 없을 정도로 다양했다. 한 번은 깨었다 한 번은 잠을 잤다

하는데 깨어서 행동한 것은 사실이고 꿈속에 본 것은 허망된 것이라 생각했다.

이 세상 동쪽 끝 북쪽 모퉁이에 한 나라가 있었는데 '부락阜落의 나라'라 불렀다. 그 곳 땅 기운은 언제나 따스하고 해와 달은 진 다음에도 빛이 남아 있어 그 곳 땅에는 좋은 곡식이 자라지 않았다.

그 곳 백성들은 풀뿌리와 나무 열매를 먹고 살았으며, 음식을 불에 익혀 먹을 줄을 몰랐다. 성질이 거세고 사나워서 강한 자와 약한 자들이 서로 다투었다. 싸워 이기는 것은 귀하게 여기지만 의로움은 존중하지 않는다. 많이 달리고 걷고 하면서도 쉬는 일은 매우 적었고, 언제나 깨어 있기만 하고 잠은 자지 않았다.

| 원문 |

西極之南隅, 有國焉. 不知境界之所接, 名古莽之國. 陰陽之氣所不交, 故寒暑亡辨.[1] 日月之光所不照, 故晝夜亡辨.

其民不食不衣, 而多眠, 五旬[2]一覺. 以夢中所爲者實, 覺之所見者妄.

四海之齊,[3] 謂中央之國. 跨河[4]南北, 越岱[5]東西, 萬有餘里. 其陰陽之審度, 故一寒一暑. 昏明之分察, 故一晝一夜.

其民有智有愚, 萬物滋殖, 才藝多方. 君臣相臨, 禮法相持. 其所云爲, 不可稱計. 一覺一寐, 以爲覺之所爲者實, 夢之所見者妄.

---

1 亡辨(무변) : 분별없다. 분별되지 않는다.

2 五旬(오순) : 오십 일.

3 齊(제) : 한가운데.

4 跨河(과하) : 황하(黃河)에 걸쳐 있다.

5 岱(대) : 태산(泰山)의 별명. 중국의 오악(五嶽) 중의 하나이며 지금의 산동성 태안(泰安)현 북쪽에 있다.

東極之北隅有國, 曰阜落之國. 其土氣常燠,⁶ 日月餘光之照其土, 不生嘉苗.⁷

其民食草根木實, 不知火食.⁸ 性剛悍,⁹ 彊弱相藉,¹⁰ 貴勝而不尙義. 多馳步, 少休息, 常覺而不眠.

| 해설 |

여기에 나오는 '고망의 나라'는 깨어 경험하고 있는 것도 허망한 일이라 여기고 있고, '중앙의 나라'에서는 깨어서 하고 있는 일과 꿈에서 본 일을 분명히 구분하고 있고, '부락의 나라'에서는 꿈이나 허망한 것은 받아들이지 않고 철저하게 현실적인 것을 추구하고 있다. 모두 서로 다른 사람들의 살아가는 방식을 비유로 드러내고 있다. 가운데 '중앙의 나라'는 중국을 상징하고 가장 보편적인 사람들의 생활 방법을 나타내고 있다 할 것이다.

보통 사람들은 깨어서 활동하기도 하고 잠을 자다가 꿈도 꾸지만 꿈과 현실의 한계는 모호하다. 꿈을 사실로 여길 수도 있고 꿈을 부정할 수도 있다. 열자의 이러한 꿈의 생각이 『장자』에 이르러서는 유명한 '나비의 꿈〔胡蝶夢〕'으로 발전한다. 장자가 꿈에 나비가 되어 꽃밭을 훨훨 날아다니는 꿈을 꾸었다. 장자는 꿈에서 깨어나 생각하기를 자기가 나비의 꿈을 꾸고 있는지 반대로 나비가 자기의 꿈을 꾸고 있는지 알 수 없다고 했다. 깨어 있는 게 참된 것일 수 있듯이 꿈꾸는 것도 참된 것일 수 있기 때문이

---

6 燠(욱) : 따스함.

7 嘉苗(가묘) : 좋은 곡식. 좋은 곡식 싹. 오곡.

8 火食(화식) : 불로 익혀 먹는 것.

9 悍(한) : 사나움. 독살스러움.

10 藉(자) : 넘보다. 깔고 뭉개다. 싸우다.

다. 그러나 반대로 양편 모두가 허망된 것이기도 하다.

5. 꿈속의 임금과 하인

주나라의 윤씨尹氏라는 사람은 재산을 크게 불려 그의 밑에 일하는 사람들을 많이 두었는데 그들은 아침저녁 없이 쉬지를 못했다. 그 중 한 늙은 일꾼이 근력은 다했으면서도 그를 위해 매우 부지런히 일했다. 낮에는 숨을 몰아쉬면서 일을 하고 밤이 되면 멍해지고 지쳐서 깊은 잠이 들었다. 그는 정신이 크게 흩어져 밤마다 나라의 임금이 되는 꿈을 꾸어 백성들 윗자리에서 한 나라의 일을 처리했다. 궁전에서 놀며 잔치하고 바라는 일을 멋대로 해 그의 즐거움은 비길 데가 없었다. 깨어나면 곧 다시 일을 했다.

어떤 사람이 그가 고된 일 하는 것을 위로하자, 그 일꾼은 말했다. "인생은 백년이라지만 낮과 밤으로 나누어집니다. 나는 낮이면 하인이 되어 고생할 만큼 고생을 하지만 밤이면 나라의 임금이 되어 그 즐거움은 비길 데가 없으니 무엇을 원망할 게 있겠습니까?"

윤씨는 마음으로는 세상일을 처리하고, 그의 생각은 집안일에 몰려 있었다. 마음과 몸이 다 같이 피로해 밤이면 역시 멍하니 지쳐서 잠을 잤는데 밤마다 남의 하인이 되는 꿈을 꾸어 이리저리 뛰어다니면서 일을 하되 하지 않는 일이 없었다. 자주 욕을 먹고 매질을 당하면서 온갖 고초를 다 겪었다. 잠 속에서 헛소리치고 신음을 하다가 아침이 되어야만 끝이 났다.

윤씨는 이를 걱정하여 그의 친구를 찾아가 의논했다. 친구가 말했다. "그대의 지위는 한 몸을 영화롭게 하기에 충분하고 재산에 여유가 있으며 다른 사람들보다 훨씬 행복하오. 밤에는 하인이 되는 꿈을 꾸어 괴로움과 편안함이 반복되고 있다는 것은 정상적인 원칙이오. 그대가 깨어 있을 때와 꿈꿀 때를 아울러 편안함을 누리려 하지만 어찌 그렇게 될 수가 있겠소?"

윤씨가 그의 친구 말을 듣고 그의 일꾼들이 하는 일을 편하게 해주고 그의 생각하고 걱정하던 일들을 줄이자 병이 모두 나았다.

| 원문 |

周之尹氏大治産, 其下趣役**1**者, 侵晨昏**2**而弗息. 有老役夫, 筋力竭矣, 而使之彌**3**勤. 晝則呻呼**4**而卽事, 夜則昏憊**5**而熟寐. 精神荒散, 昔昔**6**夢爲國君, 居人民之上, 總一國之事. 遊燕**7**宮觀, 恣意所欲, 其樂無比. 覺則復役.

人有慰喩**8**其勤**9**者, 役夫曰; 人生百年, 晝夜各分. 吾晝爲僕虜, 苦則苦矣, 夜爲人君, 其樂無比, 何所怨哉?

尹氏心營世事, 慮鍾**10**家業. 心形俱疲, 夜亦昏憊而寐, 昔昔夢爲人僕, 趨走作役, 無不爲也. 數罵**11**杖撻,**12** 無不至也. 眠中喑囈**13**呻呼, 徹旦**14**

---

1 趣役(취역) : 뛰어다니며 일하는 것.
2 侵晨昏(침신혼) : 아침과 저녁에 걸쳐. 아침저녁 없이.
3 彌(미) : 더욱.
4 呻呼(신호) : 신음하다. 숨을 몰아쉬다.
5 昏憊(혼비) : 정신은 멍해지고 몸은 지치는 것.
6 昔昔(석석) : 야야(夜夜). 밤마다.
7 遊燕(유연) : 놀고 잔치하고 하는 것.
8 慰喩(위유) : 위로의 말을 하는 것.
9 勤(근) : 노고. 고달픔.
10 慮鍾(여종) : 생각이 모이다.
11 數罵(삭매) : 자주 욕먹다. 자주 꾸지람을 듣다.

息焉.

尹氏病之, 以訪其友, 友曰; 若位足榮身, 資財有餘, 勝人遠矣. 夜夢爲僕, 苦逸之復, 數之常**15**也. 若欲覺夢兼之, 豈可得邪?

尹氏聞其友言, 寬其役夫之程,**16** 減己思慮之事, 疾竝少閒.**17**

| 해설 |

사람의 일생은 다시 밤과 낮의 둘로 갈라진다. 따라서 깨어서는 하인이지만 잠잘 때의 꿈에서는 나라의 임금이 되는 사람은 그대로 즐거움을 누리며 만족할 수 있다. 반대로 윤씨처럼 부귀와 영화를 누리는 사람이라 하더라도 밤마다 하인 노릇하는 꿈을 꾼다면 이것 또한 불행한 일이다. 따라서 사람이란 깨어 있는 것과 꿈꾸는 경계를 초연히 넘어설 줄 알아야 한다. 꿈에서나 깨어나서나 괴로움과 즐거움은 사람에게 같은 것이다.

6. 나무꾼이 잡은 사슴 이야기

정나라의 어떤 사람이 들에서 나무를 하다가 놀란 사슴을 만나 이를 때려서 잡았다. 그는 남이 그것을 볼까 두려워서 엉겁결에 구덩이 속에 감추어 놓고서 그것을 나무섶으로 덮었다. 그는 기쁨을 이기지

---

12 杖撻(장달) : 매를 맞다.
13 嘊囈(암예) : 잠꼬대하다. 잠자며 헛소리하다.
14 徹旦(철단) : 아침이 되는 것.
15 數之常(수지상) : 법도로서는 정상적인 것.
16 程(정) : 일정(日程). 과정(課程). 할 일.
17 閒(한) : 병이 낫는 것.

못하고 있다가 문득 그가 감추어 둔 곳을 잊어버렸다. 마침내 그는 꿈이었다고 생각하고 길을 걸으면서 그 일을 중얼거렸다.

마침 옆에서 그의 말을 들은 사람이 그의 말을 따라가 사슴을 찾아냈다. 그는 돌아와서 그의 아내에게 말했다. "조금 전에 나무꾼이 사슴을 잡은 꿈을 꾸었는데 그것을 놓아둔 곳을 알지 못하겠다고 하길래, 나는 그의 말을 따라가서 그 사슴을 주워 왔소. 그는 바로 진짜 꿈을 꾸는 사람일 것이오."

그의 아내가 말했다. "당신 자신이 나무꾼이 사슴을 잡은 꿈을 꾼 것이 아닐까요? 어찌 그런 나무꾼이 있겠어요? 지금 정말로 사슴을 찾아왔으니 당신 꿈이 참된 것이지요."

남편이 말했다. "내가 그 사람 말을 따라 사슴을 주웠으니, 그의 꿈이 나의 꿈임을 어떻게 알겠는가?"

나무꾼은 사슴을 잃은 것을 잊지 않고 있다가 그날 밤에 정말로 그것을 감추어 두었던 곳을 꿈꾸고 다시 그 사슴을 가져간 사람에 대해서도 꿈꾸었다. 날이 밝자 꿈을 더듬어 찾아가 그를 만났다. 마침내는 사슴을 두고 다툰 끝에 소송을 하게 되어 그 사건이 재판관에게 넘어갔다.

재판관이 말했다. "그대는 처음에 정말로 사슴을 잡았으면서도 함부로 그것을 꿈이라 생각했네. 다시 정말로 사슴을 잡은 꿈을 꾸었을 때에는 함부로 그것을 사실이라 여겼네. 저 사람은 정말로 그대의 사슴을 찾아서 그대와 사슴을 두고 다투게 되었네. 그의 아내는 또 말하기를 꿈에 남이 잡아 놓은 사슴이 있다는 것을 알게 되었으나, 다른 사람이 사슴을 잡은 일은 없을 거라고 말했네. 지금 여기에 진짜 사슴이 있으니 이것을 둘로 나누어 갖도록 하게."

재판 결과를 아뢰자 정나라 임금이 말했다. "아아! 재판관은 다시 꿈에서 남에게 사슴을 나누어 주려고 한 것일 게야."

이에 대해 재상에게 묻자 재상은 이렇게 아뢰었다. "꿈을 꾸었는지 꾸지 않았는지 저로서는 분별할 수 없는 일입니다. 생시의 일인지 꿈속의 일이었는지를 분별하실 수 있는 분은 오직 황제나 공자 같은 분뿐일 것입니다. 지금은 황제도 공자도 계시지 않으니 누가 그것을 분별할 수가 있겠습니까? 그러니 재판관의 말을 따르는 것이 옳을 줄로 압니다."

| 원문 |

鄭人有薪[1]於野者, 遇駭鹿,[2] 御[3]而擊之, 斃[4]之. 恐人見之也, 遽[5]而藏諸隍[6]中, 覆之以蕉.[7] 不勝其喜, 俄而遺其所藏之處, 遂以爲夢焉, 順塗以詠[8]其事.

傍人有聞者, 用其言而取之. 旣歸, 告其室人[9]曰; 向薪者夢得鹿而不知其處, 吾今得之. 彼直眞夢者矣.

室人曰; 若將是夢見薪者之得鹿邪? 詎[10]有薪者邪? 今眞得鹿, 是若之夢眞邪?

夫曰; 吾據得鹿, 何用知彼夢我夢邪?

---

1 薪(신) : 땔나무. 나무를 하다.
2 駭鹿(해록) : 놀란 사슴.
3 御(어) : 맞다. 맞닥뜨리다.
4 斃(폐) : 죽다. 죽이다.
5 遽(거) : 허겁지겁. 얼떨결에.
6 隍(황) : 흙구덩이.
7 蕉(초) : 나무섶. 풀섶.
8 詠(영) : 외다. 중얼거리다.
9 室人(실인) : 집사람. 아내. 처.
10 詎(거) : 어찌.

薪者之歸, 不厭**11**失鹿, 其夜眞夢藏之之處, 又夢之之主. 爽旦.**12**案所夢而尋得之, 遂訟而爭之, 歸之士師.**13**

士師曰; 若初眞得鹿, 妄謂之夢. 眞夢得鹿, 妄謂之實. 彼眞取若鹿, 而與若爭鹿. 室人又謂夢認人鹿, 無人得鹿. 今據有此鹿, 請二分之.

以聞鄭君, 鄭君曰; 嘻! 士師將復夢分人鹿乎.

訪之國相, 國相曰; 夢與不夢, 臣所不能辨也. 欲辨覺夢, 唯黃帝孔丘. 今亡黃帝孔丘, 孰辨之哉? 且徇**14**士師之言可也.

| 해설 |

사람의 의식하고 생각함에 있어서는 본질적으로 깨어 있다는 것과 꿈꾼다는 것에 구별이 있을 수 없다. 사람의 정신은 밖의 물건에 호응하여 무엇을 알게도 되고 꿈을 꾸게도 된다. 따라서 어떤 경우에는 꿈과 생시의 한계가 흐려진다. 황제나 공자 같은 성인이 아니면 이러한 깨어 있는 것과 꿈꾸는 것의 한계를 분명히 인식하기 어렵다. 우리는 이러한 깨어 있을 때와 꿈꿀 때의 한계에 대해 초연하도록 노력하는 수밖에 없을 것이다. 앞의 '꿈속의 임금과 하인'에 이어 꿈과 현실의 문제를 논한 것이다.

---

11 不厭(불염) : 싫증내지 않다. 잊지 않다. 단념치 않다.
12 爽旦(상단) : 날이 새다. 날이 밝다.
13 士師(사사) : 법을 관장하는 관리. 재판관.
14 徇(순) : 따르다. 좇다.

7. 잊는 것은 병인가?

송나라 양리에 사는 화자華子라는 사람은 중년에 건망증이 생겨 아침에 받은 것도 저녁이면 잊고 저녁에 준 것을 아침이면 잊었다. 길을 나서서는 가는 것을 잊었고 방안에서는 앉을 것을 잊었다. 지금은 조금 전의 일을 알지 못하고 뒤에는 지금 일을 알지 못했다.

온 집안이 이를 걱정하여 점쟁이를 찾아가 점을 쳐 보았으나 점이 제대로 쳐지지 않았다. 무당을 찾아가 빌어 보았으나 나아지지 않았다. 의사를 찾아가 고쳐 보려 했으나 고쳐지지 않았다.

노나라의 한 선비가 자청하여 그것을 고칠 수 있다고 했다. 화자의 처자들은 그들 집 재산의 반을 내어 놓고 그에게 처방을 요청했다.

선비가 말했다. "이것은 본시가 점괘로서 점쳐질 수 있는 것이 아닙니다. 기도 드리고 빌어서 고칠 수 있는 것도 아닙니다. 약이나 침으로써 치료할 수 있는 것도 아닙니다. 나는 한 번 그의 마음을 변화시키고 그의 생각을 바꾸어 놓아 보려 합니다. 그러면 아마도 고쳐질 것입니다."

이에 부탁을 하자 선비가 시험하기 위해 그를 벗겨 놓자 옷을 찾았고, 그를 굶겨 놓자 먹을 것을 찾았으며, 그를 가두어 놓자 밝은 곳을 찾았다. 선비는 기뻐하면서 그의 아들에게 말했다. "병은 나을 수 있어요. 그런데 내 처방은 세상에 전해지지 않도록 하기 위해 비밀로 하고 남들에게 이야기하지 않고 있습니다. 좌우의 사람들을 물리치고 독방에서 칠 일 동안 함께 지내도록 해주십시오."

그 말을 따랐으나 그가 어떤 짓을 하는지는 알 수가 없었다. 그러나 여러 해 끌어온 병이 하루아침에 깨끗이 나아 버렸다.

화자는 기억력을 되찾게 되자 곧 크게 노하여 처를 내쫓고 자식들을 벌했으며, 창을 들고 달려가 선비를 쫓아 보냈다. 송나라 사람이 그를 붙들고 그러는 까닭을 물으니 화자가 말했다. "전에 내가 잊고 있을 때에는 아득히 하늘과 땅이 있는지 없는지도 깨닫지 못했습니다. 지금 갑자기 알게 되니 지난 수십 년 이래의 잘된 것과 잘못된 것, 옳게 된 것과 그릇된 것, 슬픔과 즐거움, 좋아하는 것과 싫어하는 것 등 여러 가지 많은 생각의 실마리가 뚜렷해지게 되었습니다. 나는 앞으로 잘될 일과 잘못될 일, 옳게 될 것과 그릇되게 될 것, 슬픔과 즐거움, 좋아하는 것과 싫어하는 것 등이 나의 마음을 이처럼 어지럽히게 될까 두렵습니다. 잠깐 사이에 잊는 상태로 다시 돌아가게 될 수가 있을까요?"

자공子貢이 듣고서 그것을 괴이하게 생각해 공자에게 아뢰었다. 공자가 말했다. "그것은 네가 알 일이 못된다."

그리고 뒤돌아보며 안회顔回에겐 그것을 기록해 두라고 말했다.

| 원문 |

宋陽里[1]華子, 中年病忘,[2] 朝取而夕忘, 夕與而朝忘. 在塗則忘行, 在室則忘坐. 今不識先, 後不識今.

闔室[3]毒之,[4] 謁史[5]而卜之, 弗占.[6] 謁巫而禱[7]之, 弗禁. 謁醫而攻之, 弗已.

----

1 陽里(양리) : 송(宋)나라에 있는 동리 이름.
2 病忘(병망) : 잊는 병에 걸리다. 건망증(健忘症)이 생기다.
3 闔室(합실) : 온 집안사람.
4 毒之(독지) : 그것을 괴롭게 여기다. 그것을 걱정하다.
5 史(사) : 점쟁이.
6 弗占(불점) : 점괘(占卦)가 나오지 않다. 점이 쳐지지 않다.
7 禱(도) : 빌다. 푸닥거리를 하다.

魯有儒生, 自媒能治之. 華子之妻子, 以居産之半請其方.

儒生曰; 此固非卦兆之所占, 非祈請之所禱, 非藥石[8]之所攻.[9] 吾試化其心, 變其慮, 庶幾其瘳乎.

於是試露[10]之而求衣, 飢之而求食, 幽[11]之而求明. 儒生欣然告其子曰; 疾可已也. 然吾之方,[12] 密傳世, 不以告人. 試屛左右, 獨與居室七日.

從之, 莫知其所施爲也. 而積年之疾, 一朝都除.

華子旣悟, 迺大怒, 黜妻罰子, 操戈[13]逐儒生. 宋人執以問其以,[14] 華子曰; 曩吾忘也, 蕩蕩然[15]不覺天地之有無. 今頓[16]識, 旣往數十年來 存亡得失, 哀樂好惡, 擾擾[17]萬緖[18]起矣. 吾恐將來之存亡得失, 哀樂好惡之亂吾心如此也. 須臾[19]之忘, 可復得乎?

子貢聞而怪之, 以告孔子. 孔子曰; 此非汝所及乎!

顧謂顔回紀[20]之.

| 해설 |

사람은 인간 사회에 대해 초연해야 한다. 초연하지 못할 사람이라면 차

---

8 藥石(약석) : 약과 석침(石針).

9 攻(공) : 치료하다.

10 露(로) : 몸을 노출시키다. 옷을 벗기다.

11 幽(유) : 어두운 곳에 가둠. 유폐(幽閉)함.

12 方(방) : 처방(處方). 병 고치는 방법.

13 操戈(조과) : 창을 들고. 창을 잡고서.

14 以(이) : 까닭. 원인.

15 蕩蕩然(탕탕연) : 광대한 모양. 아득한 것.

16 頓(돈) : 갑자기.

17 擾擾(요요) : 잡다한 모양. 번거로운 모양.

18 萬緖(만서) : 만 가지 생각의 실마리.

19 須臾(수유) : 잠깐 동안. 짧은 시간.

20 紀(기) : 기록하다. 기(記)와 통하는 글자.

라리 여기에 나오는 화자처럼 철저한 건망증에라도 걸려 있는 게 좋다는 것이다. 일단 철저한 건망증에 걸리기만 하면 여러 가지 감정이나 욕망을 잊음으로써, 그런 것들에 초연할 수 있기 때문이다. 건망증은 병일망정 열자가 주장하는 자신을 잊고〔忘我〕, 또 자기 감정도 잊으며〔忘情〕, 어떠한 마음도 없는〔無心〕 경지에 가깝기 때문이다.

8. 사람들의 정신착란精神錯亂

진나라 사람 봉씨逢氏에게 한 아들이 있었다. 젊어서는 지혜로웠는데 장성함에 따라 정신착란증이 생겼다. 노래하는 것을 듣고서는 통곡하는 것이라 생각하고, 흰 것을 보고서는 검은 것이라 생각하며, 향기로운 냄새를 맡고서는 썩은 냄새라 생각하고, 단 것을 먹고서는 쓴 것이라 생각하며, 그릇된 일을 행하고서는 옳은 일이라 생각했다. 그가 생각하는 것은 바로 하늘과 땅과 사방의 위치에서 시작하여 물과 불, 추위와 더위까지도 거꾸로 여겨지지 않는 것이 없었다.

양씨楊氏가 그 친구 아버지에게 말했다. "노나라의 군자들은 지닌 재주가 많다니 고쳐 줄 수도 있을 것입니다. 당신은 어째서 그들을 찾아가지 않으십니까?"

그 친구 아버지는 노나라로 가는 도중 진나라를 지나다가 노자를 만났다. 그가 자기 아들의 증세를 이야기하자 노자는 말했다. "당신은 어떻게 당신 아들 생각이 어지러운 것을 아시오? 지금 세상 사람들은 모두가 옳고 그른 판단이 잘못되어 있고 이로운 것과 해로운 것에 대한 판단에도 어둡소. 같은 병에 걸린 자들이 많으니까 그러한 병이 든 것을 깨닫는 자도 없소. 그런데 한 몸의 잘못된 생각은 한 집안을 멸망시킬 만한 것은 못되오. 한 집안의 잘못된 생각은 한 고을을 멸망시킬 만한 것은 못되오. 한 고을의 잘못된 생각은 한 나라를 멸망시킬 만한 것이 못되오. 한 나라의 잘못된 생각은 온 천하를 멸망시킬 만한 것이 못되오. 그런데 온 세상 사람들의 생각이 모두 잘못되어 있다면 누가 그것을 멸망시키겠소? 만약 온 세상 사람들의 마음가짐이 모두 당신의 아들 같다고 한다면 바로 당신이 오히려 생각에 어지러움을 일으키고 있는 것이 되오. 슬픔과 즐거움, 소리와 빛깔, 냄새와 맛, 옳은 것과 그른 것을 누가 바로잡을 수 있겠소? 또한 나의 말까지도 반드시 잘못되지 않은 것이라 할 수는 없소. 그러니 하물며 노나라의 군자들이야 어떠하겠소? 잘못된 생각이 심한 자가 어찌 남의 생각의 잘못됨을 풀어 줄 수가 있겠소? 당신이 지닌 양식을 버리고 즉시 돌아가는 게 좋을 듯하오."

| 원문 |

秦人逢氏有子, 少而惠,[1] 及壯而有迷罔之疾.[2] 聞歌以爲哭, 視白以爲黑, 饗香以爲朽, 嘗甘以爲苦, 行非以爲是. 意之所之, 天地四方, 水火寒暑, 無不倒錯者焉.

楊氏告其父[3]曰; 魯之君子[4]多術藝, 將能已乎. 汝奚不訪焉?

其父之魯, 過陳, 過老耼. 因告其子之證, 老耼曰; 汝庸[5]知汝子之迷乎? 今天下之人, 皆惑於是非, 昏於利害, 同疾者多, 固莫有覺者. 且一

---

1 惠(혜) : 혜(慧)와 통하여 '지혜가 있는 것'. 뒤의 미(迷)와 반대.
2 迷罔之疾(미망지질) : 생각을 잘못되게 하는 병. 곧 정신착란증(精神錯亂症).
3 其父(기부) : 정신착란증에 걸린 사람의 아버지.
4 魯之君子(노지군자) : 노나라의 군자. 공자를 비롯한 유가에 속하는 학자들을 가리킨다.
5 庸(용) : 어찌

身之迷, 不足傾一家. 一家之迷, 不足傾一鄉. 一鄉之迷, 不足傾**6**一國. 一國之迷, 不足傾天下. 天下盡迷, 孰傾之哉? 向使天下之人, 其心盡如汝子, 汝則反迷矣. 哀樂聲色, 臭味是非, 孰能正之? 且吾之言, 未必非迷, 而況魯之君子? 迷之郵者,**7** 焉能解人之迷哉? 榮**8**汝之糧, 不若遄**9**歸也.

| 해설 |

　사람의 지각이란 믿을 수가 없는 것이다. 세상에선 한 사람의 판단 기준이 다르면 그 사람의 생각이 잘못된 것이라 규정하지만 실은 온 세상이 생각을 잘못 하고 있는 것인지 그 한 사람만이 잘못된 생각을 일으키고 있는 것인지 알 길이 없다. 세상 사람들의 옳고 그른 판단이 잘못되고 있고, 또 어떤 명분이나 자기의 이익에 끌려 잘못된 생각을 일으키고 있는 것을 보면 다른 경우에도 온 세상 사람들이 모두 잘못된 생각을 하고 있을 가능성은 언제나 있다는 것이다. 사람들의 이성이나 판단력은 믿을 것이 못된다고 열자는 생각하고 있는 것이다.

9. 마음의 고향과 진짜 고향

　연燕나라 사람이 연나라에서 나서 초楚나라로 가서 자랐다. 늙음에

---

6 傾(경) : 기울어뜨리다. 멸망시키다.
7 郵者(우자) : 우(郵)는 우(尤)와 통하여 '더한 자'. '심한 자'.
8 榮(영) : 버리다. 기(棄)의 뜻.(張湛 說) 하(荷)의 뜻으로 보고 짊어진다고 풀이하기도 한다.
9 遄(천) : 빨리. 즉시.

이르러 자기 나라로 돌아가게 되었다. 진晉나라를 지나면서 함께 길을 가던 자가 그를 속였다. 성을 가리키면서 "이것이 연나라의 성이오" 하니, 그 사람은 슬픈 듯이 얼굴빛이 변했다. 사당社堂을 가리키면서 "이것이 당신 마을의 사당이오" 하니, 곧 길게 탄식을 했다. 집을 가리키면서 "이것이 당신 조상들이 살던 움막이오" 하니, 곧 줄줄 눈물을 흘리며 울었다. 무덤을 가리키면서 "이것이 당신 조상들의 무덤이오" 하니, 그 사람은 자기 몸도 주체할 수 없는 듯이 통곡을 했다.

함께 가던 사람이 크게 웃으면서 말했다. "내가 방금 당신을 속였소. 이곳은 진나라요."

그 사람은 크게 부끄러워했다. 연나라에 도착해서는 정말로 연나라의 성과 사당을 보았고 진짜 조상들의 움막과 무덤을 보았지만 슬픈마음이 훨씬 적었다.

| 원문 |

燕人生於燕, 長於楚. 及老而還本國, 過晉國. 同行者誑[1]之, 指城曰; 此燕國之城. 其人愀然[2]變容. 指社[3]曰; 此若里之社. 乃喟然[4]而歎. 指舍曰; 此若先人之廬. 乃涓然[5]而泣. 指壠[6]曰; 此若先人之冢. 其人哭不自禁.

---

1 誑(광) : 속이다.
2 愀然(초연) : 슬퍼서 얼굴빛이 변하는 모양.
3 社(사) : 마을의 땅의 신을 제사 지내는 사당.
4 喟然(위연) : 길게 탄식하는 모양.
5 涓然(연연) : 눈물을 줄줄 흘리는 모양.
6 壠(농) : 무덤의 봉분(封墳).

同行者啞然[7]大笑曰; 予昔給[8]若. 此晉國耳.

其人大慙.[9] 及至燕, 眞見燕國之城社, 眞見先人之廬冢, 悲心更微.

| 해설 |

사람의 감정은 일정한 게 못된다. 다만 외부의 어떤 자극에 의해 변할 따름이다. 똑같은 자극이라 하더라도 그것이 똑같은 감정을 사람의 가슴에 일게 하지는 않는다. 이렇게 볼 때 꿈과 마찬가지로 사람들의 의식이나 감정도 믿을 게 못됨을 알 것이다. 의식이나 감정도 모두 불안전한 것이다.

---

7 啞然(액연) : 크게 웃는 모양.
8 給(태) : 속이다.
9 慙(참) : 부끄러워하다.

제 4 편

공자는 진정한 성인이었는가?

仲尼

이 편에서도 계속 도가로서의 열자의 주장이 이어지고 있다. 덕이 완전하게 갖추어진 성인은 자기가 겪는 일을 자유롭게 변화시키며 거기에 적응하고, 지극한 사람은 마음이 텅 비어 있어 말도 없고 아는 것도 없는 모습이다. 따라서 근심이 없는 것보다는 근심도 즐거움도 모르는 경지, 많이 알고 어질고 의로우며 도를 따르는 것보다는 아무런 일부러 하는 일 없이 사정에 따라 변화하는 게 지극히 바람직한 일이라는 것이다. 사람은 자기 자신의 수양을 통하여 만물도 없고 자기도 없는 경지에 도달해야 한다. 그러한 성인은 아무런 마음 없이 세상을 다스리게 되며, 그러한 정치는 아무런 흔적도 남기지 않는다. 따라서 자신의 마음을 없애는 게 세상을 움직이는 참된 도를 터득하는 길이라는 것이다.

이 편의 제목은 본시 첫 구절 "공자가 한가하게 있을 때(仲尼閒居)"에서 따 '중니(仲尼)'라 한 것이다. '중니는 공자의 자이다. 어떻든 이 편에는 앞머리의 여러 가지 이야기 내용이 모두 공자와 관계가 있는 것이다.

1. 공자의 근심

공자가 한가하게 있을 때 제자인 자공이 들어와 모시고 있었는데 근심하는 빛이 있었다. 자공은 감히 물어보지도 못하고 나와서 그 사실을 안회에게 말했다. 그러자 안회는 금을 타면서 노래를 했다.

공자는 그것을 듣고서 곧 안회를 불러들여 물었다. "그대는 어찌하여 홀로 즐기고 있는가?"

안회가 말했다. "선생님께선 어찌하여 홀로 근심하고 계십니까?"

공자가 말했다. "먼저 네 뜻을 말하여라."

"저는 전에 선생님께서 타고난 대로 즐기고 운명을 알기 때문에 근심하지 않는다고 하신 말씀을 들은 일이 있습니다. 저는 그래서 즐기고 있습니다."

공자는 얼굴빛이 핼쑥하게 변해 가지고 한참 있다가 말했다. "그런 말을 했던가? 너의 생각은 잘못된 것이야. 그것은 나의 옛날 말이지. 지금의 생각으로 그 말을 바로잡기로 하지.

너는 헛되이 타고난 대로 즐기고 운명을 알면 근심이 없게 된다는 것만 알았지, 타고난 대로 즐기고 운명을 안다는 것이 근심 중에서도 가장 큰 것임을 알지 못하고 있어. 지금 너에게 그 사실을 이야기해 주려는 게야.

자기 한 몸을 닦은 다음 궁해지거나 출세하거나 그대로 맡겨두고, 이 세상에서 왔다갔다 하는 것이 내가 아님을 앎으로써, 마음과 생각에 변화와 혼란이 생기지 않는 것, 이것이 곧 네가 말하는 타고난 대로 즐기고 운명을 앎으로써 근심이 없다는 것이야. 전에 나는 『시경』과 『서경』을 공부하고 예의와 음악을 바로잡아 그것을 가지고서 천하를 다스려 후세까지 전하게 하려 했어. 오직 한 몸을 닦고 노나라만을 다스리려는 것이 아니었지.

그런데 노나라의 임금과 신하들은 날로 그들의 질서를 잃어 어짊과 의로움이 더욱 쇠약해지고 감정과 성격은 더욱 각박해졌어. 올바른 도가 한 나라와 내 시대에도 행해지지 않는다면 온 세상이나 다음 시대에는 어떻게 되겠는가? 나는 비로소 『시경』과 『서경』이나 예의와 음악이 세상을 다스리는 데 도움이 되지 않는다는 것을 알게 되었네. 그러나 그것을 개혁하는 방법을 찾지 못했네. 그래서 타고난 대로 즐기고 운명을 아는 자이면서도 근심하게 된 것일세.

그렇지만 나는 그 까닭을 터득하고 말았네. 대저 정말로 즐기고 안다는 것은 옛사람들이 말한 즐기고 아는 것이 아니네. 즐기는 것도 없고 아는 것도 없는 것이야말로 참되게 즐기는 것이고 참되게 아는 것일세. 그럼으로써 즐기지 않는 일이 없게 되고 알지 못하는 일이 없게 되며 근심하는 일도 없게 되고 하지 못하는 일도 없게 되네. 『시경』과 『서경』이나 예의와 음악을 어찌 버릴 필요까지야 있겠는가? 그것을 개혁한다 해도 무엇에 쓰겠는가?"

안회는 공자에게 두 손 모아 큰 절을 하면서 말했다. "저도 역시 그 뜻을 터득했습니다."

나와서 자공에게 이야기하자 그는 멍하니 자기를 잃었다. 집으로 돌아와 칠 일 동안이나 깊이 생각하면서 자지도 않고 먹지도 않아서 뼈가 앙상하게 되었다. 안회가 다시 가서 그를 깨우쳐 주자 그제서야 공자의 밑으로 되돌아왔다. 그리고는 현악기 줄을 뜯으면서 노래하고 글을 외우는 일을 평생 동안 그치지 않았다.

| 원문 |

仲尼閒居, 子貢入侍, 而有憂色. 子貢不敢問, 出告顔回. 顔回援琴而

歌.

孔子聞之, 果召回入, 問曰; 若奚獨樂?

回曰; 夫子奚獨憂?

孔子曰; 先言爾志.

曰; 吾昔聞之夫子曰; 樂天知命, 故不憂, 回所以樂也.

孔子愀然有間曰; 有是言哉? 汝之意失矣. 此吾昔日之言爾. 請以今言爲正也.

汝徒知樂天知命之無憂, 未知樂天知命有憂之大也. 今告若其實.

修一身, 任窮達,[1] 知去來[2]之非我, 亡變亂於心慮, 爾之所謂樂天知命之無憂也. 曩吾修詩書, 正禮樂, 將以治天下, 遺來世, 非但修一身, 治魯國[3]而已.

而魯之君臣, 日失其序, 仁義益衰, 情性益薄. 此道不行一國與當年,[4] 其如[5]天下與來世矣? 吾始知詩書禮樂無救於治亂, 而未知所以革之之方. 此樂天知命者之所憂.

雖然, 吾得之矣. 夫樂而知者,[6] 非古人之所謂樂知也. 無樂無知, 是眞樂眞知. 故無所不樂, 無所不知, 無所不憂, 無所不爲. 詩書禮樂, 何棄之有, 革之何爲?

顔回北面[7]拜手曰; 回亦得之矣.

---

1 窮達(궁달) : 궁지에 몰리는 것과 뜻대로 잘 되는 것.
2 去來(거래) : 세상에 왔다갔다 하다. 밖의 사정을 따라 여러 가지 일을 하는 것.
3 魯國(노국) : 노나라. 공자의 나라임.
4 當年(당년) : 공자의 시대를 말함.
5 其如(기여) : 그것을 어떻게 하겠는가?
6 樂而知者(낙이지자) : 타고난 대로 즐기고 자기의 운명을 아는 사람.
7 北面(북면) : 중국의 옛 집은 모두 남쪽을 향해 지어 대청의 윗자리에 앉아 있으면 자연히 남쪽을 보게 되고 그를 보는 사람은 북쪽을 향하게 된다.

出告子貢, 茫然自失. 歸家淫思**8**七日, 不寢不食, 以至骨立. 顏回重往喩之, 乃反丘門. 絃歌誦書, 終身不輟.**9**

| 해설 |

　'타고난 대로 즐기고 운명을 안다〔樂天知命〕'는 말은 『역경易經』 계사전繫辭傳의 글로써 옛날부터 근심 없이 삶을 즐기는 방법으로 받아들여져 왔다. 이 말은 일반적으로 유가뿐만이 아니라 오히려 도가에서 더 잘 받아들여지는 것으로 이해된다. 그러나 열자는 '즐기고 안다'는 행위나 의식이 들어가는 일은 완전한 즐거움이 될 수 없다고 주장한다.

　이상적인 경지란 즐거움도 앎도 없는 경지이다. 그러한 경지에 이르면 완전히 근심이 없어지는 것은 물론 즐거움이나 앎은 물론 모든 행동이 정말로 자유로워진다는 것이다.

2. 성인이란 어떠한 사람인가?

　진나라 대부가 노나라에 사신으로 가서 개인적으로 숙손씨叔孫氏를 만났다. 숙손씨가 그에게 말했다. "우리나라에는 성인이 계십니다."

　"공자가 아닙니까?"

　"그렇습니다."

　"무엇으로 그가 성인인 것을 아십니까?"

　숙손씨가 대답했다. "제가 일찍이 제자인 안회가 말하는 것을 들은

---

8 淫思(음사) : 깊이 생각하다.
9 輟(철) : 중지하다. 그치다.

일이 있는데, 공자는 자기 마음을 버리고 몸을 움직인다 하더군요."

진나라 대부가 말했다. "저의 나라에도 성인이 있는데 선생님께서도 알고 계신지요?"

"성인이란 누구를 말하는 것입니까?"

"노자의 제자 중에 항창자亢倉子란 분이 있는데 노자의 도를 터득하여 제대로 귀로 보고 눈으로 들을 수가 있다고 합니다."

노나라 임금은 그 이야기를 듣고서 크게 놀라 장관을 보내 두터운 예를 갖추어 그를 초청했다. 항창자가 초청에 응해 노나라에 오자 노나라 임금은 겸손한 말씨로 그에게 보고 듣는 것에 대해 물었다.

항창자가 대답했다. "그런 말을 전한 사람의 망발입니다. 저는 보고 듣는 데 귀와 눈을 쓰지 않을 수는 있어도 귀와 눈의 쓰임을 다른 일에 바꾸지는 못합니다."

노나라 임금이 말했다. "그렇다면 더욱 이상합니다. 그 도는 어떻게 되는 겁니까? 나는 그것을 끝까지 듣고 싶습니다."

항창자가 말했다. "저의 몸은 마음에 들어맞고 마음은 기운에 들어맞고 기운은 정신에 들어맞고 정신은 아무것도 없는 무에 들어맞습니다. 그래서 극히 작은 존재나 극히 가는 소리가 있다면 그것이 비록 이 세상 밖에 멀리 있거나 속눈썹 안에 가까이 있다 하더라도 와서 저에게 걸리는 것이라면 저는 반드시 그것을 압니다. 그렇지만 그것을 저의 귀와 눈과 코와 입이나 손발을 통해서 느끼는 것인지 심장이나 배 속의 내장을 통해서 알게 되는 것인지 알지 못합니다. 그것을 자연히 알게 될 따름입니다."

노나라 임금은 크게 기뻐했다. 뒷날 그 이야기를 공자에게 하자 공자는 웃기만 하면서 대답하지 않았다.

| 원문 |

陳大夫聘**1**魯, 私見叔孫氏.**2** 叔孫曰; 吾國有聖人.

曰; 非孔丘邪?

曰; 是也.

何以知其聖乎?

叔孫氏曰; 吾常**3**聞之顏回曰; 孔丘能廢心而用形.**4**

陳大夫曰; 吾國亦有聖人, 子弗知乎?

曰; 聖人孰謂?

曰; 老聃之弟子, 有亢倉子**5**者, 得聃之道, 能以耳視而目聽.

魯侯聞之大驚, 使上卿**6**厚禮而致之. 亢倉子應聘而至, 魯侯卑辭**7**請問之.

亢倉子曰; 傳之者妄. 我能視聽不用耳目, 不能易耳目之用.

魯侯曰; 此增異矣. 其道奈何? 寡人終願聞之.

亢倉子曰; 我體合於心, 心合於氣, 氣合於神, 神合於無. 其有介然**8**之有, 唯然**9**之音, 雖遠在八荒**10**之外, 近在眉睫**11**之內, 來干我者, 我必

---

1 聘(빙) : 제후(諸侯)들이 대부를 파견하여 다른 제후에게 문안드리게 하는 것.

2 叔孫氏(숙손씨) : 맹손씨(孟孫氏). 계손씨(季孫氏)와 함께 춘추시대 노(魯)나라의 세도가(勢道家)로서 한동안은 노나라 임금보다 더한 권세를 누렸다.

3 常(상) : 상(嘗)과 통하여, '일찍이'.

4 廢心而用形(폐심이용형) : 몸이 세상의 어떤 일을 접하더라도 마음을 쓰지 않는 것을 뜻함.

5 亢倉子(항창자) : 장잠(張湛)은 '경상자(庚桑子)'로 씀이 옳다고 주장하면서 이름은 초(楚)라 했다.

6 上卿(상경) : 경(卿) 벼슬 중에서도 상급의 사람. 장관.

7 卑辭(비사) : 자기에 관한 말을 낮추는 것. 공손한 말씨를 쓰는 것.

8 介然(개연) : 형체가 매우 작고 가는 모양.

9 唯然(유연) : 소리가 작은 모양.

10 八荒(팔황) : 세상의 팔방(八方) 끝.

知之. 乃不知是我七孔[12]四支之所覺, 心腹六藏之所知. 其自知而已矣.

　　魯侯大悅. 他日以告仲尼, 仲尼笑而不答.

| 해설 |

　　사람은 마음과 정신을 아무것도 없는 세계에 합치시킬 때 일반적인 감각을 초월한 지각을 지니게 된다. 성인이라면 누구나 그러한 일반적인 사람의 감각을 넘어선 지각의 작용을 터득하고 있다. 그래서 공자는 노나라 임금의 이야기를 듣고서 빙그레 웃었다. 공자로서는 이미 다 알고 있는 이야기이기 때문이다.

3. 진정한 성인은 존재하는 것인가?

　　송나라 재상이 공자를 뵙고서 말했다. "선생님은 성인이십니까?"

　　공자가 말했다. "내가 감히 어찌 성인이 되겠소? 나는 다만 널리 공부하여 많이 아는 사람일 뿐이오."

　　송나라 재상이 말했다. "우禹·탕湯·문왕文王·무왕武王 같은 임금은 성인이셨을까요?"

　　공자가 대답했다. "그들 세 왕조의 임금은 지혜 있는 사람과 용기 있는 사람을 잘 가려 썼던 분들이지만 성인이셨는지는 나도 모르겠소."

　　"오제五帝는 성인이셨습니까?"

---

11 睫(첩) : 속눈썹.
12 七孔(칠공) : 사람 몸의 귀·눈·코·입의 일곱 개의 구멍.

공자가 말했다. "그 다섯 임금들은 어진 사람과 의로운 사람을 잘 가려 썼던 분들이지만 성인이셨는지는 나도 모르겠소."

"삼황三皇은 성인이셨습니까?"

공자가 말했다. "세 분의 황제는 때를 잘 알아맞히는 사람들을 잘 가려 썼던 분들이지만 성인이셨는지는 나도 모르겠소."

송나라 재상은 크게 놀라면서 말했다. "그렇다면 어떤 사람이 성인입니까?"

공자는 잠시 얼굴을 찌푸리고 있다가 말했다. "서쪽에 있는 사람 중에 성인이 계셨소. 그는 세상을 다스리지 않았어도 어지러워지지 않았고 말하지 않아도 자연히 모두가 믿게 되며 이끌지 않아도 자연히 따르게 되었는데, 까마득히 백성들은 그를 어떻게 불러야 할지 알지를 못했소. 나는 그 사람은 성인일 거라고 생각하고 있지만, 정말로 성인인지 아닌지는 알지 못하고 있소."

송나라 재상은 묵묵히 마음속으로만 헤아리며 공자가 자기를 속이고 있다고 생각했다.

| 원문 |

商**1**太宰,**2** 見孔子曰; 丘聖者歟?

孔子曰; 聖則丘何敢? 然則丘博學多識者也.

商太宰曰; 三王**3**聖者歟?

---

1 商(상) : 송(宋)나라는 상나라의 후손이며 상구(商丘)에 도읍하고 있어서 상나라라고도 불렀다.
2 太宰(태재) : 벼슬 이름. 은(殷)나라 시대부터 있던 벼슬로 여러 관리들을 총괄하는 재상과 비슷한 자리였다.
3 三王(삼왕) : 하(夏)·은(殷)·주(周) 세 나라의 첫 번째 임금들, 곧 우(禹)·탕(蕩)·문

孔子曰; 三王善任智勇者, 聖則丘不知.

曰; 五帝[4]聖者歟?

孔子曰; 五帝善任仁義者, 聖則丘弗知.

曰; 三皇[5]聖者歟?

孔子曰; 三皇善任因時[6]者, 聖則丘弗知.

商太宰大駭 曰; 然則孰者爲聖?

孔子動容有閒曰; 西方之人,[7] 有聖者焉. 不治而不亂, 不言而自信, 不化而自行, 蕩蕩乎[8]民無能名焉. 丘疑其爲聖, 弗知眞爲聖歟, 眞不聖歟.

商太宰嘿然[9]心計曰; 孔丘欺我哉!

| 해설 |

여기서는 진실한 도에 통하는 일이 무척 어렵다는 것을 이야기해 주고 있다. 보통 세상에서 성인이라 일컫는 태곳적의 여러 훌륭한 임금들까지도 진실한 도의 경지에 도달한 성인이라 부를 수 있는 분들이었는지는 알 수 없다는 것이다. 공자 자신이 그러한 경지에 도달한 성인이 못됨을 스

왕(文王)과 무왕(武王).

4 五帝(오제) : 옛 중국의 전설적인 다섯 임금으로, 삼왕의 바로 앞 시대, 곧 황제(黃帝)·전욱(顓頊)·제곡(帝嚳)·요(堯)·순(舜).(『史記』)

5 三皇(삼황) : 오제보다 앞서 중국을 다스렸다는 전설적인 세 황제, 곧 복희(伏犧)·신농(神農)·수인(燧人).(『尙書大傳』)

6 因時(인시) : 때에 알맞도록 모든 일을 처리하는 것.

7 西方之人(서방지인) : 노자를 가리킨다는 학자도 있으나, 이를 부처님으로 보고 이 편을 한(漢)나라 명제(明帝) 이후에 쓴 가짜 글이라는 이도 있다.(姚際恒 說) 그러나 장잠(張湛)은 아주 먼 곳에 의탁한 말이며 일정한 실제 인물을 가리키지 않는다 했다.

8 蕩蕩乎(탕탕호) : 넓고 커서 까마득한 모양.

9 嘿然(묵연) : 말하지 않고 있는 모양.

스로 인정하고 있음은 당연한 일이다.

4. 공자의 제자들의 공부

자하가 공자에게 물었다. "안회의 사람됨은 어떻습니까?"

공자가 대답했다. "안회의 어짊은 나보다도 훌륭하지."

"자공의 사람됨은 어떻습니까?"

"자공의 말재주는 나보다도 뛰어나지."

"자로의 사람됨은 어떻습니까?"

"자로의 용감함은 나보다도 더하지."

"자장의 사람됨은 어떻습니까?"

"자장의 의젓함은 나보다도 훌륭하지."

자하는 자리를 바꾸어 공자에게 다시 물었다. "그렇다면 네 사람은 무엇 때문에 선생님을 섬기고 있습니까?"

공자가 말했다. "거기 앉아라. 내가 네게 이야기해 주마. 안회는 어질기는 하지만 일에 적응할 줄을 모르고, 자공은 말을 잘 하기는 하지만 말을 더디게 할 줄 모르고, 자로는 용감하기는 하지만 겁낼 줄을 모르고, 자장은 의젓하기는 하지만 남들과 어울릴 줄을 모른다. 네 사람이 지닌 것을 다 아울러 가지고 와서 내가 지닌 것과 바꾸자 한대도 내가 허락하지 않을 것이야. 이것이 그들이 나를 섬기면서도 마음이 바뀌지 않는 까닭이네."

| 원문 |

子夏[1]問孔子曰: 顔回[2]之爲人, 奚若?

子曰; 回之仁, 賢於丘也.

曰; 子貢[3]之爲人, 奚若?

子曰; 賜之辯, 賢於丘也.

曰; 子路[4]之爲人, 奚若?

子曰; 由之勇, 賢於丘也.

曰; 子張[5]之爲人, 奚若?

子曰; 師之莊,[6] 賢於丘也.

子夏避席而問曰; 然則四子者, 何爲事夫子?

曰; 居! 吾語汝. 夫回能仁而不能反,[7] 賜能辯而不能訥,[8] 由能勇而不能怯, 師能莊而不能同.[9] 兼四子之有以易吾, 吾弗許也. 此其所以事吾而不貳[10]也.

| 해설 |

성인은 그의 덕이 완전하다. 때에 따라서 어질기도 하고 필요하면 변화

---

1 子夏(자하) : 춘추시대 위(衛)나라 사람으로 성은 복(卜)씨이고 이름은 상(商), 자하는 그의 자임. 공자의 제자로서 학문에 뛰어났었다.

2 顏回(안회) : 춘추시대 노(魯)나라 사람으로 안연(顏淵)이라고도 부른다. 공자의 제자 중에서도 덕행에 뛰어났었으나 젊은 나이에 죽어 스승을 안타깝게 했다.

3 子貢(자공) : 춘추시대 위(衛)나라 사람. 성은 단목(端木), 이름은 사(賜), 자공은 그의 자. 공자의 제자 중에서도 가장 말재주에 뛰어났었다.

4 子路(자로) : 춘추시대 노(魯)나라 사람. 성은 중(仲), 이름은 유(由), 자를 자로 또는 계로(季路)라 불렀다. 성질이 곧고 용감하여 공자의 제자들 중에서도 이름이 났었다.

5 子張(자장) : 춘추시대 진(陳)나라 사람. 성은 전손(顓孫), 이름은 사(師), 자장은 그의 자임.

6 莊(장) : 금장(衿莊), 의젓한 것.

7 反(반) : 변(變), 변통(變通), 일에 적응하는 것. 안회가 고지식함을 뜻한다.

8 訥(눌) : 말을 더듬다. 말을 천천히 하다.

9 同(동) : 화동(和同). 남들과 잘 어울리는 것.

10 不貳(불이) : 두 가지 마음을 갖지 않다. 마음이 바뀌지 않다.

에 적응할 줄도 안다. 때에 따라 말을 잘 하기도 하지만 말을 더듬는 경우도 있다. 때에 따라 용감하기도 하지만 필요할 때에는 겁을 낼 줄도 안다. 때에 따라 의젓하기도 하지만 필요하면 남들과 함께 잘 어울리기도 한다. 보통 사람들은 이러한 여러 가지 장점을 한 가지 정도 밖에 지니고 있지 않지만 성인이란 어떤 한 가지 특성에 얽매이는 법이 없다는 것이다. 공자는 성인에 가까운 사람이다. 그래서 뛰어난 재주를 제각각 지니고 있으면서도 모두 공자에게 와서 공부를 하고 있다.

5. 말도 없고 아무것도 모르는 것은 정말 아는 게 없는 것인가?

열자는 호구자림을 스승으로 모시고 백혼무인을 벗으로 삼은 뒤에 남쪽 성 밖의 교외에 살고 있었다. 그를 따라 그 곳에 와서 머물고 있는 사람들은 종일 세어도 다 세지 못할 지경으로 많았다. 그러나 열자는 아직도 적다고 여겼다. 그래서 그는 날마다 사람들과 토론하여 온 세상에 유명해졌다.

그런데 남곽자南郭子와는 담 하나를 사이에 두고 이십 년 동안 살고 있는데 서로 찾아가거나 초청하는 일이 없었다. 서로 길에서 만난다 하더라도 그들의 눈은 서로 보지 않은 것 같은 태도였다. 선생님 밑의 제자들은 열자와 남곽자가 원수 사이라는 것을 의심치 않았다.

한 초나라에서 온 사람이 열자에게 물었다. "선생님과 남곽자는 무슨 원수를 졌습니까?"

열자가 대답했다. "남곽자는 겉모습은 충실하면서도 마음은 텅 비어 있고, 귀에는 들리는 게 없고 눈에는 보이는 게 없고 입은 말하는 게 없으며, 마음은 아는 게 없고 몸은 두려워하는 게 없는데, 찾아간들 무얼 하겠소? 그렇지만 한 번 우리 함께 찾아가 보기로 합시다."

그는 제자 사십 명을 가려내어 함께 가서 남곽자를 만났는데 과연 넋 빠진 사람 같아서 상대하는 수가 없었다. 열자를 되돌아보니 그 역시 몸과 정신이 서로 짝을 이루지 않아서 함께 어울릴 수가 없었다.

남곽자가 갑자기 열자의 제자 가운데에서도 맨 끝자리의 사람을 가리키면서 더불어 이야기를 했다. 매우 즐거워하면서도 오로지 곧기만 한데 남보다 뛰어난 것 같았다. 열자의 제자들은 그것을 보고 놀라서 집으로 돌아와서는 모두 의아한 빛을 띠었다.

열자가 말했다. "뜻대로 잘 되고 있는 사람도 말이 없지만 모든 것을 아는 사람도 역시 말이 없는 것이다. 말이 없는 것을 가지고서 말하는 것도 역시 말하는 것이요, 아는 것이 없는 것을 가지고서 안다고 하는 것도 역시 아는 것이다. 말이 없는 것과 말하지 못하는 것, 앎이 없는 것과 알지 못하는 것도 역시 말하는 것이요 아는 것이다. 또한 말하지 않는 것도 없고 알지 못하는 것도 없으며 또한 말하는 것도 없고 아는 것도 없는 것이다. 이러할 따름이거늘 그대들은 어찌하여 함부로 놀라고 있는가?"

| 원문 |

子列子旣師壺丘子林, 友伯昏瞀人, 乃居南郭. 從之處者, 日數而不及.[1] 雖然, 子列子亦微[2]焉. 朝朝[3]相與辨, 無不聞.[4]

---

1 日數而不及(일수이불급) : 하루 종일 세어도 미치지 못한다. 날마다 세어도 안 된다.
2 微(미) : 미세(微細) 또는 미소(微少)한 것으로 여기는 것. 적다고 여기는 것.
3 朝朝(조조) : 아침마다. 날마다.
4 無不聞(무불문) : 온 세상에 소문이 난 것을 뜻함.

而與南郭子連牆[5]二十年, 不相謁請.[6] 相遇於道, 目若不相見者. 門之徒役,[7] 以爲子列子與南郭子, 有敵不疑.

有自楚來者, 問子列子曰; 先生與南郭子奚敵?

子列子曰; 南郭子貌充心虛,[8] 耳無聞, 目無見, 口無言, 心無知, 形無惕, 往將奚爲? 雖然, 試與汝偕往.

閱弟子四十人同行, 見南郭子, 果若欺魄[9]焉, 而不可與接. 顧視子列子, 形神不相偶, 而不可與羣.

南郭子俄而指子列子之弟子末行者[10]與言, 衎衎然,[11] 若專直而在雄者. 子列子之徒駭之, 反舍, 咸有疑色.

子列子曰; 得意者無言, 進知[12]者亦無言. 用無言爲言爲亦言, 無知爲知亦知. 無言與不言, 無知與不知, 亦言亦知. 亦無所不言, 亦無所不知, 亦無所言, 亦無所知. 如斯而已, 汝奚妄駭哉?

| 해설 |

지극한 사람의 마음은 텅 비어 있어서 바깥 일이나 물건에 의해 움직여지지 않는다. 말을 해도 자기의 말이 아니며 어떤 일을 알아도 그것은 자기 개인의 앎이 아니다.

---

5 連牆(연장) : 담을 사이에 두고 이웃하여 사는 것.
6 謁請(알청) : 찾아가거나 초청하는 것. 서로 왕래하는 것.
7 門之徒役(문지도역) : 선생님 문하의 제자들.
8 貌充心虛(모충심허) : 겉모습은 충실하고 마음은 텅 비어 있다. 마음이 공허하면 몸은 온전해진다는 뜻이다.
9 欺魄(기백) : 넋 빠진 것. 넋을 잃은 것.
10 末行者(말행자) : 서열이 맨 끝이 되는 자. 자리가 맨 끝인 사람.
11 衎衎然(간간연) : 화락한 모양. 기뻐하고 즐거워하는 모양.
12 進知(진지) : 진(進)은 진(盡)과 통하여 '앎을 다한 것'. '모든 것을 안 것'.

하루 종일 말 한 마디 안하는 것 같지만 필요한 말은 다하고 있는 것이며, 아무것도 아는 게 없는 것 같지만 알지 못하는 것도 없는 것이다. 지극한 사람은 이처럼 속세의 가치 기준을 초월한 자유자재한 존재인 것이다.

6. 옳고 그른 것도 이롭고 해로운 것도 없는 사람

열자가 공부할 적에, 삼 년이 지나자 마음이 감히 옳고 그른 것을 생각하지 않고 입이 감히 이롭고 해로운 것을 말하지 않게 되었는데, 그제서야 스승 노상은 그를 한번 거들떠볼 따름이었다.

오 년 지나자 마음이 다시 옳고 그른 것을 생각하고 입이 다시 이롭고 해로운 것을 말하게 되었는데, 스승 노상은 그제서야 그에게 한 번 활짝 웃어 보였다.

칠 년 지나자 마음이 생각하는 대로 따라도 다시는 옳고 그른 것이 없고, 입이 말하는 대로 따라도 다시는 이롭고 해로운 것이 없게 되었다. 스승 노상은 그제서야 한번 그를 끌어다가 자리를 나란히 하고 앉았다.

구 년 뒤에는 마음이 생각하는 대로 멋대로 버려두고 입이 말하는 대로 멋대로 버려두어도, 나의 옳고 그른 것과 이롭고 해로운 것을 알지 못하고 남의 옳고 그른 것과 이롭고 해로운 것도 알지 못하게 되었다. 안과 밖이 없어져 그 뒤로는 눈이 귀와도 같고 귀가 코와도 같고 코가 입과도 같고 입과 같지 않은 것이 없게 되었다. 마음은 엉겨지고 형체는 풀리면서 뼈와 살이 한 곳에 어울리게 되어, 몸이 기대고 있는 곳이나 발이 밟고 있는 곳과 마음이 생각하는 것이나 말로 표현하는 것이 있음을 깨닫지 못하게 되었다. 이렇게 되었을 따름인데 이치는 그에게 숨겨지는 게 없게 되었다.

| 원문 |

子列子學也, 三年之後, 心不敢念是非, 口不敢言利害, 始得老商**1**一眄**2**而已.

五年之後, 心更念是非, 口更言利害, 老商始一解顏而笑.

七年之後, 從心之所念, 更無是非, 從口之所言, 更無利害. 夫子始一引吾竝席而坐.

九年之後, 橫**3**心之所念, 橫口之所言, 亦無知我之是非利害歟, 亦不知彼之是非利害歟. 外內**4**進**5**矣, 而後眼如耳, 耳如鼻, 鼻如口, 口無不同. 心凝形釋, 骨肉都融, 不覺形之所倚, 足之所履, 心之所念, 言之所藏. 如斯而已. 則理無所隱矣.

| 해설 |

여기서는 열자의 학문이 발전한 단계를 설명하고 있다. 이와 비슷한 이야기가 이미 앞의 제2편 「황제의 깨달음」편 3. '열자의 수련'에도 나오니 참조하기 바란다.

---

1 老商(노상) : 열자의 스승.
2 眄(면) : 곁눈질해 보는 것.
3 橫(횡) : 멋대로 내버려두는 것.
4 外內(외내) : 밖의 일이나 물건과 안의 자기 몸과 마음.
5 進(진) : 진(盡)과 통하여 '다하다'. '한계가 없어지다'.

7. 지극한 노님의 경지

　처음에 열자는 노닐기를 좋아했다. 호구자가 그에게 말했다. "그대는 노닐기를 좋아하는데 노니는 게 무엇이 좋은가?"

　열자가 말했다. "노니는 즐거움은 감상하는 것에 옛날 것이 없다는 것입니다. 사람들은 노님에 있어서는 그에게 보이는 것을 구경하지만, 저는 노님에 있어서 그것들이 변화하는 것을 보는 것입니다. 노님이여, 노님이여! 자기의 노님을 제대로 알고 있는 사람은 없습니다!"

　호구자가 말했다. "그대의 노님은 본시 남과 같은데도 불구하고 남과는 다르다고 말하는구나. 모든 보이는 것들도 언제나 그 변화를 보이고 있는 것일세. 감상하는 물건에 옛 것이 없다고 하면서도 자기도 역시 옛 것이 없음을 알지 못하고 있네. 밖으로 노니는 것에만 힘쓰고 안으로 보는 일에는 힘쓸 줄을 모르기 때문이지. 밖으로 노니는 사람은 밖의 경치나 물건에서 모든 것을 추구하지만 안으로 보는 사람은 자신에게서 모든 것을 찾는 것일세. 자신에게서 모든 것을 찾는 것이 노님의 지극한 경지이며, 밖의 경치나 물건에서 모든 것을 추구하는 것은 노님의 지극한 경지가 못되는 것이네."

　이로부터 열자는 평생을 나가지 않고 스스로 노님을 알지 못한다고 생각하고 있었다. 호구자가 말했다. "노님이 지극한 경지에 이르렀구나! 지극한 노님을 하는 사람은 가는 곳을 알지 못하며, 지극한 구경을 하는 사람은 보이는 것을 알지 못하는 것일세. 모든 물건이 모두가 노니는 것이며, 모든 물건이 모두가 보는 것일세. 이것이 내가 말하고자 하는 노님이고, 이것이 내가 말하고자 하는 보는 것일세. 그래서 노님이 지극한 경지에 이르렀구나, 노님이 지극한 경지에 이르렀구나, 하고 말하는 것이네."

初子列子好遊. 壺丘子曰; 禦寇好遊, 遊何所好?

列子曰; 遊之樂, 所玩[1]無故.[2] 人之遊也, 觀其所見,[3] 我之遊也, 觀之所變.[4] 遊乎遊乎! 未有能辨其遊者.

壺丘子曰; 禦寇之遊, 固與人同歟, 而曰固與人異歟? 凡所見, 亦恆見其變. 玩彼物之無故, 不知我亦無故. 務外遊, 不知務內觀.[5] 外遊者, 求備於物, 內觀者, 取足於身. 取足於身, 遊之至也, 求備於物, 遊之不至也.

於是列子終身不出, 自以爲不知遊. 壺丘子曰; 遊其至乎! 至遊者不知所適, 至觀者不知所眂.[6] 物物皆遊矣, 物物皆觀矣. 是我之所謂遊, 是我之所謂觀也. 故曰; 遊其至矣乎, 遊其至矣乎!

| 해설 |

여기에서는 노님의 지극한 원리를 설명하고 있다. 겉으로 몸을 가지고 노니는 것은 자기 마음을 통해서 노니는 것만 못하다. 자기 몸을 가지고 겉으로 노닌다는 것은 밖의 물건에 의지해야 되지만 자기 마음을 통해서 보고 즐기는 것은 자기 자신에게 달려 있기 때문이다. 마음속으로 보는 공을 쌓으면 자기와 밖의 물건의 한계가 없어져 지극한 노님의 경지에 이를 것이라는 것이다.

---

1 玩(완) : 완상(玩賞)하다. 감상하다.
2 無故(무고) : 옛날 그대로가 아닌 것. 낡은 점이 없는 것.
3 其所見(기소견) : 그에게 보이는 것. 곧 풍경과 물건 같은 것.
4 之所變(지소변) : 이것들이 변화하는 것.
5 內觀(내관) : 자기 마음을 통하여 보는 것.
6 眂(시) : 시(視)와 통하여, '보이는 것.' '보는 것.'

8. 성인이 다 된 사람의 병

용숙이란 사람이 의사인 문지에게 말했다. "선생님의 의술은 오묘한 경지입니다. 제게 있는 병을 선생님께서 고치실 수 있으시겠습니까?"

문지가 말했다. "명하시는 대로 따르겠습니다. 그렇지만 먼저 선생님이 앓고 있는 증세를 말씀해 주십시오."

용숙이 말했다. "저는 한 고을이 칭찬해 준대도 영예롭게 여기지 않고, 한 나라가 비방을 한대도 욕되게 여기지 않습니다. 물건이 생겨도 기뻐하지 않고 그걸 잃어도 걱정하지 않습니다. 삶을 보기를 죽음과 같이 하고, 부유한 것 보기를 가난한 것과 같이 여깁니다. 사람을 보기를 돼지와 같이 하고, 나를 보기를 남과 같이 합니다. 저희 집에 있으면서도 여관에 있는 것과 같이 여깁니다. 저희 고을 보기를 오랑캐의 나라처럼 여깁니다. 이러한 여러 가지 병은 벼슬과 상을 주는 것으로도 하게 할 수가 없고 법과 형벌의 위압으로도 막을 수 없으며, 뜻대로 잘 되고 못 되는 것이나 이롭고 해로운 것으로도 바꿀 수가 없고, 슬프고 즐거운 일로도 고칠 수가 없습니다. 본시부터 나라 임금을 섬기거나 친구들을 사귀거나 처자들을 거느리거나 하인들을 다스릴 수가 없었습니다. 이것은 무슨 병일까요? 무슨 방법으로 그것을 고칠 수가 있겠습니까?"

문지는 이에 용숙으로 하여금 밝음을 등지고 서게 하고서 문지 자신은 밝음을 향해 서서 바라보았다. 그런 다음에 말했다. "아아! 저는 선생님의 심장이 보입니다. 가운데가 한 치 넓이로 텅 비어 있습니다. 거의 성인과 같습니다. 선생님 심장의 여섯 개의 구멍은 피의 흐름이 잘 되고 있는데 한 구멍만은 트이지 않고 있습니다. 지금 성인과 같은 지혜를 병이라 여기는 것은 아마도 그 때문이겠지요? 저의 낮은 재주로 고칠 수 있는 게 못됩니다."

| 원문 |

龍叔[1]謂文摯[2]曰; 子之術微[3]矣. 吾有疾, 子能已乎?

文摯曰; 唯命所聽. 然先言子所病之證.

龍叔曰; 吾鄕譽不以爲榮, 國毀不以爲辱. 得而不喜, 失而弗憂. 視生如死, 視富如貧. 視人如豕,[4] 視吾如人. 處吾之家, 如逆旅[5]之舍. 觀吾之鄕, 如戎蠻[6]之國. 凡此衆疾, 爵賞不能勸, 刑罰不能威, 盛衰利害不能易, 哀樂不能移. 固不可事國君, 交親友, 御妻子, 制僕隷.[7] 此奚疾哉? 奚方能已之乎?

文摯乃命龍叔背明而立, 文摯自後向明而望之. 旣而曰; 嘻! 吾見子之心矣. 方寸之地[8]虛矣. 幾聖人也. 子心六孔[9]流通, 一孔不達. 今以聖智爲疾者, 或由此乎? 非吾淺術所能已也.

---

1 龍叔(용숙) : 현명한 세상에서 숨어 살던 사람. 자세한 생평은 알 수 없다.
2 文摯(문지) : 전국시대 사람으로서 제(齊)나라 위왕(威王)의 병을 고쳐서 이름난 유명한 의사. 혹은 춘추시대 사람으로 송나라의 의사였고 제나라 문왕(文王)을 성나게 함으로써 병을 고쳤다고도 한다.(張湛 注)
3 微(미) : 미묘(微妙)한 것. 의술이 오묘한 경지에 이른 것.
4 豕(시) : 돼지.
5 逆旅(역려) : 여관. 여인숙.
6 戎蠻(융망) : 오랑캐. 융(戎)은 서쪽, 망(蠻)은 남쪽에 있던 오랑캐 이름.
7 僕隷(복예) : 하인들. 하인과 노예.
8 方寸之地(방촌지지) : 넓이가 한 치 되는 곳, 곧 심장 가운데를 가리킨다.
9 六孔(육공) : 여섯 개의 구멍. 옛 성인은 심장에 일곱 개의 구멍이 있었다 한다.

성인은 사람들이 크게 관심을 두는 영광과 치욕·물건을 얻는 것과 잃는 것·죽고 사는 것·부유하고 가난한 것·먼 곳과 가까운 곳·관계가 가까운 사람과 먼 사람·남과 자기 자신 등 모든 것을 같은 것으로 본다. 그래서 이처럼 일반적인 가치 기준을 초월하고 있는 사람을 속된 사람들은 병이라 보기 쉽다. 성인의 경지에 약간 달하지 못했던 용숙도 자기의 그러한 성격이 병이 아닌가 하고 생각했던 것이다. 그러나 문지라는 유명한 의사의 진찰을 빌려 그를 성인이 다 되었으나 바로 한 단계 모자라고 있다는 판정을 내려 준다. 모자라는 바로 한 단계라는 것은 곧 앞에서 말한 자신이 지닌 성인의 성격들을 병이라고 생각하고 있는 바로 그 점이라는 것이다.

9. 만물이 생겨나게 하고 이루어지게 하는 도

말미암은 데가 없이도 언제나 생겨나게 하는 것이 도이다. 생겨나게 하는 것으로 말미암아 생겨나게 됨으로 비록 끝장이 난다 하더라도 없어지지 않는 것이 영원함이다. 생겨남으로 말미암아 없어지게 되는 것은 불행이다.

말미암은 데가 있어서 언제나 죽게 되는 것도 역시 도이다. 죽게 하는 것으로 말미암아 죽게 되므로 비록 끝장이 나지 않는다 하더라도 스스로 없어지게 되는 것도 영원함이다. 죽음으로 말미암아 생겨나게 되는 것은 행복이다.

그러므로 작용이 없이 생겨나게 되는 것을 도라고 말한다. 도의 작용에 따라 끝이 나게 되는 것을 영원함이라 말한다. 작용을 하고 있어서 죽게 되는 것 역시 도라고 말한다. 도의 작용에 따라 죽게 되는 것 역시 영원함이라 말한다.

계량이 죽었을 때 양주는 그의 집 문을 바라보면서 노래를 불렀다. 수오가 죽었을 때 양주는 그의 시체를 어루만지면서 통곡했다. 여러 사람들이 태어나기도 하고 여러 사람들이 죽어 가기도 하는데 보통 사람들은 노래를 하기도 하고 통곡을 하기도 한다.

눈이 멀려고 하는 사람이 가는 터럭을 먼저 보고, 귀가 먹으려 하는 사람이 모기 나는 소리를 먼저 들으며, 입맛을 잃으려는 사람이 치수와 승수의 두 강물이 합쳐 흘러도 두 강물의 물맛을 먼저 분별하며, 코가 막히려는 사람이 탄 내와 썩은 내를 먼저 맡으며, 몸이 지쳐 쓰러지려는 사람이 먼저 빨리 내달리고, 마음이 어지러워지려는 사람이 옳고 그른 것을 먼저 안다. 그러므로 무엇이나 지극한 곳에 이르지 않으면 되돌아가게 되지 않는 법이다.

| 원문 |

無所由[1]而常生者, 道也. 由生而生, 故雖終而不亡, 常也. 由生而亡, 不幸也.

有所由[2]而常死者, 亦道也. 由死而死, 故雖未終而自亡者, 亦常. 由死而生, 幸也.

故無用而生, 謂之道. 用道得終, 謂之常. 有所用而死者, 亦謂之道. 用道而得死者, 亦謂之常.

---

1 無所由(무소유) : 말미암은 데가 없다. 까닭이 없다. 곧 자연스러움을 가리킨다.
2 有所由(유소유) : 말미암은 데가 있다. 까닭이 있다. 곧 죽고 살게 되는 근거가 있음을 가리킨다.

季梁**3**之死, 楊朱**4**望其門而歌. 隨梧**5**之死, 楊朱撫其尸而哭. 隸人**6**之生, 隸人之死, 衆人且歌, 衆人且哭.

目將眇**7**者, 先睹秋毫,**8** 耳將聾者, 先聞蚋**9**飛, 口將爽**10**者, 先辨淄澠,**11** 鼻將窒者, 先覺焦朽,**12** 體將僵**13**者, 先亟犇佚,**14** 心將迷者, 先識是非. 故物不至**15**者, 則不反.

| 해설 |

앞에서는 도의 영원함을 논하면서 사람이 태어나고 죽고 물건이 생겨나고 없어지고 하는 원리를 밝힌다. 생겨나고 없어지고 하는 것은 도의 작용으로 말미암은 것인데 사람들은 이에 따라 좋아하기도 하고 슬퍼하기도 하는 어리석은 반응을 보인다.

끝부분에서는 세상의 모든 것은 그 극점에 이르면 다시 본래의 자리로

---

3 季梁(계량) : 옛날 사람으로 양주(楊朱)의 친구. 자세한 생평은 알 수 없다.
4 楊朱(양주) : 전국시대 위(衛)나라 사람. 자는 자거(子居). 노자에게 배웠다는 이도 있고 묵자(墨子)에게 배웠다는 이도 있는데, 자기의 터럭 하나를 뽑아 온 천하를 이롭게 할 수 있다 한대도 그는 하지 않는다는 극단적인 이기(利己)의 학설을 주장한 학자이다.
5 隨梧(수오) : 역시 양주의 친구 중의 한 사람.
6 隸人(예인) : 여러 사람들.
7 眇(묘) : 눈이 머는 것.
8 秋毫(추호) : 가을에 짐승 몸에 나는 가는 털.
9 蚋(예) : 모기. 바구미.
10 爽(상) : 입맛을 잃는 것.
11 淄澠(치승) : 치수(淄水)와 승수(澠水). 치수와 승수는 지금의 산동성에 흐르고 있는 강물 이름. 『맹자』 고자(告子)편 소(疏)에 의하면 옛날에 역아(易牙)라는 사람은 합쳐 흐르는 이 두 강물 맛을 분별할 수 있었다 했다. 제(齊)나라 환공(桓公)이 이상히 여겨 시험해 보았으나 역아의 분별력은 틀림없었다 한다.
12 焦朽(초후) : 물건이 타는 냄새와 썩는 냄새.
13 僵(강) : 넘어지다.
14 犇佚(분일) : 내달리는 것.
15 不至(부지) : 극점 또는 극한에 이르지 못한 것.

되돌아가는 원리를 지니고 있음을 설명하고 있다. 그런 관점에서 본다면 사람이 총명한 것은 바로 어리석음의 바탕이며, 반대로 어리석다는 것은 총명함의 바탕이 되기도 하는 것이다.

10. 남에게 잘났다고 뽐내는 사람

정나라의 포택에는 현명한 사람이 많고, 동리에는 재주 있는 사람이 많았다. 포택의 사람 중에 백풍자伯豐子란 사람이 있었는데 길을 가는 도중 동리를 지나다가 등석鄧析을 만났다. 등석이 그의 무리들을 돌아보고 웃으면서 말했다. "당신들이 보는 앞에서 저기 오는 자를 희롱해 보겠소. 어떻소?"

그의 무리들이 대답했다. "보고 싶던 일이지요."

등석이 백풍자에게 말했다. "당신은 기르는 것과 길러지는 것의 뜻을 알고 있소? 남이 길러 주는 것을 받기만 하고 스스로를 기르지는 못하는 것은 개나 돼지의 무리요. 무엇을 길러서 그것을 자기를 위해 이용하는 것은 사람의 능력이오. 그런데 당신네 같은 무리들을 먹어 배부르고 입고 편히 쉬게 해주는 것은 정치하는 사람들의 공로요. 어른과 아이들이 무리를 이루어 짐승 우리와 푸줏간 안의 물건 같은 형편이 된다면 개나 돼지의 무리와 무엇이 다르겠소?"

백풍자는 대답도 하지 않았다. 백풍자를 따르던 사람이 앞으로 나서며 말했다. "대부께서는 제나라와 노나라에는 재주가 많은 사람이 많다는 것을 듣지 못하셨습니까? 토목 공사를 잘 하는 사람도 있고, 쇠와 가죽을 잘 다루는 사람도 있고, 음악을 잘 하는 사람도 있고, 글씨 쓰기나 셈을 잘 하는 사람도 있고, 군대를 잘 다스리는 사람도 있고, 종묘宗廟를 잘 건사하는 사람도 있습니다. 여러 재주꾼들이 다 갖추어져 있습니다.

그렇지만 그들에게 적당한 자리를 주는 사람이 없고 그들을 부릴 수 있는 사람이 없습니다. 그래서 그 자리에 있는 사람은 그가 할 일을 알지 못하고, 그를 부리는 사람은 일할 능력이 없습니다. 그래서 잘 아는 사람과 능력 있는 사람들이 그들에게 부림을 당하고 있습니다. 정치를 하는 사람이란 바로 우리의 부림을 받는 사람인데, 선생께서는 어찌하여 뽐내고 계십니까?"

등석은 대답할 수가 없어서 그의 무리들에게 눈짓하여 함께 물러갔다.

| 원문 |

鄭之圃澤**1**多賢, 東里多才. 圃澤之役,**2** 有伯豊子**3**者, 行過東里, 遇鄧析. 鄧析**4**顧其徒而笑曰; 爲若舞**5**彼來者, 奚若?

其徒曰; 所願知**6**也.

鄧析謂伯豊子曰; 汝知養養之義乎? 受人養而不能自養者, 犬豕之類也. 養物而物爲我用者, 人之力也. 使汝之徒, 食而飽, 衣而息, 執政之功也. 長幼羣聚, 而爲牢藉**7**庖廚**8**之物, 奚異犬豕之類乎?

---

1 圃澤(포택) : 뒤의 동리(東里)와 함께 정(鄭)나라에 있던 땅 이름.
2 役(역) : 일꾼, 사람 또는 장정.
3 伯豊子(백풍자) : 정나라의 어진 사람. 자세한 생애는 알 수 없다.
4 鄧析(등석) : 춘추시대 정(鄭)나라의 대부(大夫).
5 舞(무) : 무롱(舞弄). 곧 희롱하는 것.
6 願知(원지) : 알고 싶다. 여기서는 보고 싶다는 뜻.
7 牢藉(노적) : 짐승의 우리.
8 庖廚(포주) : 푸줏간.

伯豊子不應. 伯豊子之從者, 越次⁹而進曰；大夫不聞齊魯之多機¹⁰乎? 有善治土木者, 有善治金革者, 有善治聲樂者, 有善治書數者, 有善治軍旅者, 有善治宗廟者, 羣才備也. 而無相位¹¹者, 無能相使者. 而位之者無知, 使之者無能. 而知之與能, 爲之使焉. 執政者, 迺吾之所使, 子奚矜¹²焉?

鄧析無以應, 目其徒而退.

| 해설 |

능력 없고 아는 게 없는 것이 능력 많고 아는 것이 많은 것보다 훌륭함을 비유로써 설명한 대목이다. 등석은 백풍자의 무리들을 개나 돼지 같은 종류로 몰면서 희롱하려 했지만 백풍자를 따라다니는 아랫사람이, 오히려 능력도 아는 것도 없는 사람이 재주꾼을 다스린다고 설명하여 등석을 궁지로 몰아넣고 있다.

11. 정말로 힘이 센 사람

공의백은 힘이 세기로 제후들 사이에 알려져 있었다. 당계공이 그에 관한 이야기를 주나라 선왕에게 하자 선왕은 예를 갖추어 그를 초빙했다. 공의백이 온 다음 그의 모습을 보니 약한 남자 같았다. 선왕

---

9 越次(월차) : 자기가 나설 계제가 아닌데도 앞으로 나서는 것.
10 機(기) : 기교(技巧). 재주.
11 相位(상위) : 재주 많은 사람들을 그에게 적합한 지위에 앉혀 일하도록 하는 것.
12 矜(긍) : 뽐내다. 자랑하다.

은 마음속으로 이상하게 생각되어 의심하면서 말했다. "당신의 힘은 어느 정도요?"

공의백이 말했다. "저의 힘은 봄 메뚜기의 넓적다리를 꺾을 수 있고 가을 매미의 날개를 들 수 있는 정도입니다."

임금이 얼굴빛을 바꾸면서 말했다. "내가 알고 있는 힘이란 것은 물소나 외뿔소의 가죽을 찢고 아홉 마리의 소꼬리를 손으로 잡고 끌 수 있으면서도 아직 그 정도로는 약하다고 유감스럽게 여기는 것이오. 그대는 봄 메뚜기의 넓적다리를 꺾고 가을 매미의 날개를 들 수 있다고 했는데, 그런데도 힘으로 세상에 알려졌으니 어찌된 일이오?"

공의백은 길게 한숨을 쉬면서 자리에서 물러나며 말했다. "임금님께서 잘 물으셨습니다. 저는 감히 사실대로 아뢰겠습니다. 저의 스승에 상구자란 분이 계셨는데 힘으로는 천하에 당할 사람이 없었지만 집안 사람들조차도 그것을 알지 못했습니다. 그것은 그 분이 힘을 쓴 일이 없었기 때문이었습니다. 저가 죽음을 무릅쓰며 그 분을 섬기자 그 분이 제게 말씀해 주셨습니다.

'사람이란 그가 보지 못한 것을 보려고 한다면 사람들이 본 일이 없는 것을 보아야 하며, 그가 얻지 못했던 것을 얻으려 한다면 사람들이 하지 않은 방법을 써야 한다. 그러므로 보는 것을 배우려는 사람은 먼저 나뭇짐을 실은 수레를 살펴보고, 듣는 것을 배우려 하는 사람은 먼저 종 치는 소리를 들어보아야 한다. 자기 마음속으로 쉽다고 여기는 일은 밖으로 어려움이 없는 것이다. 밖으로 어려운 것이 없기 때문에 그의 이름이 그의 집 밖으로 나지 못하게 되는 것이다.'

지금 저의 이름이 제후들 사이에 알려져 있다는 것은 바로 제가 스승의 가르침을 어기고 저의 능력을 드러냈기 때문입니다. 그러므로 제가 힘이 있다는 명성은 힘을 뽐냈기 때문이 아니라 그 힘을 잘 썼기 때문입니다. 이것이 자기 힘을 뽐내는 것보다 훨씬 낫지 않습니까?"

| 원문 |

公儀伯[1]以力聞諸侯. 堂谿公[2]言之於周宣王, 王備禮以聘之. 公儀伯至, 觀形, 懦夫[3]也. 宣王心惑而疑曰; 女之力何如?

公儀伯曰; 臣之力, 能折春螽[4]之股, 堪[5]秋蟬[6]之翼.

王作色曰; 吾之力者, 能裂犀兕[7]之革, 曳九牛之尾, 猶憾其弱. 女折春螽之股, 堪秋蟬之翼, 而力聞天下, 何也?

公儀伯長息退席曰; 善哉, 王之問也. 臣敢以實對. 臣之師, 有商丘子者, 力無敵於天下, 而六親[8]不知, 以未嘗用其力故也. 臣以死事之, 乃告臣曰;

人欲見其所不見, 視人所不窺, 欲得其所不得, 修人所不爲. 故學眡[9]者, 先見輿薪,[10] 學聽者, 先聞撞鍾. 夫有易於內[11]者, 無難於外. 於外無難, 故名不出其一家.

今臣之名, 聞於諸侯, 是臣諱師之敎, 顯臣之能者也. 然則臣之名, 不

---

1 公儀伯(공의백) : 공의가 성이며 주나라의 현명한 것으로 알려졌던 사람임.

2 堂谿公(당계공) : 당계가 성이며 역시 주나라의 현명한 사람.

3 懦夫(유부) : 약한 남자

4 春螽(춘종) : 봄에 생긴 파란 메뚜기의 일종.

5 堪(감) : 감당하다. 들다.

6 秋蟬(추선) : 가을 매미.

7 犀兕(서시) : 남쪽에 나는 물소와 외뿔소.

8 六親(육친) : 부 · 모 · 형 · 제 · 처 · 자. 가까운 집안 식구들.

9 眡(시) : 시(視)와 같은 자로서 '보는 것'.

10 輿薪(여신) : 땔나무를 수북이 실은 수레.

11 有易於內(유이어내) : 안으로 용이함이 있는 것, 곧 메뚜기 넓적다리를 부러뜨리거나 매미 날개를 드는 것 같은 일.

以負其力**12**者也. 以能用其力**13**者也. 不猶愈於負其力者乎?

| 해설 |

무엇이나 있어도 없는 것 같고 차 있어도 비어 있는 것 같아야 한다. 정말로 힘 있는 사람은 남에게 그 힘을 드러내는 일이 없다. 힘이 세기로 유명하다고 소문이 자자한 사람은 실은 힘센 사람이 못 된다는 것이다. 진실로 힘이 센 사람은 그의 힘을 쓰는 일이 전혀 없다는 것이다. 따라서 진실로 힘이 센 사람은 세상 사람들이 그가 힘이 세다는 것도 알지 못하고 따라서 힘이 세다는 소문도 나지 않는다는 것이다.

12. 지극히 올바른 말

중산에 사는 공자모는 위나라의 현명한 귀족 집안의 젊은이였다. 그는 현명한 사람들과 더불어 놀기를 좋아하고 나라 일은 돌보지 않았다. 그러면서 조나라 사람 공손룡을 좋아했으므로 음악을 전문으로 하는 자여와 그의 무리들이 그것을 비웃었다.

공자모가 말했다. "당신들은 어찌하여 내가 공손룡을 좋아하는 것을 비웃습니까?"

자여가 말했다. "공손룡의 사람됨은 행동에는 스승이 없는 것 같고 공부를 하는 데 있어서는 벗이 없는 것 같습니다. 말은 재빨리 하면서도 이치에 들어맞지 않고 함부로 떠들기만 하지 일정한 주장이 없으

---

12 負氣力(부기력) : 그의 힘을 의지하다. 그의 힘을 뽐내는 것.
13 能用其力(능용기력) : 그의 힘을 잘 사용하는 것. 사실은 힘을 쓰지 않는 것을 뜻한다.

며, 괴상한 것을 좋아하고 멋대로 지껄입니다. 사람들의 마음을 어지럽히고 사람들을 말재주로 굴복시키려고 한단韓檀의 무리들과 어울려 그 방법을 익혔습니다."

공자모는 얼굴빛을 바꾸면서 말했다. "어찌하여 당신은 공손룡의 모습을 그토록 지나치게 표현하십니까? 그 까닭을 알려주십시오."

자여가 대답했다. "저는 공손룡이 공천孔穿을 속였던 일을 비웃습니다. 그는 말하기를 활을 잘 쏘는 사람은 뒤의 화살촉이 앞 화살 꼬리를 맞추어 한 발 한 발 쏠 적마다 서로 뒤를 잇고 화살 하나하나가 모두 이어져 맨 앞 화살이 과녁을 맞힌 뒤에도 중간에 끊어져 떨어지는 것 없이 맨 뒤 화살꼬리는 그대로 활줄에 매겨져 있어 이를 보면 한 물건처럼 보인다고 했습니다.

공천이 놀라자 공손룡은 다시 말하기를 그 정도로는 아직도 절묘한 것은 못된다고 했습니다. 봉몽逢蒙의 제자에 홍초鴻超란 이가 있었는데, 그의 처에게 화가 나서 처를 위협하려고 큰 오호烏號의 활을 들어 센 기위棊衛의 화살을 멘 다음 그의 눈을 쏘았습니다. 화살이 와서 눈동자에 맞아도 눈 하나 깜빡이지 않고 화살이 땅에 떨어지는데도 먼지 하나 일지 않았다는 것입니다. 이것을 어찌 지혜 있는 사람의 말이라 하겠습니까?"

공자모가 말했다. "지혜 있는 사람의 말이란 본시가 어리석은 자들이 이해할 수 있는 것이 아닙니다. 뒤 화살촉이 앞 화살촉 꼬리에 들어맞는 것은 뒤의 것과 앞의 것을 똑같이 쏘았기 때문입니다. 화살이 눈동자에 가 맞아도 눈 하나 깜박이지 않는 것은 화살의 기세를 없앴기 때문입니다. 당신은 어찌하여 의심합니까?"

음악을 전문으로 하는 자여가 말했다. "선생께서는 공손룡의 무리이니 어찌 그의 결점을 가리고 덮어 주지 않을 수가 있겠습니까? 저는 또 그보다 더한 것을 말씀드리겠습니다. 공손룡은 위나라 임금을 속여 이렇게 말했습니다. 뜻이 있다는 것은 마음에 달린 것이 아니며, 손가락질은 모든 것에 이르지 않고, 물건은 다함이 없는 것이며, 그림 자는 옮겨 가지 않고, 머리카락으로도 수천 근의 무거운 물건을 끌 수 있으며, 흰 말은 말이 아니고, 외로운 송아지에게는 어미가 있던 적이 없다고 했습니다. 일반 상식에 어긋나고 이치에 반대되는 그의 말은 이루 다 말할 수가 없습니다."

공자모가 말했다. "당신은 지극한 말을 이해하지 못하면서 그것을 잘못이라 생각하고 있는 것입니다. 잘못은 바로 당신에게 있습니다. 뜻이 없다면 마음이 다 같아집니다. 손가락질이 없다면 곧 모든 것에 이르게 됩니다. 물건이 다하는 것도 영원히 존재하는 것입니다. 그림 자가 옮겨 가지 않는다는 이론은 그림자는 바뀌는 것이기 때문에 성 립됩니다. 머리카락으로도 수천 근 무게의 물건을 끌 수 있다는 것은 형세가 지극히 같을 때입니다. 흰 말은 말이 아니라는 것은 형체와 명 칭을 분리시켰기 때문입니다. 외로운 송아지는 어미가 있던 적이 없 다는 것은 어미가 있다면 외로운 송아지가 아니기 때문입니다."

음악의 전문가인 자여가 말했다. "선생께서는 공손룡의 주장을 모 두 조리가 있다고 생각하고 계십니다. 설령 쓸데없는 구멍에서 나온 소리라 하더라도 선생께서는 역시 그것을 받들 것입니다."

공자모는 아무 말도 하지 않고 한참 동안 있다가 작별을 고하면서 말했다. "훗날을 기다려 주십시오. 다시 선생을 찾아뵙고 토론을 하 겠습니다."

| 원문 |

中山[1]公子牟[2]者, 魏國之賢公子也. 好與賢人遊, 不恤國事. 而悅趙人

公孫龍,³ 樂正⁴子輿⁵之徒笑之.

公子牟曰; 子何笑牟之悅公孫龍也?

子輿曰; 公孫龍之爲人也, 行無師, 學無友, 佞給⁶而不中,⁷ 漫衍⁸而無家,⁹ 好怪而妄言. 欲惑人之心, 屈人之口, 與韓檀¹⁰等肄¹¹之.

公子牟變容曰; 何子狀公孫龍之過歟? 請聞其實.

子輿曰; 吾笑龍之詒¹²孔穿.¹³ 言善射者, 能令後鏃¹⁴中前括,¹⁵ 發發¹⁶相及, 矢矢相屬, 前矢造準,¹⁷ 而無絶落, 後矢之括, 猶銜弦,¹⁸ 視之若一焉.

孔穿駭之. 龍曰; 此未其妙者. 逄蒙¹⁹之弟子曰鴻超,²⁰ 怒其妻而怖

---

1 中山(중산) : 위(魏)나라 고을 이름.
2 公子牟(공자모) : 위나라 문후(文候)의 아들. 네 편의 저서가 있는데 도가에 속한다 하며 중산은 그의 채읍(采邑)이었다.
3 公孫龍(공손룡) : 전국시대 조(趙)나라 사람. 자는 자병(子秉). 궤변가로 이름이 났으며 『한서(漢書)』 예문지(藝文志)에는 그의 저서 열네 편이 있다 했으나 지금은 여섯 편이 전한다.
4 樂正(악정) : 음악을 관장하는 관리 이름, 음악의 전문가.
5 子輿(자여) : 『사기』에 의하면 공자의 제자인 증삼(曾參)과 맹자의 자가 모두 자여라 했으나 이곳의 자여는 다른 사람일 것이다. 다만 유가에 속하는 사람임엔 의심의 여지가 없다.
6 佞給(영급) : 말재주가 뛰어난 것.
7 不中(부중) : 이치에 들어맞지 않는 것.
8 漫衍(만연) : 산만하게 이론이 이리저리 동요하는 것.
9 無家(무가) : 일정한 주장이 없는 것.
10 韓檀(한단) : 사람 이름. 공손룡의 친구이며 『장자』에서는 환단(桓檀)으로 쓰고 있다.
11 肄(이) : 남의 마음과 이론을 굴복시킬 궤변을 '익히는 것'.
12 詒(태) : 속이다.
13 孔穿(공천) : 공자의 자손.
14 後鏃(후촉) : 먼저 쏜 화살의 살촉.
15 前括(전괄) : 나중에 쏜 화살의 꼬리.
16 發發(발발) : 한 발 한 발 쏘는 것마다.
17 造準(조준) : 과녁에 들어맞다.
18 銜弦(함현) : 활줄에 화살이 메겨져 있는 것.

之.[21] 引烏號[22]之弓, 綦衛[23]之箭. 射其目. 矢來注眸子, 而眶[24]不睫,[25] 矢隊地而塵不揚.[26] 是豈智者之言與?

公子牟曰; 智者之言, 固非愚者之所曉, 後鏃中前括, 鈞後於前.[27] 矢注眸子而眶不睫, 盡矢之勢[28]也. 子何疑焉?

樂正子輿曰; 子龍之徒, 焉得不飾其闕?[29] 吾又言其尤者. 龍誑魏王曰; 有意不心, 有指不至, 有物不盡, 有影不移. 髮引千鈞, 白馬非馬, 孫犢未嘗有母. 其負類反倫,[30] 不可勝言也.

公子牟曰; 子不諭至言, 而以爲尤也. 尤其在子矣. 夫無意則心同,[31] 無指則皆至.[32] 盡物者常有.[33] 影不移者, 說在改[34]也, 髮引千鈞, 勢至

---

19 逢蒙(봉몽) : 옛날 활 잘 쏘기로 이름난 사람. 봉몽은 예(羿)에게 활쏘기를 배운 다음 세상에 자기보다 활을 잘 쏘는 사람은 예뿐이라 생각하고 자기 스승을 죽여 버렸다 한다.(「孟子」離婁)

20 鴻超(홍초) : 봉몽의 제자 이름, 역시 활의 명수이다.

21 怖之(포지) : 그를 겁나게 하다. 위협하다.

22 烏號(오호) : 황제(黃帝)의 큰 활 이름.

23 綦衛(기위) : 기(綦)나라에서는 화살을 만드는 데 좋은 대가 나고, 위(衛)나라에서는 화살에 붙이는 좋은 깃이 났다 한다.

24 眶(광) : 눈두덩.

25 睫(첩) : 속눈썹. 눈을 깜박이다.

26 塵不揚(진불양) : 먼지가 일지 않다. 곧 화살이 지극히 사뿐히 떨어지는 모양을 형용한 말이다.

27 鈞後於前(균후어전) : 뒤에 쏘는 화살을 앞에 쏜 화살과 똑같이 고르게 쏘는 것.

28 盡矢之勢(진시지세) : 화살의 세를 다하다. 화살을 매우 빠르고 지극히 가볍게 움직이도록 하는 것.

29 闕(궐) : 빈 곳. 결점.

30 負類反倫(부류반륜) : 보통 종류를 어기고 인륜에 반하는 것, 곧 궤변을 뜻한다.

31 無意則心同(무의즉심동) : 뜻이 있으면 마음은 그 뜻하는 바로 치우치게 되지만, 뜻이 없으면 치우치지 않고 마음이 없으므로 모두 같게 된다.

32 無指則皆至(무지즉개지) : 하나만 가리키면 모든 물건에 그 가리킴이 이르지 못하지만, 손가락으로 가리키지 않으면 모든 물건에 그 가리킴이 이르게 된다.

33 盡物者常有(진물자상유) : 물건은 다함이 있지만 그 본질은 영원히 존재한다.

34 設在改(설재개) : 그림자는 옮겨 가는 것이 아니라 그 본 물건이 옮겨 가는 데 따라 그

等³⁵也. 白馬非馬, 形名離³⁶也. 孤犢未嘗有母, 非孤犢³⁷也.

樂正子輿曰; 子以公孫龍之鳴,³⁸ 皆條³⁹也. 設令發於餘竅,⁴⁰ 子亦將承之.

公子牟默然⁴¹良久, 告退曰; 請待餘日, 更謁子論.

| 해설 |

이 대목은 한편으로 유가의 고루한 사상을 꼬집으면서 공손룡 같은 궤변론자의 말에도 논리상으로는 어느 정도 진리가 있음을 주장한 만들어낸 이야기이다. 어떻든 이 대목을 통해 중국의 전국시대에는 학자들 사이에 논리가 상당히 추구되고 있었음을 알게 한다. 특히 도가에서는 사람들의 논리를 부정하면서도 글을 쓰고 자기의 사상을 선전하자니 역시 논리에 관심을 갖지 않을 수가 없었던 것 같다.

림자는 바뀐다는 데 이론적인 근거가 있다는 뜻. 이런 이론은 『묵자(墨子)』에도 보인다.

35 勢之等(세지등) : 형세가 지극히 균등하게 평형을 이루고 있다면 머리카락 정도의 힘으로 끌어도 끌려오게 마련이다.

36 形名離(형명리) : 말이 가리키는 형체로부터 명칭만을 분리시켜 놓고 보면 '흰 말'은 '말'과 같지 않다.

37 非孤犢(비고독) : 청대 학자 유월(兪樾)의 설을 따라 위에 '유모(有母)' 두 자를 덧붙여 해석했다. 어미가 있다면 곧 외로운 송아지는 아닌 것이다.

38 鳴(명) : 주장.

39 條(조) : 조리(條理)가 있는 것.

40 餘竅(여규) : 똥 구멍, 오줌 구멍 같은 구멍을 가리킴.

41 默然(묵연) : 가만히 말 않고 있는 것. 화가 난 것을 참는 모양.

13. 요임금이 세상을 다스린 공로

요임금은 천하를 다스린 지 오십 년이 되었으나 천하가 다스려지고 있는지 다스려지고 있지 않은지 알지를 못했다. 수많은 백성들이 자기를 떠받들려 하고 있는 건지, 자기를 떠받들려 하지 않고 있는 건지도 알지를 못했다. 곁의 신하들에게 물어보았으나 신하들도 알지를 못했다. 조정 밖으로 나가서 물어 보았으나 조정 밖에서도 알지를 못했다. 일반 서민들에게 물어 보았으나 서민들도 알지를 못했다.

요임금은 이에 평복을 입고서 넓은 거리로 나가 노닐다가 아이들이 노래 부르는 것을 들었다.

"우리 백성들이 살아감은

당신의 법도 덕택일세.

깨닫지도 알지도 못하는 새에

임금의 법칙 따르네."

요임금은 기뻐서 물었다. "누가 너희들에게 이런 노래를 가르쳐 줬느냐?"

아이가 대답했다. "저는 대부大夫께 들었습니다."

다시 대부에게 물으니 대부가 말하기를 옛날 시라 했다.

요임금은 궁정으로 돌아오자 순을 불러 천하를 그에게 물려주었는데, 순은 사양하지 않고 그것을 받았다.

| 원문 |

堯治天下五十年, 不知天下治歟, 不治歟. 不知億兆[1]之願戴己歟, 不願戴己歟. 顧問左右, 左右不知. 問外朝, 外朝不知. 問在野, 在野不知.

堯乃微服,[2] 遊於康衢,[3] 聞兒童謠曰;

立我蒸民,**4** 莫匪爾極.**5** 不識不知, 順帝之則.

堯喜問曰; 誰敎爾爲此言?

童兒曰; 我聞之大夫.

問大夫, 大夫曰; 古詩也.

堯還宮, 召舜, 因禪**6**以天下, 舜不辭而受之.

| 해설 |

성인은 천하를 다스려 백성들을 편히 살도록 잘 이끌어 주면서도 아무런 흔적을 남기지 않는다. 따라서 자기는 물론 다스림을 받는 백성들까지도 성인의 하는 일을 깨닫지 못하고 지난다. 요임금은 그처럼 지극히 훌륭한 다스림을 하다가 자기의 공로에 마음이 쓰이게 되자 순에게 임금 자리를 물려준다. 순도 성인이라서 아무런 조건 없이 물려주는 천하를 아무런 마음 없이 받아들인다. 성인들의 정치란 이런 것이며, 유가나 도가나 궁극적인 이상에 있어서는 이처럼 서로가 합치되는 것이다.

14. 도를 터득하는 법

관윤희關尹喜가 말했다. "자기에게 일정한 지위가 없다고 해도 밖의

---

1 億兆(억조) : 수많은 백성들.
2 微服(미복) : 평복으로 변장을 하는 것.
3 康衢(강구) : 사방팔방으로 통하는 넓은 길거리.
4 蒸民(증민) : 많은 백성들.
5 極(극) : 법(法). 도(道). 법도.
6 禪(선) : 천자의 자리를 어진 사람에게 물려주는 것.

일을 접촉하는 것을 통해서 그 자신이 드러난다. 그 움직임은 물과 같고, 그 고요함은 거울과 같으며, 그 응답은 울림과 같기 때문이다. 그러므로 그 도란 밖의 일을 따르는 것이다. 밖의 일은 스스로 도를 어길지언정 도는 밖의 일을 어기지 않는다. 도를 잘 따르는 사람은 귀도 쓰지 않고 눈도 쓰지 않고 힘도 쓰지 않고 마음도 쓰지 않는다. 도를 따르려 하면서도 보는 것과 듣는 것 및 육체와 지혜를 써서 그것을 추구한다는 것은 당치도 않은 일이다.

그것은 바라보면 앞에 있다가도 갑자기 뒤에 있다. 그 작용은 온 세상에 가득히 차 있고, 그것을 버려도 그것이 있는 곳을 알지 못하는 것이다. 그것은 또한 마음을 씀으로써 멀리 떨어질 수가 없는 것이며, 마음을 쓰지 않음으로써 가까이 다가갈 수도 없는 것이다. 그것은 오직 묵묵히 터득하게 되며, 또 본성으로 그것을 따르는 사람들이 터득하게 된다.

그것에 대해 안다 하더라도 그 실상을 잊고, 할 줄 알아도 하지 않는 것이 참된 앎이며 참된 능력인 것이다. 앎이 없는 데서 출발한다면 어찌 실상이 있을 수 있겠는가? 할 수 없는 데서 출발한다면 어찌 할 수가 있겠는가? 모여 있는 흙덩이 같은 것이요 쌓여 있는 먼지와 같은 것이다. 비록 일부러 그렇게 되는 것이 아니라고는 하지만 논리적인 것도 아닌 것이다."

| 원문 |

關尹喜[1]曰; 在己無居,[2] 形物其著. 其動若水, 其靜若鏡, 其應若響.

---

1 關尹喜(관윤희) : 본명은 윤희(尹喜), 자는 공도(公度). 함곡관(函谷關)을 지키는 관리라 해서 흔히 '관윤희'라 부른다. 노자(老子)에게서 『도덕경』을 받아 공부한 뒤 노자를 따라

216

故其道, 若物³者也. 物自違道, 道不違物. 善若道者, 亦不用耳, 亦不用目, 亦不用力, 亦不用心. 欲若道, 而用視聽形智以求之, 弗當矣.

瞻之在前, 忽焉在後. 用之彌滿六虛,⁴ 廢之莫知其所. 亦非有心者所能得遠, 亦非無心者所能得近. 唯默而得之, 而性成之者得之.

知而忘情, 能而不爲, 眞知眞能也. 發無知, 何能情? 發不能, 何能爲? 聚塊也, 積塵也. 雖無爲, 而非理也.

| 해설 |

여기에서는 도를 터득하는 기본 도리를 설명하고 있다. 도는 사람의 시각이나 청각 또는 힘이나 지각과 감각 같은 육체적인 능력으로는 알 수도 없고 얻을 수도 없는 것이다. 또 마음이나 생각으로 터득할 수 있는 것도 아니며 반대로 마음을 없앰으로써 얻을 수 있는 것도 아니다. 오직 묵묵히 사람의 본성대로 자연스럽게 모든 일을 해가는 사람만이 도를 터득하게 된다는 것이다. 묵묵히 사람의 본성대로 일을 해간다는 것은 완전히 자기의 삶을 자연에 융합시키는 것을 뜻하는 것이다.

서쪽으로 갔다 한다. 그의 저서로 『관윤자(關尹子)』 한 권이 전해지고 있으나 후세 사람이 가짜로 만든 것임이 분명하다.
2 在己無居(재기무거) : 자기에게 일정한 거처 방법, 곧 지위가 없는 것.
3 若物(약물) : 밖의 일이나 물건을 따르는 것. 이곳의 '약(若)'은 '순(順)'과 같은 뜻임.
4 六虛(육허) : 동서남북과 상하를 합친 온 세상.

.

제5편

탕임금이 추구하는 진리

湯問

　이 편의 편명도 첫머리 "은나라 탕임금이 하극에게 물었다(殷湯問於
夏革曰)"는 첫 구절에서 따온 것이다. 첫머리의 탕임금과 하극의 문답
에서 이미 우주의 원리를 비롯하여 우주에서 차지하는 인간의 위치 같
은 진리가 추구되고 있다. 그러나 이 뒤로 계속해서 나오는 많은 이야
기 가운데에는 직접 도가의 사상과 관계가 없는 것들도 끼어 있다. 어
떻든 이 편에는 열자의 사상이 담긴 이야기로 대부분이 구성되어 있으
므로 읽기에는 어느 편보다도 재미가 있다.

1. 시작되는 곳과 끝나는 곳 및 하늘과 땅

은나라 탕임금이 하극夏革에게 물었다. "옛날 태초에는 물건이 있었을까요?"

하극이 대답했다. "옛날 태초에 물건이 없었다면 지금은 어떻게 물건이 있겠습니까? 후세 사람들이 오늘날엔 물건이 없었다고 말해서야 되겠습니까?"

탕임금이 말했다. "그렇다면 물건에는 먼저 생겨나고 뒤에 생겨난 것이 없다는 말씀입니까?"

하극이 대답했다. "물건이 시작되고 끝남은 처음부터 그 극점極點이 없었던 것입니다. 시작이 혹은 끝이 되기도 하고 끝이 혹은 시작이 되기도 하는데 어떻게 그 원리를 알 수가 있겠습니까? 그러니 한 물건으로부터 벗어나는 것과 어떤 일에 앞서 있던 사실에 대해서는 저로서도 아는 바가 없습니다."

탕임금이 말했다. "그렇다면 위아래와 팔방에는 끝이 있습니까?"

하극이 말했다. "모르겠습니다."

탕임금이 군이 묻자 하극이 대답했다. "없는 것이라면 곧 끝도 없을 테고 있는 것이라면 곧 끝나는 데가 있을 것이지만 제가 어떻게 알겠습니까? 그렇지만 끝이 없는 그 밖에도 다시 끝이 없을 수 없고, 다함이 없는 가운데에도 다시 다함이 없을 수 없을 것입니다. 끝이 없는 데에 다시 끝이 없고, 다함이 없는 데에 다시 다함이 없다는 것입니다. 저는 이것으로서 거기엔 끝도 없고 다함도 없다는 것을 알지만 거기에 끝이 있고 다함이 있다는 것은 알지 못하겠습니다."

탕임금이 또 물었다. "이 세상 밖에는 무엇이 있습니까?"

하극이 말했다. "마치 우리가 살고 있는 이곳과 같습니다."

탕임금이 말했다. "당신은 무엇으로 그 사실을 증명합니까?"

하극이 말했다. "저는 동쪽으로는 영주營州까지 가 보았는데 백성들은 이곳 백성과 같았습니다. 영주의 동쪽은 어떤가 물어보니 다시 영주와 마찬가지라는 것입니다. 서쪽으로는 빈豳 땅에까지 가 보았는데 백성들은 이곳 백성과 마찬가지였습니다. 빈 땅의 서쪽은 어떤가 물어보니 다시 빈 땅과 같다는 것입니다. 저는 이것으로서 우리가 살고 있는 이 세상이나 이 세상 밖의 세상이나 사방의 끝머리 세상은 다를 것이 없다고 알고 있습니다. 그러므로 큰 것과 작은 것은 서로를 품고 있음으로 한계가 없는 것입니다. 여러 가지 물건을 품고 있는 것은 또한 하늘과 땅을 품고 있는 거나 다름이 없습니다. 여러 가지 물건을 품고 있기 때문에 다하게 되는 일이 없고 하늘과 땅을 품고 있기 때문에 끝이 있을 수 없는 것입니다. 저로서야 또한 하늘과 땅의 밖에 더 큰 하늘과 땅이 없다는 것을 어찌 알겠습니까? 이 또한 저로서는 알 수 없는 일입니다.

그러니 하늘과 땅도 역시 물건입니다. 물건에는 부족한 것이 있게 마련입니다. 그러므로 옛날 여와씨女媧氏는 다섯 가지 색깔의 돌을 개어 가지고서 하늘의 부족한 곳을 보충하고 큰 거북의 다리를 잘라 가지고 땅의 사방 끝에 기둥을 세웠습니다. 그 뒤에 공공씨共工氏와 전욱顓頊이 임금 자리를 놓고 다투다가 성난 김에 부주산不周山을 건드리고 하늘을 받치는 기둥을 분질렀으며 땅을 매다는 끈을 끊었습니다. 그래서 하늘은 서북쪽으로 기울어져 해와 달과 별들이 쏠렸고 땅에는 동남쪽에 물이 차지 않게 되어 모든 냇물과 빗물이 그 곳으로 모여들게 된 것입니다."

| 원문 |

殷湯**1**問於夏革**2**曰；古初有物乎?

夏革曰；古初無物, 今惡得物? 後之人, 將謂今之無物可乎?

殷湯曰；然則物無先後乎?

夏革曰；物之終始, 初無極已. 始或爲終, 終或爲始, 惡知其紀? 然自物之外,**3** 自事之先,**4** 朕所不知也.

殷湯曰；然則上下八方, 有極盡乎?

革曰；不知也.

湯固問, 革曰；無則無極, 有則有盡, 朕何以知之? 然無極之外, 復無無極, 無盡之中, 復無無盡. 無極復無無極, 無盡復無無盡. 朕以是知其無極無盡也, 而不知其有極有盡也.

湯又問曰；四海之外, 奚有?

革曰；猶齊州**5**也.

湯曰；汝奚以實之?

革曰；朕東行至營, 人民猶是也. 問營之東, 復猶營**6**也. 西行至豳,**7** 人民猶是也. 問豳之西, 復猶豳也. 朕以是知四海**8**四荒**9**四極**10**之不異是

---

1 殷湯(은탕)：하(夏)나라 걸(桀)임금을 쳐부수고 상(商)나라를 세운 임금. 뒤 반경(盤庚) 임금 때 수도를 은(殷)으로 옮겨 상을 은이라고도 부르게 되었다.

2 夏革(하극)：탕임금의 대부, 자가 자극(子棘)이며 하극(夏棘)으로도 쓴다.

3 自物之外(자물지외)：물건으로부터 바깥, 곧 텅 빈 곳을 가리킨다.

4 自事之先(자사지선)：일로부터 앞선 것, 곧 아무것도 없는 것을 가리킨다.

5 齊州(제주)：중주(中州), 중원(中原).

6 營(영)：영주(營州), 후세의 유성(柳城)으로 바다 가까운 곳에 있다.(張湛 注)

7 豳(빈)：지금의 섬서(陝西)성에 있던 고을 이름. 후세에 빈주(豳州)라 불렸으나 당나라 현종(玄宗) 때 빈주(邠州)라 이름을 고쳤다.

8 四海(사해)：구이(九夷)·팔적(八狄)·칠융(七戎), 육만(六蠻)의 여러 종족들이 살고 있는 이 세상.(『爾雅』)

也. 故大小相含,¹¹ 無窮極也. 含萬物者, 亦如含天地. 含萬物也, 故不窮, 含天地也, 故無極. 朕亦焉知天地之表, 不有大天地者乎? 亦吾所不知也.

然則天地亦物也. 物有不足, 故昔者女媧¹²氏, 煉五色石, 以補其闕, 斷鼇¹³之足, 以立四極. 其後共工氏,¹⁴ 與顓頊爭爲帝, 怒而觸不周之山,¹⁵ 折天柱, 絶地維. 故天傾西北, 日月星辰就焉, 地不滿東南, 故百川水潦歸焉.

| 해설 |

만물의 기원, 세상의 한계, 우주의 크기에 대한 질문과 대답이 실려 있다. 다만 지나치게 실증이 아닌 논리만을 중시하는 경향이 엿보인다. 이러한 논리적인 전개가 얼마나 사실을 잘못 알게 하는가도 알 수 있게 하는 대목이다. 그러나 전국시대의 제자백가들이 이처럼 논리에 힘을 기울였다는 것은 학문 발전의 바탕을 뜻하는 일이기도 하다. 이 대목의 끝머리에 보이는 전설은『회남자淮南子』 원도훈原道訓에도 나오니 참고하기 바란다.

---

9 四荒(사황) : 고죽(觚竹)·북호(北戶)·서왕모(西王母)·일하(日下) 등의 세계가 있는 이 세상 밖의 세계.(『爾雅』)
10 四極(사극) : 동쪽의 태원(泰遠), 서쪽의 빈국(邠國), 남쪽의 복연(濮鉛), 북쪽의 축율(祝栗) 등 사방의 끝에 있는 세계.(『爾雅』)
11 大小相含(대소상함) : 큰 것이 작은 것을 품고 다시 더 큰 것이 그 큰 것을 품고 있는 것.
12 女媧(여와) : 상고시대의 전설적인 여제(女帝) 이름. 복희씨(伏羲氏)의 누이동생으로 여희씨(女希氏) 또는 와황(媧皇)이라고도 부른다.
13 鼇(오) : 큰 거북이.
14 共工氏(공공씨) : 본시는 공사를 맡은 관리 이름이었으나 대대로 이 직책을 맡는 집안을 가리키는 이름으로 변했다. 순(舜)임금 때에도 그의 자손인 공공(共工)이 반란을 일으켜 처벌을 받았다.
15 不周之山(불주지산) : 곤륜산(崑崙山) 서북쪽에 있다는 산 이름.(『淮南子』 注)

2. 크고 작은 것과 길고 짧은 것

탕임금은 또 물었다. "물건에는 크고 작은 것과 길고 짧은 것이 있습니까? 또 같은 것과 다른 것이 있습니까?"

하극이 대답했다. "발해의 동쪽으로 몇 억만 리나 떨어져 있는지는 알지 못하지만 그 곳에 큰 구렁이 있는데 실은 밑바닥이 없는 골짜기입니다. 그 아래엔 바닥이 없어서 그 곳을 귀허歸墟라 부릅니다. 온 세상 팔방八方의 물과 은하수의 흐르는 물이 모두 ㄱ 곳으로 흘러들지만 물은 늘지도 않거니와 줄지도 않습니다.

그 가운데에 다섯 개의 산이 있는데 첫째는 대여岱輿요, 둘째는 원교員嶠요, 셋째는 방호方壺요, 넷째는 영주瀛洲요, 다섯째는 봉래蓬萊입니다. 그 산들은 높이와 둘레가 삼만 리이며 그 꼭대기에는 사방 구천 리 넓이의 평평한 곳이 있습니다. 산들 중간의 거리는 칠만 리인데 그 곳 사람들은 이웃처럼 지내고 있습니다. 그 위의 누각과 궁전은 모두가 금과 옥으로 만들어져 있고 그 위의 새와 짐승들은 모두가 새하얀 색깔입니다. 옥과 진주로 된 나무들은 모두가 떨기로 자라고 있고, 그 꽃과 열매들은 모두 맛이 좋고 그것을 먹으면 누구나 늙지도 않고 죽지도 않는다 합니다. 그 곳에 사는 사람들은 모두가 신선과 성인의 무리입니다. 날아서 하루 낮이나 하루 저녁에 서로 왔다갔다 하는 사람들이 이루 헤아릴 수 없을 정도입니다.

그런데 다섯 산의 뿌리는 이어지거나 붙어 있는 곳이 없습니다. 언제나 조류와 물결을 따라서 올라갔다 내려왔다 하고 이리 저리 움직이며 잠시도 멎어 있는 일이 없었습니다. 신선과 성인들은 이것을 근심하여 그 사실을 하느님께 호소했습니다. 하느님은 그 섬들이 서쪽 끝으로 흘러가 여러 성인들이 살 곳을 잃게 될까 두려워해서 곧 우강

禺彊에게 명하여 큰 자라 열다섯 마리로 하여금 머리를 들고 그것들을 이고 있도록 했습니다. 다섯 마리씩 세 짝을 지어 교대를 하는데, 육만 년 만에 한 번 교대하도록 했습니다. 다섯 산은 이에 비로소 안정되어 움직이지 않게 되었습니다.

그런데 용백龍伯의 나라에는 거인이 있어서 발을 들어 몇 발자국 가지도 않아 바로 다섯 산이 있는 곳에 다다랐습니다. 그는 한 개의 낚시 대로 여섯 마리의 자라를 연이어 낚아 가지고 모두 짊어진 다음 잽싸게 자기 나라로 돌아와 그것을 구워 그 뼈를 세어 가면서 먹어치웠습니다. 이에 대여와 원교의 두 산은 북극으로 흘러내려가 큰 바닷속에 가라앉아 버려 그 곳으로부터 옮겨 오는 신선과 성인들이 수억이나 될 정도였습니다. 하느님은 크게 노하셔서 용백의 나라를 줄이어 좁게 만들고 용백의 사람들을 작게 만들어 놓았습니다. 그래도 복희와 신농의 시대에 이르기까지도 그 나라 사람들은 키가 수백 자나 되었답니다.

중원으로부터 동쪽으로 사십만 리를 가면 난쟁이 나라가 있는데, 사람의 키가 한 자 다섯 치라 합니다. 동북쪽 끝 지방에는 쟁諍이라 부르는 인종이 있는데, 키가 아홉 치랍니다.

초나라의 남쪽에는 명령冥靈이란 나무가 있는데, 오백 년을 한 봄으로 삼고 오백 년을 한 가을로 삼는다 합니다. 상고시대에 있던 대춘大椿이란 나무는 팔천 년을 한 봄으로 삼고 팔천 년을 한 가을로 삼았다 합니다.

썩은 흙 위에 나는 작은 버섯은 아침에 났다가 저녁에 죽습니다. 봄 여름 동안에만 사는 하루살이는 비가 내릴 적에 생겨났다가 햇빛만 보면 죽습니다.

종발終髮의 북쪽에는 명해라는 바다가 있는데 천지天池라고도 합니다. 거기에 물고기가 있는데 그 넓이가 수천 리요 그 길이는 넓이에 어울리도록 길며 그 이름을 곤鯤이라 부릅니다. 거기에 새가 있는데 그 이름을 붕鵬이라 부르며 날개는 마치 하늘에 드리운 구름과 같고 그 몸은 날개에 어울릴 정도로 큽니다. 세상에서야 어찌 이런 물건이 있다는 것을 알 수 있겠습니까? 위대한 우禹임금께서 다니다가 그것들을 발견하시고 백익伯益이 그것을 확인한 뒤 이름을 붙이고 이견夷堅이 그 이야기를 듣고서 기록해 놓은 것이 있습니다.

강포江浦 지방에는 작고 가는 벌레가 살고 있는데 그 이름을 초명焦螟이라 부르며, 떼를 지어 날아다니다가 모기의 눈썹 위에 내려앉아도 그들의 몸이 서로 닿지 않습니다. 모기 눈썹 위에 머물기도 하고 그 위를 왔다갔다 하는 데도 모기는 그것을 깨닫지 조차 못합니다. 이주離朱와 자우子羽 같은 눈 밝은 사람이 한낮에 눈을 닦고 눈썹을 추켜올리며 바라본다 하더라도 그들의 모양은 보이지 않습니다. 치유鱶愈와 사광師曠 같은 귀 밝은 사람이 한밤중에 귀를 곤두세우고 머리를 기울이며 듣는다 하더라도 그들의 소리는 듣지 못합니다. 오직 황제黃帝와 용성자容成子가 공동산空桐山 위에 머물면서 똑같이 석 달 동안 재계齋戒하여 마음을 죽이고 몸을 잊은 다음 천천히 정신을 가지고 볼 것 같으면 그것이 큼직하게 보여 숭산嵩山의 언덕처럼 드러나며 서서히 기운을 가지고 듣는다면 우르릉 그것이 마치 우레 소리같이 또렷하게 들린다 합니다.

남쪽의 오나라와 초나라에 큰 나무가 있는데 그 이름을 유자柚子라 하며, 언제나 푸른 나무로서 겨울에 열매가 열리는데, 색갈이 붉고 맛은 십니다. 그 껍질의 즙을 내어 먹으면 신경에 관련되는 병이 고쳐진다 합니다. 중원 땅에서는 그것을 진귀하게 여기고 있습니다. 그런데 회수淮水를 건너서 북쪽으로 오면 그것이 변화하여 탱자가 됩니다.

구욕새는 제수濟水를 건너지 않고, 담비는 문수汶水를 건너면 죽어 버린다 합니다. 땅 기운이 그렇게 만드는 것입니다. 비록 형체와 기질은 다르다 해도 성질은 다 같아서 서로 바뀔 수 없는 것입니다. 삶은 모두가 완전하고, 분수는 모두에게 충족되고 있습니다. 저로서야 어떻게 그 크고 작은 것을 알겠으며 어떻게 그 길고 짧은 것을 알겠습니까? 또 어떻게 그 같고 다른 것을 알겠습니까?"

| 원문 |

湯又問: 物有巨細乎? 有修短[1]乎? 有同異乎?

革曰: 渤海[2]之東, 不知幾億萬里, 有大壑[3]焉, 實惟無底之谷, 其下無底, 名曰歸墟. 八紘[4]九野[5]之水, 天漢[6]之流, 莫不注之, 而無增無減焉.

其中有五山[7]焉, 一曰岱輿, 二曰員嶠, 三曰方壺,[8] 四曰瀛洲, 五曰蓬萊. 其山高下周旋三萬里, 其頂平處九千里. 山之中間相去七萬里, 以爲鄰居焉. 其上臺觀皆金玉, 其上禽獸皆純縞.[9] 珠玕[10]之樹皆叢生, 華實皆有滋味, 食之皆不老不死. 所居之人, 皆仙聖之種. 一日一夕飛相往來

---

1 修短(수단) : 장단(長短). 길고 짧은 것.
2 渤海(발해) : 산동(山東)반도와 요동(遼東)반도 사이에 있는 바다 이름, 그 밖은 황해이다.
3 壑(학) : 구렁. 골짜기.
4 八紘(팔굉) : 하늘의 여덟 가닥 줄(八維), 여기서는 하늘의 팔방 끝을 가리킨다.
5 九野(구야) : 구주(九州)의 들판(『後漢書』馮衍傳), 곧 온 세상의 들판.
6 天漢(천한) : 은하수.
7 五山(오산) : 신선이 산다는 다섯 개의 산. 『산해경(山海經)』에도 앞 이야기와 함께 이 오산에 대한 기록이 있다.
8 方壺(방호) : 방장(方丈)이라고도 부르며 아래의 '영주', '봉래'와 함께 삼신산(三神山)이라 불린다.(『史記』)
9 純縞(순호) : 순백색(純白色). 새하얀 색깔.
10 珠玕(주간) : 주옥(珠玉)과 같은 말. '간'은 주옥(珠玉) 같은 아름다운 돌임.

者, 不可數焉.

而五山之根, 無所連著. 常隨潮波, 上下往還, 不得暫峙[11]焉. 仙聖毒[12]之, 訴之於帝. 帝恐流於西極, 失羣聖之居, 乃命禺彊, [13] 使巨鼇十五, 舉首而戴之. 迭[14]爲三番, 六萬歲一交焉, 五山始峙而不動.

而龍伯之國, 有大人, 舉足不盈數步, 而暨[15]五山之所, 一釣而連六鼇, 合負而趣歸其國, 灼其骨以數焉. 於是岱輿員嶠二山, 流於北極, 沈於大海, 仙聖之播遷者, 巨億計. 帝憑怒, [16] 侵減龍伯之國使阨[17], 侵小龍伯之民使短. 至伏羲神農時, 其國人猶數十丈.

從中州以東四十萬里, 得僬僥[18]國, 人長一尺五寸. 東北極有人名曰諍, 人長九寸.

荊[19]之南有冥靈者, 以五百歲爲春, 五百歲爲秋. 上古有大椿者, 以八千歲爲春, 八千歲爲秋.

朽壤[20]之上有菌芝[21]者, 生於朝, 死於晦.[22] 春夏之月, 有蠓蚋[23]者, 因雨而生, 見陽而死.

終髮[24]北之北, 有溟海者, 天池也. 有魚焉, 其廣數千里, 其長稱爲,

---

11 暫峙(잠치) : 잠시라도 안정되는 것.
12 毒(독) : 걱정하다. 근심하다.
13 禺彊(우강) : 호는 현명자(玄冥子)이며 북방의 신임.(『神仙傳』)
14 迭(질) : 교대하다.
15 暨(기) : 이르다.
16 憑怒(빙노) : 크게 노하다.
17 阨(애) : 좁다. 좁게 하다.
18 僬僥(초요) : 난장이.
19 荊(형) : 초(楚)나라의 별명.
20 朽壤(후양) : 부토(腐土). 썩은 흙.
21 菌芝(균지) : 곰팡이 종류의 작은 버섯 이름.
22 晦(회) : 저녁.
23 蠓蚋(몽예) : 하루살이 종류의 작은 벌레 이름.

其名爲鯤. 有鳥焉, 其名爲鵬,**25** 翼若垂天之雲, 其體稱焉. 世豈知有此物哉? 大禹行而見之, 伯益**26**知而名之, 夷堅聞而志之.

江浦之間生麼蟲,**27** 其名曰焦螟, 羣飛而集於蚊睫,**28** 弗相觸也. 栖宿去來, 蚊弗覺也. 離朱**29**子羽, 方晝拭眥, 揚眉而望之, 弗見其形. 鵬兪**30**師曠,**31** 方夜擿耳, 俛首而聽之, 弗聞其聲. 唯黃帝與容成子,**32** 居空峒**33**之上, 同齋三月, 心死形廢,**34** 徐以神視, 塊然見之, 若嵩山**35**之阿, 徐以氣聽, 硈然**36**聞之, 若雷霆之聲.

吳楚之國, 有大木焉, 其名爲櫾,**37** 碧樹而冬生, 實丹而味酸. 食其皮汁, 已憤厥之疾.**38** 齊州**39**珍之. 渡淮而北, 而化爲枳**40**焉.

鸜鵒**41**不踰濟,**42** 貉**43**踰汶**44**則死矣. 地氣然也. 雖然, 形氣異也, 性鈞

---

24 終髮(종발) : 『장자』에선 궁발(窮髮)이라 부르고 있는 땅 이름.
25 鵬(붕) : 전설적인 새 이름. 『장자』의 첫머리 어슬렁어슬렁 노님편에서는 곤(鯤)이 변해
   붕이 된다 했다.
26 伯益(백익) : 순(舜)임금의 신하로서 우(禹)와 함께 많은 공을 세운 어진 사람.
27 麼蟲(마충) : 작은 벌레.
28 蚊睫(문첩) : 모기의 눈썹.
29 離朱(이주) : 황제(黃帝) 시대의 눈이 밝기로 이름난 사람. 자우(子羽)에 대해서는 다른
   곳에 기록이 없다.
30 鵬兪(치유) : 옛날 귀가 밝기로 유명했던 사람.
31 師曠(사광) : 진(晋)나라 평공(平公) 때 사람. 다른 곳에는 귀가 밝았다는 기록은 없다.
32 容成子(용성자) : 옛날의 어진 사람 이름.
33 空桐(공동) : 산 이름. 지금의 섬서성(陝西省) 함양현(咸陽縣) 근처에 있었다.
34 心死形廢(심사형폐) : 마음은 죽고 몸은 폐하여진다는 뜻으로, 곧 무아(無我)의 경지에
   서 자기의 몸조차도 잊는 것.
35 嵩山(숭산) : 지금의 하남성(河南省) 등봉현(登封縣) 북쪽에 있는 큰 산 이름.
36 硈然(팽연) : 부딪쳐 큰 소리가 나는 모양.
37 櫾(유) : 유(柚)와 통하는 자로서, 유자(柚子).
38 憤厥之疾(분궐지질) : 기질(氣疾)이라 했으니(張湛 注), '신경'과 관련된 병이다.
39 齊州(제주) : 중주(中州), 중원(中原).
40 枳(지) : 탱자.
41 鸜鵒(구욕) : 비둘기처럼 생긴 새 이름.

已, 無相易已. 生皆全已. 分皆足已, 吾何以識其巨細, 何以識其修短, 何以識其同異哉?

| 해설 |

이 대목도 탕임금과 하극의 질문과 대답의 계속이다. 그러나 여기에서는 특히 일반 사람들이 생각하는 크고 작은 것 또는 길고 짧은 것에 대한 생각을 부정하려는 듯하다. 이러한 경향은 특히 『장자』의 어슬렁어슬렁 노님편 및 모든 사물은 한결같음편 같은 데서 더욱 웅변저으로 이야기되고 있으니 참고하기 바란다. 크고 작다든가 길고 짧다, 또는 같고 다르다는 것은 모두 다른 것과 견주는 데서 상대적인 기준에 따라 생겨나는 판단이다. 세상 사람들은 간단히 그러한 기준을 세워 놓고 크니 작으니 이야기하고 있다. 그러나 그러한 일반적인 기준을 초월하여 우주의 입장에서 본다면 어느 것이 크고 어느 것이 작은지, 어느 것이 길고 어느 것이 짧은지, 또는 어느 것이 같고 어느 것이 다른지 말하기 어렵게 된다는 것이다. 보통 사람들이 길다 짧다 또는 좋다 나쁘다고 하는 따위의 판단은 절대적인 가치가 못되는 것이다.

3. 우공이 산을 옮기다

태행太行과 왕옥王屋의 두 산은 사방 넓이 칠백 리에다가 높이는 수

---

42 濟(제) : 제수(濟水), 강물 이름.
43 貉(학) : 담비.
44 汶(문) : 문수(汶水), 강물 이름.

만 척이나 되는데, 본시는 기주冀州의 남쪽과 하양河陽의 북쪽 사이에 있었다.

북산에 사는 우공愚公은 나이가 아흔이 다 되어 가는데, 산을 마주 대하고 살고 있었다. 그는 산이 북쪽을 가로막고 있어서 출입하는 데 돌아다녀야만 하는 것을 괴로워했다. 그는 집안사람들을 모아 놓고 의논했다. "나와 너희들이 힘을 다해 험한 산을 평평하게 함으로써 예주豫州의 남쪽으로 곧장 통하고, 한수漢水의 남쪽으로 곧장 다다르게 하는 게 좋겠다. 괜찮겠느냐?"

모두가 그 말에 동의했으나 다만 그의 처가 의심스럽다는 의견을 제시했다. "당신의 힘으로서는 조그만 괴보산魁父山의 언덕조차도 없앨 수가 없을 것인데 태행이나 왕옥 같은 산을 어찌하시겠습니까? 또 그 흙과 돌은 어디다 버리겠습니까?"

여러 사람들이 말했다. "그것은 발해의 끝머리 은토隱土의 북쪽에다 버리지요."

마침내 우공은 자손들과 짐을 지는 사람 세 사람을 거느리고 돌을 두드려 깨고 흙을 파서 삼태기에 담아 발해의 끝머리 쪽으로 날랐다. 이웃 경성씨 집안의 과부가 된 부인에게 유복자가 있었는데 겨우 이를 갈기 시작한 나이였으나 뛰어나와 이 일을 도왔다. 그들은 추위와 더위의 계절이 바뀌어야 비로소 한 차례 흙을 지고 갔다가 되돌아왔다.

황하 굽이의 지혜가 많다는 영감이 그것을 보고 웃으면서 말렸다. "당신의 똑똑하지 못한 짓은 너무 하오! 늙은 나이에 가진 힘으로는 산의 터럭 하나 정도도 무너뜨릴 수 없을 것인데 산의 저 많은 흙과 돌을 모두 어떻게 하겠다는 겁니까?"

북산의 우공은 긴 한숨을 쉬면서 말했다. "당신 마음이 굳어 있어 군은 생각은 본시 거두어들일 수가 없는 것이니, 과부된 부인의 어린 아들만도 못 하구려. 비록 나는 죽게 된다 하더라도 자식은 남아 있소. 내 자식은 또 손자를 낳을 것이고 손자는 또 자식을 낳을 것이며, 그 자식은 또 자식을 낳고, 그 자식은 또 손자를 낳아서 자자손손이 영원히 다하는 일이 없을 것입니다. 그러나 산은 더 불어나지 않을 것인데 어찌하여 평평해지지 않으리라 걱정을 하십니까?"

황하 굽이의 지혜가 많다는 영감은 대답할 말이 없었다.

산의 뱀을 부리는 신이 그 이야기를 듣고서 그가 그만두지 않을까 두려워하여 그 사실을 하느님께 고했다. 하느님은 그의 정성에 감동하여 과아씨네 두 아들에게 명하여 두 산을 업어다가 하나는 삭동朔東에 놓고 하나는 옹남雍南에 놓게 했다. 이로부터 기주의 남쪽과 한수의 남쪽은 막혀 가로거치는 것이 없게 되었다.

| 원문 |

太形¹王屋²二山, 方七百里, 高萬仞,³ 本在冀州⁴之南, 河陽⁵之北.

北山愚公者, 年且九十, 面山而居, 懲⁶山北之塞, 出入之迂⁷也. 聚室

---

1 太形(태형) : 태행(太行) 또는 오행(五行)이라고도 불렀으며, 지금의 하남(河南)성·산서(山西)성·하북(河北)성 경계에 걸쳐 뻗혀 있는 산맥 이름.
2 王屋(왕옥) : 산서성 양성현(陽城縣) 서남쪽에서 하남성 경계에까지 걸쳐 있는 산 이름.
3 仞(인) : 길이의 단위. 옛 주척(周尺)으로 팔 척(八尺) 또는 칠 척(七尺)임. 한 길 정도.
4 冀州(기주) : 옛날 구주(九州) 가운데의 하나. 지금의 하북·산서 두 성 전부와 요녕(遼寧)성의 요하(遼河) 서쪽 및 하남성의 황하 이북이 모두 이에 해당한다.
5 河陽(하양) : 지금의 하남성 맹현(孟縣) 서쪽에 있던 고을 이름.
6 懲(징) : 괴로워하다.(『韓詩外傳』)
7 迂(우) : 우회하다. 돌아다니다.
8 豫南(예남) : 예주(豫州)의 남쪽. 예주도 옛 구주(九州)의 하나로서 대략 지금의 하남성 땅에 해당했다.
9 漢陰(한음) : 한수(漢水)의 남쪽. 한수는 장강(長江) 중류(中流)의 가장 큰 지류의 하나이며, 강물은 음(陰)이 남쪽, 양(陽)이 북쪽이다.

而謀曰; 吾與汝畢力平險, 指通豫南,[8] 達于漢陰,[9] 可乎?

雜然相許. 其妻獻疑曰; 以君之力, 曾不能損魁父[10]之丘, 如太行王屋何? 且焉置土石?

雜曰; 投諸渤海之尾, 隱土[11]之北.

遂率子孫, 荷擔[12]者三夫, 叩石[13]墾壤,[14] 箕畚[15]運於渤海之尾. 鄰人京城氏之孀妻,[16] 有遺男, 始齓,[17] 跳往助之. 寒暑易節, 始一反焉.

河曲[18]智叟, 笑而止之曰; 甚矣, 汝之不惠! 以殘年餘力, 曾不能毀山之一毛, 其如土石何?

北山愚公長息曰; 汝心之固, 固不可徹, 曾不若孀妻弱子. 雖我之死, 有子存焉. 子又生孫, 孫又生子, 子又有子, 子又有孫, 子子孫孫, 無窮匱[19]也. 而山不可增, 何苦而不平?

河曲智叟, 亡以應.

操蛇之神[20]聞之, 懼其不已也, 告之於帝. 帝感其誠, 命夸蛾氏[21]二子, 負二山, 一厝[22]朔東, 一厝雍南. 自此, 冀之南, 漢之陰, 無隴斷[23]焉.

---

10 魁父(괴보) : 작은 산 이름.
11 隱土(은토) : 중주(中州)의 동북쪽에 있던 땅 이름.
12 荷擔(하담) : 짐을 짊어지는 것.
13 叩石(구석) : 돌을 두드려 깨는 것.
14 墾壤(간양) : 흙을 파내는 것.
15 箕畚(기분) : 삼태기.
16 孀妻(상처) : 과부가 된 부인.
17 始齓(시츤) : 이를 갈기 시작하는 나이, 칠팔 세.
18 河曲(하곡) : 황하의 물구비.
19 無窮匱(무궁궤) : 궁해지거나 다하는 일이 없는 것.
20 操蛇之神(조사지신) : 산과 바다의 신, 산과 바다의 신들은 모두 뱀을 부려 그렇게 불렀다.
21 夸蛾氏(과아씨) : 신통한 큰 힘을 가지고 있던 사람.
22 厝(착) : 놓는 것.
23 隴斷(농단) : 가로막힌 것.

| 해설 |

이 우공이 산을 옮겨 놓는 이야기는 널리 알려져 있다. 사람이란 꾸준히 노력하면 산과 바다라도 옮길 수 있다는 게 그 중요한 뜻이다. 여기의 우공은 정말로 어리석은 사람이 아니며 지혜 있는 영감은 정말로 지혜가 있는 사람이 아니다. 더욱이 도를 터득하려는 사람이라면 이런 정도의 정성은 지니고 달려들어야 어느 정도의 성과를 거둘 수 있을 것이다.

4. 햇빛을 뒤쫓은 사람

과보夸父는 자기의 능력도 헤아리지 아니하고 햇빛을 뒤쫓으려 했다. 해를 좇아 우곡隅谷 가에 이르러 목이 말라 물이 마시고 싶었다. 황하와 위수로 가서 마셨으나 황하와 위수의 물로는 부족하여 북쪽으로 달려가 큰 호수의 물을 마시고자 했다. 그러나 도착하기도 전에 길에서 목이 말라 죽어 버렸다. 그의 지팡이가 버려진 곳에 시체의 기름과 살이 스며들자 살아나 등림鄧林이란 큰 숲이 되었다. 등림은 넓이가 수천 리에 걸쳐 있다.

| 원문 |

夸父[1]不量力, 欲追日影, 逐之於隅谷[2]之際, 渴欲得飮. 赴飮河渭, 河謂不足, 將走北飮大澤, 未至, 道渴而死. 棄其杖, 尸[3]膏肉所浸, 生鄧

---

1 夸父(과보) : 『산해경』에는 두 마리의 누런 뱀으로 귀걸이를 삼고 또 두 마리의 누런 뱀을 밟고 있는 사람이 과보라 했다. 상상에서 나온 거인이라 보면 될 것이다.
2 隅谷(우곡) : 우연(虞淵)이라고도 부르며, 해가 들어간다는 곳.

林.⁴ 鄧林彌廣數千里焉.

| 해설 |

이 이야기는 옛날부터 중국에 전해 내려오는 전설의 하나이다. 이 이야기가 직접 도가의 사상과 관계가 있는 것은 아니지만 도가의 영향을 받은 청담가淸談家들이 큰 소리를 할 수 있는 자료로 삼았던 것 같다.

5. 자연의 섭리와 성인의 도

위대한 우禹임금이 말했다. "동서남북과 천하 사이의 이 세상 안을 해와 달로 비추어 주고, 별과 별 자리로 방향과 위치를 분별케 하고, 사철로서 일의 시작과 끝의 표준을 삼게 하고, 세성歲星으로 한 해가 바뀌는 것을 알게 하고 있다. 신령이 만들어내는 것은 물건에 따라 형체가 다르며, 어떤 것은 일찍 죽고 어떤 것은 오래간다. 오직 성인만이 그러한 도에 통할 수 있다."

하극夏革이 말했다. "그러나 또 신령 없이도 만들어지는 것이 있고, 음과 양이 없어도 형체를 이루는 것이 있으며, 해와 달이 없어도 밝은 곳이 있고, 죽이지 않아도 일찍 죽는 것이 있으며, 돕고 이끌어 주지 않아도 오래 사는 것이 있고, 곡식이 없어도 먹고 사는 것이 있으며, 비단과 솜 없이도 입을 옷이 있고, 배와 수레를 빌지 않고도 다닐 수

---

3 尸(시) : 시체.
4 鄧林(등림) : 큰 숲 이름. 『산해경』에도 과보가 죽을 때 버린 지팡이가 변해 등림이 되었다는 전설이 기록되어 있다.

가 있습니다. 그 도는 자연스러운 것이어서 성인이라고 해서 통하게
되는 것이 아닙니다."

| 원문 |

大禹曰; 六合[1]之間, 四海之內, 照之以日月, 經[2]之以星辰, 紀[3]之以四
時, 要[4]之以太歲.[5] 神靈所生, 其物異形, 或夭[6]或壽. 唯聖人能通其道.

夏革[7]曰; 然則亦有不待神靈而生, 不待陰陽而形, 不待日月而明, 不
待殺戮而夭, 不待將迎[8]而壽, 不待五穀[9]而食, 不待繒纊[10]而衣, 不待舟
車而行. 其道自然, 非聖人之所通也.

| 해설 |

세상의 모든 것은 자연스럽게 되어 간다. 자연히 저절로 되어 간다는
게 바로 우주의 섭리라는 것이다.

우임금은 성인 같은 훌륭한 사람이면 이 우주의 도에 통할 수 있다고
믿었는데, 하극은 한 걸음 더 나아가 그러한 우주의 섭리란 성인도 통할

---

1 六合(육합) : 하늘과 땅 또는 위아래와 동서남북 사방.
2 經(경) : 방향과 위치를 분별하여 정하는 것.
3 紀(기) : 시작되고 끝나는 시간의 기준을 삼는 것.
4 要(요) : 중심을 삼다.
5 太歲(태세) : 세성(歲星), 곧 목성(木星)을 가리킨다.
6 夭(요) : 어려서 일찍 죽는 것. 수(壽)의 반대.
7 夏革(하극) : 이 편 첫머리에는 탕(湯)임금과 하극의 문답이 보였다. 하극이 오백여 년간
  살지 않은 이상 탕임금과 우임금을 동시에 만날 수는 없다. 하극이 각기 다른 사람이거나
  은탕(殷湯) 또는 대우(大禹) 두 사람 중의 하나가 탕임금 또는 우임금이 아닐 것이다.
8 將迎(장영) : 도와주고 이끌어 주는 것, 곧 보호하고 길러 주는 것.
9 五穀(오곡) : 옛날의 대표적인 다섯 가지 곡식. 곧 쌀 · 메기장 · 차기장 · 보리 · 콩. (『周
  禮』天官 注)
10 繒纊(증광) : 비단과 솜. 옷을 만드는 기본 재료.

수 없는 것이라 했다. 그것은 도에 통하려는 의식이 이미 그러한 우주의 섭리에 어긋나 있기 때문인 것이다.

6. 종북 나라의 즐거움

우임금이 물과 땅을 다스리다가 잘못하여 길을 잃고 어떤 나라로 갔다. 북해의 북쪽 바닷가를 따라 갔는데 중원으로부터 몇 천만 리나 떨어져 있는지 알 수 없는 곳이었다.

그 나라는 종북終北이란 나라였고, 경계가 끝나는 곳을 알 수가 없었다. 바람과 비와 서리와 이슬이 없었고 새와 짐승과 벌레와 물고기와 풀과 나무 종류도 자라지 않았다.

사방이 모두 평평한데 둘레에만은 높은 산이 있었다. 나라의 한가운데에도 산이 있는데 산 이름을 호령壺領이라 했다. 모양은 입이 좁은 항아리 같았다. 꼭대기에는 굴이 있는데 모양이 둥근 고리 같았으며 이름을 자혈滋穴이라 했다.

거기에서 물이 솟아나고 있는데 그 이름을 신의 샘물이라 했다. 샘물은 난초나 산초보다도 향기롭고 맛은 막걸리나 단술보다도 더 좋았다. 한 개의 샘물이 네 갈래로 갈라져서 산 아래로 흘러내려 온 나라를 두루 적셔 어느 곳이고 모두 거치지 않는 데가 없었다.

땅 기운은 잘 조화되어 병에 의한 죽음이 없었다. 사람들의 성질은 부드러워 사정에 따르며 다투지도 않고 싸우지도 않았다. 마음은 부드럽고 뼈는 약하여 교만하지도 않고 꺼리는 것도 없었다. 어른과 아이들이 함께 어울려 살고 임금도 없었고 신하도 없었다. 남자와 여자가 어울려 놀지만 중매도 하지 않고 결혼도 하지 않았다. 물가의 땅에 사는데 밭갈이도 않고 곡식을 심지도 않았다. 땅의 기운이 따스하고 알맞아 길쌈도 하지 않고 옷도 입지 않았다. 백 년 만에 죽는데 일찍 죽지도 않거니와 병이 들지도 않았다.

그 곳 사람들은 번성하여 인구가 무수히 많았는데, 기쁨과 즐거움은 있어도 쇠약해지고 늙는 것과 슬픔과 괴로움은 없었다. 그 나라 풍속은 음악을 좋아해 서로 어울려 번갈아 노래하며 하루 종일 풍악이 끊이지 않았다. 배고프거나 고단하면 곧 신의 샘물을 마셨는데, 힘과 뜻이 조화되어 편안해졌다. 지나치게 마시면 취하여 열흘이 지나서야 깨어났다. 신의 샘물로 목욕을 하면 살갗이 기름지고 윤기가 났고 향기가 열흘이 지나야 비로소 없어졌다.

주나라 목왕穆王이 북쪽으로 유람을 와서 그 나라를 방문했다가 삼 년 동안 돌아갈 것을 잊었다 한다. 주나라 황실로 돌아온 뒤에도 그 나라를 그리워하며 멍하니 스스로를 잊고, 술과 고기도 들지 않고 부인과 궁녀들을 부르지 않기를 여러 달 동안이나 한 뒤에야 전처럼 회복되었다 한다.

관중管仲도 제나라 환공桓公에게 권하여 요구遼口를 유람하다가 함께 그 나라로 가려고 날짜를 정해 출발하려 했다.

이때 습붕隰朋이 간하여 말했다. "임금님에게는 제나라의 넓은 땅과 수많은 백성들과 산천의 경치와 풍성한 생물들과 성대한 예의와 아름다운 무늬의 옷과 궁전 가득한 미인들과 조정 가득한 충성스런 신하들과 소리치며 움직이는 백만의 군사들이 있고, 지휘를 하면 제후들도 명을 따르고 있습니다. 이러한 것들을 버려두고 어찌하여 그들을 부러워하는 것입니까? 어찌하여 제나라의 조정을 버리고 오랑캐나라를 찾아가려 하십니까? 이것은 중보仲父가 늙으셨기 때문인데 어찌하여 그를 따르려 하십니까?"

환공은 이에 출발을 중지하고 습붕의 말을 관중에게 고했다.

관중이 말했다. "그것은 본시 습붕으로서는 알 수 있는 일이 못됩니다. 저는 그 나라를 올바로 알 수 없을까 두려울 따름입니다. 제나라의 부야 어찌 그리울 게 있겠습니까? 습붕의 말을 어찌하여 문제삼으십니까?"

| 원문 |

禹之治水土也, 迷而失塗, 謬¹之一國. 濱²北海之北, 不知距齊州³幾千萬里.

其國名曰終北, 不知際畔⁴之所齊限.⁵ 無風雨霜露, 不生鳥獸蟲魚草木之類.

四方悉平, 周以喬陟.⁶ 當國之中有山, 山名壼領, 狀若甔甀.⁷ 頂有口, 狀若員環,⁸ 名曰滋穴.

有水湧出, 名曰神瀵. 臭過蘭椒,⁹ 味過醪醴.¹⁰ 一源分爲四埒,¹¹ 注於山下, 經營¹²一國, 亡不悉遍.

---

1 謬(류) : 그릇됨. 잘못.
2 濱(빈) : 바닷가를 따라가는 것.
3 齊州(제주) : 중주(中州). 중원(中原).
4 際畔(제반) : 경계. 나라 땅의 끝.
5 齊限(제한) : 끝나고 멎어지는 것.
6 喬陟(교척) : 높은 산.
7 甔甀(담추) : 입이 작은 항아리.
8 員環(원환) : 둥근 옥고리.
9 蘭椒(난초) : 난초(蘭草)와 산초(山椒). 모두가 향기로운 풀임.
10 醪醴(요례) : 막걸리와 단술.
11 四埒(사날) : 네 갈래. 네 줄기. 산 위의 물줄기를 '날'이라 한다.
12 經營(경영) : 여기서는 두루 누비고 다니는 것.

土氣和, 亡札厲.**13** 人性婉**14**而從物, 不競不爭. 柔心而弱骨, 不驕不忌. 長幼儕居,**15** 不君不臣. 男女雜遊, 不媒不聘.**16** 緣水而居, 不耕不稼.**17** 土氣溫適, 不織不衣. 百年而死, 不夭不病.

其民孳阜**18**亡數, 有喜樂, 亡衰老哀苦. 其俗好聲, 相攜而迭謠,**19** 終日不輟音. 飢惓則飲神瀵, 力志和平. 過則醉, 經旬乃醒. 沐浴神瀵, 膚色脂澤, 香氣經旬乃歇.

周穆王北遊, 過其國, 三年忘歸. 旣反周室, 慕其國, 憊然**20**自失, 不進酒肉, 不召嬪御者, 數月, 乃復.

管仲**21**勉齊桓公, 因遊遼口, 俱之其國, 幾剋舉.**22**

隰朋**23**諫曰; 君舍齊國之廣, 人民之衆, 山川之觀,**24** 殖物**25**之阜, 禮義之盛, 章服之美, 妖靡**26**盈庭, 忠良滿朝, 肆咤**27**則徒卒百萬, 視撝**28**則諸侯從命, 亦奚羨於彼, 而棄齊國之社稷,**29** 從戎夷之國乎? 此仲父**30**之

---

13 札厲(찰려) : 역병(疫病)에 의한 죽음(張湛 注).

14 婉(완) : 곱고 부드러운 것.

15 儕居(제거) : 함께 어울려 사는 것.

16 聘(빙) : 결혼하는 것.

17 稼(가) : 곡식을 심는 것.

18 孳阜(자부) : 번식하다. 번성하다. 크게 불어나다.

19 迭謠(질요) : 번갈아가며 노래하는 것.

20 憊然(창연) : 망연(茫然). 멍청한 모양.

21 管仲(관중) : 제나라 환공 때의 명재상으로 제나라로 하여금 패업을 이루게 했다.

22 剋舉(극거) : 날짜를 정해 출발하려 하는 것.

23 隰朋(습붕) : 제나라의 대부(大夫)로 환공의 어진 신하 중의 한 사람.

24 觀(관) : 아름다운 경치.

25 殖物(식물) : 번식하는 물건, 곧 생물(生物).

26 妖靡(요미) : 미인(美人).

27 肆咤(사타) : 사(肆)는 줄(叱)의 잘못이며(張湛 注), 줄타(叱咤)는 꾸짖듯 소리치며 부리는 것.

28 視撝(시휘) : '시'는 지(指)의 잘못인 듯하며(張湛 說), 따라서 '지휘(指揮)'의 뜻임.

29 社稷(사직) : 땅의 신과 곡식의 신을 제사 지내는 사당. 나라 임금은 반드시 '사직'에 제

耄,³¹ 奈何從之?

　桓公乃止, 以隰朋之言告管仲.

　仲曰; 此固非朋之所及也. 臣恐彼國之不可知之³²也. 齊國之富, 奚戀? 隰朋之言, 奚顧?

| 해설 |

　여기서는 종북이란 이상적인 나라에 대해 이야기하고 있다. 그 나라 백성들은 애쓰지도 않고 자연스럽고 평화롭게 살아가고 있다. 주나라 목왕도 그 나라에 들렀다가 돌아가기를 잊었고, 자기 궁전으로 돌아와서도 오랫동안 종북이란 나라의 즐거움을 생각하느라고 멍청했었다. 그 나라의 즐거움이란 한 나라의 권세나 부, 또는 온갖 이 세상의 즐거움을 훨씬 능가하는 것이다. 그래서 끝머리에서는 관중의 말을 빌려 종북에 가려는 제나라 환공을 말린 습붕의 어리석음을 비웃은 것이다.

7. 남쪽과 북쪽은 어떻게 다른 곳인가?

　남쪽 나라 사람들은 머리를 짧게 깎고 벌거숭이로 지내고, 북쪽 나라 사람들은 머리에 갈건鞨巾을 쓰고 갖옷을 입으며, 중원 사람들은 머리에 관을 쓰고 바지를 입는다. 구주九州 안에서의 물자 생산 방법

사를 지냈으므로 후에는 '나라의 주권' 또는 '조정'이나 '국가'를 가리키는 말로 변했다.
30 仲父(중보) : 제나라 환공이 관중을 높여 '중보'라 불렀다.
31 耄(모) : 늙은이. 늙은 것.
32 不可知之(불가지지) : 그 나라를 직접 가보고 알게 되지 못하는 것.

을 보더라도 어떤 이는 농사를 짓고 어떤 이는 사냥을 하고 어떤 이는 고기잡이를 한다. 그러나 겨울에는 갖옷을 입고 여름에는 칡베를 입으며 물에서는 배를 타고 뭍에서는 수레를 탄다. 그런 일은 말하지 않아도 그 방법을 터득하여 본성처럼 이룩된 것이다.

월越나라 동쪽에 첩목輒木이란 나라가 있었다. 그들은 맏아들을 낳으면 곧 그를 잡아서 날로 먹으면서 그것을 '아우에게 좋은 일〔宜弟〕'이라 했다. 그들의 할아버지가 죽으면 그의 할머니를 업어다 내버리면서 '귀신의 처와는 함께 살 수 없다'고 했다.

초楚나라의 남쪽에는 염인炎人이란 나라가 있었다. 그 곳에선 부모가 죽으면 시체의 살을 썩힌 다음 내다버리되 그 나머지 뼈는 묻어 주어야만 비로소 그를 효자라 했다.

진秦나라의 서쪽에는 의거儀渠란 나라가 있었다. 그들은 부모가 죽으면 장작을 쌓아 놓고 시체를 태웠는데 타는 연기가 올라가면 그것을 등하登遐한다고 말했으며, 그런 뒤에야 효자가 될 수 있었다.

이런 것들을 바탕으로 임금은 나라를 다스렸고 백성들은 그것을 풍속이라 여겼는데, 이상하게 여길 것도 없는 일이다.

| 원문 |

南國之人, 祝髮[1]而裸,[2] 北國之人, 鞨巾[3]而裘, 中國之人, 冠冕而裳. 九土[4]所資,[5] 或農或商, 或田[6]或漁.[7] 如冬裘夏葛, 水舟陸車, 默而得之,

---

1 祝髮(축발) : 머리를 짧게 깎는 것.
2 裸(나) : 옷을 안 입고 나체로 지내는 것.
3 鞨巾(갈건) : 복두(幞頭)라고도 하며, 뿔이 달린 모자의 일종.
4 九土(구토) : 구주(九州)의 땅.
5 資(자) : 물자의 생산 수단.

性而成之.

　越之東, 有輒木之國. 其長子生, 則鮮而食之, 謂之宜弟.**8** 其大父**9**死, 負其大母而棄之曰; 鬼妻不可以同居處.

　楚之南, 有炎人之國. 其親戚**10**死, 殙**11**其肉而棄, 然後埋其骨, 迺成爲孝子.

　秦之西, 有儀渠之國者. 其親戚死, 聚柴積而焚之, 燻**12**則煙上, 謂之登遐, 然後成爲孝子.

　此上以爲政, 下以爲俗, 而未足爲異也.

| 해설 |

　인정과 풍속은 곳에 따라 종족에 따라 다르게 마련이다. 따라서 자기의 기준을 가지고 남을 옳다, 그르다고 비판하는 것은 잘못이다. 오히려 남쪽에는 남쪽에 맞는 풍속이, 북쪽에는 북쪽에 맞는 풍속이 있는 게 당연하다. 자기와 다르다고 남을 이상하게 보는 견해는 버려야 한다는 것이다.

---

6 田(전) : 전렵(田獵). 사냥하는 것.

7 鮮(선) : 날 것. 생채로.

8 宜弟(의제) : 아우에게 좋다는 뜻.

9 大父(대부) : 할아버지. 따라서 대모(大母)는 할머니.

10 親戚(친척) : 옛날에는 '부모(父母)'의 뜻으로 쓰였다.

11 殙(후) : 썩다. 후(朽)와 뜻이 통함.

12 燻(훈) : 불에 타는 것. 불에 그을리는 것.

8. 아침 해와 대낮의 해는 어느 편이 우리로부터 더 멀리 있는가?

공자가 동쪽으로 유람을 다니다가 두 아이가 말다툼하고 있는 것을 보았다.

그 까닭을 물으니 한 아이가 대답했다. "저는 해가 처음 떠오를 때가 사람들로부터 가깝고 해가 중천에 올 때에는 멀어지는 것이라고 했습니다."

다른 아이가 말했다. "저는 해가 처음 떠오를 때에는 멀리 있는 것이고 해가 중천에 왔을 때에는 가까워진 것이라고 주장했습니다."

한 아이가 말했다. "해가 처음 떠오를 적에는 크기가 수레 덮개와 같은데 해가 중천에 오면 곧 대접과 같아집니다. 이것은 먼 것은 작게 보이고 가까운 것은 크게 보이기 때문이 아니겠습니까?"

다른 아이가 말했다. "해가 처음 떠오를 때에는 싸늘하고 서늘한데 그 해가 중천에 오게 되면 끓는 국에 손을 넣은 것처럼 뜨겁습니다. 이것은 가까운 것은 뜨겁고 멀리 있는 것은 서늘하기 때문이 아니겠습니까?"

공자도 결판을 내릴 수가 없었다. 그러자 두 아이가 웃으면서 말했다. "누가 선생님은 아는 게 많다고 했던가요?"

| 원문 |

孔子東遊, 見兩小兒辯鬪.**1**

---

1 辯鬪(변투) : 말다툼하다. 논쟁하다.

問其故, 一兒曰; 我以日始出時, 去人近, 而日中時, 遠也.

一兒以日初出遠, 而日中時近也.

一兒曰; 日初出, 大如車蓋, 及日中, 則如盤盂.**2** 此不爲遠者小, 而近者大乎?

一兒曰; 日初出, 滄滄**3**涼涼. 及其日中, 如探湯.**4** 此不爲近者熱, 而遠者涼乎?

孔子不能決也. 兩小兒笑曰; 孰爲汝多知乎?

| 해설 |

모든 천하의 옳고 그른 판단은 한 가지 기준에 의해 처리되지 않는다. 다시 말하면 논리적으로는 옳고 맞는 것이라 하더라도 사실은 그와 다른 경우가 얼마든지 있다. 그런 논리에 사로잡힌 공자가 아이들에게 조롱을 받은 것은 어쩔 수 없는 결과였다고 하는 수밖에 없다.

9. 지극히 균형이 잘 잡힌 경우

균형이란 천하의 지극한 원리인 것이다. 모든 형체나 물건에 있어서 그러하다. 균형이 잡히면 머리카락으로도 물건을 매달 수가 있다. 가볍고 무거운 것이 있으면 머리카락이 끊어지는데, 머리카락에 균형이 잡히지 않은 힘이 작용하기 때문이다. 균형이 잡혀 있다면 그것을

---

2 盤盂(반우) : 둥근 쟁반, 넓적한 대접.
3 滄滄(창창) : 싸늘한 모양.
4 探湯(탐탕) : 끓는 국에 손을 집어넣는 것처럼 뜨거운 것.

끊으려 한다 하더라도 끊기지 않을 것이다. 사람들은 보통 그렇지 않다고 생각하고 있지만 스스로 그러한 진리를 아는 이도 있다.

첨하詹何는 한 가닥의 명주실로 낚싯줄을 삼고 벼이삭 수염으로 낚싯바늘을 삼고, 싸리나무 가지로 낚싯대를 삼고, 한 낟 곡식알을 쪼개어 미끼로 삼아서, 수레에 가득 찰 큰 물고기를 백 길 되는 연못 거센 흐름 속에서 낚아 올렸는데, 실도 끊어지지 않고 낚싯바늘도 뻗어지지 않았고 낚싯대도 휘어지지 않았다.

초나라 임금이 그 이야기를 듣고서 이상하게 여겨 불러서 그 까닭을 물으니, 첨하가 대답했다. "저는 돌아가신 아버님의 말씀을 들은 일이 있습니다. 포저자蒲且子는 주살을 쏘는데 약한 활에다 가는 줄을 사용하여 바람에 실어 그것을 흔들어 보내지만 푸른 하늘을 나는 두 마리의 왜가리를 연이어 맞춘다 했습니다. 마음 쓰임이 집중되고 손의 움직임에 균형이 잡혔기 때문입니다. 저는 그 일을 본받아서 낚시질을 배웠는데 5년 만에야 비로소 그 도리를 터득하게 되었습니다. 제가 물에 임하여 낚싯대를 잡을 적에는 마음에는 잡된 생각이 없고 오직 고기만을 생각합니다. 낚싯줄을 던지고 낚시를 가라앉힐 적에는 손에 가볍고 무거운 느낌이 없어서 아무것도 나를 어지럽힐 수가 없습니다. 물고기는 저의 낚싯밥을 보면 마치 가라앉는 먼지나 모여 있는 물거품처럼 여기며 그것을 의심 없이 삼켜 버립니다. 그러므로 약한 것으로 강한 것을 이기고 가벼운 것으로써 무거운 것을 끌어올릴 수 있는 것입니다. 대왕께서 나라를 다스릴 적에 진실로 이와 같이 하실 수만 있다면 바로 천하를 한 손아귀 안에 쥐고 주무를 수 있게 될 것입니다. 그렇게 되면 마음을 쓰실 일이 또 있겠습니까?"

초나라 임금이 말했다. "훌륭한 말이오!"

| 원문 |

均, 天下之至理也. 連於形物亦然. 均髮均縣.**¹** 輕重而髮絶, 髮不均
也. 均也, 其絶也莫絶. 人以爲不然, 自有知其然者也.

詹何**²**以獨繭絲**³**爲綸,**⁴** 芒鍼**⁵**爲鉤,**⁶** 荊蓧**⁷**爲竿, 剖粒**⁸**爲餌,**⁹** 引盈車**¹⁰**
之魚, 於百仞之淵, 汩流**¹¹**之中, 綸不絶, 鉤不伸, 竿不橈.**¹²**

楚王聞而異之, 召問其故. 詹何曰; 臣聞先大夫**¹³**之言, 蒲且子**¹⁴**之
弋**¹⁵**也, 弱弓纖繳,**¹⁶** 乘風振之, 連雙鶬**¹⁷**於靑雲之際. 用心專, 動手均
也. 臣因其事, 放**¹⁸**而學釣, 五年始盡其道. 當臣之臨河持竿, 心無雜慮,
唯魚之念. 投綸沈鉤, 手無輕重, 物莫能亂. 魚見臣之鉤餌, 猶沈埃聚
沫, 呑之不疑. 所以能以弱制彊, 以輕致重也. 大王治國, 誠能若此, 則
天下可運於一握.**¹⁹** 將亦奚事哉?

---

1 均髮均縣(균발균현) : 균형만 잡혀 있다면 머리카락의 힘으로도 물건을 매달 수가 있다
는 뜻.
2 詹何(첨하) : 초(楚)나라 사람으로 옛날에 낚시질 잘 하기로 이름이 났던 사람.
3 獨繭絲(독견사) : 외줄의 명주실, 한 가닥의 명주실.
4 綸(륜) : 낚싯줄.
5 芒鍼(망침) : 벼이삭 수염.
6 鉤(구) : 낚싯바늘.
7 荊蓧(형조) : 싸릿가지.
8 剖粒(부립) : 곡식의 낱알을 쪼개는 것.
9 餌(이) : 낚싯밥. 미끼.
10 盈車(영거) : 수레에 가득 차는 것. 물고기가 수레 몸통만큼이나 큰 것을 형용한 말이다.
11 汩流(골류) : 거센 흐름.
12 橈(요) : 구부러지는 것.
13 先大父(선대부) : 선친(先親). 돌아가신 아버지.
14 蒲且子(포저자) : 옛날에 주살을 잘 쏘기로 이름이 났던 사람.
15 弋(익) : 주살. 줄이 달린 화살로 주로 새를 쏘아 잡는 데 썼다.
16 繳(격) : 주살 끈.
17 鶬(창) : 왜가리. 새 이름.
18 放(방) : 방(倣)과 통하여 본뜨다, 모방하다의 뜻.

楚王曰; 善!

　균형이란 곧 완전한 물건들의 조화를 뜻한다. 이 세상의 지극한 이치가 바로 여기에 있다는 것이다. 잡된 생각과 어지러운 마음을 깨끗이 버리고 무슨 일이나 하는 일 한 가지에만 몰두하면 적은 힘으로도 큰 것을 움직이고 큰 일을 해낼 수 있다. 그것은 균형의 묘한 이치를 이용하기 때문이다. 균형만 잘 잡혀 있으면 머리카락의 힘으로도 수만 근의 무거운 물건을 움직일 수 있다는 것이다. 반대로 균형을 잃으면 곧 사람의 힘으로는 어찌할 수도 없는 형세가 되고 만다.

10. 마음이 바뀐 두 사람

　노나라 공호公扈와 조나라 제영齊嬰 두 사람이 병이 나서 함께 편작扁鵲을 초청하여 치료를 받았다. 편작은 그들을 치료하여 함께 병을 고쳐 준 다음에 공호와 제영에게 말했다. "당신들이 전에 앓은 병은 밖으로부터 내장을 침범하여 생긴 것이어서 본시부터 약이나 침으로 고칠 수가 있는 것이었습니다. 지금은 다시 평생의 병이 생겨났는데, 몸과 함께 그것도 자라고 있습니다. 지금 당신들을 위해 그것을 고쳐 주려 하는데 어떻습니까?"

　두 사람이 말했다. "바라건대 먼저 그 증세를 말씀해 주십시오."

---

19 一握(일악) : 한 손아귀.

편작이 공호에게 말했다. "당신은 뜻은 강한데 기가 약합니다. 그러므로 일을 꾀하는 데에는 충분하나 결단력이 부족합니다. 제영은 뜻은 약하나 기가 강합니다. 그러므로 생각하는 것이 모자라 멋대로 행동하다 상처받게 될 것입니다. 만약 당신들의 심장을 서로 바꾼다면 두 사람 다 같이 훌륭해질 것입니다."

편작은 마침내 두 사람에게 독한 술을 권하여 사흘 동안 죽은 듯 정신을 잃게 하고는 가슴을 쪼개고 심장을 찾아내어 그것을 바꾸어 놓았다. 그리고 신묘한 약을 쓰자 전과 같이 깨어나서 두 사람은 집으로 돌아가게 되었다.

그 때 공호는 제영의 집으로 가서 그의 처자들을 거느리려 했는데 처자들이 받아들이지 않았다. 제영도 역시 공호의 집으로 돌아가 그의 처자들을 거느리려 했으나 역시 처자들이 받아들이지 않았다. 두 집안에서는 그 일로 말미암아 서로 소송을 하게 되어 편작에게 사실을 설명해 주기를 요구했다. 편작이 그렇게 된 까닭을 설명해 주자, 소송은 끝이 났다.

| 원문 |

魯公扈, 趙齊嬰, 二人有疾, 同請扁鵲¹求治. 扁鵲治之, 旣同愈, 謂公扈齊嬰曰; 汝曩²之所疾, 自外而干³府藏⁴者, 固藥石⁵之所已. 今有偕生⁶

---

1 扁鵲(편작) : 옛날에 유명했던 의사 이름.
2 曩(낭) : 전. 아까.
3 干(간) : 침범하다.
4 府藏(부장) : 오장육부(五臟六腑). 내장.
5 藥石(약석) : 약과 침. 옛날 침은 돌을 갈아 만들어 썼으므로 '석(石)'이라 표현한 것이다.
6 偕生(해생) : 평생 가는 것.

之疾, 與體偕長. 今爲汝攻之, 何如?

二人曰; 願先聞其驗.

扁鵲謂公扈曰; 汝志彊而氣弱, 故足於謀, 而寡於斷.[7] 齊嬰志弱而氣彊, 故少於慮, 而傷於專.[8] 若換汝之心, 則均於善矣.

扁鵲遂飮二人毒酒, 迷死[9]三日, 剖胸探心, 易而置之. 投以神藥, 旣悟如初, 二人辭歸.

於是公扈反齊嬰之室, 而有其妻子, 妻子弗識.[10] 齊嬰亦反公扈之室, 有其妻子, 妻子亦弗識. 二室因相與訟, 求辨於扁鵲. 扁鵲辨其所由, 訟乃已.

| 해설 |

여기서는 유명한 의사 편작의 귀신 같은 의술을 이야기하면서 사람의 마음이란 '기'에 의해 좌우되는 것이어서 개인의 뜻대로 되지 않음을 설명했다. 여기에서 '마음[心]'과 '뜻[志]'과 '기氣'의 개념이 문제가 되기는 하지만 옛 도가들이 지녔던 생각의 일단으로 이해해야 할 것이다.

11. 사문師文의 금 연주 솜씨

호파瓠巴가 금琴을 타면 새들이 춤추고 물고기도 뛰었다. 정나라의

---

7 斷(단) : 결단. 결단력.

8 傷於專(상어전) : 자기 뜻대로 행동하다 상하게 된다는 뜻. 너무 결단력이 강한 것을 뜻한다.

9 迷死(미사) : 가사(假死). 죽은 듯이 정신을 잃는 것.

10 弗識(불식) : 알아주지 않다. 아버지라고 처자들이 인정해 주지 않다.

사문師文이 그 이야기를 듣고서 집을 버리고 사양師襄을 찾아가 금을 배우게 되었다. 손가락을 놀리면서 금줄을 뜯는 일을 삼 년이나 했으나 가락을 이루지 못했다.

사양이 말했다. "당신은 돌아가는 게 좋겠소."

사문은 그의 금을 내던지고 탄식하면서 말했다. "저는 금줄을 뜯을 줄 모르는 것도 아니고 가락을 이룰 줄 모르는 것도 아닙니다. 제가 마음을 둔 것은 줄이 아니며 뜻을 둔 것은 소리가 아닙니다. 안으로는 마음에 터득되지 않는 것이 있고 밖으로는 악기에 호응하지 못하는 것이 있어서 감히 손을 놀려 금줄을 건드리지 않았던 것입니다. 그러니 잠시 말미를 주셨다가 그 뒤에 살펴 주십시오."

얼마 안 있다가 다시 사양을 뵙게 되었다. 사양이 물었다. "당신의 금은 어떻게 되었소?"

사문이 대답했다. "터득했습니다. 한 번 타 보도록 하지요."

그리고는 봄철인데도 상商음의 줄을 뜯으며 남려南呂의 가을 가락을 타자, 시원한 바람이 갑자기 일어 풀과 나무에 열매가 열렸다. 가을철이 되어 각角음의 줄을 뜯으면서 협종夾鐘의 봄 가락을 연주하자 따스한 바람이 서서히 감돌면서 풀과 나무에 꽃이 피어났다. 여름철이 되어 우羽음의 줄을 뜯으면서 황종黃鐘의 겨울 가락을 뜯자 서리와 눈이 뒤섞여 내리며 냇물과 연못이 꽁꽁 얼어붙었다. 겨울철이 되자 치徵음의 줄을 뜯으면서 유빈蕤賓의 여름 가락을 연주하자 햇볕이 뜨거워지면서 굳게 얼었던 얼음이 당장에 녹아 버렸다. 끝으로 궁宮음을 주로 하고 상商·각角·치徵·우羽의 네 줄을 아울러 뜯자 곧 따스하고 부드러운 바람이 일고 상서로운 구름이 피어오르며 단 이슬이 내리고 단 샘물이 솟아나왔다.

사양은 이에 가슴에 손을 얹고 들뛰면서 말했다. "오묘하오! 당신의 연주 솜씨는! 비록 사광師曠이 연주했다는 청각淸角의 가락이나 추연鄒衍이 불었다는 피리 가락도 이보다 더할 수는 없을 것이오. 그들도 금을 끼고 피리를 들고서 당신에게 배우려고 뒤를 따라다니게 될 것이오!"

| 원문 |

瓠巴[1]鼓琴,[2] 而鳥舞魚躍. 鄭師文[3]聞之, 棄家從師襄[4]遊. 柱指鉤絃,[5] 三年不成章.[6]

師襄曰; 子可以歸矣.

師文舍其琴歎曰; 文非弦之不能鉤, 非章之不能成. 文所存者不在弦, 所志者不在聲. 內不得於心,[7] 外不應於器, 故不敢發手而動弦. 且小假之,[8] 以觀其後.

無幾何, 復見師襄. 師襄曰; 子之琴何如?

師文曰; 得之矣. 請嘗試之.

於是當春而叩商弦,[9] 以召南呂,[10] 涼風忽至, 草木成實. 及秋而叩角

---

1 瓠巴(호파) : 옛날에 금(琴)을 잘 뜯던 음악 연주가 이름.
2 琴(금) : 옛날부터 중국에서 가장 널리 쓰이던 현악기. 신농(神農)씨가 만들었다 하며, 본래는 다섯 줄이었으나 주나라 시대에 일곱 줄로 늘였다 한다.
3 師文(사문) : 정(鄭)나라의 음악 연주가 이름.
4 師襄(사양) : 춘추시대 노(魯)나라의 악관(樂官). 공자도 그로부터 금을 배웠다 한다.(『孔子家語』)
5 柱指鉤絃(주지구현) : 손가락을 올리면서 금줄을 누르기도 하고 뜯기도 하는 것.
6 章(장) : 가락. 곡조.
7 內不得於心(내부득어심) : 안으로는 마음에서 손 움직임과 악기의 소리를 완전히 터득하지 못하고 있다는 뜻.
8 小假之(소가지) : 약간의 말미를 주는 것.
9 商弦(상현) : 상(商)은 옛 중국의 오음(五音)인 궁(宮)·상(商)·각(角)·치(徵)·우(羽)의 하나. 오행설(五行說)에 의하면 상음은 금(金)에 해당하고 금은 가을에 속한다.

弦,**11** 以激夾鍾,**12** 溫風徐迴, 草木發榮. 當夏而叩羽弦,**13** 以召黃鍾,**14** 霜雪交下, 川池暴沍.**15** 及冬而叩徵弦,**16** 以激蕤賓,**17** 陽光熾烈, 堅冰立散. 將終命宮,**18** 而總四弦, 則景風**19**翔, 慶雲**20**浮, 甘露**21**降, 醴泉**22**湧.

　　師襄乃撫心高蹈**23**曰; 微**24**矣, 子之彈也! 雖師曠**25**之淸角, 鄒衍**26**之吹律,**27** 亡以加之. 彼將挾琴執管, 而從子之後耳.

---

10 南呂(남려) : 중국의 십이율(十二律)인 황종(黃鐘) · 태주(大簇) · 고세(姑洗) · 유빈(蕤賓) · 이측(夷則) · 무역(無射) · 임종(林鐘) · 남려(南呂) · 응종(應鐘) · 대려(大呂) · 협종(夾鐘) · 중려(中呂) 가운데의 하나. 이들을 일 년에 안배하면 남려는 한가을인 팔월에 해당한다.

11 角弦(각현) : 각음에 해당하는 줄. 각은 목음(木音)으로 봄에 해당한다.

12 夾鐘(협종) : 십이율 중의 하나로 이월에 해당한다.

13 羽弦(우현) : 우음의 금줄. 우(羽)는 수음(水音)으로 겨울에 속한다.

14 黃鐘(황종) : 십이율의 하나로 동짓달에 해당한다.

15 暴沍(폭호) : 꽁꽁 어는 것.

16 徵弦(치현) : 치음의 금 줄. 치(徵)는 화음(火音)으로 여름에 속한다.

17 蕤賓(유빈) : 십이율 중의 하나로 오월에 해당한다.

18 宮(궁) : 오음(五音)의 중심이 되는 음.

19 景風(경풍) : 따스하고 부드러운 바람.

20 慶雲(경운) : 상서로운 구름.

21 甘露(감로) : 단 이슬. 마시면 늙지 않고 오래오래 산다고 한다.

22 醴泉(예천) : 단술이 흘러나오는 샘.

23 撫心高蹈(무심고도) : 가슴을 어루만지면서 높이 뛴다. 감동하고 기뻐하는 모양.

24 微(미) : 미묘하다. 오묘하다.

25 師曠(사광) : 춘추시대 진(晉)나라 평공(平公)의 태사(太師). 평공을 위해 청각(淸角)을 연주했는데, 1절을 연주하자 서북쪽으로부터 흰 구름이 피어오르고, 2절을 연주하자 큰 바람이 비를 몰고 왔고, 3절을 연주하자 바람이 일어 장막을 찢고 잔칫상의 그릇을 깨뜨렸으며, 지붕 위의 기왓장을 날려 곁의 사람들은 모두 겁이 나 도망치고 평공도 땅에 엎드렸다 한다. 그리고 진나라에는 그로부터 3년 동안 큰 가뭄이 들었다 한다.

26 鄒衍(추연) : 제(齊)나라 사람으로 연(燕)나라 소왕(昭王)의 스승이 되었고 직하(稷下)의 학사(學士)로 이름을 떨쳤다. 북쪽에 추위 때문에 곡식이 자라지 않는 땅이 있었는데, 추연이 피리를 불자 따스해지고 오곡(五穀)이 자라게 되었다 한다.

27 管(관) : 피리. 저(笛).

| 해설 |

여기서는 정나라 사문의 절묘한 금 타는 솜씨를 이야기하고 있다. 모든 세상 이치가 그러하지만 음악도 궁극적으로는 자연의 조화와 통하는 것이다. 그래서 음악에 정통하기만 해도 절묘한 음률로써 자연의 조화를 움직여, 봄과 가을이나 여름과 겨울의 계절의 변화조차도 바꿀 수가 있다는 것이다. 다시 말하면 모든 지극한 도는 하나로 통한다는 것이다.

12. 거지 한아韓娥의 노래

설담薛譚이 진청秦靑에게 노래를 배웠다. 그는 진청의 재주를 다 배우지도 못했는데도 스스로는 다 알았다고 생각하고 마침내 돌아가려 했다. 진청은 붙들지 않고 교외의 갈림길까지 전송을 하면서 장단을 잡으며 슬픈 노래를 불렀다. 그 노랫소리는 숲과 나무를 뒤흔들고 울림은 지나가는 구름에까지 다다르는 것이었다. 설담은 곧 사과하고 되돌아가도록 해줄 것을 요청했다. 그리고는 평생토록 감히 돌아가겠다는 말을 하지 않았다.

진청이 한번은 그의 친구들에게 이런 이야기를 했다. "옛날 한아韓娥가 동쪽으로 제나라에 갔다가 식량이 떨어진 일이 있었소. 제나라 성문을 들어가 노래를 하며 먹을 것을 구걸했는데, 그가 떠나간 뒤에도 남아 있는 소리가 기둥과 들보에 맴돌면서 사흘 동안 끊이지 않았다오. 곁에 있던 사람들은 노래 부르는 사람이 떠나가지 않고 있다고 생각했을 정도라 합니다.

한번은 한아가 그 곳 여관을 찾아갔는데, 여관에 있던 사람들이 그를 골려 주었다 하오. 그러자 한아는 소리를 길게 뽑으며 슬픈 가락의 노래를 했는데, 십리 안에 있던 늙은 이로부터 애들에 이르는 사람들이 모두가 슬퍼하고 근심하며 눈물을 흘리면서 서로 마주보고 사흘 동안 음식도 먹지 않았다 합니다. 급히 다시 그를 뒤쫓아가서 모셔와 잘 모시자, 한아는 다시 목소리를 길게 뽑으면서 노래를 했는데, 십리 안에 있던 늙은이로부터 애들에 이르기까지 모두가 기뻐 날뛰면서 손뼉을 치며 춤을 추는데 그들 스스로도 어찌 하는 수가 없었다고 합니다. 조금 전까지의 슬픔은 다 잊어버린 것이지요. 그리고는 많은 예물을 주어 그를 떠나보냈다 합니다. 그 때문에 제나라 성문 근처 사람들은 지금까지도 노래와 통곡을 잘하는데, 한아의 옛날 소리를 본뜬 때문이라 합니다."

| 원문 |

薛譚[1]學謳於秦靑, 未窮靑之技, 自謂盡之, 遂辭歸. 秦靑弗止, 餞於郊衢,[2] 撫節悲歌, 聲振林木, 響遏[3]行雲. 薛譚乃謝求反, 終身不敢言歸.

秦靑顧謂其友曰; 昔韓娥[4]東之齊匱糧,[5] 過雍門,[6] 鬻歌假食.[7] 旣去,而餘音繞梁欐,[8] 三日不絶. 左右以其人弗去.

過逆旅, 逆旅[9]人辱之. 韓娥因曼聲[10]哀哭, 十里老幼悲愁, 垂涕相對,

---

1 薛譚(설담) : 진청(秦靑)과 함께 모두가 진(秦)나라에 이름을 떨쳤던 가수들임.
2 郊衢(교구) : 교외(郊外)의 갈림길. 교외의 네거리.
3 遏(알) : 멎다. 이르다.
4 韓娥(한아) : 춘추시대 한(韓)나라에서 노래 잘 부르기로 유명했던 사람 이름.
5 匱糧(궤량) : 식량이 떨어지다.
6 雍門(옹문) : 제(齊)나라 도성의 서쪽 문 이름, 제나라의 서문이 있던 근방의 땅 이름.
7 鬻歌假食(육가가식) : 노래를 팔면서 먹을 것을 빌다.
8 梁欐(양려) : 집 기둥과 들보.
9 逆旅(역려) : 여관. 여인숙.
10 曼聲(만성) : 목소리를 길게 뽑는 것.

三日不食. 遽而追之, 娥還, 復爲曼聲長歌, 十里老幼, 喜躍抃舞,[11] 弗
能自禁, 忘向之悲也. 乃厚賂發之. 故雍門之人, 至今善歌哭,[12]放娥之
遺聲.

| 해설 |

　여기서는 진청과 한아의 절묘한 노래 솜씨를 이야기하고 있다. 앞에서
이야기한 사문의 금琴을 타는 재주와 마찬가지로 지극한 노래 재주는 자
연의 조화와 같은 것임을 다시 한 번 강조한 것이다.

13. 음악 연주와 그 음악의 이해

　백아伯牙는 금을 잘 뜯었고 종자기鍾子期는 그 연주를 듣기 좋아했
다. 백아가 금을 타면서, 높은 산에 오르는 데 뜻을 두자 종자기는 말
했다. "훌륭하도다. 높이 솟은 것이 마치 태산泰山과 같구나!"
　뜻을 흐르는 물에 두고 연주하자 종자기가 말했다. "훌륭하도다!
출렁출렁하는 것이 마치 장강이나 황하 같구나!" 백아가 연주하며 생
각하고 있는 것을 종자기는 틀림없이 알아내었던 것이다.
　백아가 태산의 북쪽으로 놀러 갔다가 갑자기 소나기를 만나 바위
아래 멎게 되었다. 마음이 슬퍼져 곧 금을 들고서 타기 시작했다. 처
음에는 장맛비의 곡조를 타고 다시 산이 무너지는 음악을 연주했다.
곡조를 연주할 때마다 종자기는 바로 그의 뜻을 알아맞혔다. 백아는

---

11 抃舞(변무) : 손뼉을 치면서 춤을 추는 것.
12 放(방) : 방(倣)과 통하여 '흉내내다.' '본뜨다'.

금을 놓고 탄식하면서 말했다. "훌륭하고 훌륭하다, 그대의 듣는 능력이여! 그대의 상상은 나의 마음과 똑같다. 나의 음악은 당신으로부터 벗어날 곳이 있을 수가 있겠소?"

| 원문 |

伯牙[1]善鼓琴, 鍾子期善聽. 伯牙鼓琴, 志在登高山, 鍾子期曰; 善哉, 峩峩[2]兮, 若泰山.[3]

志在流水, 鍾子期曰; 善哉, 洋洋[4]兮, 若江河. 伯牙所念, 鍾子期必得之.

伯牙遊於泰山之陰,[5] 卒[6]逢暴雨, 止於巖下. 心悲, 乃援琴而鼓之. 初爲霖雨之操,[7] 更造崩山之音. 曲每奏, 鍾子期輒窮其趣. 伯牙舍琴而歎曰; 善哉善哉, 子之聽! 夫志, 想象猶吾心也. 吾於何逃聲[8]哉?

| 해설 |

백아와 종자기의 관계는 지음知音의 고사로서 유명한 이야기이다. 세상에는 여러 가지 일에 정통한 사람들이 각각 있을 수 있다. 금을 타는 일이

---

1 伯牙(백아) : 춘추시대 금 잘 타기로 유명하던 사람. 그는 자기의 음악을 잘 이해하던 벗 종자기(鍾子期)가 죽자, 금줄을 끊어 버리고 세상에 자기 음악을 이해해 줄 사람이 없음을 통곡했다 한다. (『呂氏春秋』 本味)
2 峩峩(아아) : 산이 높고 험한 모양.
3 泰山(태산) : 지금의 산동(山東)성에 있는 큰 산 이름.
4 洋洋(양양) : 넓은 강물이 흘러가는 모양.
5 陰(음) : 북쪽.
6 卒(졸) : 졸지에, 갑자기.
7 操(조) : 금의 곡조. 금곡(琴曲)을 보통 금조(琴操)라 한다.
8 逃聲(도성) : 자기의 금 연주가 종자기의 이해로부터 도망치는 것. 종자기가 이해 못할 금 소리를 내는 것.

나 마찬가지로 듣는 일에 정통한 것도 절묘한 재주인 것이다. 곧 음악의 연주 못지않게 음악을 이해하는 것도 고도의 예술임을 말하고 있는 것이다. 그리고 이러한 절묘한 재주는 어느 쪽의 것이나 모두 자연의 조화 곧 도와 통하는 것이다.

14. 극치에 이른 물건 만드는 재주

주나라 목왕穆王이 서쪽 지방을 가서 시찰하다가 곤륜산을 넘어 엄산까지 갔다가 되돌아왔다. 중국 땅에 다다르기 전 도중에 어떤 사람이 공인工人을 바쳐 왔는데 이름을 언사偃師라 했다. 목왕은 그를 다가서게 하고는 물었다. "그대는 어떤 재주를 가지고 있는가?"

언사가 대답했다. "저는 무엇이든 명하시는 대로 해보겠습니다. 그러나 제게는 이미 만들어 놓은 것이 있으니 바라건대 임금님께서 그것을 먼저 보아 주시기 바랍니다."

목왕이 말했다. "다음날 그걸 가지고 오너라. 내 그대와 함께 그것을 구경하마."

다음날 언사는 임금님을 찾아뵈었다. 임금님이 그를 다가서게 하고는 말했다. "그대와 함께 온 자는 무엇을 하는 사람인가?"

그가 대답했다. "제가 만든 노래하고 춤을 출 줄 아는 놈입니다."

목왕이 놀라며 그 사람을 보니 움직이고 걸어 다니며 몸을 굽히고 젖히는 게 정말 사람이었다. 교묘하게도 그의 턱을 움직이면 곧 가락에 맞는 노래가 나왔고, 그의 팔을 쳐들면 곧 장단에 맞는 춤을 추었는데, 천 가지 만 가지로 변화하는 재주가 그의 뜻대로였다.

임금님은 진짜 사람이라고 생각하면서 여러 임금의 미인들과 시중하는 여자들을 거느리고 그것을 구경하고 있었다. 재주가 다 끝날 즈음에 노래를 하며 춤을 추던 자가 그의 눈을 깜박이면서 임금님 곁의 시중하는 여자들에게 수작을 걸었다. 임금은 크게 노해 즉시 언사를 베려 했다.

언사는 크게 두려워하면서 즉석에서 노래하며 춤추던 놈의 몸을 부수어 임금에게 보여 주었다. 그 놈은 모두가 가죽과 나무와 아교와 옻칠과 흰색 · 검은색과 붉은색 · 파란색들을 칠하고 붙여 모아 만든 것이었다. 임금이 그것들을 자세히 조사해 보니 안으로는 간과 쓸개와 심장과 허파와 지라와 콩팥과 위장 같은 내장이 있고 밖에는 근육과 뼈와 팔다리와 관절과 피부와 털과 이빨과 머리카락이 있는데 모두가 가짜로 만들어진 것이었다. 그러나 모든 기관이 갖추어지지 않은 것은 한 가지도 없었다. 모아 맞추니까 다시 처음 볼 때와 같이 되었다. 임금이 시험 삼아 그의 심장을 떼어내자 곧 입으로 말을 하지 못하게 되었다. 그의 간을 떼어내자 곧 눈으로 볼 수가 없게 되었다. 그의 콩팥을 떼어내자 곧 다리로 걸을 수가 없게 되었다.

목왕은 비로소 기뻐하고 탄식하며 말했다. "사람의 교묘한 기술이란 바로 조물주와 같은 일을 이룰 수가 있구나!" 그리고 명을 내려 두 번째 수레에 그를 싣고 돌아가기로 했다.

반수班輸에게는 그가 만든 구름사다리가 있고 묵적墨翟에게는 그가 만든 나는 솔개가 있는데, 그들 스스로 말하기를 능력의 극치를 다한 것들이라고 했다. 그들의 제자인 동문가東門賈와 금골희禽滑釐가 언사의 기술에 대한 이야기를 듣고서 그 이야기를 두 선생님께 전해 주었다. 그러자 두 선생님은 평생토록 다시는 재주에 대해 이야기하지 않게 되었고, 가끔 그림쇠와 굽은 자를 들 따름이었다 한다.

| 원문 |

周穆王西巡狩,¹ 越崑崙,² 不至弇山,³ 反還. 未及中國, 道有獻工人,
名偃師.⁴ 穆王薦⁵之, 問曰; 若⁶有何能?

偃師曰; 臣唯命所試. 然臣已有所造, 願王先觀之.

穆王曰; 曰⁷以俱來. 吾與若俱觀之.

翌日, 偃師謁見王. 王薦之曰; 若與偕來者, 何人耶?

對曰; 臣之所造, 能倡⁸者.

穆王驚視之, 趨步⁹俯仰,¹⁰ 信¹¹人也. 巧夫, 鎭¹²其頤¹³則歌合律, 捧其
手則舞應節, 千變萬化, 惟意所適.

王以爲實人也, 與盛姬¹⁴內御¹⁵竝觀之. 技將終, 倡者瞬¹⁶其目, 而招王
之左右侍妾. 王大怒, 立欲誅偃師.

偃師大慴,¹⁷ 立剖散¹⁸倡者以示王, 皆傅會¹⁹革木膠漆,²⁰ 白黑丹青之所

---

1 巡狩(순수) : 천자가 여러 지방의 정치 업적을 살피기 위해 다니는 것.

2 崑崙(곤륜) : 중국의 서쪽에 있는 산맥 이름, 중국에서 옛날엔 그 최고봉에 신선들이 살고
있다고 생각했었다.

3 弇山(엄산) : 세상의 맨 서쪽에 있다는 산 이름(『山海經』 大荒西經), 해가 이 산으로 진
다고 한다.

4 偃師(언사) : 옛날의 유명한 공인(工人) 이름.

5 薦(천) : 진(進)으로 씀이 옳으며(張湛 注), 자기 앞으로 다가서게 하는 것.

6 若(약) : 너.

7 曰(일) : 다음날. 훗날.

8 倡(창) : 배우, 노래하고 춤추는 사람.

9 趨步(추보) : 움직이며 걸어 다니는 것.

10 俯仰(부앙) : 몸을 굽혔다 젖혔다 하는 것.

11 信(신) : 정말. 진실로.

12 鎭(암) : 턱을 움직이는 것.

13 頤(이) : 턱.

14 盛姬(성희) : 궁전 안의 미인들.

15 內御(내어) : 임금을 시중하는 여자들.

16 瞬(순) : 눈을 깜박이다. 눈을 깜박거리며 신호하다. 윙크하다.

爲. 王諦料²¹之, 內則肝膽心肺脾²²腎²³腸²⁴胃, 外則筋骨支節皮毛齒髮, 皆假物也, 而無不畢具者. 合會, 復如初見. 王試廢其心, 則口不能言, 廢其肝, 則目不能視, 廢其腎, 則足不能步.

穆王始悅而歎曰; 人之巧, 乃可與造化者同功乎! 詔貳車²⁵載之以歸.

夫班輸²⁶之雲梯, 墨翟²⁷之飛鳶,²⁸ 自謂能之極也. 弟子東門賈²⁹禽滑釐, 聞偃師之巧, 以告二子. 二子終身不敢語藝, 而時執規矩.³⁰

| 해설 |

사람의 재주가 지극히 신묘한 경지에 다다르면 자연의 조화와 통하여 조물주의 창조와 같은 경지의 물건을 만들어낼 수 있게 된다. 다만 그러한 지극한 재주는 도를 터득해야 하므로 실지로는 얻기가 어려운 것이다.

---

17 懾(접) : 두려워하는 것.

18 剖散(부산) : 쪼개어 흐트러뜨리는 것. 해체하는 것.

19 傅會(부회) : 여러 개를 주워 모아 붙이는 것.

20 膠漆(교칠) : 아교와 옻칠.

21 諦料(체료) : 자세히 살피는 것.

22 脾(비) : 지라.

23 腎(신) : 콩팥. 신장(腎臟).

24 腸(장) : 창자. 소장(小腸)과 대장(大腸).

25 貳車(이거) : 두 번째로 따르는 수레. 부거(副車).

26 班輸(반수) : 노(魯)나라 사람으로 공수반(公輸般)이라고도 부르는 기술자. 특히 구름사다리[雲梯]라는 성을 공격할 적에 쓰는 무기를 발명하여 유명하다. (『墨子』公輸)

27 墨翟(묵적) : 묵자. 그는 나무로 솔개를 만들어 날렸는데 사흘 동안 땅에 내려앉지도 않고 날았다 한다.

28 飛鳶(비연) : 나는 솔개.

29 東門賈(동문가) : 금골희(禽骨釐)와 함께 묵자의 제자이다.

30 規矩(규구) : '규'는 목수들이 동그라미를 그릴 때 쓰는 자, 곧 컴퍼스. '구'는 목수들이 직각을 그릴 때 쓰는 굽은 자.

15. 지극한 활쏘기 솜씨

　감승甘蠅은 옛날의 활쏘기를 잘 하던 사람인데, 활을 당기기만 해도 짐승들은 엎드리고 새들은 땅으로 내려앉았다. 제자 중에 비위飛衛라는 이름을 가진 자가 있었다. 활쏘기를 감승에게 배웠으나 그 기교는 그의 스승보다 더했다.

　기창紀昌이라는 사람이 또 비위에게 활쏘기를 배웠다. 비위가 그에게 말했다. "그대는 먼저 눈을 깜박거리지 않는 공부를 하게. 그런 뒤에야 활쏘기를 이야기할 수 있지."

　기창은 돌아가 그의 처의 베틀 밑에 드러누워 눈을 베틀 채 끝에 대고 있었다. 2년 뒤에는 비록 송곳 끝이 눈동자로 거꾸로 떨어져 와도 눈을 깜박이지 않게 되었다.

　그 결과를 비위에게 가서 이야기하자 비위가 말했다. "아직 안되네. 다음에는 보는 공부를 해야만 되지. 작은 것을 보더라도 큰 것처럼 보이고 희미한 것을 보더라도 뚜렷한 것처럼 보이게 된 뒤에야 내게 이야기하게."

　기창은 터럭으로 이를 잡아매어 창에 매달아 놓고 남쪽을 향해 서서 그것을 바라보았다. 열흘이 지나자 점점 커지더니 3년 뒤에는 수레바퀴처럼 보이게 되었다. 그런 뒤에 다른 물건들을 보니 모두가 언덕이나 산처럼 보였다. 그렇게 된 뒤에 연燕나라의 짐승 뿔로 만든 활에 먼 북쪽 지방 쑥대로 만든 화살을 메겨 쏘아 이의 심장을 꿰뚫었는데 이를 매단 줄은 끊어지지 않았다.

　그 결과를 비위에게 보고하자 비위는 기뻐서 가슴을 치며 말했다. "너는 터득했구나!"

　기창은 비위의 기술을 다 배운 뒤에 천하에 자기를 대적할 만한 사람이 있는가 헤아려보니 딱 한 사람 비위가 있을 따름이었다. 이에 비위를 죽이려고 꾀하던 중 들판에서 두 사람이 마주치게 되었다. 두 사람이 서로 활을 쏘니 중도에서 화살촉이 서로 부딪쳐 땅에 떨어지는데 먼지도 일어나지 않았다. 비위의 화살이 먼저 없어지고 기창에게 한 대의 화살이 남게 되었다. 기창이 활을 쏘자 비위는 대추 가시 끝으로 그것을 막았는데 조금도 어긋남이 없었다. 이에 두 사람은 울면서 활을 내던지고 길바닥에서 서로 절하면서 아버지와 아들 사이가 되기로 하고 팔을 찔러 흐르는 피로써 맹세했다. 그리고 남에게는 그 재주를 가르쳐 주지 않기로 했다.

| 원문 |

甘蠅古之善射者, 彀[1]弓而獸伏鳥下.[2] 弟子名飛衛, 學射於甘蠅, 而巧過其師.

紀昌者, 又學射於飛衛. 飛衛曰; 爾先學不瞬, 而後可言射矣.

紀昌歸, 偃臥[3]其妻之機[4]下, 以目承牽挺.[5] 二年之後, 雖錐[6]末倒眥而不瞬也.

以告飛衛, 飛衛曰; 未也, 亞[7]學視而後可. 視小如大, 視微如著, 而後告我.

---

1 彀(구) : 활을 잔뜩 당기는 것.
2 獸伏鳥下(수복조하) : 새나 짐승도 미리 그의 활솜씨에 눌려 도망칠 엄두도 못 내고 엎드리거나 땅으로 내려와 앉는 것이다.
3 偃臥(언와) : 드러눕는 것.
4 機(기) : 베틀.
5 牽挺(견정) : 발로 잡아 당겼다 놓았다 하면 움직이는 베틀 아래 달린 활채.
6 錐(추) : 송곳.
7 亞(아) : 다음. 이어서.

昌以氂**8**懸蝨**9**於牖,**10** 南面而望之. 旬日之間, 浸大也. 三年之後, 如車輪焉. 以覩餘物, 皆丘山也. 乃以燕角之弧,**11** 朔蓬之簳,**12** 射之, 貫蝨之心, 而懸不絶.

以告飛衛, 飛衛高蹈拊膺**13**曰; 汝得之矣.

紀昌旣盡衛之術, 計天下之敵己者, 一人而已. 乃謀殺飛衛, 相遇於野. 二人交射, 中路矢鋒**14**相觸, 而墜於地, 而塵不揚.**15** 飛衛之矢先窮, 紀昌遺一矢. 旣發, 飛衛以棘刺**16**之端扞**17**之, 而無差焉. 於是二子泣而投弓, 相拜於途, 請爲父子, 剋臂**18**以誓, 不得告術於人.

| 해설 |

여기에서도 감승과 비위와 기창의 절묘한 화살 솜씨를 이야기하고 있다. 사람이 도를 터득하여 재주가 절묘한 경지에 다다르면 사람의 보통 머리로는 상상하기도 어려울 만큼 지극한 조화를 지니게 된다는 것이다.

---

8 氂(리) : 터럭. 소의 꼬리털.

9 蝨(슬) : 이.

10 牖(유) : 창.

11 燕角之弧(연각지호) : 연(燕)나라에서 생산되는 짐승의 뿔로 장식된 유명한 활.

12 朔蓬之簳(삭봉지간) : 삭북(朔北) 지방에서 나는 일종의 쑥대[蓬]로 만든 화살.

13 拊膺(부응) : 가슴을 치는 것. 고도(高蹈)와 함께 기뻐 날뛰는 모양.

14 矢鋒(시봉) : 화살촉의 끝.

15 塵不揚(진불양) : 먼지도 일지 않다. 그 동작의 사뿐함을 형용한 말.

16 棘刺(극자) : 가시. 대추가시.

17 扞(한) : 막다.

18 剋臂(극비) : 팔뚝을 찔러 피를 내는 것.

16. 지극한 수레몰이 재주

　조보造父의 스승은 태두씨泰豆氏이다. 조보가 처음 그에게 수레몰이를 배울 적에 예의를 매우 공손히 지켰으나, 태두는 3년 동안 말도 건네지 않았다. 조보가 예를 더욱 깎듯이 지키자 그제서야 말했다. "옛시에 말하기를, 활을 잘 만드는 사람의 자식은 반드시 먼저 키[箕]를 만들고, 훌륭한 대장장이의 자식은 반드시 먼저 갖옷을 만든다고 했네. 자네는 먼저 나의 걸음걸이를 살펴보게. 나와 같이 걸을 수 있게된 뒤라야 여섯 줄의 말고삐를 잡을 수 있고 여섯 마리의 말을 몰 수가 있게 되는 걸세."

　조보가 대답했다. "명하시는 대로 따르겠습니다."

　태두는 곧 나무를 세워서 길을 만들었다. 겨우 발을 디딜 만한 굵기의 나무를 걸을 발자국의 넓이를 따라 세워 놓았다. 그것을 밟고 왔다갔다 걸어 다니되 잘못 디뎌 떨어져서는 안 된다는 것이다. 조보는 그것을 연습하여 사흘 만에 그 위를 걷는 재주를 터득했다.

　태두가 한숨을 내쉬면서 말했다. "그대는 어쩌면 그토록 민첩하여재주를 터득하는 게 그렇게도 빠른가? 수레를 모는 일도 역시 그와같은 것일세. 조금 전에 그대의 걸음걸이를 보니 발이 거기에 잘 따르고 마음이 거기에 잘 호응하고 있었네. 그 재주를 수레몰이에 미루어쓰면 되네. 고삐와 재갈 끝으로 수레를 가지런히 하고 말 입김의 조화를 따라 급한 것과 더딘 것을 조절하며, 가슴 속에 절도를 올바르게잡고서 고삐를 쥔 손바닥 사이에서 수레를 조절을 하되, 안으로는 마음속에 모든 것을 파악하고 밖으로는 수레를 끄는 말의 뜻과 들어맞아야 하는 것일세. 그러므로 나아가고 물러나고 할 적에는 먹줄을 밟고 가듯 곧게 움직이고, 돌고 구부러질 적에는 그림쇠나 굽은 자에 맞게 움직여, 길을 나서서 멀리 가더라도 기운이 남게 되는 것일세. 이렇게 되면 수레몰이 기술도 잘 터득한 것일세.

먼저 말 재갈 상태를 파악하여 거기에 고삐가 호응토록 하며, 파악한 그 고삐의 상태에 따라 다시 손이 호응토록 하며, 파악한 그 손의 상태에 따라 다시 마음이 호응토록 하면, 곧 눈으로 보지 않고 채찍질하지 않아도 수레는 달려가게 되는 것일세. 마음은 한가롭고 몸은 반듯하여, 여섯 줄의 고삐는 어지러워지지 않고, 스물네 개의 말발굽은 땅에 닿는 절도가 어긋나는 일이 없고, 돌고 구부러지고 나아가고 물러남에 있어 모든 것이 절도에 맞지 않는 일이 없게 될 것일세. 그러한 뒤에야 수레바퀴 밖으로 잘못 나는 바퀴 자국이 없게 될 수 있으며, 말발굽은 밖으로 잘못 디디게 되는 일이 없게 될 것일세. 그리고 산골짜기 같은 험한 곳이나 들판이나 진펄의 평평한 곳의 차이를 느끼지 못하고 그런 곳이 모두 똑같이 보이게 될 것일세. 나의 기술은 이미 다 터득했으니 그대는 이런 뜻을 잘 알아두기 바라네."

| 원문 |

造父¹之師曰泰豆氏. 造父之始從習御也, 執禮甚卑.² 泰豆三年不告. 造父執禮愈謹, 乃告之曰; 古詩言, 良弓之子, 必先爲箕,³ 良冶⁴之子, 必先爲裘. 汝先觀吾趣.⁵ 趣如吾, 然後六轡⁶可持, 六馬⁷可御.

---

1 造父(조보) : 주(周)나라 목왕(穆王)의 말몰이로 이름을 떨쳤던 사람.
2 甚卑(심비) : 매우 비굴하게 보일 정도로 예를 공손히 지키는 것.
3 箕(기) : 키.
4 冶(야) : 대장장이.
5 趣(취) : 다니는 것. 걸음걸이.
6 轡(비) : 고삐.
7 六馬(육마) : 한 수레를 끄는 여섯 마리의 말.

造父曰; 唯命所從.

泰豆乃立木爲塗, 僅可容足, 計步而置. 履之而行, 趣走往還, 無跌失**8**也. 造父學之, 三日盡其巧.

泰豆歎曰; 子何其敏也, 得之捷乎? 凡所御者. 亦如此也. 曩汝之行, 得之於足, 應之於心. 推於御也, 齊輯**9**乎轡銜之際, 而急緩乎脣吻**10**之和, 正度乎胸臆之中, 而執節乎掌握**11**之間. 內得於中, 而外合於馬志. 是故能進退履繩,**12** 而旋曲中規矩, 取道致遠, 而氣力有餘, 誠得其術也.

得之於銜, 應之於轡, 得之於轡, 應之於手, 得之於手, 應之於心, 則不以目視, 不以策**13**驅. 心閑體正, 六轡不亂, 而二十四蹄,**14** 所投無差, 廻旋進退, 莫不中節. 然後輿輪之外, 可使無餘轍,**15** 馬蹄之外, 可使無餘地.**16** 未嘗覺山谷之險, 原隰之夷,**17** 視之一也. 吾術窮矣, 汝其識之.

| 해설 |

여기서도 수레 모는 데 절묘한 재주를 지녔던 조보가 그의 스승 태두로부터 수레몰이를 배우는 과정을 설명하고 있다. 모든 지극한 재주란 한

---

8 跌失(질실) : 헛디뎌 떨어지는 것. 잘못 디뎌 넘어지는 것.
9 輯(집) : 수레.(『說文』)
10 脣吻(순문) : 말의 입김을 뜻함.
11 掌握(장악) : 고삐를 쥐고 있는 손아귀.
12 履繩(이승) : 목수들이 쓰는 먹줄을 밟고 가듯 똑바로 가는 것.
13 策(책) : 채찍질하는 것.
14 二十四蹄(이십사제) : 스물네 개의 말발굽, 곧 여섯 마리의 말발굽.
15 無餘轍(무여철) : 나머지 바퀴 자국이 없다. 모든 수레바퀴가 일정하게 조금도 어긋남이 없이 굴러가 똑같은 자국을 내는 것을 뜻한다.
16 無餘地(무여지) : 나머지 땅이 없다. 말발굽이 일정하게 꼭 올바른 곳에 어긋남 없이 떨어짐을 뜻한다.
17 夷(이) : 평평함. 평탄함.

가지 조화의 도로 통하는 것이다. 한 가지 쉬운 재주를 익힌 다음 그 원리를 다른 일에 미루어 나가면 모든 재주를 익히게 되는 까닭이 여기 있다는 것이다. 그래서 조보는 나무를 세워 놓고 그 위를 걸어다니는 재주를 먼저 익힌 다음, 그 원리를 수레몰이로 밀고 나아가 절묘한 수레몰이 재주를 터득하게 되는 것이다.

17. 지극히 잘 베어지는 칼

위魏나라 흑란黑卵이 사사로운 원한 때문에 구병장丘邴章을 죽였다. 구병장의 아들 내단來丹은 아비의 원수를 갚겠노라고 결심했다. 내단은 기질은 매우 사나웠으나 몸은 매우 가냘펐다. 그는 낟알을 헤아려 먹고 바람 부는 방향을 따라 다녀야 할 정도였다. 비록 성이 나도 무기를 들고 다른 사람을 칠 수는 없었다. 그러나 남의 힘을 빌리는 것은 수치라 여기고, 자기 손으로 칼로 찔러 흑란을 죽이겠다고 맹세를 했다.

흑란은 성격이 사납기가 비길 데 없는데다 힘은 백 사람을 대적할 만했다. 근육과 뼈와 피부와 살이 보통 사람의 것이 아니었다. 목을 빼어 칼날을 받고 가슴을 헤치고 화살을 받아도 칼날과 살촉이 부러지고 굽을 뿐 그의 몸에는 흔적조차도 남지 않았다. 그는 자기의 재능과 힘을 믿고 내단을 보기를 마치 병아리나 새 새끼 보듯 했다.

내단의 친구인 신타申他가 말했다. "그대는 흑란을 지극히 원망하고 있는데 흑란은 지나치게 그대를 가벼이 여기고 있네. 장차 어떤 수를 쓰려 하는가?"

내단이 눈물을 흘리면서 대답했다. "제발 자네가 나를 위해 꾀를 내어 주게나."

신타가 말했다. "내가 듣건대 위衛나라의 공주孔周는 그의 조상이 은殷나라 임금으로부터 받은 보배로운 칼을 가지고 있다는데, 한 아이가 그것을 지니고 있더라도 그것으로 많은 군대의 병력을 물리칠 수 있다네. 어째서 그로부터 그것을 빌리려 하지 않는가?"

내단은 마침내 위나라로 가서 공주를 뵙고 하인으로서의 예의를 차리면서 먼저 그의 처자들을 인질로 바치고 난 뒤에 자기가 바라는 일을 말했다.

공주가 말했다. "내게는 세 개의 칼이 있으니 선생께서 선택을 하십시오. 모두가 사람을 죽일 수는 없는 것입니다. 그러나 먼저 그 모양을 설명 드리지요.

첫째는 함광含光이라 부르는 칼인데 그것은 보아도 볼 수가 없는 것이어서 그것을 가지고 다녀도 가지고 있는 것을 알지 못합니다. 그것이 닿는다 하더라도 아무런 감촉이 없으며 무엇을 잘라도 그런 사실을 깨닫지 못합니다.

둘째는 승영承影이라 부르는 칼인데 날이 새려는 이른 새벽이나 해가 저무는 저녁 무렵에 북쪽을 향해 들고 서서 살피면 말갛게 어떤 물건이 있는 것처럼 보이지만 그 모양은 알 수가 없습니다. 그것이 닿으면 가늘게 소리가 나며 어떤 물건을 자른다 하더라도 잘린 물건은 아픔도 모릅니다.

셋째는 소련宵練이라 부르는 칼인데 한낮이면 그림자만 보이고 빛은 보이지 않으며, 한밤중이면 빛만 보이고 형체는 보이지 않습니다. 그 칼이 물건에 닿으면 갈라졌다가 칼이 지나가는 대로 다시 합쳐지며 아픔은 느끼되 칼날에 피도 묻지 않습니다.

이 세 가지 보물은 13대 동안 전해 내려온 것입니다. 그러나 어떤 일에 써 본 일도 없이 갑에 넣어 그것을 보관하기만 하고 그 봉한 것을 열어 본 일조차도 없습니다."

내단이 말했다. "그렇다면 저는 꼭 그 맨 뒤의 것을 빌리고자 합니다."

공주는 이에 그의 처자들을 돌려보내고 함께 칠 일 동안 재계齋戒한 다음 늦은 저녁 때 무릎을 꿇고 앉아 그 맨 뒤의 칼을 내주었다. 내단은 두 번 절하고 그것을 받아 가지고 돌아왔다.

내단은 마침내 칼을 들고 흑란의 뒤를 좇았다. 마침 흑란은 술에 취하여 창 아래 눕게 되었다. 그는 목으로부터 허리에 이르기까지 그를 세 동강으로 잘랐으나 흑란은 깨닫지도 못하고 있었다. 내단은 흑란이 죽은 줄 알고 서둘러 물러나왔다. 그는 흑란의 아들을 문간에서 만나 그도 세 번 쳤는데 마치 허공을 긋는 듯했다. 흑란의 아들은 그 때 웃으면서 말했다. "너는 어째서 어리석게도 나에게 세 번이나 손짓을 하는가?" 내단은 그 칼로는 사람을 죽일 수 없다는 것을 알고는 탄식하면서 돌아왔다.

흑란은 술에서 깨어난 뒤에 그의 처에게 성이 나서 말했다. "취했는데도 나를 덮어 주지 않고 버려두어 내게 목병과 허릿병이 났어!"

그의 아들이 말했다. "조금 전에 내단을 우리 집 문간에서 만났는데, 내게 세 번 손짓하더니만 역시 내 몸도 아프고 사지가 뻣뻣해지는군요. 그 놈이 우리에게 주술呪術이라도 쓴 것일까요?"

| 원문 |

魏黑卵以暱嫌[1]殺丘邴章. 丘邴章之子來丹, 謀報父之讎. 丹氣甚猛, 形甚露.[2] 計粒而食,[3] 順風而趨.[4] 雖怒, 不能稱兵[5]以報之. 恥假力於人, 誓手劍以屠黑卵.

黑卵悍**6**志絶衆, 力抗百夫. 筋骨皮肉, 非人類也. 延頸承刃, 披胸受矢, 鋩鍔**7**摧屈, 而體無痕撻.**8** 負其材力, 視來丹猶雛鷇**9**也.

來丹之友申他曰; 子怨黑卵至矣, 黑卵之易子過矣. 將奚謀焉?

來丹垂涕曰; 願子爲我謀.

申他曰; 吾聞衛孔周, 其祖得殷帝之寶劍, 一童子服之, 卻**10**三軍**11**之衆. 奚不請焉?

來丹遂適衛, 見孔周, 執僕御**12**之禮, 請先納妻子, 後言所欲.

孔周曰; 吾有三劍, 唯子所擇. 皆不能殺人, 且先言其狀.

一曰含光, 視之不可見, 運之不知有. 其所觸也, 泯然**13**無際,**14** 經物而物不覺.

二曰承影, 將旦昧爽之交,**15** 日夕昏明之際, 北面而察之, 淡淡**16**焉若有物存, 莫識其狀. 其所觸也, 竊竊然,**17** 有聲, 經物而物不疾也.

---

1 暱嫌(일혐) : 사사로운 개인의 원한(怨恨).

2 露(노) : 여윈 것. 약한 것.

3 計粒而食(계립이식) : 낟알을 헤아려 먹다. 음식을 조금 먹음을 뜻한다.

4 順風而趨(순풍이추) : 바람 방향을 따라가다. 바람을 거역할 체력이 없음을 뜻하는 말임.

5 稱兵(칭병) : 무기를 드는 것.

6 悍(한) : 사나운 것.

7 鋩鍔(망악) : 칼날과 화살촉 끝.

8 痕撻(흔달) : 흔적. 상처.

9 雛鷇(추구) : 병아리와 새 새끼.

10 卻(각) : 물리치다.

11 三軍(삼군) : 대군을 뜻함. 천자에겐 육군(六軍), 제후에겐 삼군의 병력이 있었다.

12 僕御(복어) : 하인.

13 泯然(민연) : 까마득히 알 수 없는 모양.

14 無際(무제) : 가가 없다, 여기서는 조금도 감촉이 없음을 뜻한다.

15 昧爽之交(매상지교) : 해가 뜨기 직전 밝음과 어둠이 엇섞여 있는 새벽녘.

16 淡淡(담담) : 말간 모양.

17 竊竊然(절절연) : 소리가 적게 나는 모양.

三曰宵練, 方晝則見影而不見光, 方夜見光而不見形. 其觸物也, 騞然[18]而過, 隨過隨合,[19] 覺疾而不血刃焉.

此三寶者, 傳之十三世矣. 而無施於事, 匣而藏之, 未嘗啓封.

來丹曰; 雖然, 吾必請其下者.

孔周乃歸其妻子, 與齋七日, 晏陰[20]之間, 跪而授其下劍. 來丹再拜, 受之以歸.

來丹遂執劍從黑卵. 時黑卵之醉, 偃於牖下. 自頸至腰, 三斬之, 黑卵不覺. 來丹以黑卵之死, 趣而退. 遇黑卵之子於門, 擊之三下, 如投虛. 黑卵之子, 方笑曰; 汝何蚩[21]而三招子? 來丹知劍之不能殺人也, 歎而歸.

黑卵旣醒, 怒其妻曰; 醉而露我, 使我嗌疾,[22] 而腰急.[23]

其子曰; 疇昔來丹之來, 遇我於門, 三招我, 亦使我體疾, 而支彊.[24] 彼其厭[25]我哉?

| 해설 |

여기서도 자기 아버지 원수를 갚으려던 내단의 이야기를 빌려 지극한 것은 조화의 도와 통함을 과장하여 이야기하고 있다. 칼도 너무 잘 들다 보면 잘라도 잘린 자국조차 남지 않아 오히려 칼의 구실을 전혀 못하게 된

---

18 騞然(획연) : 칼날에 설렁 갈라지는 모양.

19 隨過隨合(수과수합) : 칼이 지나가는데 따라 갈라졌다가는 다시 그대로 합쳐지는 것.

20 晏陰(안음) : 저녁 어두운 때.

21 蚩(치) : 어리석음, 바보짓.

22 嗌疾(익질) : 목병.

23 腰急(요급) : 요통(腰痛), 허릿병.

24 支彊(지강) : 사지가 뻣뻣하여 행동이 부자유스러운 것.

25 厭(염) : 저주하다. 주술(呪術)을 쓰다.

다. 지극한 것은 쓰임을 초월하는 것이다.

18. 지극히 좋은 칼과 좋은 옷감

주나라 목왕穆王이 대대적으로 서쪽 오랑캐들을 정벌했다. 그러자 서쪽 오랑캐들의 나라는 곤어鋘鋙라는 칼과 불에 빠는 천을 목왕에게 바쳤다. 그 칼은 길이가 한 자 여덟 치였고 다진 강철로 만든 칼날이 붉은 것이었다. 그것을 사용해 옥을 잘라 보니 진흙을 자르는 것 같았다. 불에 빠는 천은 이것을 빨려면 반드시 불 속에 던져 넣어야만 했다. 본시 천은 불 빛깔이었는데 때가 묻으면 천 빛깔로 변했다. 불에서 꺼내어 이를 털면 새하얗기가 눈과 같았다.

황자皇子는 그러한 물건은 없으며 그런 이야기를 전하는 사람은 허망한 사람이라 생각했다. 소숙蕭叔이 말했다. "황자는 자신을 믿고 있지만 결과적으로는 이치를 모르는 셈입니다!"

| 원문 |

周穆王大征西戎.[1] 西戎獻鋘鋙[2]之劍, 火浣[3]之布. 其劍長尺有咫,[4] 練鋼[5]赤刃, 用之切玉如切泥焉. 火浣之布, 浣之必投於火. 布則火色, 垢[6]

---

1 西戎(서융) : 중국의 서쪽에 있던 오랑캐들.
2 鋘鋙(곤어) : 용검(龍劍)이라고도 한다.
3 火浣(화완) : 불에 빨다. 신조국(新調國)의 화주(火州) 땅에는 화급서(火及鼠)란 쥐가 있는데, 그 가죽을 모아 천을 만들면 불에 타지 않는 '화완'이란 천이 되었다.(『異物志』)
4 咫(지) : 길이의 단위. 여덟 치[八寸].
5 練鋼(연강) : 단련한 강철.

則布色. 出火而振之, 皓然[7]疑乎雪.

　皇子[8]以爲無此物, 傳之者妄. 蕭叔曰; 皇子果於自信, 果於誣理哉!

| 해설 |

　세상에는 상식으로는 알 수 없는 묘한 물건이 있다는 것이다. 이것은 절묘한 재주를 이야기하던 끝에 큰소리칠 정도로 이야기가 발전하여 결국은 이런 허황된 이야기까지도 하게 되었던 것이라 여겨진다.

---

6 垢(구) : 때. 때가 묻은 것.
7 皓然(호연) : 흰 모양.
8 皇子(황자) : 어떤 사람인지는 잘 알 수 없다. 소숙(蕭叔)은 도가에 속하는 사람 중의 하나이다.

제6편

절대적인 운명

力命

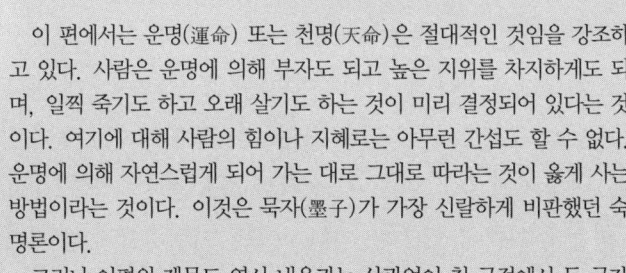

　이 편에서는 운명(運命) 또는 천명(天命)은 절대적인 것임을 강조하고 있다. 사람은 운명에 의해 부자도 되고 높은 지위를 차지하게도 되며, 일찍 죽기도 하고 오래 살기도 하는 것이 미리 결정되어 있다는 것이다. 여기에 대해 사람의 힘이나 지혜로는 아무런 간섭도 할 수 없다. 운명에 의해 자연스럽게 되어 가는 대로 그대로 따르는 것이 옳게 사는 방법이라는 것이다. 이것은 묵자(墨子)가 가장 신랄하게 비판했던 숙명론이다.

　그러나 이편의 제목도 역시 내용과는 상관없이 첫 구절에서 두 글자를 딴 것인데 우연히 내용과도 상당한 관련이 있다.

1. 사람의 능력과 운명

능력[力]이 운명[命]에게 말했다. "그대의 하는 일을 나와 견주어 본다면 어떻겠는가?"

운명이 대답했다. "그대는 세상의 일이나 물건에 대해 무슨 하는 일이 있기에 나와 견주어 보려 하는가?"

능력이 말했다. "사람이 오래 살고 일찍 죽는 것과 궁하게 살고 뜻대로 잘 사는 것과 귀하게 되고 천하게 지내는 깃과 가난하게 살고 부자가 되는 것은 모두 나의 힘으로 되는 일이지."

운명이 말했다. "팽조彭祖의 지혜는 요堯임금이나 순舜임금보다 더하지 않은데도 팔백 살이나 살았고, 안연顏淵의 재주는 보통 사람들보다 못하지 않은데도 서른두 살까지 밖에 살지 못했으며, 공자의 덕은 여러 제후들보다 못하지 않은데도 진陳나라와 채蔡나라 사이에서는 어려운 지경에 빠진 일이 있었고, 은殷나라 주紂왕의 행실은 신하들보다 형편없었는데도 임금 자리에 있었으며, 현명한 오吳나라 공자인 계찰季札은 오나라에선 벼슬도 하지 못했고, 전항田恒은 대부大夫였는데도 제멋대로 제齊나라를 차지했으며, 충절을 지킨 백이伯夷와 숙제叔齊는 수양산首陽山에서 굶어 죽었고, 노魯나라의 대부로서 권력을 휘두른 계씨季氏는 덕이 많은 전금展禽보다도 부자였다. 만약에 그대의 힘으로 가능한 일이라면, 어찌하여 재주 없는 자는 오래 살고 재주 있는 자가 일찍 죽었으며, 성인은 어려운 지경에 빠지고 올바른 길을 거스르는 자가 자기 뜻을 이루며, 현명한 사람은 천하게 지내고 어리석은 자가 높은 자리에 오르며, 착한 사람은 가난하고 악한 자가 부자가 되는가?"

능력이 말했다. "만약 그대의 말대로라면 나는 본시부터 세상의 일이나 물건에 대해 아무런 하는 일도 없는 거로군. 그렇다면 모든 일이나 물건이 그와 같이 되고 있는 것은 그대가 그렇게 만드는 것인가?"

운명이 말했다. "이미 운명이라 말했다면 어찌 달리 그것들을 그렇게 만드는 자가 있겠는가? 나는 곧은 것은 그대로 밀고 나가고 굽은 것은 그대로 맡겨둘 뿐일세. 그래서 스스로 오래 살고 스스로 일찍 죽는 것이며, 스스로 어려운 지경에 몰리게 되고 스스로 자기 뜻을 이루게 되는 것이며, 스스로 높은 자리에 오르고 스스로 천해지는 것이며, 스스로 부자가 되고 스스로 가난해지는 것일세. 내가 어찌 그것을 알수 있겠는가?"

| 원문 |

力謂命曰; 若之功奚若我哉?

命曰; 汝奚功於物, 而欲比朕?

力曰; 壽夭,**1**窮達,**2**貴賤貧富, 我力之所能也.

命曰; 彭祖**3**之智, 不出堯舜之上, 而壽八百. 顔淵**4**之才, 不出衆人之下, 而壽四八.**5** 仲尼之德, 不出諸侯之下, 而困於陳蔡.**6** 殷紂之行, 不

---

1 壽夭(수요) : 오래 사는 것과 일찍 젊어서 죽는 것.

2 窮達(궁달) : 뜻을 못 얻고 궁지에 빠져 있는 것과 뜻을 얻는 것.

3 彭祖(팽조) : 옛날 전욱(顓頊)의 현손자이며 요임금 시대부터 주(周)나라 시대에 걸쳐 오래 산 사람으로 유명하다.(『神仙傳』)

4 顔淵(안연) : 안회(顔回), 공자의 제자 중에서도 가장 덕행과 학문이 뛰어났던 사람, 그러나 젊은 나이에 죽어 공자를 비통케 했다.

5 四八(사팔) : 서른두 살.

6 困於陳蔡(곤어진채) : 진(陳)나라와 채(蔡)나라에서 곤경에 빠지다. 공자는 노(魯)나라 애공(哀公) 4년(B.C. 490) 여러 나라를 돌아다니다 채나라에 머물고 있었는데 초(楚)나라 소왕(昭王)이 그를 초빙했다. 공자가 초나라로 가려 하자 진나라와 채나라의 대부들은 그가 초나라에 가서 정치를 잘 하면 자기들에게 불리하다 생각하고 군사를 내어 길을 가

出三仁**7**之上, 而居君位. 季札**8**無爵於吳, 田恒**9**專有齊國, 夷齊**10**餓於首陽, 季氏**11**富於展禽.**12** 若是汝力之所能, 奈何壽彼而夭此, 窮聖而達逆, 賤賢而貴愚, 貧善而富惡邪?

力曰; 若如若言, 我固無功於物. 而物若此邪, 此則若之所制邪?

命曰; 旣謂之命, 奈何有制之者邪? 朕直而推之, 曲而任之, 自壽自夭, 自窮自達, 自貴自賤, 自富自貧. 朕豈能識之哉? 朕豈能識之哉?

| 해설 |

세상의 모든 일이나 물건은 운명에 의해 그 존재가 결정되는 것이다. 사람의 능력이나 지혜는 운명에 의해 좌우되는 일을 어찌 하는 수가 없다. 운명이란 아무도 관여할 수 없는 것이기 때문이다. 열자는 운명이란 어떤 절대자에 의해 지배되는 것이 아니라 저절로 그렇게 되도록 정해진 것이라 주장하고 있다.

는 공자 일행을 들판에서 포위했다. 이때 공자는 양식도 떨어지고 제자들은 병이 나 무척 어려운 경지에 빠졌었다. 뒤에 자공(子貢)이 초나라에 알려 소왕은 군사를 내어 공자를 모셔 갔다.

7 三仁(삼인) : 은(殷)나라 말기의 세 어진 신하들. 곧 기자(箕子)와 비간(比干)과 미자(微子)의 세 사람을 가리킨다. 주왕의 신하들 중 덕이 있는 사람들을 가리킨다.

8 季札(계찰) : 춘추시대 오(吳)나라 임금 수몽(壽夢)의 작은 아들. 젊어서부터 현명하다는 명성이 있어 수몽은 그를 태자로 삼으려 했으나 사양하고 받지 않았다.

9 田恒(전항) : 제(齊)나라는 본시 강(姜)씨가 임금이었으나, 전국시대에 와서 신하인 전항이 임금 자리를 뺏어 이후로 전씨의 나라가 되었다.

10 夷齊(이제) : 백이(伯夷)와 숙제(叔齊). 이들 형제는 은나라 말기의 어진 사람으로 주(周)나라 무왕(武王)이 은나라를 쳐부수자 그들은 주나라의 곡식은 먹을 수 없다 하고 수양산(首陽山)에서 고사리를 뜯어먹고 지내다가 굶어 죽었다 한다.

11 季氏(계씨) : 춘추시대 노(魯)나라의 권세가. 그는 노나라의 정치를 마음대로 주물렀다.

12 展禽(전금) : 보통 유하혜(柳下惠)라 부르며, 춘추시대 노나라의 덕 있는 사람으로서 맹자도 그를 '성인의 조화[聖之和]'라 불렀다.

2. 운명이란 받아들일 수밖에 없는 것

북궁자北宮子가 서문자西門子에게 말했다. "나는 당신과 같은 세상을 살고 있는데도 사람들은 당신만을 뜻을 이룬 분이라고 보고 있소. 같은 집안사람인데도 사람들은 당신만을 공경하오. 겉모습이 비슷한데도 사람들은 당신만을 좋아하고 있소. 하는 말이 비슷한데도 사람들은 당신만을 따르오. 하는 행동이 비슷한데도 사람들은 당신만을 진실한 사람이라고 여기고 있소. 똑같은 벼슬살이를 하고 있는데도 사람들은 당신만을 존경하오. 똑같이 농사를 짓고 있는데도 사람들은 당신만을 부자라고 여기고 있소. 똑같이 장사를 하고 있는데도 사람들은 당신만이 많은 이익을 올리고 있다고 생각하고 있소.

내가 입은 옷은 거친 짧은 옷이고 먹는 것은 거친 음식이며, 사는 집은 허름한 초가집이고 나들이는 걸어서 하고 있소. 당신은 무늬 있는 비단 옷을 입고 지내고 먹는 것은 기장밥에 고기반찬이며, 사는 곳은 대궐 같은 집이고 나들이는 네 마리 말이 끄는 수레로 하고 있소. 집에 있을 적에는 즐거이 웃고 지내며 나 같은 것은 버려두고 마음에 담지도 않으며, 조정에서는 의젓이 행동하며 나에 대해서는 오만한 빛을 띠고 있지요. 서로 초청하거나 찾아 다니지도 않고 함께 놀러 다니지 않은 지도 정말 여러 해 되었지요. 당신이 보기에는 당신의 덕이 나보다 뛰어나다고 생각하오?"

서문자가 대답했다. "나는 그런 사실을 알 수가 없소. 당신은 일을 했으나 살아가기 어려워졌고 나는 일을 한 것들이 뜻대로 잘 되었소. 이것은 사람의 덕에 두텁고 엷은 차이가 있는 결과가 아닐까요? 어떻든 모든 한 일이 나와 비슷했다고 생각하는 것은 당신의 얼굴 가죽이 두껍기 때문이오."

북궁자는 응대할 말이 없어서 스스로를 잃고 돌아오다가 도중에 동곽 선생을 만났다. 동곽 선생이 말했다. "당신은 어디를 갔다가 돌아오기에 맥없는 걸음걸이에다 깊이 부끄러워하는 기색까지 띠고 있는 거요?"

북궁자는 자기가 겪었던 일을 이야기했다. 동곽 선생이 말했다. "내 당신의 부끄러움을 없애 주리다. 나와 함께 다시 서문자에게로 가 봅시다."

서문자에게 가서는 그에게 물었다. "당신은 어째서 북궁자에게 그토록 심한 모욕을 가했소? 사실대로 그 까닭을 말하시오!"

서문자가 말했다. "북궁자는 말하기를, 살아가는 세상과 집안과 나이와 겉모양과 말과 행동은 나와 모두 비슷한데, 천하고 귀한 신분과 가난하고 부한 살림은 나와 다르다는 것입니다. 나는 그에게 말하기를, 나로서는 그렇게 된 사실은 알 수가 없다고 했습니다. 당신은 일을 했으나 살기가 어려워졌고 나는 일을 한 것이 뜻대로 잘 되었는데, 이것은 덕이 두텁고 엷은 결과인지도 모른다고 했습니다. 그러니 모든 일을 나와 비슷하게 했다고 생각하는 것은 당신의 얼굴 가죽이 두텁기 때문이라고 했습니다."

동곽 선생이 말했다. "당신이 말하는 두텁고 엷은 것은 오직 재능과 덕의 차이를 뜻하는 것이었지만, 내가 말하는 두텁고 엷은 것은 그것과 다릅니다. 북궁자는 덕에 있어서는 두텁지만 운명에 있어서는 엷소이다. 당신은 운명에 있어서는 두텁지만 덕에 있어서는 엷소이다. 당신이 뜻을 얻은 것은 지혜로 얻어진 게 아니며 북궁자가 살기가 어려워진 것은 어리석어서 잘못된 때문이 아니외다. 모두가 하늘이 하는 것이요, 사람이 한 게 아니지요. 그런데도 당신은 운명이 두텁다는 것으로 스스로 뽐내고 있고 북궁자는 덕이 두터운 데도 스스로 부끄러워하고 있으니, 모두가 본시부터 그렇게 된 이치를 알지 못하기 때문입니다."

서문자가 말했다. "선생님 그만하십시오. 저로서는 감히 다시 말하지 못하겠습니다."

북궁자는 돌아온 뒤로는 그의 짧고 거친 옷을 입고 있어도 여우나 담비의 갖옷처럼 따스하게 느꼈고, 콩으로 만든 음식을 먹어도 쌀과 기장밥의 맛을 느꼈고, 허름한 초가에 살아도 넓은 대궐 아래 사는 듯이 느꼈고, 자기의 나무 수레를 타도 무늬 있는 높은 장식을 한 수레를 타는 것처럼 여겨졌다. 평생토록 의기양양하게 지내면서 영광과 치욕이 저편에 있는지 내게 있는지 알지 못했다.

동곽 선생이 그 이야기를 듣고서 말했다. "북궁자는 오랜 동안 잠들고 있다가 한 마디 말로 깨어났구나! 그토록 쉽게 깨어난단 말인가!"

| 원문 |

北宮子謂西門子曰; 朕與子並世也, 而人子達. 並族也, 而人子敬. 並貌也, 而人子愛. 並言也, 而人子庸.[1] 並行也, 而人子誠. 並仕也, 而人子貴. 並農也, 而人子富. 並商也, 而人子利.

朕衣則裋褐,[2] 食則粢糲,[3] 居則蓬室,[4] 出則徒行. 子衣則文錦,[5] 食則粱肉,[6] 居則連欐,[7] 出則結駟.[8] 在家熙然,[9] 有棄朕之心. 在朝諤然,[10] 有

---

1 庸(용) : 용(用)과 통하여, '쓰다'. '다르다'.
2 裋褐(수갈) : 천한 사람들이 입는 짧고 거친 옷.
3 粢糲(자려) : 피나 곡식 찌꺼기로 만든 거친 음식.
4 蓬室(봉실) : 형편없는 초가집.
5 文錦(문금) : 무늬 있는 비단.

敖朕¹¹之色. 請謁¹²不相及, 遨遊不同行, 固有年矣. 子自以德過朕邪?

西門子曰; 予無以知其實. 汝造事而窮, 予造事而達, 此厚薄之驗歟? 而皆謂與予並, 汝之顏厚¹³矣.

北宮子無以應, 自失而歸, 中塗遇東郭先生. 先生曰; 汝奚往而反, 偊偊¹⁴而步, 有深愧之色邪?

北宮子言其狀. 東郭先生曰; 吾將舍汝之愧. 與汝更之西門氏.

而問之曰; 汝奚辱北宮子之深乎? 固且言之.

西門子曰; 北宮子言, 世族年貌言行, 與予並, 而賤貴貧富, 與予異. 予語之曰; 予無以知其實. 汝造事而窮, 予造事而達. 此將厚薄之驗歟? 而皆謂與予並, 汝之顏厚矣.

東郭先生曰; 汝之言厚薄, 不過言才德之差, 吾之言厚薄, 異於是矣. 夫北宮子厚於德, 薄於命. 汝厚於命, 薄於德. 汝之達, 非智德也, 北宮子之窮, 非愚失也. 皆天也, 非人也. 而汝以命厚自矜, 北宮子以德厚自愧, 皆不識夫固然之理矣.

西門子曰; 先生止矣, 予不敢復言.

北宮子旣歸, 衣其短褐, 有狐貉¹⁵之溫. 進其茙菽,¹⁶ 有稻粱之味. 庇¹⁷

---

6 粱肉(양육) : 기장밥과 고기반찬.
7 連欐(연려) : 서까래가 연이어 있는 넓고 큰 집.
8 結駟(결사) : 한 수레에 네 마리의 말을 매는 것.
9 熙然(희연) : 즐기며 웃는 모양.
10 諤然(악연) : 거만하게 버티는 모양.
11 敖朕(오짐) : 나에게 오만하게 굴다.
12 請謁(청알) : 서로 초청하고 방문하는 것, 서로 왕래하는 것.
13 顏厚(안후) : 얼굴 껍질이 두껍다. 뻔뻔스럽다.
14 偊偊(우우) : 맥없이 비실비실 걷는 모양.
15 狐貉(호학) : 여우와 담비, 모두 그 털가죽은 고급 갖옷을 만드는 재료가 된다.
16 茙菽(융숙) : 맛이 없는 콩의 일종.

其蓬室, 若廣廈¹⁸之蔭. 乘其蓽輅,¹⁹ 若文軒²⁰之飾. 終身逌然,²¹ 不知榮辱之在彼也, 在我也.

　東郭先生聞之曰, 北宮子之寐久矣, 一言而能寤. 易怛²²也哉!

| 해설 |

　사람이 잘 살고 못 사는 것은 모두가 운명이다. 지혜 있다고 모든 일에 성공하고 어리석다고 모든 일에 실패하는 것은 아니다. 그러니 자연의 운명만 믿고 근심하거나 슬퍼하지 말고 유유히 살아감이 옳다는 것이다.

3. 관중管仲과 포숙아鮑叔牙의 우정

　관중과 포숙아 두 사람은 서로 매우 친하게 벗하고 지냈다. 함께 제나라에 살면서 관중은 공자규公子糾를 섬기고, 포숙아는 공자소백公子小白을 섬겼다. 제나라의 제후 집안 사람들 중에는 임금의 총애를 받는 이들이 많았고, 적자와 서자들이 나란히 다니고 있어서, 나라 사람들은 나라가 어지러워질 것을 두려워했다. 그래서 관중은 소홀召忽과 함께 공자규를 모시고 노魯나라로 도망하고 포숙아는 공자소백을 모시고 거莒나라로 도망갔었다.

---

17 庇(비) : 가리다. 그 아래 살다.
18 廣廈(광하) : 넓고 큰 대궐 같은 집.
19 蓽輅(필노) : 땔나무 수레.
20 文軒(문헌) : 무늬가 조각된 높다란 수레.
21 逌然(유연) : 득의양양한 모양. 여유 있는 모양.
22 易怛(이달) : 놀라 깨기 쉬운 것. '달'을 유월(俞樾)은 단(旦)과 통하여, '아침이 되기 쉽다', 곧 '아침이 되어 잠이 깨기 쉽다는 뜻으로 풀이했다.

그 뒤에 공손무지公孫無知가 반란을 일으켜 제나라엔 임금이 없게 되었다. 두 공자들은 먼저 제나라로 들어가려고 다투었다. 마침내 관중은 소백과 거나라에서 싸우다가 길 위에서 활로 소백의 허리띠 고리를 쏘아 맞힌 일이 있었다.

뒤에 소백은 제나라 임금 자리에 오른 다음 노나라를 협박하여 공자규를 죽이도록 했다. 이때 소홀은 죽임을 당하고 관중은 잡혀 옥에 갇히게 되었다.

그 때 포숙아가 제나라 환공桓公이 된 소백에게 말했다. "관중의 능력은 한 나라를 잘 다스릴 것입니다."

환공이 말했다. "나의 원수요. 그 놈은 죽여야만 하겠소."

포숙아가 말했다. "제가 듣건대 현명한 임금에게는 사사로운 원한이 없다고 합니다. 또한 어떤 사람이든 그의 임금을 위해 일할 능력이 있다면 역시 다른 사람을 위해 일할 수도 있을 것입니다. 임금님께서 만약 가장 뛰어난 제후인 패왕覇王이 되고자 하신다면 관중을 쓰지 않고는 될 수가 없을 것입니다. 임금님께서 반드시 그를 풀어 주셔야 합니다."

그 결과 관중을 초청하여 노나라로부터 제나라로 돌아오게 했다. 포숙아는 교외까지 나가 그를 마중하여 그의 묶인 몸을 풀어 주었다. 환공은 그를 예를 갖추어 맞아들여 그를 고씨高氏와 국씨國氏처럼 대대로 높은 지위를 누려온 집안사람들과 같은 자리에 앉히고 포숙아는 자신이 그의 아래 자리를 차지하고 그에게 나라의 정치를 맡겼다. 그리고 중보仲父라는 호칭을 붙여 주었다. 그 덕에 환공은 마침내 제후들을 거느리는 패업을 이루게 되었다.

관중은 일찍이 탄식하면서 말했다. "내가 젊어서 어렵고 가난했을 적에 일찍이 포숙아와 함께 장사를 한 일이 있었는데 이익의 대부분을 내 자신이 차지했어도 포숙아는 나를 탐욕스럽다고 여기지 않고 내가 가난한 때문이라고 알아주었다. 나는 일찍이 포숙아를 위해 일을 꾀하다가 크게 어려운 처지에 빠졌었으나 포숙아는 나를 어리석다 여기지 않고 때가 이롭지 않았던 때문이라고 이해해 주었다. 나는 일찍이 세 번 벼슬했는데 세 번 모두 임금에게 쫓겨났으나 포숙아는 나를 못났다고 여기지 않고 내가 때를 만나지 못했기 때문이라고 했다. 나는 일찍이 세 번 싸워서 세 번 모두 도망했는데 포숙아는 나를 비겁하다고 여기지 않고 나에게 늙은 어머니가 계신 때문이라고 알아주었다. 공자규가 다툼에 지자 소홀은 그 때 죽었고 나는 갇혀 욕을 보았으나 포숙아는 나를 수치도 모르는 자라 여기지 않았다. 그리고 나를 조그만 절조를 굽히는 일은 부끄러워하지 않고 이름이 천하에 드러나지 않는 것을 치욕으로 여기고 있는 자라고 알아주었다. 나를 낳아 준 분은 부모님이시지만 나를 알아준 사람은 포숙아이다."

| 원문 |

管夷吾[1]鮑叔牙[2]二人, 相友甚戚.[3] 同處於齊, 管夷吾事公子糾,[4] 鮑叔牙事公子小白.[5] 齊公族多寵, 嫡庶並行,[6] 國人懼亂. 管仲與召忽,[7] 奉公

---

1 管夷吾(관이오) : 춘추시대 제(齊)나라 사람. 자가 중(仲)이라서 관중이라 흔히 부르며, 제나라 환공을 도와 패업을 이룩하게 한 현명한 재상.

2 鮑叔牙(포숙아) : 관중과 어려서부터 친했던 친구. '관포지교(管鮑之交)'는 후세까지도 친한 친구 사이의 사귐을 뜻하는 말로 쓰이게 되었다.

3 戚(척) : 친하게 지내다.

4 公子糾(공자규) : 제나라 양공(襄公)의 둘째아들.

5 小白(소백) : 공자규의 아우. 뒤에 환공이 됨.

6 嫡庶並行(적서병행) : 적자와 서자가 나란히 다니다. 곧 적자와 서자를 구별할 예의가 문란해졌음을 뜻하는 말이다.

7 召忽(소홀) : 제나라 대부.

子糾奔魯, 鮑叔奉公子小白奔莒.[8]

既而公孫無知[9]作亂, 齊無君. 二公子爭入. 管夷吾與小白, 戰於莒, 道射中小白帶鉤.[10]

小白既立, 脅魯殺子糾. 召忽死之, 管夷吾被囚.

鮑叔牙謂桓公曰; 管夷吾能, 可以治國.

桓公曰; 我讎也, 願殺之.

鮑叔牙曰; 吾聞, 賢君無私怨. 且人能爲其主, 亦必能爲人. 君如欲霸王, 非夷吾其弗可, 君必舍之.[11]

遂召管仲, 魯歸之齊. 鮑叔牙郊迎, 釋其囚. 桓公禮之, 而位於高國[12]之上, 鮑叔牙以身下之, 任以國政. 號曰仲父, 桓公遂霸.

管仲嘗歎曰; 吾少窮困時, 嘗與鮑叔賈,[13] 分財多自與, 鮑叔不以我爲貪, 知我貧也. 吾嘗爲鮑叔謀事, 而大窮困, 鮑叔不以我爲愚, 知時有利不利也. 吾嘗三仕三見逐於君, 鮑叔不以我爲不肖,[14] 知我不遭時也. 吾嘗三戰三北,[15] 鮑叔不以我爲怯, 知我有老母也. 公子糾敗, 召忽死之, 吾幽囚受辱, 鮑叔不以我爲無恥, 知我不羞小節, 而恥名不顯於天下也. 生我者父母, 知我者鮑叔也!

---

8 莒(거) : 춘추시대에 있던 나라 이름으로 지금의 산동(山東)성 거현(莒縣)이 그 옛 자리이다.

9 公孫無知(공손무지) : 반란을 일으켜 양공을 죽인 뒤 스스로 임금 자리에 올랐으나 나라 사람들에 의해 죽임을 당했다.

10 帶鉤(대구) : 허리띠 고리.

11 舍之(석지) : 그를 석방해 주라는 뜻.

12 高國(고국) : 고씨와 국씨. 제나라에서 대대로 높은 지위에 있던 집안 사람들임.

13 賈(고) : 장사하다.

14 不肖(불초) : 못난 것.

15 北(배) : 도망치는 것.

| 해설 |

여기서는 유명한 '관포지교管鮑之交'에 관한 이야기를 하고 있다. 이 고사를 인용한 본래의 뜻은 다음 대목을 참조하기 바란다. 다음 대목은 이 대목에 붙여 놓아야만 할 것이나 다만 문장이 너무 길어 둘로 나누어 놓은 것 같다.

4. 포숙아와 습붕隰朋

앞의 이야기를 바탕으로 세상에서는 관중과 포숙아는 훌륭한 사귐을 했던 친구들이고, 소백은 능력 있는 사람을 잘 썼던 임금이라 말하고 있다. 그러나 실은 훌륭한 사귐을 한 일도 없거니와 능력 있는 사람을 쓴 일도 없는 것이다. 실로 훌륭한 사귐을 한 일도 없고 능력 있는 사람을 쓴 일도 없다는 것은, 그 밖에 더 훌륭한 사귐이 있다거나 그 밖에 더 능력 있는 사람을 쓴 일이 있다는 뜻은 아니다.

소홀은 죽고 싶어서 죽은 것이 아니라 죽지 않을 수가 없었던 것이다. 포숙아는 현명한 사람을 잘 추천한 게 아니라 그를 추천하지 않을 수가 없었던 것이다. 소백은 원수인 자를 잘 쓸 줄 알았던 게 아니라 쓰지 않을 수가 없었던 것이다.

관중이 병들게 되자 소백이 그에게 물었다. "중보께서는 병이 심하시니 거리낌 없이 말씀하는 것이 좋겠습니다. 큰 병에 걸리셨으니 이제 나는 누구에게 나라를 맡기는 게 좋겠습니까?"

관중이 말했다. "임금님께서는 누구에게 맡기려 하십니까?"

소백이 말했다. "포숙아가 좋을 것 같은데요."

"안됩니다. 그의 사람됨은 깨끗하고 훌륭한 선비입니다. 그러나 자기만 못한 사람들은 사람으로 여기지도 않습니다. 그는 한번 남의 잘못을 들으면 평생토록 잊지 않습니다. 그에게 나라를 다스리도록 하시면 위로는 바로 임금님을 구속할 것이고 아래로는 바로 백성들의 뜻을 거스를 것입니다. 그는 임금님께 죄를 짓게 될 것이니 오래가지 못할 것입니다."

소백이 말했다. "그렇다면 누가 좋겠습니까?"

관중이 대답했다. "하는 수 없다면 습붕이 좋겠습니다. 그의 사람됨은 자신의 지위가 윗자리임도 잊고 있는 사람이어서, 아래 백성들은 그를 배반하지 않을 것입니다. 그는 자신이 황제와 같지 못함을 부끄럽게 여기면서도 자기만 못한 사람들은 불쌍히 여기는 사람입니다. 덕을 남에게 나누어 주는 사람을 성인이라 하고, 재물을 남에게 베푸는 사람을 현명한 사람이라 합니다. 현명함만으로 사람들을 대하면 사람들의 마음을 다 얻을 수가 없을 것이나, 현명하면서도 사람들 아래 처신하게 되면 사람들의 마음을 얻지 못하는 경우가 없을 것입니다. 그는 나라 일에 관해서는 모든 것을 들어 알려고 하지 않을 것이고, 집안일에 관해서는 모든 것을 보고 살피려 하지 않을 것입니다. 그러니 하는 수가 없다면 습붕이 좋을 것입니다."

이처럼 관중은 포숙아를 비난한 것이 아니라 비난하지 않을 수가 없었던 것이다. 습붕을 두둔한 게 아니라 두둔하지 않을 수가 없었던 것이다. 어떤 사람을 처음에는 두둔했다가도 끝머리에 가서는 그를 비난하기도 한다. 끝머리에 그를 비난하고 있다 하더라도 처음에는 그를 두둔했던 경우도 있을 것이다. 두둔하고 비난하는 관계는 자기 자신으로부터 생겨나는 것이 아닌 것이다.

| 원문 |

此世稱管鮑善交者, 小白善用能者. 然實無善交, 實無用能也. 實無善交, 實無用能者, 非更有善交, 更有善用能也.

召忽非能死, 不得不死. 鮑叔非能擧賢, 不得不擧. 小白非能用讎, 不得不用.

及管夷吾有病, 小白問之曰; 仲父之病疾矣, 可不諱[1]云. 至於大病, 則寡人惡乎[2]屬國而可?

夷吾曰; 公誰欲歟?

小白曰; 鮑叔牙可.

曰; 不可. 其爲人潔廉善士也, 其於不己若者,[3] 不比之人. 一聞人之過, 終身不忘. 使之理國, 上且鉤[4]乎君, 下且逆乎民. 其得罪於君也, 將弗久矣.

小白曰; 然則孰可?

對曰; 勿已, 則隰朋[5]可. 其爲人也, 上忘[6]而下不叛. 愧其不若黃帝, 而哀不己若者. 以德分人,[7] 謂之聖人, 以財分人, 謂之賢人. 以賢臨人, 未有得人[8]者也, 以賢下人者, 未有不得人者也. 其於國, 有不聞[9]也, 其

---

1 諱(휘) : 꺼리다. 기휘하다.

2 惡乎(오호) : 누구에게. 어디에다.

3 不己若者(불기약자) : 자기만 못한 사람.

4 鉤(구) : 구속하다. 규제하다.

5 隰朋(습붕) : 제나라 환공의 유명한 신하 중의 한 사람.

6 上忘(상망) : 자기가 차지하고 있는 지위가 윗자리임을 잊다.

7 分人(분인) : 사람들에게 은혜를 베풀어 주는 것.

8 得人(득인) : 사람들의 마음으로부터 우러나는 지지를 얻는 것.

9 有不聞(유불문) : 듣지 않은 것도 있다. 모든 것에 대해 들어서 알려 하지 않다. 아래의 '유불견(有不見)'과 함께 나라 일이나 집안일에 대해 빈틈없이 각박하게 굴지 않음을 뜻한 말이다.

於家, 有不見也. 勿已, 則隰朋可.

然則管夷吾, 非薄**10**鮑叔也, 不得不薄, 非厚隰朋也, 不得不厚. 厚之於始, 或薄之於終, 薄之於終, 或厚之於始. 厚薄之去來, 弗由我也.

| 해설 |

세상은 '관중과 포숙' 두 친구의 사귐을 훌륭한 일이라 하고 원수를 등용한 제나라 환공을 두고 어진 사람을 잘 쓴 사람이라 칭찬한다. 그러나 알고 보면 별것이 아니라 모두가 숙명에 의해 지질로 그렇게 하는 수밖에 없어서 그렇게 한 것이지 '관중과 포숙'이 친구로서 사귐을 잘했다거나 환공이 임금으로 현명한 인재를 잘 등용한 것이 아니라는 것이다.

5. 등석鄧析은 왜 처형되었는가?

등석은 양편 모두 좋다는 설을 주장하면서 끝을 알 수 없을 말을 늘어놓았다. 자산子産은 나라의 정치를 맡게 되자 곧 대쪽에 써놓은 새로운 형법인 '죽형竹刑'을 제정했다. 그 형벌을 정鄭나라에서 시행하게 되었을 적에, 등석은 자주 자산의 정치를 비난하여 자산은 그에게 말로는 당하는 수가 없었다. 곧 자산은 그를 잡아서 벌을 주다가 조금 뒤에는 그를 처형했다.

그러니 자산은 '죽형'을 잘 사용한 것이 아니라 사용하지 않을 수가 없었던 것이다. 등석은 자산을 잘 굴복시킨 것이 아니라 굴복시키지

---

10 薄(박) : 낮게 평가하다, 비난하다.

않을 수가 없었던 것이다. 자산은 등석을 잘 처형한 것이 아니라 처형
하지 않을 수가 없었던 것이다.

| 원문 |

鄧析[1]操兩可[2]之說, 設無窮之辭.[3] 當子産[4]執政, 作竹刑,[5] 鄭國用之,
數難[6]子産之治. 子産屈之. 子産執而戮[7]之, 俄而誅之.[8]

然則子産非能用竹刑, 不得不用. 鄧析非能屈子産, 不得不屈. 子産非
能誅鄧析, 不得不誅也.

| 해설 |

세상일은 모두 숙명에 의해 결정된다. 등석은 너무 말을 잘해, 예리한
이론으로 정나라의 재상인 자산도 굴복시키지만 결국은 자산이 만든 '죽
형'에 의해 처형을 당하고 만다. 이것이 모두 사람의 힘으로는 어쩔 수 없
는 숙명의 장난이라는 것이다.

---

1 鄧析(등석) : 정(鄭)나라 사람으로 저서도 두 편이 있었다 한다.
2 兩可(양가) : 양편이 다 좋다, 곧 무슨 일에나 옳고 그른 게 없이 모두가 좋다는 뜻이다.
3 無窮之辭(무궁지사) : 다함이 없는 말. 막히는 일이 없는 말.
4 子産(자산) : 춘추시대 정(鄭)나라 대부. 이름은 공손교(公孫僑), 자가 자산이다. 정나라
　간공(簡公) 때부터 시작해 정공(定公)·헌공(獻公)·성공(聲公) 때까지 정나라를 맡아
　다스려, 진(晋)나라와 초(楚)나라 같은 강한 나라 사이에 끼어 있으면서도 수십 년간 평
　화로이 잘 살게 만들었다.
5 竹刑(죽형) : 대쪽에 씌어 있는 형법. 『좌전(左傳)』에 의하면 "죽형은 등석이 자산의 형법
　에 반대하는 뜻으로 만들었고, 등석 자신이 뒤에 그 죽형에 의해 처형되었다" 한다. (定公
　九年)
6 數難(삭난) : 자주 비난하다.
7 戮(육) : 욕을 보이다. 벌하다.
8 誅之(주지) : 그를 처형하다. 『좌전』에 의하면 "정나라 사천(駟歂)이 그의 죽형을 사용해
　등석을 죽였다" 했는데(定公 九年), 이는 자산이 죽은 지 20년 뒤의 일이다. 이곳에서는
　이 이야기를 꾸며내어 이용하고 있는 것이다.

6. 사는 것과 죽는 것

사는 편이 좋다고 생각되는 사람이 살고 있는 것은 하늘이 내린 복이다. 죽는 편이 좋다고 생각되는 사람이 죽는 것도 하늘이 내리는 복이다. 사는 편이 좋다고 생각되는 사람이 살지 못하는 것은 하늘이 내린 벌이다. 죽는 편이 좋다고 생각되는 사람이 죽지 못하는 것도 하늘이 내리는 벌이다.

사는 편이 좋다고 생각되는 사람도 있고 죽는 편이 좋다고 생각되는 사람도 있는데, 사는 사람도 있고 죽는 사람도 있다. 살아서는 안 된다고 생각되는 사람이 있고 죽어서는 안 된다고 생각되는 사람이 있는데, 어떤 사람은 살고 어떤 사람은 죽게 된다. 그렇지만 사는 사람을 살게 하고 죽는 사람을 죽게 하는 것은 남도 아니고 나도 아니며, 모두가 운명인 것이다. 사람의 지혜로도 어찌할 수 없는 일이다.

그러므로 속담에 이런 말이 있다. "세상일은 아득히 끝이 없으나 하늘의 도에 의해 스스로 이루어지고, 세상은 넓어서 물건을 분별할 수가 없는데도 하늘의 도에 따라서 스스로 변화한다. 하늘과 땅도 그것을 달리 어찌할 수가 없으며, 성인의 지혜로도 그 일에 간여할 수는 없으며, 귀신이나 도깨비라도 그 사실을 속일 수가 없다. 자연은 묵묵히 모든 것을 이룩하고 만들어내며 공평히 해주고 편안히 해주며 보내기도 하고 마중하기도 하는 것이다."

| 원문 |

可以生[1]而生, 天福也. 可以死而死, 天福也. 可以生而不生, 天罰也. 可以死而不死, 天罰也.

可以生, 可以死, 得生得死, 有矣. 不可以生, 不可以死, 或生或死,有矣. 然而生生死死, 非物非我, 皆命也. 智之所無奈何.

故曰；窈然[2]無際, 天道自會[3], 漠然無分, 天道自運. 天地不能犯, 聖智不能干,[4] 鬼魅[5]不能欺. 自然者, 默之成之, 平之寧之, 將[6]之迎之.

| 해설 |

여기서는 자연스럽게 변화하고 순환하는 숙명을 설명하고 있다. 숙명이란 아무도 건드리거나 간여할 수 없는 절대적이면서도 아주 자연스러운 것이다. 절대적이면서도 모두가 저절로 그렇게 되어 가는 것이 숙명인 것이다.

7. 사람의 병

양주楊朱의 친구 중에 계량季梁이란 사람이 있었다. 계량이 병이 나서 이레 만에 크게 더해졌다. 그의 자식들이 그를 둘러싸고 울면서 의사를 불러왔다. 계량이 양주에게 말했다. "내 자식들은 이처럼 매우 못났소. 당신이 나를 위해 노래를 불러 그들을 깨우쳐 주면 어떻겠소?"

양주가 노래를 불렀다.

---

1 可以生(가이생) : 살아도 좋은 것. 사는 것이 좋다고 생각되는 것.
2 窈然(요연) : 아득한 모양.
3 自會(자회) : 자연스럽게 모이다. 스스로 이룩되다.
4 干(간) : 간여하다. 간섭하다.
5 鬼魅(귀매) : 귀신과 도깨비.
6 將(장) : 보내다. 전송하다.

하늘도 그것을 알지 못하거늘
사람이 어찌 알 수 있으랴?
행복은 하늘로부터 내려오는 게 아니며
불행도 사람들이 만드는 것이 아닐세.
나나 그대들이나
그것을 알지 못하는가?
의사나 무당이나
그것을 알고 있는가?

그의 자식들은 깨닫지를 못하고 마침내 세 사람의 의사를 불러왔다. 한 사람은 교씨矯氏였고, 둘째 사람은 유씨俞氏였고, 셋째 사람은 노씨盧氏였는데, 그의 병을 진찰하도록 했다.

교씨가 계량에게 말했다. "당신은 추위와 더위가 절도에 맞지 않고 허한 기운과 실한 기운이 법도를 잃고 있습니다. 병은 굶주리고 배부른 것과 성욕과 정신과 생각을 번거로이 쓰는 것으로 말미암아 생긴 것입니다. 하늘 탓도 아니요, 귀신 탓도 아니니 비록 심하다고는 하지만 고칠 수는 있겠습니다."

계량이 말했다. "보통의 의사로군. 속히 내보내라!"

유씨는 말했다. "당신은 처음 태어날 때부터 태에서 받은 기운이 모자랐는데 어머니 젖은 남아돌았소. 병이 하루 아침저녁의 일로 생긴 것이 아니라 생기기 시작한 지가 오래되었소이다. 고칠 수가 없겠소."

계량이 말했다. "훌륭한 의사로군. 모셔다 식사를 대접하라!"

노씨는 말했다. "당신의 병은 하늘에서 내린 것도 아니며 사람이 만들어낸 것도 아니고 귀신 때문에 생긴 것도 아닙니다. 삶을 타고 나

몸을 지녔을 때부터 이미 병이 나도록 만드는 이가 있고 또 그렇게 될 것을 알고 있는 이가 있습니다. 그러니 당신의 병을 약이나 침으로 어찌할 수가 있겠습니까?"

계량이 말했다. "귀신 같은 의사로군. 후히 사례를 한 다음 돌려보내라."

조금 있다가 계량의 병은 저절로 나아 버렸다.

| 원문 |

楊朱[1]之友曰季梁. 季梁得疾, 七日大漸.[2] 其子環而泣之, 請醫. 季梁謂楊朱曰; 吾子不肖, 如此之甚. 汝奚不爲我歌以曉之?

楊朱歌曰;

天其弗識, 人胡能覺?

匪祐[3]自天, 弗孽[4]由人.

我乎汝乎, 其弗知乎?

醫乎巫乎, 其知之乎?

其子弗曉, 終謁三醫, 一曰矯氏, 二曰兪氏, 三曰盧氏. 診其所疾,

矯氏謂季梁曰; 汝寒溫不節, 虛實失度. 病由飢飽色欲, 精慮[5]煩散,[6]

---

1 楊朱(양주) : 전국시대 위(衛)나라 사람, 자는 자거(子居). 노자(老子)에게 배웠다는 설도 있고 묵자(墨子)의 제자란 설도 있다. 그는 "자기 몸의 터럭 하나를 뽑으면 온 세상의 이익이 된다 하더라도 그런 짓은 하지 않는다"는 극단적인 이기주의를 주장했던 사람이다.

2 漸(점) : 심해지는 것.

3 祐(우) : 행복. 복이 내리는 것.

4 孽(얼) : 불행. 좋지 못한 일.

5 精慮(정려) : 정신과 생각.

6 煩散(번산) : 번거로이 소비하다. 지나치게 쓰다.

非天非鬼, 雖漸可攻也.

季梁曰; 衆醫也. 亟⁷屛⁸之.

俞氏曰; 女始則胎氣不足, 乳湩⁹有餘. 病非一朝一夕之故, 其所由來漸矣, 弗可已也.

季梁曰; 良醫也. 且食之!

盧氏曰; 汝疾不由天, 亦不由人, 亦不由鬼. 稟生受形, 旣有制之者矣, 亦有知之者矣. 藥石其如汝何?

季梁曰; 神醫也. 重貺¹⁰遣之.

俄而季梁之疾, 自瘳.¹¹

| 해설 |

사람이 병들고 죽는 것도 하나의 자연 현상이나 같은 것이다. 병이 들거나 낫는 것은 모두가 정해진 운명에 따라서 되어 가는 것이다. 사람의 지혜나 능력으로는 어찌할 수 없는 것이다. 따라서 사람은 자연히 되어가는 대로 유유히 살아가야 한다는 것이다. 그러나 의술을 부정하는 태도는 문제가 있는 것 같다.

---

7 亟(극) : 속히. 빨리.
8 屛(병) : 물리치다. 보내다.
9 乳湩(유동) : 젖. 모유(母乳).
10 貺(황) : 재물을 주다. 사례를 하다.
11 瘳(추) : 병이 낫는 것.

8. 사람의 목숨과 운명

삶이란 그것을 귀중히 여긴다고 해서 삶을 이어가게 할 수 있는 것이 아니며, 몸이란 그것을 사랑한다고 해서 튼튼하게 건사 할 수 있는 것이 아니다. 삶은 그것을 천하게 여긴다고 해서 일찍 죽게 되는 것이 아니며, 몸이란 그것을 가벼이 여긴다고 해서 약하고 시원찮게 되는 것이 아니다. 그러므로 삶은 귀중히 여긴다고 해도 간혹 살아가지 못하게 되며, 그것을 천하게 여긴다 해도 간혹 죽지 않게 된다. 몸은 사랑한다 해도 간혹은 튼튼하게 건사되지 않으며, 그것을 가벼이 여긴다고 해도 약하고 시원찮아지지 않는다.

이런 말은 논리에 어긋나는 것 같지만 어긋나는 것이 아니다. 그것은 자연히 살아가고 자연히 죽으며 자연히 튼튼하게 건사되고 자연히 약하고 시원찮게 되는 것이다. 간혹 삶을 귀중히 여김으로써 삶을 이어가고, 간혹 그것을 천하게 여김으로써 죽게 되기도 하며, 간혹 몸을 사랑함으로써 튼튼하게 건사하게 되고, 간혹 그것을 가벼이 여김으로써 약하고 시원찮아지기도 한다. 이것은 논리에 맞는 말인 것 같으면서도 논리에 맞는 것이 아니다. 이것도 역시 자연히 살아가고 자연히 죽으며 자연히 튼튼하게 건사되고 자연히 약하고 시원찮게 되는 것이다.

육웅鬻熊이 문왕에게 말했다. "목숨은 스스로 길게 가는 것이지 늘여 줄 수 있는 것이 아니며, 스스로 짧게 끝나는 것이지 손상시킬 수 있는 것이 아니다. 사람의 셈으로서는 어떻게 할 수도 없는 것이다."

노자老子가 관윤關尹에게 말했다. "하늘이 미워하는 일에 대해 누가 그 까닭을 알겠는가? 하늘의 뜻에 따라 이로움과 해로움을 헤아려야 한다고들 말하지만 그런 짓은 하지 않는 것이 옳은 일이다."

生非貴之所能存, 身非愛之所能厚.**1** 生亦非賤之所能夭, 身亦非輕之所能薄. 故貴之或不生, 賤之或不死, 愛之或不厚, 輕之或不薄.

此似反**2**也, 非反也. 此自生自死, 自厚自薄. 或貴之而生, 或賤之而死, 或愛之而厚, 或輕之而薄. 此似順**3**也, 非順也. 此亦自生自死, 自厚自薄.

鬻熊**4**語文王曰; 自長, 非所增, 自短, 非所損. 算**5**之所亡, 若何.

老耼語關尹**6**曰; 天之所惡, 孰知其故? 言迎天意, 揣**7**利害, 不如其已.**8**

| 해설 |

여기서도 사람의 살고 병들고 늙고 죽는 것 모두가 운명에 의해 결정되는 자연스러운 것임을 강조한다. 다시 말하면 목숨이 길어지는 것이나 짧아지는 것이 모두가 자연스러운 운명이라는 것이다. 운명은 미리 추측하거나 따질 수 없는 것이다. 그저 되어 가는 대로 자연에 맡겨 버리는 게 상책이라는 것이다.

---

1 厚(후) : 두터이 하다. 튼튼하게 건사하다. 뒤의 박(薄), 곧 박약하게 한다, 약하고 시원찮게 된다는 것과 반대되는 말이다.

2 反(반) : 논리(論理)에 반대되는 것.

3 順(순) : 논리에 맞는 것.

4 鬻熊(육웅) : 주(周)나라 문왕(文王)의 스승.

5 算(산) : 사람들의 계산. 사람들의 지혜.

6 關尹(관윤) : 주(周)나라 윤희(尹喜). 그는 노자(老子)의 제자로서 도가에 속하는 사람이며 저서로 『관윤자(關尹子)』 한 권이 있었다 한다.

7 揣(췌) : 헤아리다.

8 已(이) : 그만두다. 그대로 자연에 맡기는 것을 뜻한다.

9. 사람들이 모두가 서로 다른 것도 운명이다

양포楊布가 물었다. "여기에 어떤 사람들이 있는데, 나이도 형제처럼 비슷하고 말씨도 형제처럼 비슷하고 재주도 형제처럼 비슷하고 모습도 형제처럼 비슷합니다. 그러나 오래 살고 일찍 죽는 데 있어서는 아버지와 아들 사이처럼 차이가 나고, 귀하고 천한 면에 있어서도 아버지와 아들 사이처럼 차이가 나고, 사람들의 평판에 있어서도 아버지와 아들 사이처럼 차이가 나고, 남에게서 사랑 받고 미움 받는 데 있어서도 아버지와 아들 사이처럼 차이가 납니다. 저는 어찌하여 그렇게 되는지 알 수가 없습니다."

양주가 대답했다. "옛날 사람들이 한 말 중에 내가 일찍부터 기억하고 있는 게 있으니 그것을 너에게 이야기해 주마. 그렇게 되는 까닭을 알지 못하는데도 그렇게 되는 것은 운명이다. 지금 무엇이 어떻게 되고 있는 것인지 잘 알지도 못하는 중에 많은 일들이 연이어 일어나고 있는데, 되어가는 것을 따라 되기도 하고 되어 가지 않는 것을 따라 안 되기도 하며, 날마다 이렇게도 되고 저렇게도 되고 하는데 누가 그 까닭을 알 수가 있겠느냐? 모두가 운명인 것이다.

운명에 자기를 맡기는 사람에게는 오래 살고 일찍 죽는 차이가 없고, 이치에 자기를 맡기는 사람에게는 옳고 그른 차이가 없으며, 마음에 자기를 맡기는 사람에게는 거스르거나 순종하는 차이가 없고, 본성에 자기를 맡기는 사람에게는 편안함과 위태로운 차이가 없다. 곧 이것을 일컬어 완전히 자기를 맡기는 일도 없지만 완전히 자기를 맡기지 않는 일도 없는 것이라 말하는 것이다. 그런 사람은 진실하고도 성실한 사람이다. 어느 곳을 버리고 떠나겠으며 어느 곳으로 찾아가겠는가? 무엇을 슬퍼하고 무엇을 즐거워하겠는가? 무슨 일을 하고 무슨 일을 하지 않겠는가?"

| 원문 |

楊布[1]問曰; 有人於此, 年兄弟也, 言兄弟也, 才兄弟也, 貌兄弟也. 而
壽夭父子也, 貴賤父子也, 名譽[2]父子也, 愛憎父子也. 吾惑之.

楊子[3]曰; 古之人有言, 吾嘗識[4]之, 將以告若. 不知所以然而然, 命也.
今昏昏[5]昧昧,[6] 紛紛[7]若若,[8] 隨所爲,[9] 隨所不爲, 日去日來, 孰能知其故?
皆命也.

夫信[10]命者亡壽夭, 信理者亡是非, 信心者亡逆順, 信性者亡安危. 則
謂之都亡[11]所信, 都亡所不信. 眞矣, 慤[12]矣. 奚去奚就, 奚哀奚樂, 奚爲
奚不爲?

| 해설 |

여기서도 인간 세상의 모든 일은 운명에 의해 되어 가고 있음을 강조했
다. 따라서 사람들은 잡된 마음 없이 참되고 성실하게 운명대로 자연을

---

1 楊布(양포) : 앞에 보인 양주(楊朱)의 동생.

2 名譽(명예) ; 세상 사람들의 평판.

3 楊子(양자) : 양주(楊朱)를 높여서 부른 말.

4 識(지) : 기억하다. 기록하다.

5 昏昏(혼혼) : 어두운 모양. 무엇인지 잘 모르는 모양.

6 昧昧(매매) : 애매한 모양. 무슨 일인지 잘 모르는 모양.

7 紛紛(분분) : 수가 많은 모양. 많은 일이 일어나는 모양.

8 若若(약약) : 물건이 끊임없이 움직이고 있는 모양. 끊임없이 일이 생기는 모양.

9 隨所爲(수소위) : 되어 가는 일을 따라 되는 것. 자연히 되어 가는 것.

10 信(신) : 자신을 맡기다. 믿고 그대로 따르다.

11 都亡(도무) : 전혀 ……이 없는 것.

12 慤(각) : 정성스러운 것. 성실한 것.

따라 살아가야 한다는 것이다. 모든 것을 운명 또는 자연에 맡김으로써 사람들이 지니는 어려움이나 고뇌로부터 벗어날 수가 있다.

10. 지극한 사람의 모습

황제黃帝의 책에 씌어 있다. "지극한 사람은 가만히 있으면 죽은 것과 같고 움직이는 것은 기계와 같다. 또한 가만히 있는 까닭을 알지 못하지만 역시 가만히 있지 않는 까닭도 알지 못한다. 움직이는 까닭도 알지 못하지만 움직이지 않는 까닭도 알지 못한다. 여러 사람들이 본다고 하더라도 그의 감정이나 모습을 바꾸지 않는다. 여러 사람들이 보지 않는다 하더라도 그의 감정이나 모습을 바꾸지 않는 일도 없다. 홀로 갔다 홀로 오며 홀로 나갔다가 홀로 들어오는데, 누가 그를 방해할 수 있겠는가?"

| 원문 |

黃帝之書云; 至人居若死, 動若械.**1** 亦不知所以居, 亦不知所以不居. 亦不知所以動, 亦不知所以不動. 亦不以衆人之觀, 易其情貌, 亦不謂衆人之不觀, 不易其情貌. 獨往獨來, 獨出獨入, 孰能礙**2**之.

| 해설 |

여기에서는 황제의 책을 인용하여 도에 통한 '지극한 사람'의 경지를 이

---

1 械(계) : 틀. 기계. 기계처럼 마음을 두지 않고 움직임을 뜻한다.
2 礙(애) : 막다. 방해하다.

야기하고 있다. 지극한 사람은 운명과 자연의 추이를 이해하기 때문에 전혀 자기의 마음이나 감정을 쓰는 법 없이 자연스럽게 살아간다. 그의 생활은 바로 자연 변화의 일부분이 되고 있는 것이다.

11. 운명을 따르는 사람들

묵니墨尿와 선질單至과 천훤嘽唗과 별부憋憋의 네 사람은 함께 어울려 세상에 노닐었지만, 서로 자기의 뜻을 따르기만 하여 여러 해가 지나도 상대방의 진정을 알지 못했다. 모두 자기 자신의 지혜가 가장 깊다고 생각했기 때문이었다.

교녕巧佞과 우직愚直과 악착婗矷과 편벽便闢의 네 사람은 함께 어울려 세상에 노닐었지만, 서로 자기의 뜻을 따르기만 하고 여러 해가 지나도록 서로의 재주를 이야기하지 않았다. 모두 자기 자신의 재주가 가장 미묘하다고 생각했기 때문이었다.

교가謬忏와 정로情露와 건극謇悂과 능줄淩誶의 네 사람은 함께 어울려 세상에 노닐었지만, 서로 자기의 뜻을 따르기만 하며 여러 해가 지나도록 서로를 이해하지 못했다. 모두 자기 자신이 가장 큰 재능을 지니고 있다고 생각했기 때문이었다.

면전眠娗과 추위諿諉와 용감勇敢과 겁의怯疑의 네 사람은 함께 어울려 세상에 노닐었지만, 서로 자기의 뜻을 따르기만 하여 여러 해가 지나도록 서로 잘못을 들어 책하는 일이 없었다. 모두 자기 자신의 행동이 가장 사리에 어긋남이 없다고 생각했기 때문이었다.

다우多偶와 자전自專과 승권乘權과 척립隻立의 네 사람은 함께 어울려 세상에 노닐었지만 서로 자기의 뜻을 따르기만 하여 여러 해가 지나도록 서로 돌아보는 일이 없었다. 모두 자기 자신이 가장 시국에 들어맞는다고 생각했기 때문이었다.

이러한 여러 가지 모습은 그 모양이 똑같지는 않지만, 모두가 도를 따라서 운명을 받아들이고 있는 사람들이다.

| 원문 |

墨㞙,[1] 單至,[2] 嘽咺[3] 憋懯,[4] 四人相與遊於世, 胥如志[5]也, 窮年[6]不相知情, 自以智之深也.

巧佞,[7] 愚直,[8] 婩斫,[9] 便辟,[10] 四人相與遊於世, 胥如志也, 窮年不相語術, 自以巧之微也.

𤝞忓,[11] 情露,[12] 謇極,[13] 凌誶,[14] 四人相與遊於世, 胥如志也, 窮年不相曉悟,[15] 自以爲才之得也.

眠娗,[16] 諈諉,[17] 勇敢,[18] 怯疑,[19] 四人相與遊於世, 胥如志也, 窮年不

---

1 墨㞙(묵치) : 말없이 잘 속이는 건달 같은 자들을 대표하는 사람.
2 單至(선질) : 행동이 경박한 자들을 대표하는 사람.
3 嘽咺(천훤) : 성질이 느슨한 자들을 대표하는 사람.
4 憋懯(별부) : 성질이 다급한 자들을 대표하는 사람.
5 胥如志(서여지) : 서로 자기 뜻을 따랐다. 모두 자기 뜻대로 행동했다는 뜻.
6 窮年(궁년) : 여러 해가 지나도록.
7 巧佞(교녕) : 간사한 자들을 대표하는 사람.
8 愚直(우직) : 어리석게 곧기만 한 자들을 대표하는 사람.
9 婩斫(악착) : 행동이나 모양이 엄격한 자들을 대표하는 사람.
10 便辟(편벽) : 남의 비위를 잘 맞추는 자들을 대표하는 사람.
11 𤝞忓(교가) : 엎드려 기는 것 같은 자들을 대표하는 사람.
12 情露(정로) : 감정을 숨김없이 드러내는 솔직한 자들을 대표하는 사람.
13 謇極(건극) : 성급하여 말을 더듬는 자들을 대표하는 사람.
14 凌誶(능줄) : 남을 업신여기며 책망하기 잘하는 자들을 대표하는 사람.
15 曉悟(효오) : 이해하고 깨닫는 것.
16 眠娗(면전) : 남을 가벼이 여기고 조롱을 잘 하는 자들을 대표하는 사람.

相謫發,**20** 自以行無戾**21**也.

多偶,**22** 自專,**23** 乘權,**24** 隻立,**25** 四人相與遊於世, 胥如志也, 窮年不相顧眄,**26** 自以時之適也.

此衆態也, 其貌不一, 而咸之於道, 命所歸也.

| 해설 |

여기에서 여러 가지 성격과 행동이 다른 자들을 보기로 들면서 이런 여러 사람들이 세상에서 서로 어울려 그럭저럭 살아가고 있음을 설명한 것이다. 이처럼 여러 가지 다른 성격과 재주를 지닌 사람들이 세상에 어울려 잘 사는 것은 모두가 운명에 의해 자연스럽게 움직여져 가고 있기 때문이라는 것이다.

12. 운명을 따르면 자연스러워진다

거의 이루어졌다는 것은 이루어진 것 같아도 처음부터 이루어진 게 아니다. 거의 실패하고 있는 것은 실패한 것 같아도 처음부터 실패한

---

17 諈諉(추위) : 일을 남에게 미루어 폐를 잘 끼치는 자들을 대표하는 사람.
18 勇敢(용감) : 용감한 자들을 대표하는 사람.
19 怯疑(겁의) : 겁 많고 의심 많은 자들을 대표하는 사람.
20 謫發(적발) : 남의 잘못을 드러내어 책하는 것.
21 戾(려) : 사리에 어긋나는 것.
22 多偶(다우) : 여러 사람들과 잘 어울리는 자들을 대표하는 사람.
23 自專(자전) : 자기 혼자 멋대로 행동하는 자들을 대표하는 사람.
24 乘權(승권) : 권세를 이용하기 잘하는 자들을 대표하는 사람.
25 隻立(척립) : 독립 정신이 강한 자들을 대표하는 사람.
26 顧眄(고면) : 돌보아 주는 것.

게 아니다. 그러므로 미혹됨은 비슷한 것에서 생겨나는 것이다. 비슷한 것들의 한계는 애매하기 때문이다. 비슷한 것들이 애매하지 않다면 곧 밖으로부터 오는 환난에도 놀라지 않고, 안에 생긴 행복에도 기뻐하지 않을 것이다. 때에 따라 움직이고 때에 따라 멎게 되는 것이니, 지혜를 가지고도 알 수가 없는 것이다.

운명을 믿는 사람은 남과 자기 일을 막론하고 무슨 일에나 두 가지 다른 마음이 없다. 남과 자기 일에 있어 두 가지 다른 마음을 가지고 있는 사람은, 눈을 가리고 귀를 막고 있는 편이 좋을 것이다. 언덕을 등지고 도랑을 앞에 두고 있다 해도 반드시 떨어지거나 넘어지는 것은 아니다. 그러므로 속담에 "죽음과 삶은 자신의 운명이며 가난하고 궁해지는 것도 자신의 때에 따라 생기는 것이다"라고 했다. 일찍 죽는 것을 원망하는 사람은 운명을 알지 못하는 자이다. 가난하고 궁한 것을 원망하는 사람은 때를 알지 못하는 자이다. 죽임을 당해도 두려워하지 않고, 궁지에 몰려도 슬퍼하지 않는 것은 운명을 알고 때에 대하여 편한 마음을 지녔기 때문이다.

만약 지혜가 많은 사람으로 하여금 이롭고 해로운 것을 헤아리고 텅 빈 것과 꽉 찬 것을 따지며 사람들의 감정을 돌보게 한다 하더라도 얻는 것은 반반이려니와 잃는 것도 반반일 것이다. 만약 지혜가 적은 사람으로 하여금 이로움과 해로움을 헤아리지 않고 텅 빈 것과 꽉 찬 것을 따지지 않으며 사람들의 감정을 돌보지 않게 한다 하더라도 역시 얻는 것은 반반이려니와 잃는 것도 반반일 것이다. 헤아리고 헤아리지 않는 것과 따지고 따지지 않는 것과 돌보고 돌보지 않는 것이 무엇이 다른가? 오직 헤아리는 것도 없고 헤아리지 않는 것도 없으면 곧 완전해져 잃는 게 없게 될 것이다. 또한 완전한 것도 알 수 있는 것이 아니고 잃는 것도 알 수 있는 것이 아니다. 스스로 완전해지고 스스로 없게 되며 스스로 잃게 되는 것이다.

| 원문 |

俋俋[1]成者, 俏[2]成也, 初非成也. 俋俋敗也, 俏敗者也, 初非敗也. 故迷生於俏, 俏之際, 昧然. 於俏而不昧然, 則不駭外禍,[3] 不喜內福, 隨時動, 隨時止, 智不能知也.

信命者, 於彼我[4]無二心. 於彼我而有二心者, 不若揜[5]目塞耳, 背阪面隍,[6] 亦不墜仆[7]也. 故曰; 死生自命也, 貧窮自時也. 怨天折者, 不知命者也. 怨貧窮者, 不知時者也. 當死不懼, 在窮不戚,[8] 知命安時也.

其使多智之人, 量利害, 料虛實, 度人情, 得亦中,[9] 亡亦中. 其少智之人, 不量利害, 不料虛實, 不度人情, 得亦中, 亡亦中. 量與不量, 料與不料, 度與不度, 奚以異? 唯亡所量, 亡所不量, 則全而亡喪. 亦非知全, 亦非知喪, 自全也, 自亡也, 自喪也.

| 해설 |

자연의 운명은 사람의 힘으로서는 어찌할 수도 없는 절대적인 것이다.

---

1 俋俋(궤궤) : 근근히. 거의. 거의 일이 다 된 모양.

2 俏(초) : 닮음. 비슷함.

3 不駭外禍(불해외화) : 밖으로부터 오는 화난에 놀라지 않는다. 뒤의 '불희내복(不喜內福)'과 함께 운명에 따라 유유히 살아가는 모양을 쓴 것이다. 운명에 자기를 맡겨 두면 불행과 행복을 초월할 수 있다.

4 彼我(피아) : 남과 자기, 불행과 행복, 이익과 손해 등.

5 揜(암) : 손으로 가리는 것.

6 隍(황) : 성 둘레에 깊이 판 물이 없는 해자.

7 仆(부) : 엎어지다. 넘어지다.

8 戚(척) : 슬퍼하다. 근심하다.

9 中(중) : 중간. 반(半). 얻는 것과 잃는 것이 반반이라는 뜻임.

따라서 사람들은 모든 이해관계와 옳고 그른 문제를 떠나서 오직 운명을 따라 되는 대로 살아가야 한다는 것이다. 아무런 의식적인 행동이나 욕망의 추구 없이 자기를 자연에 내맡길 수 있는 사람이 가장 훌륭한 사람이라는 것이다.

13. 죽음을 슬퍼한 임금

　제齊나라 경공景公이 우산牛山에 놀러 갔다가 북쪽으로 그의 나라 성을 바라보고 눈물을 흘리면서 말했다. "아름답도다, 나의 나라여! 초목은 울창하고 싱싱한데 어찌하여 훨훨 이 나라를 떠나 죽어야만 하는가? 만약 옛날부터 죽음이란 것이 없었다면 내가 이곳을 떠나 어디로 가게 되겠는가?"

　사공史孔과 양구거梁丘據도 모두 따라 울면서 말했다. "저희들은 임금님 덕분에 거친 음식과 나쁜 고기라도 얻어먹고 있고, 아둔한 말과 작은 수레라도 얻어 타고 다니고 있습니다. 그런데도 죽기 바라지 않고 있거늘 하물며 임금님께서야 어떠하시겠습니까?"

　안자晏子만이 곁에서 홀로 웃고 있었다.

　경공은 눈물을 닦고 안자를 돌아보며 말했다.

　"나는 오늘 노는 것도 슬퍼하고 있고 사공과 양구거도 모두 나를 따라 울고 있는데 그대는 웃고 있으니 어찌 된 일이오?"

　안자가 대답했다. "현명한 분들로 하여금 언제까지나 이 나라를 지키게 했더라면, 곧 태공이나 환공이 영원히 이 나라를 지키고 계실 것입니다. 용기 있는 분들로 하여금 언제까지나 이 나라를 지키게 했더라면 곧 장공과 영공이 영원히 이 나라를 지키고 계실 것입니다. 이런 몇몇 임금들이 이 나라를 지키신다면 저희 임금님께서는 지금 도롱이 입고 삿갓을 쓰고 밭이랑 가운데 서서 그저 일만을 하고 계실 것인데, 무슨 틈이 있어 죽음을 생각하셨겠습니까? 그렇다면 임금님께서 또 어찌 이 임금 자리에 계실 수 있겠습니까? 그러나 번갈아가며 그 자리에 오르고 번갈아가며 그 자리를 떠나게 되어 있기 때문에 임금님께 차례가 돌아왔던 것입니다. 그런데도 홀로 그 때문에 눈물을 흘리고 계시는 것은 어질지 못한 일입니다. 어질지 못한 임금님을 뵙고 있고 아첨하는 신하들을 보고 있습니다. 제가 이런 두 가지 사람들을 발견한 것이 제가 홀로 웃었던 까닭입니다."

경공은 부끄러워하면서 술잔을 들어 자기 자신이 벌주를 마시고, 두 신하들에게는 각각 두 잔씩 벌주를 마시게 했다.

| 원문 |

齊景公遊於牛山,**1** 北臨其國城而流涕曰; 美哉國乎! 鬱鬱**2**芊芊,**3** 若何滴滴,**4** 去此國而死乎? 使古無死者, 寡人將去斯而之何?

史孔**5**梁丘據, 皆從而泣曰; 臣賴君之賜, 疏食惡肉, 可得而食, 駑馬**6**稜車,**7** 可得而乘也. 且猶不欲死, 而況吾君乎?

晏子獨笑於旁.

---

1 牛山(우산) : 제나라에 있던 산 이름.
2 鬱鬱(울울) : 나무가 무성한 모양.
3 芊芊(천천) : 나무가 싱싱하게 자란 모양.
4 滴滴(적적) : 떠나가는 모양. 훨훨, 훌쩍.
5 史孔(사공) : 양구거(梁丘據)와 함께 제나라 경공의 신하 이름.
6 駑馬(노마) : 둔한 말.
7 稜車(능거) : 능(稜)은 잔(棧)으로 씀이 옳으며(張湛 注), 잔거(棧車)는 나무를 엮어 짠 작은 수레.

公雪[8]涕而顧晏子[9]曰; 寡人今日之遊悲, 孔與據皆從寡人而泣, 子之獨笑何也?

晏子對曰; 使賢者常守之,[10] 則太公桓公將常守之矣, 使有勇者而常守之, 則莊公靈公將常守之矣. 數君者將守之, 吾君方將被簑笠[11]而立乎畝畝[12]之中, 唯事之恤,[13]行假[14]念死乎? 則吾君又安得此位而立焉? 以其迭處之, 迭去之, 至於君也. 而獨爲之流涕, 是不仁也. 見不仁之君, 見諂諛[15]之臣, 臣見此二者, 臣之所爲獨竊笑也.

景公慙[16]焉, 擧觴[17]自罰, 罰二臣者, 各二觴焉.

| 해설 |

사람이 죽고 사는 것은 물론 어떤 사람이 임금 자리에 올라가고 물러나고 하는 것도 모두가 운명이다. 제나라 경공이 임금 자리를 버려두고 죽는 게 슬퍼서 울었다는 것은 그러한 이치를 몰랐기 때문이다. 운명의 순환 때문에 자기는 임금이 되었는데 다만 자기가 죽는 것만을 슬퍼하는 것은 이치로 말하더라도 자기만을 생각하는 어질지 못한 생각이다. 사람은

---

8 雪(설) : 닦다.

9 晏子(안자) : 이름은 안영(晏嬰), 시호는 평(平), 자는 중(仲). 그는 제나라 영공(靈公)·장공(莊公)·경공(景公)의 3대를 재상으로 섬겨 제나라를 부강케 한 명정치가임. 『안자춘추(晏子春秋)』는 그가 편찬한 책이라 한다.

10 常守之(상수지) : 이 나라를 언제까지라도 지키게 한다면.

11 簑笠(사립) : 도롱이와 삿갓. 도롱이와 삿갓을 쓰고 있다는 것은 농부가 되었음을 뜻하는 말이다.

12 畝畝(견묘) : 밭두덩과 이랑.

13 唯事之恤(유사지휼) : 오직 농사일이나 돌보고 있다는 뜻.

14 行假(행가) : 하하(何暇)로 씀이 옳으며 '무슨 겨를이 있겠느냐?'의 뜻.

15 諂諛(첨유) : 아첨을 하는 것.

16 慙(참) : 부끄러워하다.

17 觴(상) : 술잔.

자연스런 운명에 모든 것을 맡겨야 한다는 것이다.

14. 아들의 죽음도 운명

위魏나라 사람에 동문오東門吳란 자가 있었는데, 그의 자식이 죽어도 근심조차 하지 않았다. 그의 집지기가 말했다. "공께서 사랑하는 아드님은 세상에 둘도 없는 분입니다. 지금 아드님이 죽었는데도 걱정도 안하시니 어찌된 일입니까?"

동문오가 말했다. "나는 언제나 자식이 없었네. 자식이 없을 적에는 근심도 없었네. 지금 자식이 죽었으니 곧 전의 자식이 없을 때와 같게 된 걸세. 내가 어째서 근심을 하겠는가?"

농사는 때에 맞추어야 하고 장사는 이익을 좇아야 되고 공업은 기술을 따라야 하고 벼슬살이는 시세를 좇아야 하는데 형세가 그렇게 만드는 것이다. 그런데 농사짓는 데는 홍수와 가뭄이 있고, 장사하는 데는 이익과 손해가 있으며, 공업에는 성공과 실패가 있고, 벼슬살이에는 능력을 인정받고 못 받는 수가 있는데, 운명이 그렇게 만드는 것이다.

| 원문 |

魏人有東門吳者, 其子死而不憂. 其相室[1]曰; 公之愛子, 天下無有. 今子死不憂. 何也?

---

1 相室(상실) : 집안일을 도맡아 처리하는 사람. 집지기.

東門吳曰; 吾常無子, 無子時不憂. 今子死, 乃與嚮無子同. 巨奚憂
焉?

農赴時, 商趣利, 工追術, 仕[2]逐勢, 勢使然也. 然農有水旱, 商有得
失, 工有成敗, 仕有遇否, 命使然也.

| 해설 |

이 대목은 짧기는 하지만 내용이 둘로 나누어진다. 앞에서는 자식의 죽
음까지도 자연의 운명으로 받아들이고 걱정하지 않는 동문오의 이야기를
하고 있고, 끝머리에서는 이 세상 모든 일이 운명에 의해 좌우된다는 결
론을 내리고 있다.

이러한 숙명론은 묵자墨子가 공격했듯이 사람들의 의욕을 죽이고 맥이
빠져 노력을 하지 않게 함으로써 무력하고 소극적인 인간으로 만드는 작
용을 하기도 한다. 숙명론은 스스로 이 세계에 있어서의 자유로운 인간의
존재를 부정하는 결과를 가져오기 때문에 오히려 자연 앞에 자유롭지 못
하고 소극적인 인간이 되는 것이다. 바로 이러한 데서 동양 사회의 소극
성이 싹텄다고 볼 수도 있을 것이다.

---

2 仕(사) : 벼슬살이 하는 것.

제7편

양주는 어떤 사상가인가?

楊朱

이 편에서는 자기의 몸에서 터럭 하나를 뽑아서 온 천하를 이롭게
할 수 있다 하더라도 그런 짓은 하지 않아야 된다고 주장하며 극단적
으로 자기 자신만을 위하려는 양주(楊朱)의 여러 가지 모습을 소개하
고 있다. 양주의 자기만을 위하면 된다는 사상을 열자는 결국은 의식
적인 행동은 하지 말아야 한다는 자기의 생각과 합치된다고 생각했던
것 같다. 사람들은 헛된 명예나 이익을 좇고 있지만 이것도 모두 자기
의 일신을 보전하는 데 있어서는 올바른 길이 되지 못한다는 것이다.
사람들의 명예나 욕망의 추구 또는 목숨이 길고 짧은 것 같은 일에 구
애됨이 없이 자유로이 자기 본성과 감정을 따라 즐거운 생활을 보내야
한다는 게 양주의 인생관이다. 한편 이곳의 내용을 음미해 보면 열자
는 양주의 사상을 빌려 자신의 주장을 드러내려고 한 것도 같다.

1. 이 세상에서 명예란 어떤 것인가?

양주가 노魯나라를 유람하다가 맹씨 댁에 묵었다. 맹씨가 물었다.
"사람이면 그뿐인데 사람들은 무엇 때문에 명예를 좇습니까?"
"명예를 좇는 것은 부유해지기 위해서지요."
"부유해진 뒤에도 어찌하여 그만두지 않습니까?"
"출세하기 위해서지요."
"출세 한 다음에도 어찌하여 그만두지 않습니까?"
"죽음 때문이지요."
"죽으면 그만인데 무엇을 위한다는 것입니까?"
"자손들을 위하는 거지요."
"명예가 자손들에게 무슨 이익이 됩니까?"
"명예를 얻자면 반드시 그의 몸을 괴롭히고 그의 마음을 태워야 되는 것이지만, 그 명예를 누린 사람은 혜택이 집안사람들에게까지 미치고 그 이익은 고을 사람들과도 함께 누리게 되는데, 하물며 자손들이야 더 말할 게 있겠습니까?"
"모든 명예를 좇는 사람은 반드시 깨끗이 살아야 하는데, 깨끗이 살면 가난해집니다. 명예를 좇는 사람은 반드시 남에게 사양을 해야 하는데, 사양을 계속 하면 남보다 지위가 낮아집니다.
듣건대 관중管仲은 제齊나라의 재상 노릇을 하면서 임금이 음탕하면 자기도 음탕하게 행동하고 임금이 사치스러우면 자기도 사치를 했다 합니다. 임금과 뜻도 서로 잘 맞고 말하는 대로 모든 일이 척척 되어 그의 방식대로 나라가 움직여지고 나라는 다른 제후들의 나라보다 강하게 되었습니다. 죽은 뒤에는 그러나 관씨일 따름입니다.
전씨田氏들은 제나라의 재상 노릇을 하면서 임금이 지나친 짓을 할 때 자기는 겸손하게 행동하고 임금이 재물을 거두어들일 때 자기는 재물을 나누어 주어 백성들은 모두가 그를 따르게 되었습니다. 그 때문에 제나라를 차지하게 되었고 자손들은 그것을 누려 지금까지도 끊이지 않고 있습니다. 그러니 실제의 명예는 가난하게 해주고 가짜 명예는 부유하게 해주는 것입니다."

"실속이 있는 명예란 없는 것이고, 명예에는 실속이 없는 것이지요. 명예란 것은 거짓일 따름입니다. 옛날 요堯임금과 순舜임금은 거짓으로 천하를 허유許由와 선권善卷에게 사양함으로써, 천하를 잃지 아니하고 백 년의 권세를 누렸습니다. 백이伯夷와 숙제叔齊는 실제로 아버지 고죽군孤竹君을 위해 서로 사양하다가 끝내는 그 나라를 망치고 수양산首陽山에서 굶어 죽었습니다. 실제와 가짜의 분별은 이와 같이 잘 살펴야 하는 것입니다."

| 원문 |

楊朱遊於魯, 舍於孟氏. 孟氏問曰; 人而已[1]矣, 奚以名爲?

曰; 以名者爲富.

旣富矣, 奚不已焉?

曰; 爲貴.

旣貴矣, 奚不已焉?

曰; 爲死.

旣死矣, 奚爲焉?

曰; 爲子孫.

---

1 人而已(인이이) : 사람일 따름. 사람으로서 살면 그뿐.

名奚益於子孫?

曰; 名乃苦其身, 燋**²**其心, 乘其名者, 澤及宗族, 利兼鄕黨, 況子孫乎?

凡爲名者必廉.**³** 廉斯貧. 爲名者必讓, 讓斯賤.

曰; 管仲之相齊也, 君淫亦淫, 君奢亦奢, 志合言從, 道行國覇. 死之後, 管氏而已.

田氏**⁴**之相齊也, 君盈則已降, 君斂**⁵**則已施, 民皆歸**⁶**之, 因有齊國. 子孫享之, 至今不絶. 若實名貧, 僞名富.

曰; 實無名, 名無實. 名者僞而已矣. 昔者, 堯舜僞以天下讓許由**⁷**善卷, 而不失天下, 享祚**⁸**百年. 伯夷**⁹**叔齊, 實以孤竹君讓, 而終亡其國, 餓死於首陽之山. 實僞之辯, 如此其省**¹⁰**也.

| 해설 |

세상의 명예는 이로운 것이지만, 사실은 이 세상의 모든 명예는 거짓된

---

2 燋(초) : 태우다. 애태우다.

3 廉(렴) : 결렴(潔廉)하다. 깨끗이 살다.

4 田氏(전씨) : 제나라의 임금 자리를 빼앗은 전항(田恒)의 집안.

5 斂(렴) : 세금이나 재물을 거두어들이는 것.

6 歸(귀) : 마음이 그에게로 돌아가는 것.

7 許由(허유) : 선권(善卷)과 함께 요임금과 순임금 시대의 어진 사람.

8 享祚(향조) : 나라의 권세를 누리는 것.

9 伯夷(백이) : 상(商)나라 고죽군(孤竹君) 묵태초(墨胎初)의 아들. 고죽군은 죽기 전에 아우인 숙제(叔齊)가 임금 자리에 오르도록 유언을 했다. 고죽군이 죽은 뒤 숙제가 사양하자, 백이는 "아버지의 명이다"라고 말하면서 스스로 나라를 떠나 도망쳐 버렸다. 숙제도 자기 형이 임금이 되어야 한다고 생각하고는 동시에 도망쳐 버렸다. 그리고 뒤에 이들 형제는 주(周)나라 무왕(武王)이 상나라 주(紂)왕을 쳐부수자 주나라 곡식을 먹을 수 없다 하고 수양산(首陽山)으로 들어가 고사리를 뜯어먹고 지내다가 굶어 죽었다 한다.

10 省(성) : 잘 살펴야 한다. 성찰(省察)의 뜻.

마음으로부터 나온다는 것이다. 따라서 명예는 이로운 것이기는 하지만 존중하고 애써 추구할 것은 못된다는 것이다.

2. 인생은 짧다, 자연스럽게 살라

양주가 말했다. "백 년이란 사람의 목숨의 최대 한계여서, 백 년을 사는 사람은 천 명에 하나 꼴도 안 된다. 설사 한 사람이 있다 하더라도 어려서 엄마 품에 안겨 있던 때와 늙어서 힘없는 때가 거의 그의 삶의 반을 차지할 것이다. 밤에 잠잘 때 활동이 멈춰진 시간과 낮에 깨어 있을 때 헛되이 잃는 시간이 또 거의 그 나머지 삶의 반을 차지할 것이다. 아프고 병들고 슬퍼하고 괴로워하며 자기를 잃고 근심하고 두려워하는 시간이 또 거의 그 나머지 삶의 반은 될 것이다.

십수 년 동안을 헤아려 보건대 즐겁게 만족하면서 작은 걱정도 없는 때는 또 한시도 없는 것이다. 그러니 사람은 살면서 무엇을 해야 하는가? 무엇을 즐겨야 하는가? 맛있는 음식과 좋은 옷을 입고 음악과 미인을 즐겨야 한다. 그러나 맛있는 음식과 좋은 옷은 또 언제나 만족을 느낄 수가 없는 것이며 미인과 음악은 언제나 데리고 놀며 들을 수도 없는 것이다. 그리고 또 형벌과 상에 의해 금해지기도 하고 권장되기도 하며, 명예와 법에 의해 나아가게도 되고 물러나게도 되어, 황망히 한때의 헛된 영예를 다투면서 죽은 뒤에 남는 영광을 위해 우물쭈물 귀와 눈으로 듣고 보는 것을 삼가고, 자기 자신의 뜻에 딸아 옳고 그른 생각을 애석히 여겨 공연히 좋은 시절의 지극한 즐거움을 잃으면서 한시도 자기 마음대로 행동하지 못한다. 형틀에 매어 있는 중죄수와 무엇이 다른가?

태곳적 사람들은 사람의 삶이란 잠시 와 있는 것임을 알았고 죽음은 잠시 가버리는 것임을 알고 있었다. 그러므로 마음을 따라 움직이면서 자연을 어기지 아니하고 그가 좋아하는 것이 몸의 즐거움에 합당한 것이면 피하지 않았다. 그러므로 그것은 명예로도 권장할 수 있는 일이 아니었고 본성을 따라 노닐며 만물이 좋아하는 일을 거스르지 않고, 죽은 뒤의 명예는 추구하지 않았다. 그러므로 그러한 삶은 형벌로써도 어찌 하는 수가 없었다. 명예에 앞세우고 뒤로 미루는 것과 오래 살고 짧게 사는 일에 대해 헤아리는 일이 없었다."

| 원문 |

楊朱曰; 百年壽之大齊,[1] 得百年者, 千無一焉. 設有一者, 孩抱[2]以逮[3]昏老,[4] 幾[5]居其半矣. 夜眠之所弭,[6] 晝覺之所遺, 又幾居其半矣. 痛疾哀苦, 亡失憂懼, 又幾居其半矣.

量十數年之中, 逌然[7]而自得, 亡介焉[8]之慮者, 亦亡一時之中爾. 則人之生也奚爲哉? 奚樂哉? 爲美厚爾, 爲聲色爾. 而美厚復[9]不可常厭足,[10] 聲色不可常翫聞,[11] 乃復爲刑賞之所禁勸, 名法之所進退, 遑遑爾[12]競一

---

1 大齊(대제) : 대한(大限). 최대 한계(最大限界).
2 孩抱(해포) : 어릴 적에 아무것도 모르고 어머니 품에 안겨 있는 것.
3 逮(체) : 이르기까지.
4 昏老(혼로) : 늙어서 제대로 활동을 못하는 때.
5 幾(기) : 거의.
6 弭(미) : 그치다. 멈추다. 생명 활동을 중지하다.
7 逌然(유연) : 즐거운 모양.
8 介焉(개언) : 작은. 미세(微細)한.
9 美厚(미후) : 맛있는 음식을 먹고 좋은 옷을 입는 것.
10 厭足(염족) : 만족하는 것.
11 翫聞(완문) : 미인들을 데리고 놀고 음악을 들으며 즐기는 것.

時之虛譽, 規¹³死後之餘榮, 偁偁爾¹⁴愼耳目之觀聽, 惜身意之是非, 徒
失當年之至樂, 不能自肆¹⁵於一時. 重囚纍桍,¹⁶ 何以异¹⁷哉?

太古之人, 知生之暫來, 知死之暫往. 故從心而動, 不違自然. 所好當
身之娛, 非所去也. 故不爲名所勸, 從性而遊, 不逆萬物所好, 死後之
名, 非所取也. 故不爲刑所及. 名譽先後, 年命多少, 非所量也.

| 해설 |

사람의 일생은 짧다. 그리고 사람이 살다 보면 그나마도 근심, 걱정과
슬픔, 괴로움 등이 그 태반을 차지한다. 그런데도 사람들은 헛되이 명예
를 생각하며 자기의 목숨은 물론 죽은 뒤의 일까지도 걱정한다. 이것은
모두 쓸데없는 걱정이다. 여기에서는 양주의 말을 빌려 사람의 삶과 죽음
이 자연현상인 이상 사람의 생활도 그에 따라 자연스러워야 한다. 자기
뜻대로 자기 욕망을 자연스럽게 추구하며 살 줄 알아야 한다. 명예나 목
숨 같은 것은 염두에 둘 필요조차도 없다는 것을 강조하고 있다.

3. 삶을 자연스럽게 즐겨라

양주가 말했다. "만물이 서로 다른 것은 삶이요, 서로 같은 것은 죽

---

12 遑遑爾(황황이) : 황급히. 바쁘게 움직이는 모양.

13 規(규) : 도모하다. 획책하다.

14 偁偁爾(우우이) : 우물쭈물하는 모양. 주저하는 모양.

15 自肆(자사) : 자기 뜻대로 자유롭게 행동하는 것.

16 纍桍(유곡) : 형틀에 매여 있는 것. 묶이고 수갑 채인 것.

17 异(이) : 이(異)의 옛 글자. 다르다는 뜻.

음이다. 살아서는 현명하고 어리석은 차이와 출세하고 천한 자리에 있는 차이가 있으니 이것이 서로 다른 점이다. 죽어서는 썩어서 냄새 나며 소멸되어 버리니 이것이 서로 같은 점이다.

비록 그렇다 하더라도 현명하고 어리석은 것과 출세하게 되고 천한 자리에 있게 되는 것은 능력으로 그렇게 되는 것이 아니며, 썩어서 냄새나고 없어져 버리는 것도 역시 능력으로 그렇게 되는 일이 아니다. 그러므로 삶도 살고자 하여 사는 게 아니고 죽음도 죽고자 하여 죽는 게 아니며, 현명함도 현명하고자 하여 그렇게 되는 것이 아니고 어리 석음도 어리석고자 하여 그렇게 되는 것이 아니며, 출세하는 것도 출 세하고자 하여 그렇게 되는 것이 아니고 천한 자리에 있게 되는 것도 천한 자리에 있고자 하여 그렇게 되는 것이 아니다. 따라서 만물은 똑 같이 살고 똑같이 죽으며 똑같이 현명하고 똑같이 어리석으며 똑같이 출세하게 되고 똑같이 천한 자리에 있게 되는 것이다.

십 년 만에 죽어도 역시 죽는 것이요, 백 년 만에 죽어도 역시 죽는 것이다. 어진 사람과 성인도 역시 죽게 되고 흉악한 자와 어리석은 자 도 역시 죽게 된다. 살아서는 요堯임금이나 순舜임금 같은 훌륭한 임 금도 죽어서는 썩은 뼈만 남는다. 살아서는 걸桀왕이나 주紂왕 같은 포악한 임금도 죽어서는 썩은 뼈가 된다. 썩은 뼈만 남게 되는 점에 있어서는 한가지인데 누가 그 다른 점을 알겠는가? 그러니 현재의 삶 을 즐겨야지 어찌 죽은 뒤의 일을 걱정할 겨를이 있겠는가?"

| 원문 |

楊朱曰: 萬物所異者, 生也, 所同者, 死也. 生則有賢愚貴賤, 是所異 也, 死則有臭腐[1]消滅, 是所同也.

雖然, 賢愚貴賤, 非所能也, 臭腐消滅, 亦非所能也. 故生非所生,[2] 死非所死, 賢非所賢, 愚非所愚, 貴非所貴, 賤非所賤. 然而萬物齊生齊死, 齊賢齊愚, 齊貴齊賤.

十年亦死, 百年亦死. 仁聖亦死, 凶愚亦死. 生則堯舜, 死則腐骨, 生則桀紂,³ 死則腐骨. 腐骨一矣, 孰知其異? 且趣當生,⁴ 奚遑⁵死後.

| 해설 |

사람이란 못났건 잘났건 누구나 결국은 죽고 만다. 그러니 너무 살아 있는 동안의 명예나 이익 같은 것을 따지지 말고 자연스럽게 되는 대로 즐겨야만 한다는 것이다. 이것은 숙명론宿命論에다가 쾌락주의快樂主義를 합쳐 놓은 주장이다.

4. 자기 욕망을 억제하는 어리석은 자

양주가 말했다. "백이伯夷는 욕망이 없었던 게 아니다. 깨끗한 몸가짐을 지나치게 뽐내다가 굶어 죽기에 이르렀던 것이다. 전계展季는 감정이 없었던 게 아니다. 곧은 정절을 지나치게 뽐내다가 후손이 끊기

---

1 臭腐(취부) : 썩어서 냄새가 나는 것.
2 生非所生(생비소생) : 삶은 살고자 하여 사는 것이 아니다. 따라서 삶이나 죽음, 현명함과 어리석음 등이 모두 자연에 의해 이루어지는 것임을 뜻한다. 곧 이런 것은 모두 운명이라는 뜻이다.
3 桀紂(걸주) : 하(夏)나라의 마지막 임금 걸왕과 상(商)나라의 마지막 임금 주왕. 이들은 모두 포악무도한 정치를 하다가 각각 상나라 탕(湯)임금과 주(周)나라 무왕(武王)에게 멸망당했다.
4 趣當生(취당생) : 현재의 삶을 따라 나아간다, 곧 현재의 처지에 따라 삶을 즐긴다는 뜻.
5 奚遑(해황) : 무슨 겨를이 있느냐, 어찌 걱정할 겨를이 있겠느냐는 뜻.

게 되었던 것이다. 깨끗한 몸가짐과 곧은 정절이 착한 사람을 이처럼
그르치고 있는 것이다."

| 원문 |

楊朱曰; 伯夷非亡欲. 矜[1]淸之郵,[2] 以放[3]餓死. 展季[4]非亡情. 矜貞之
郵, 以放寡宗.[5] 淸貞之誤善之若此.

| 해설 |

사람들은 사람의 욕망과 감정을 죽이고 깨끗하고 곧게 사는 것을 훌륭
하다고 칭송한다. 그러나 욕망을 누르고 감정을 억제한다는 것은 자연스
런 삶을 그르치는 짓이라는 것이다. 그러한 사상은 사회 정의를 위해서는
옳지 못한 생각이라고 옛날부터 많은 학자들이 비판을 가해 왔다.

---

1 矜(긍) : 뽐내다. 자랑하다.

2 郵(우) : 유별난 것. 지나친 것.

3 放(방) : 이르다. ……되다.

4 展季(전계) : 전금(展禽), 자가 계(季)이며 이름은 획(獲). 유하(柳下)에 살았고 시(諡)
를 혜(惠)라 하여 흔히 유하혜(柳下惠)라 부른다. 일찍이 사사(士師)의 벼슬을 하다 세
번이나 내쳐졌으나 그는 떠나지 않았다. 사람들이 이유를 묻자, 그는 "곧은 도(道)로 남
을 섬기다 보면 어디 간들 세 번 정도 내침을 받지 않겠는가? 굽은 도로 남을 섬긴다 해
도 어째서 반드시 부모의 나라를 떠나야 하겠는가?"라고 대답한다. 그는 평생을 곧게 살
아 맹자(孟子)는 그를 성인의 덕을 다 모아 놓은 사람이라 했다. 그러나 후손이 없었다 한
다.

5 寡宗(과종) : 종손(宗孫)이 적다. 여기서는 후손이 없음을 뜻한다.

5. 삶을 즐기고 자신을 편히 지녀라

양주가 말했다. "원헌原憲은 노魯나라에서 가난하게 지냈고, 자공子
貢은 위衛나라에서 재물을 모았다. 원헌의 가난함은 삶을 손상시켰고,
자공은 재물을 모으기 위해 몸에 해를 끼쳤다. 그러니 가난한 것도 안
되지만 재물을 모으는 것도 안 된다. 그러면 무엇을 해야만 괜찮은
가? 삶을 즐기는 것이 올바른 일이며, 몸을 편안히 하는 것이 올바른
일이다. 그러므로 삶을 즐기는 사람은 가난한 것을 모르고, 몸을 편안
히 하는 사람은 재물을 모을 줄을 모른다."

| 원문 |

楊朱曰; 原憲**1**窶**2**於魯, 子貢**3**殖**4**於衛. 原憲之窶損生, 子貢之殖累
身.**5** 然則窶亦不可, 殖亦不可. 其可焉在?**6** 曰; 可在樂生, 可在逸**7**身.
故善樂生者不窶, 善逸身者不殖.

---

1 原憲(원헌) : 공자의 제자이며 자는 자사(子思). 깨끗이 가난하게 살다가 공자가 노(魯)
나라의 사구(司寇)가 되어 읍재(邑宰)의 벼슬을 지내기도 했으나 그것은 잠시뿐이고 다시
가난하게 도를 즐기며 살았다 한다.
2 窶(구) : 가난한. 빈곤히 살다.
3 子貢(자공) : 공자의 제자. 성은 단목(端木) 이름은 사(賜), 자공은 그의 자임. 말재주에
뛰어났고 일처리를 잘했으며, 돈벌이에 뛰어난 재주가 있어 집안에 천금을 쌓아 두었다
한다. 위(衛)나라에서 오래 벼슬했으며 노나라에서도 벼슬했다.
4 殖(식) : 화식(貨殖). 재물을 불리는 것.
5 累身(누신) : 자기 몸을 번거롭게 만드는 것.
6 焉在(언재) : 어디에 있는가?
7 逸(일) : 편안함.

가난한 것은 자기의 삶을 괴롭히는 결과를 가져 오고 많은 돈을 버는
것은 자기 생활을 번거롭게 만든다. 그러므로 가난하지도 않고 부유하지
도 않아야 할 것이며 몸 편히 삶을 즐기는 게 제일이라는 뜻이다.

6. 살아 있는 사람에게는 동정을 하되 죽은 자에 대한 관심은 버려라

양주가 말했다. "옛날 분들이 살아서는 서로 동정하되 죽으면 서로
관심을 버려야 한다고 했다. 이 말은 지극히 옳은 말이다. 서로 동정
하는 방법은 오직 감정으로만 동정할 뿐 아니라, 애쓰고 있는 사람은
편안하게 해주고 굶주리고 있는 사람은 배부르게 해주고 헐벗고 있는
사람은 따스하게 해주고 궁지에 빠져 있는 사람은 뜻대로 잘 되도록
해주는 것이다. 서로 관심을 버리는 방법은 죽어도 서로 슬퍼하지 않
을 뿐만이 아니라. 죽은 이에게 구슬을 물리지 않고 무늬 있는 비단을
입히지 않고 제물을 그의 앞에 늘어놓지 않고 무덤 속에 좋은 그릇을
함께 묻어 주지 않는 것이다."

| 원문 |

楊朱曰; 古語有之, 生相憐,[1] 死相捐.[2] 此語至矣. 相憐之道, 非唯情
也, 勤能使逸, 飢能使飽, 寒能使溫, 窮能使達也. 相捐之道, 非不相哀

---

1 憐(련) : 가엾이 여기다. 동정하다.
2 捐(연) : 버리다.

也, 不含珠玉,**3** 不服文錦,**4** 不陳犧牲,**5** 不設明器**6**也.

| 해설 |

　살아 있을 적에는 상대방의 어려움을 동정하고 도와주어야 하지만, 죽은 뒤에는 쓸데없는 관심을 모두 버리고 장례를 잘 치러 주려는 생각 같은 것은 모두 버려야 한다는 주장을 하고 있다. 많은 돈을 들여 번거로이 죽은 이를 장사 지내 주던 당시의 장례 습관을 반대한 것이라 볼 수도 있다.

7. 잘 사는 방법과 죽은 이를 잘 처리하는 방법

　안영晏嬰이 관중管仲에게 잘 사는 법에 대해 물었다. 관중이 말했다. "하고 싶은 대로 버려둘 따름입니다. 틀어막아도 안 되고 가로막아도 안 됩니다."

　안영이 말했다. "그 자세한 내용은 어떤 것입니까?"

　관중이 말했다. "귀가 듣고 싶어 하는 대로 멋대로 듣게 하고, 눈이 보고 싶어 하는 대로 멋대로 보게 하고, 코가 냄새 맡고 싶어 하는 대로 멋대로 맡게 하고, 입이 말하고 싶어 하는 대로 멋대로 말하게 하고, 몸이 편안하고자 하는 대로 멋대로 편하게 하고, 뜻이 행하고자 하는 대로 멋대로 하게 버려두는 것입니다.

---

3 含珠玉(함주옥) : 옛날 중국에서는 장사를 지낼 때 죽은 사람 입에 구슬을 물렸다. 부자일수록 더 큰 구슬을 썼다 한다.
4 文錦(문금) : 무늬 있는 비단. 시의(屍衣)를 가리킨다.
5 犧牲(희생) : 제물(祭物)로 쓰는 짐승.
6 明器(명기) : 죽은 이에게 바치는 그릇.

귀가 듣고 싶어 하는 것이 음악인데 그것을 듣지 못하게 하면 듣는 것을 막는 짓이라고 합니다. 눈이 보고 싶어 하는 것이 아름다운 빛깔인데, 그것을 보지 못하게 하면 보는 것을 막는 짓이라고 합니다. 코가 냄새 맡고 싶어 하는 것이 산초山椒와 난초蘭草의 향내 같은 것인데 그것을 냄새 맡지 못하게 하면 냄새 맡는 것을 막는 짓이라고 합니다. 입이 말하고 싶어 하는 것이 옳은 일과 그릇된 일인데 그것을 말하지 못하게 하면 지혜로운 것을 막는 짓이라고 합니다. 몸이 편안하게 누리고 싶어 하는 것이 맛있는 음식을 먹고 좋은 옷을 입는 것인데 그렇게 하지 못하게 하면 쾌적한 것을 막는 짓이라고 합니다. 뜻이 행하고 싶어 하는 것이 멋대로 행동하는 것인데 그렇게 하지 못하게 하면 본성을 막는 짓이라고 합니다.

이러한 여러 가지 일을 못하게 하는 짓은 사람을 피폐케 하고 학대하는 장본이 됩니다. 사람을 피폐케 하고 학대하는 장본을 떠나서 즐거이 죽음을 기다린다면 하루나 한 달을 살건 일 년이나 십 년을 살건 제가 말하는 삶을 잘 사는 방법이 됩니다. 이 사람을 피폐케 하고 학대하는 장본이 되는 일에 얽매여 거기에 잡혀서 헤어나지 못하면서 근심 속에 오랜 삶을 누려 백 년이나 천 년이나 만 년을 산다 해도 그것은 제가 말하는 삶을 잘 사는 방법이 못 됩니다."

관중이 다시 물었다. "제가 이미 선생께 잘 사는 법에 관해 말씀드렸습니다. 그런데 죽은 이를 보내는 건 어떻게 하면 되겠습니까?"

안영이 말했다. "죽은 이를 보내는 건 간단합니다. 따로 말씀드릴 게 무엇이 있겠습니까?"

관중이 물었다. "저는 꼭 거기에 대해 들어보고 싶습니다."

안영이 말했다. "이미 죽은 다음에야 어찌 나와 상관이 있겠습니까? 그를 태워 버려도 좋고 물에 가라앉혀 버려도 좋고 땅에 묻어 버

려도 좋고 들에 내버려도 좋고 나무 섶에 싸가지고 깊은 골짜기에 버
려도 좋고 곤룡포에 수놓은 바지를 입혀 돌로 만든 덧관에 넣어 버려
도 좋습니다. 그저 되는 대로 하는 거지요."

관중이 포숙鮑叔과 황자黃子를 돌아보면서 말했다. "살고 죽는 도리
에 대해 우리 두 사람이 다 이야기한 셈이지요."

| 원문 |

晏平仲¹問養生於管夷吾. 管夷吾曰; 肆²之而已, 勿壅³勿閼.⁴

晏平仲曰; 其目⁵奈何?

夷吾曰; 恣⁶耳之所欲聽, 恣目之所欲視, 恣鼻之所欲向, 恣口之所欲
言, 恣體之所欲安, 恣意之所欲行.

夫耳之所欲聞者音聲, 而不得聽, 謂之閼聰.⁷ 目之所欲見者美色, 而
不得視, 謂之閼明. 鼻之所欲向者椒蘭,⁸ 而不得嗅,⁹ 謂之閼顫.¹⁰ 口之所
欲道者是非, 而不得言, 謂之閼智. 體之所欲安者美厚,¹¹ 而不得行, 謂
之閼適.¹² 意之所欲爲者放逸,¹³ 而不得行, 謂之閼性.

---

1 晏平仲(안평중) : 안영(晏嬰), 춘추시대 제(齊)나라의 대부. 시(諡)가 평(平), 자가 중
(仲)인데 후세 사람들이 흔히 평중이라 불렀다. 안영은 관중(管仲)과 같은 때 사람이 아
니니 이 이야기는 우언(寓言)으로 꾸며낸 이야기이지 사실이 아니다.

2 肆(사) : 멋대로 행동하다.

3 壅(옹) : 틀어막다. 닫다.

4 閼(알) : 가로막다. 방해하다.

5 目(목) : 조목(條目). 세목(細目). 자세한 방법.

6 恣(자) : 하고 싶은 대로 하는 것.

7 聰(총) : 청각(聽覺). 귀로 분명히 듣는 것.

8 椒蘭(초란) : 산초(山椒)와 난초(蘭草). 모두 향초(香草)임.

9 嗅(후) : 냄새를 맡다.

10 顫(전) : 전(羶)과 통하여, '노린내'. 여기서는 냄새를 맡는 후각(嗅覺)의 뜻.

11 美厚(미후) : 맛있는 음식과 좋은 옷.

凡此諸閼, 廢虐[14]之主. 去廢虐之主, 熙熙然[15]以俟[16]死, 一日一月, 一年十年, 吾所謂養. 拘此廢虐之主, 錄而不舍,[17] 戚戚然[18]以至久生, 百年千年萬年, 非吾所謂養.

管夷吾曰; 吾旣告子養生矣, 送死[19]奈何?

晏平仲曰; 送死略矣, 將何以告焉?

管夷吾曰; 吾固欲聞之.

平仲曰; 旣死豈在我哉? 焚[20]之亦可, 沈[21]之亦可, 瘞[22]之亦可, 露[23]之亦可, 衣薪而棄諸溝壑[24]亦可, 袞衣[25]繡裳而納諸石槨[26]亦可, 唯所遇[27]焉.

管夷吾顧謂鮑叔黃子[28]曰; 生死之道, 吾二人進[29]之矣.

---

12 適(적) : 쾌적(快適). 안적(安適).

13 放逸(방일) : 자유로이 멋대로 행동하는 것.

14 廢虐(폐학) : 사람의 몸을 피폐케 하고 학대하는 것.

15 熙熙然(희희연) : 즐거운 모양.

16 俟(사) : 기다리다.

17 錄而不舍(녹이불사) : 꼭 붙잡혀 헤어나지 못하는 것.

18 戚戚然(척척연) : 근심 걱정을 하는 모양.

19 送死(송사) : 죽은 사람을 장사 지내는 것.

20 焚(분) : 태우다. 화장(火葬).

21 沈(침) : 물에 가라앉히다. 수장(水葬).

22 瘞(예) : 땅에 묻는 것.

23 露(노) : 송장을 들판에 버려두는 것.

24 溝壑(구학) : 깊은 골짜기.

25 袞衣(곤의) : 곤룡포(袞龍袍), 임금이 입는 옷.

26 槨(곽) : 덧관. 외관(外棺).

27 唯所遇(유소우) : 그저 닥치는 대로 하다.

28 黃子(황자) : 어떤 사람인지 알 수 없다.

29 進(진) : 진(盡)과 통하여 다하다. 다 표현하다.

살아서는 자유롭게 하고 싶은 대로 편히 즐기고, 죽으면 아무렇게나 버려도 그만이라는 것이다. 살 때나 죽어서나 번거로운 예를 찾던 일반 습관에 대한 반발로도 보인다. 안영은 특히 묵가墨家이기 때문에 분수에 맞게 간단히 장사 지낼 것을 주장했을 것이다.

8. 참된 사람의 모습

자산子産은 정鄭나라의 재상이 되어 나라의 정치를 도맡아 처리한 지 삼 년이 되었다. 착한 사람들은 그의 가르침을 따르고 악한 자들은 그가 내린 금하는 법을 두려워하여, 정나라는 잘 다스려지고 제후들은 그를 두려워했다.

그에게는 공손조公孫朝라 부르는 형이 있었고, 공손목公孫穆이라 부르는 아우가 있었다. 공손조는 술을 좋아했고, 공손목은 여자를 좋아했다. 공손조의 집에는 술이 천 항아리나 있었고 쌓인 누룩은 산더미를 이루었다. 문이 바라보이는 백 보步 거리 밖에서도 술지게미의 기운이 사람들의 코를 찔렀다. 그가 막 술에 빠져 있을 적에는 세상이 편안한지 위태로운지, 사람들이 자기에 대해 원한을 가지고 있는지 어떤지, 집안에 있고 없는 물건이나 집안사람들의 친하고 먼 관계나 살고 죽는 슬픔과 즐거움 같은 것을 아무것도 몰랐다. 심지어 물불이나 무기를 가지고 앞에서 싸움이 붙었다 하더라도 그는 알지를 못했다.

공손목의 뒤뜰에는 수십 개의 방이 늘어서 있었는데 모든 방에는 나이 젊은 어여쁜 여자들이 가득 차 있었다. 그가 막 여자와 즐기는 일에 빠질 적에는 친하고 가까운 사람들도 물리치고 사람들과의 사귐도 끊은 다음 뒤뜰로 도망쳐서 낮도 밤을 삼으며 석 달에 한 번 밖으로 나왔는데, 그의 마음은 그래도 흡족하지 않은 듯했다. 고을 어디에 예쁜 처녀가 있다고 하면 그는 반드시 재물을 써서 그를 불러들이고 중매를 통해 그에게 구혼했으며, 자기가 얻지 못할 상대임을 확인하고 난 뒤에야 그만두었다.

자산은 밤낮으로 그것을 근심하고 있다가 몰래 등석鄧析을 찾아가서 그들에 관한 일을 의논했다. "제가 듣건대 자기 몸을 다스리고 나서 집안에까지 그 다스림을 미치게 하고, 집안을 다스리고 나서는 나라에까지 그 다스림이 미치도록 한다 했습니다. 이것은 가까운 데로부터 손을 대어 먼 곳까지 그 결과가 미치게 함을 말한 것입니다. 저는 나라를 맡아서 다스렸으나 집안은 어지럽습니다. 그 도리를 어기고 있는 것이지요? 무슨 방법으로 두 사람을 구해낼 수 있을까요? 선생께서 그 방법을 가르쳐 주십시오."

등석이 말했다. "저도 그들을 이상하게 여기고 있은 지 오래되었으나 감히 먼저 말하지 못했던 일입니다. 선생께서 어찌하여 그들이 제정신으로 있을 때 본성과 생명의 중요함으로 깨우치고, 예의가 귀중하다는 것을 일러 주지 않으십니까?"

자산은 등석의 말을 따라 틈을 내어 그의 형제를 찾아가 그들에게 말했다. "사람이 새나 짐승보다도 귀한 까닭은 지혜와 생각이 있기 때문입니다. 지혜와 생각을 이끌어 나가는 것은 예의입니다. 예의를 제대로 지키면 사회적 명성과 지위가 돌아옵니다. 만약 감정이 내키는 대로 움직여서 자기가 좋아하는 일과 바라는 일에 빠져 버린다면 곧 본성과 생명이 위태롭게 됩니다. 형님과 아우가 저의 말을 받아들인다면, 아침에 스스로 뉘우치는 대로 저녁이면 벼슬을 받게 될 것입니다."

공손조와 공손목이 말했다. "우리도 그것을 안 지 오래입니다. 그 길을 택한 지도 역시 오래되었습니다. 어찌 당신의 말을 듣고 나서야 그것을 알겠습니까? 무릇 삶이란 타고 나기 어운 것이지만 죽음이란 이르기 쉬운 것입니다. 타고 나기 어려운 삶을 살면서 이르기 쉬운 죽음을 기다리는 마당이니 우리 모두가 잘 생각해 보는 게 좋을 겁니다. 당신은 예의를 존중함으로써 남에게 뽐내고 감정과 본성으로부터 어긋나게 행동하면서 명예를 추구하려 하고 있습니다. 우리는 그렇게 사는 것은 죽는 것만도 못하다고 생각하고 있습니다. 우리는 일생의 기쁨을 다하고 한창 때의 즐거움을 추구하려는 것입니다. 다만 배가 넘치도록 차서 입이 멋대로 마시지 못하게 될까 걱정이 되고, 몸이 지쳐서 정욕대로 여자를 즐기지 못할까 걱정이 될 뿐입니다. 더러운 명성이 나고 본성과 생명이 위험해 지는 것 같은 일은 걱정할 겨를조차도 없습니다. 그런데도 당신은 나라를 다스리는 능력을 가지고 남에게 뽐내며 이론으로 우리의 마음을 어지럽히고 명예와 벼슬로 우리의 마음을 기쁘게 해주려 하고 있으니 어찌 형편없고 불쌍한 일이 아니겠습니까? 우리는 한편 당신을 위해 이 일에 대한 설명을 해주고자 합니다.

밖을 잘 다스리려는 사람은 반드시 밖의 일이나 물건을 제대로 다스리지 못하고 자신만을 더욱 괴롭히게 될 것입니다. 자기 안만을 잘 다스리려는 사람은 반드시 밖의 일이나 물건을 어지럽히지 않으며 타고난 본성을 더욱 편안하게 할 것입니다. 당신의 밖을 다스리는 방법으로는 그것을 한 나라에 잠시 동안 실행케 할 수는 있지만 사람들의 마음에 들어맞도록 할 수는 없을 것입니다. 우리의 안을 다스리는 방법은 그것을 천하에 밀고 나가면 임금과 신하의 도리도 없앨 수 있을 것입니다. 우리는 언제나 이 술법을 가지고 당신을 깨우치려고 했는데 반대로 당신이 그러한 술법을 가지고 우리를 가르치려 하는군요?"

자산은 멍청하니 그들에게 대답할 바를 몰랐다.

다음날 그 내용을 등석에게 이야기하니 등석이 말했다. "선생께서는 참된 사람들과 사시면서도 알지를 못하고 있었군요. 누가 선생님을 지혜 있는 분이라 말하는가요? 정나라가 다스려진 것은 우연이지 선생님의 공로가 아닙니다."

| 원문 |

子産[1]相鄭, 專國之政三年, 善者服其化, 惡者畏其禁, 鄭國以治, 諸侯憚[2]之.

而有兄曰公孫朝, 有弟曰公孫穆. 朝好酒, 穆好色. 朝之室也, 聚酒千鍾,[3] 積麴[4]成封,[5] 望門百步, 糟漿[6]之氣, 逆於人鼻. 方其荒於酒也, 不知世道之安危, 人理之悔吝,[7] 室內之有亡, 九族[8]之親疏, 存亡之哀樂也. 雖水火兵刃交於前, 弗知也.

穆之後庭, 比房[9]數十, 皆擇稚齒[10] 婑媠[11]者, 以盈之. 方其耽[12]於色

---

1 子産(자산) : 춘추시대 정(鄭)나라 대부 공손교(公孫僑), 자가 자산임. 오랫동안 정나라의 재상으로서 훌륭한 정치를 하여 유명하다.

2 憚(탄) : 꺼리다. 두려워하다.

3 鍾(종) : 술 그릇. 육십사 두(斗)가 드는 큰 독(『左傳』 昭公 三年 杜注)이라 한다.

4 麴(국) : 누룩.

5 封(봉) : 조그만 산더미.

6 糟漿(조장) : 술지게미.

7 悔吝(회린) : 회한(悔恨)과 같은 말.

8 九族(구족) : 자기를 중심으로 하여 고조(高祖)로부터 고손(高孫)에 이르는 사이의 온 집안 사람들.

9 比房(비방) : 방이 나란히 있는 것.

10 稚齒(치치) : 나이가 젊은 것.

11 婑媠(유타) : 예쁜 여자. 미인.

12 耽(탐) : ~에 열중하다.

也, 屛親昵.**13** 絶交遊, 逃於後庭, 以晝足夜, 三月一出, 意猶未愜.**14** 鄕有處子之娥姣**15**者, 必賄而招之, 媒而挑之, 弗獲而後已.

子產日夜以爲戚,**16** 密造**17**鄧析而謀之曰; 僑**18**聞, 治身以及家, 治家以及國. 此言自於近, 至於遠也. 僑爲國則治矣, 而家則亂矣. 其道逆邪? 將奚方以救二子? 子其詔**19**之.

鄧析曰; 吾怪之久矣, 未敢先言. 子奚不時其治**20**也, 喩以性命之重, 誘以禮義之尊乎?

子產用鄧析之言, 因閒以謁其兄弟, 而告之曰; 人之所以貴於禽獸者, 智慮. 智慮之所將者, 禮義. 禮義成, 則名位至矣. 若觸情而動,**21** 耽於嗜慾,**22** 則性命危矣. 子納僑之言, 則朝自悔, 而夕食祿矣.

朝穆曰; 吾知之久矣. 擇之亦久矣. 豈待若言, 而後識之哉? 凡生之難遇, 而死之易及. 以難遇之生, 俟易及之死, 可孰念**23**哉! 而欲尊禮義以夸**24**人, 矯**25**情性以招名. 吾以此爲, 弗若死矣. 爲欲盡一生之觀, 窮當年之樂. 唯患腹溢而不得恣口之飮, 力憊**26**而不得肆情於色. 不遑憂名

---

12 耽(탐) : 탐(耽)과 통하여 '지나치게 즐기다'. '즐김에 빠지다'.

13 親昵(친닐) : 친하게 가까이 지내던 사람.

14 愜(협) : 뜻에 맞다. 만족하다.

15 娥姣(아교) : 예쁜. 아름다운.

16 戚(척) : 근심하다. 걱정하다.

17 密造(밀조) : 몰래 찾아가다. 슬며시 방문하다.

18 僑(교) : 자산의 이름. 자산이 자기를 낮추어 이름을 부른 것이다.

19 詔(조) : 이야기하다. 알리다.

20 時期治(시기치) : 그들이 다스려져 있는 때를 타다, 곧 그들이 즐김에 빠져 있지 않은 때를 이용하다.

21 觸情而動(촉정이동) : 감정이 닿는 대로 움직이다. 정욕대로 행동하다.

22 嗜慾(기욕) : 좋아하는 것과 욕망.

23 孰念(숙념) : 숙(孰)은 숙(熟)과 통하여, '익히 생각하다'. '잘 생각하다'.

24 夸(과) : 뽐내다. 자랑하다.

25 矯(교) : 비틀다. 거짓 속이다.

聲之醜, 性命之危也. 且若以治國之能夸物,[27] 欲以說辭亂我之心, 榮祿喜我之意, 不亦鄙[28]而可憐哉? 我又欲與若別之.[29]

夫善治外者, 物未必治, 而身交苦.[30] 善治內者, 物未必亂, 而性交逸. 以若之治外, 其法可蹔[31]行於一國, 未合於人心. 以我之治內, 可推之於天下, 君臣之道息矣. 吾常欲以此術而喩之, 若反以彼術而敎我哉!

子産忙然, 無以應之.

他日以告鄧析, 鄧析曰; 子與眞人居而不知也. 孰謂子智者乎? 鄭國之治偶耳, 非子之功也.

| 해설 |

자산과 그의 형제들의 대화를 이용하여 그들의 생활 태도를 대조시키면서 사람은 예의나 명성 같은 데 구애받을 것 없이 자기의 감정이나 욕망대로 자유롭게 살아야 함을 강조한다. 죽기는 쉬워도 살기는 어려운 게 인생이라면 쓸데없는 겉치레에 얽매여 자기가 하고 싶은 행동을 못할 필요가 없다는 것이다. 자산은 예의와 명성을 지키며 정나라를 잘 다스리지만, 반대로 자산의 형제들은 술과 여자에 빠져 마음껏 자기 삶을 즐긴다. 이 것은 유가의 생활 태도에 대한 야유라고도 볼 수 있겠다.

---

26 憊(비) : 지치다. 피곤하다.
27 夸物(과물) : 밖의 일이나 물건을 가지고 뽐내다. 남에게 뽐내다.
28 鄙(비) : 비루(鄙陋)하다. 형편없다.
29 別之(별지) : 거기에 대해 분별을 해주다.
30 交苦(교고) : 더욱 더 괴롭히다.
31 蹔(잠) : 잠시. 잠(暫)과 같은 글자.

9. 진실한 삶을 산 단목숙

　衛위나라 단목숙端木叔은 자공子貢의 후손이었다. 그는 선조들의 재산 덕분에 집안에 만금을 쌓아 놓고 세상일은 거들떠보지 않고 뜻대로 좋아하는 일을 하며 살았다. 그는 보통 사람들이 해보고자 하던 일이나 사람들 마음속으로 즐겨 보고 싶었던 일을 해보지 않은 일이 없고 즐기지 못한 것이 없었다. 사는 집의 누각과 정원과 연못 및 음식이나 수레와 옷 또는 음악과 하녀 같은 것은 제齊나라나 초楚나라의 임금에 비길 만했다. 그의 마음으로 바라고 좋아하는 것이나 그의 귀가 듣고자 하는 것이나 그의 눈이 보고자 하는 것이나 그의 입이 맛보고자 하는 것 같은 것들은 비록 특별한 고장이나 외진 나라에나 있고 중국 땅에서는 생산되지 않는 것이라 하더라도 마치 자기 울이나 담 안의 물건처럼 가져오게 하지 않는 것이 없었다. 그가 유람을 할 적에는 비록 산천의 높고 험한 곳이나 가는 길이 먼 곳이라 할지라도 마치 사람들이 가까운 거리를 가듯이 가지 않는 곳이 없었다. 집 뜰 안에 모이는 손님들은 날마다 백 명을 헤아릴 정도였고 푸줏간과 부엌에는 연기와 불이 끊이지 않았으며, 집안 대청에는 음악이 끊이지 않았다.

　이렇게 먹고 살고도 남는 것은 먼저 일가 사람들에게 나누어 주고, 일가 사람들에 주고도 남는 것이 있으면 다음에는 자기 사는 고장 사람들에게 나누어 주고, 그 고장 사람들에게 나누어 주고도 남는 것이 있을 적에는 그것을 온 나라 사람들에게 나누어 주었다.

　나이 육십 세가 되어 몸의 기력이 쇠약해지자 그는 집안일을 내버려두고 그의 창고에 저장된 진귀한 보배와 함께 그의 수레와 옷과 첩과 하녀들을 모두 남에게 나누어 주어 일 년 만에 완전히 모두 없애버리고 재물을 자손들에게는 남겨 주지 않았다. 그가 병이 들자 약먹고 침 맞을 모아 놓은 돈이 없었고, 그가 죽자 장사 지낼 자금도 없었다. 온 나라 사람들 중에 그가 베푼 것을 받았던 사람들이 서로 돈을 거두어 그를 장사 지내 주었고, 그의 자손들에게 재물을 되돌려주었다.

금골희禽骨釐는 그 이야기를 듣고서 말했다. "단목숙은 미친 사람이야! 자기 조상들을 욕되게 한 것이지."

단간생段干生은 그 이야기를 듣고서 말했다. "단목숙은 도에 통한 사람이야! 그의 덕은 자기 조상들보다 훌륭하다. 그가 행한 일이나 그가 이룩한 일은 여러 사람들이 놀랄 일이며 참된 이치를 따른 것이다. 위나라의 공부한 사람들은 대부분이 예교로써 자신의 몸가짐을 지탱하고 있으니, 본시 이 사람의 마음을 이해할 수 없는 것이다."

| 원문 |

衛端木叔者, 子貢之世[1]也. 藉其先貲,[2] 家累萬金, 不治世故,[3] 放[4]意所好. 其生民之所欲爲, 人意之所欲玩者, 無不爲也, 無不玩也. 牆屋臺榭, 園囿池沼, 飮食車服, 聲樂嬪御,[5] 擬齊楚之君焉. 至其情所欲好, 耳所欲聽, 目所欲視, 口所欲嘗, 雖殊方[6]偏國,[7] 非齊土[8]之所産育者, 無不必致之, 猶藩牆之物[9]也. 及其遊也, 雖山川阻險, 塗逕[10]修遠,[11] 無不必

---

1 世(세) : 후손. 자손.
2 先貲(선자) : 선조들이 모아 놓은 재물.
3 世故(세고) : 세상일.
4 放(방) : 멋대로 행동하다.
5 嬪御(빈어) : 시첩(侍妾)들.
6 殊方(수방) : 특수한 지방.
7 偏國(편국) : 한편으로 치우친 나라. 외진 나라.
8 齊土(제토) : 중국 땅. 중원 땅.

之, 猶人之行咫步**12**也. 賓客在庭者日百住,**13** 庖廚**14**之下, 不絕煙火, 堂廡**15**之上, 不絕聲樂.

奉養之餘, 先散之宗族, 宗族之餘, 次散之邑里, 邑里之餘, 乃散之一國.

行年六十, 氣幹**16**將衰, 棄其家事, 都散其庫藏珍寶車服妾媵,**17** 一年之中盡焉, 不爲子孫留財. 及其病也, 無藥石之儲, 及其死也, 無瘞埋**18**之資. 一國之人, 受其施者, 相與賦**19**而藏**20**之, 反其子孫之財焉.

禽骨釐**21**聞之曰; 端木叔狂人也, 辱其祖矣.

段干生聞之曰; 端木叔達人也, 德過其祖矣. 其所行也, 其所爲也, 衆意所驚, 而誠理所取.**22** 衛之君子, 多以禮敎自持, 固未足以得此人之心也.

| 해설 |

인생은 짧고 모든 일은 운명에 의해 결정된다. 따라서 사람은 재물이나

---

9 藩牆之物(번장지물) : 자기 집 울타리와 담장 안의 물건들.
10 途逕(도경) : 가는 길.
11 脩遠(수원) : 먼 것.
12 咫步(지보) : 가까운 거리.
13 住(주) : 수(數)로 씀이 옳으며(俞樾, 說), '헤아리다'.
14 庖廚(포주) : 푸주와 주방.
15 堂廡(당무) : 집의 대청.
16 氣幹(기간) : 기운과 몸, 몸의 기력.
17 妾媵(첩잉) : 여러 첩들과 하녀들.
18 瘞埋(예매) : 땅에 묻어 장사 지내는 것.
19 賦(부) : 여럿이 추렴을 내는 것.
20 藏(장) : 장사 지내는 것.
21 禽骨釐(금골회) : 묵자(墨子)의 제자.
22 誠理所取(성리소취) : 진실된 이치가 취할 바이다. 진실된 이치를 따른 것이라는 뜻.

예교에 얽매여 자기의 감정이나 욕망을 억누르고 살 필요가 없다는 것이다. 이러한 견해는 예교를 주장하는 유가는 물론 모두가 부지런히 일하고 물자를 절약할 것을 주장하는 묵가의 사상과도 거리가 먼 것이다.

10. 되는 대로 살다가 되는 대로 죽어라

맹손양孟孫陽이 양주에게 물었다. "한 사람이 여기에 있는데 삶을 귀중히 하고 몸을 사랑하여 죽지 않으려고 애쓴다면 되겠습니까?"

"죽지 않을 수 있는 방법은 없습니다."

"그렇다면 오래 살려고 애쓴다면 되겠습니까?"

"오래 살 수 있는 방법도 없습니다. 삶이란 귀중히 함으로써 오래 가게 할 수 있는 것이 아니며, 몸이란 사랑함으로써 튼튼하게 할 수 있는 것이 아닙니다. 또 오래 살아서 무엇을 하겠다는 것입니까? 여러 가지 감정과 좋아하고 싫어하는 것은 옛날이나 지금이나 마찬가지이고, 사람 몸의 편안함과 괴로움도 옛날이나 지금이나 마찬가지이며, 세상일의 어려움과 즐거움도 옛날이나 지금이나 마찬가지이고, 세상이 변화하며 다스려지거나 어지럽게 되는 것도 옛날이나 지금이나 마찬가지입니다. 이미 그런 것을 들었고 이미 그런 것을 보았으며 이미 그런 것을 경험했으니, 백 년도 오히려 너무 많다고 싫어해야 할 것이거늘 하물며 오래 사는 괴로움을 바라겠습니까?"

맹손양이 말했다. "만약 그렇다면 속히 죽어 버리는 것이 오래 사는 것보다 나을 것이니 창끝이나 칼날을 밟거나 끓는 물이나 불 속으로 뛰어들거나 하면 뜻하는 바를 이룩하게 되겠군요."

양주가 말했다. "그렇지 않습니다. 이미 태어났다면 그대로 버려둔 채 맡겨 두고 자기가 바라는 일을 추구하면서 죽음을 기다리는 것입니다. 죽게 되었을 적에도 그대로 버려둔 채 그대로 맡겨 두고 되어가는 대로 따라가면서 끝나는 대로 내버려두는 것입니다. 모든 것을 버려두고 모든 것을 맡겨 둡니다. 어찌 문득 그러는 중에 더디고 빠른 것이 있겠습니까?"

| 원문 |

孟孫陽[1]問楊子曰; 有人於此, 貴生愛身, 以蘄[2]不死. 可乎?

曰; 理無不死.

以蘄久生, 可乎?

曰; 理無久生. 生非貴之所能存, 身非愛之所能厚. 且久生奚爲? 五情[3]好惡, 古猶今也. 四體安危, 古猶今也. 世事苦樂, 古猶今也. 變易治亂, 古猶今也. 旣聞之矣, 旣見之矣, 旣更[4]之矣, 百年猶厭其多. 况久生之苦也乎?

孟孫陽曰; 若然, 速亡愈於久生, 則踐鋒刃,[5] 入湯火, 得所志矣.

楊子曰; 不然. 旣生則廢[6]而任之, 究其所欲以俟於死. 將死則廢而任之. 究其所之以放於盡. 無不廢, 無不任. 何遽[7]遲速於其閒[8]乎?

---

1 孟孫陽(맹손양) : 양주의 제자 이름.
2 蘄(기) : 구하다. 바라다.
3 五情(오정) : 기쁨[喜]·노여움[怒]·슬픔[哀]·즐거움[樂]·원망[怨]의 다섯 가지 감정.
4 更(경) : 지내다. 경험하다.
5 鋒刃(봉인) : 창끝과 칼날.
6 廢(폐) : 폐기하다. 인위적인 노력을 하지 않고 버려두다.
7 遽(거) : 갑자기.
8 遲速於其閒(지속어기간) : 그 사이에 더디고 빠른 것이 있다. 곧 나서 죽는 일생 동안에 일찍 죽고 오래 사는 게 어디 있겠느냐는 뜻.

사람은 결국은 죽고 만다. 따라서 죽지 않겠다거나 오래 살려고 발버둥 치는 것은 어리석은 일이다. 살고 죽는 것은 이미 운명으로 정해져 있으니 살든 죽든 자연스럽게 되는 대로 살아가는 게 옳다는 것이다.

11. 세상을 위해 자기 몸의 터럭 하나라도 뽑아야 하는가?

양주가 말했다. "백성자고伯成子高는 자기 몸의 한 개의 터럭을 뽑아 남을 이롭게 할 수 있는 일이라 하더라도 하지 않고, 나라를 버리고 숨어 살면서 밭을 갈았다. 우禹임금은 자기 한 몸을 이롭게 하는 일은 하지 않아 자신의 몸을 지치고 깡마르게 만들었다. 옛날 사람들은 자기 몸에서 한 개의 터럭을 뽑음으로써 천하가 이롭게 된다 해도 뽑아 주지 않았고, 천하를 다 들어 자기 한 사람에게 바친다 하더라도 받지 않았다. 사람마다 자기 몸에서는 한 개의 터럭도 뽑지 않고, 사람마다 천하를 이롭게 하는 일은 하지 않는다면 천하가 잘 다스려질 것이다."

금자禽子가 양주에게 물었다. "선생님 몸에서 한 개의 터럭을 뽑음으로써 온 세상을 도울 수가 있다면 선생님은 그런 행동을 하시겠습니까?"

양자가 말했다. "세상은 본시부터 한 개의 터럭으로 도울 수 있는 게 아니지요."

금자가 말했다. "가령 도울 수 있는 경우라면 하시겠습니까?"

양자는 대답하지 않았다.

금자가 나와서 맹손양孟孫陽에게 말하자 맹손양이 말했다. "선생은 우리 선생님의 마음을 이해하지 못하셨습니다. 제가 그에 대해 말씀드리지요. 선생의 살갗을 손상시킴으로써 만금萬金을 얻을 수가 있다면 선생은 그 일을 하겠습니까?"

"하지요."

맹손양이 말했다. "선생의 몸 한 마디를 끊음으로써 한 나라를 얻을 수가 있다면 선생은 그 짓을 하겠습니까?"

금자는 한동안 말을 못하고 가만히 있었다.

맹손양이 말했다. "한 개의 터럭은 살갗보다 작은 것이며 살갗은 몸의 한 마디보다도 작은 것임이 분명합니다. 그러나 한 개의 터럭이 쌓여서 살갗을 이루고 살갗이 쌓여서 몸의 한 마디를 이루게 됩니다. 한 개의 터럭은 본시가 한 몸의 만분의 일에 해당하는 것이지만 어찌 그것을 가벼이 여길 수 있겠습니까?"

금자가 말했다. "나는 선생에게 대답을 드리지 못하겠소. 그러나 선생의 말에 대해 노자老子나 관윤關尹에게 가서 물어본다면 그 분들은 선생의 말이 옳다고 할 것입니다. 나의 말에 대해 우禹임금이나 묵자墨子에게 가서 물어본다면 그 분들은 나의 말이 옳다고 하실 것입니다."

맹손양은 그의 말을 듣고는 그의 제자들을 돌아보면서 다른 일에 관한 이야기를 했다.

| 원문 |

楊朱曰；伯成子高, 不以一毫**1**利物, 舍**2**國而隱耕. 大禹不以一身自

---

1 一毫(일호) : 한 개의 터럭.
2 舍(사) : 사(捨)와 통하여, '버리다'.

利, 一體偏枯.³ 古之人損一毫利天下, 不與也. 悉天下奉一身, 不取也. 人人不損一毫, 人人不利天下, 天下治矣.

禽子⁴問楊朱曰; 去子體之一毛, 以濟一世, 汝爲之乎?

楊子曰; 世固非一毛之所濟.

禽子曰; 假濟, 爲之乎?

楊子弗應.

禽子出語孟孫陽, 孟孫陽曰; 子不達夫子之心. 吾請言之. 有侵若肌膚, 獲萬金者, 若爲之乎?

曰; 爲之.

孟孫陽曰; 有斷若一節,⁵ 得一國, 子爲之乎?

禽子默然有間.

孟孫陽曰; 一毛微於肌膚, 肌膚微於一節, 省⁶矣. 然則積一毛以成肌膚, 積肌膚以成一節. 一毛固一體萬分中之一物, 奈何輕之乎?

禽子曰; 吾不能所以答子. 然則以子之言問老聃關尹, 則子言當矣. 以吾言問大禹墨翟, 則吾言當矣.

孟孫陽因顧與其徒說他事.

| 해설 |

여기서는 양주의 극단적인 위아주의爲我主義를 중심으로 다루고 있다. 자기 몸의 터럭 한 개를 뽑으면 온 세상이 이롭게 된다 하더라도 그런 짓

---

3 偏枯(편고) : 바짝 마르다.

4 禽子(금자) : 묵자의 제자 금골희(禽骨釐).

5 一節(일절) : 몸의 한 관절.

6 省(성) : 분명하다. 뚜렷이 알았다.

은 않아야 한다는 양주의 사상은 유가나 묵가의 사상과 대립이 됨은 말할 나위도 없다. 묵자는 그와는 정 반대로 모든 사람들을 똑같이 사랑해야 한다는 겸애주의兼愛主義를 내세웠다. 우임금은 묵자가 가장 존경하던 옛 임금이고, 금골희는 그의 제자이다. 묵가는 남을 위해 자기희생조차도 주저하지 않았다. 열자로서는 양편 사상 모두 옳은 태도라 볼 수가 없는 것이었다.

12. 훌륭한 임금과 성인 및 포악한 임금

양주가 말했다. "천하의 아름다운 공로는 모두 순舜임금 · 우禹임금 · 주공周公 · 공자孔子에게로 돌리고, 천하의 악한 짓은 모두 걸桀왕과 주紂왕에게로 돌리고 있다.

그러나 순임금은 하양河陽에서 밭을 갈았고 뇌택雷澤에서 질그릇을 구웠다. 온 몸은 잠시도 편안할 날이 없었고 입과 배는 맛있는 것으로 만족하게 채울 수가 없었다. 부모도 그를 사랑하지 않았고 아우와 누이도 그와 친하게 지내지 않았다. 나이 삼십이 되자, 부모에게 고하지도 않고 장가를 들었다. 요堯임금으로부터 나라 다스리는 일을 물려받았을 적에는 이미 나이는 늙고 지혜는 쇠약해져 있었다. 아들 상균商鈞은 못났기 때문에 우에게 임금 자리를 물려주고 근심 속에 죽어 갔다. 순임금은 천하 사람들 중에서도 고난과 고통을 가장 많이 겪은 이이다.

곤鯀은 세상의 물과 땅을 다스렸으나 일을 제대로 하지 못해 우산羽山에서 처형을 당했다. 우는 아버지의 일을 이어받아 자기 원수를 섬기며 나라 땅을 다스리는 일을 크게 이룩했다. 아들이 태어났을 적에도 가서 돌봐 주지 못하고, 자기 집의 문 앞을 지나면서도 집에 들어가 보지 못했다. 신체는 바싹 마르고 손발에는 못이 박혔다. 순임금으로부터 나라 다스리는 일을 물려받고서는 궁실은 초라하게 짓고 제사 지낼 적에 입는 옷만 잘 입었다. 그리고는 근심 속에 죽음을 맞이했다. 우임금은 천하 사람들 중에서도 근심과 괴로움을 가장 많이 겪었던 이이다.

무왕이 돌아간 뒤 임금 자리에 오른 성왕成王은 어리고 약해 대신 주공이 천자의 나라 다스리는 일을 돌보았다. 소공邵公은 그것을 기뻐하지 않았고, 네 나라에서는 헛된 소문을 퍼뜨려 주공은 동쪽에 삼 년 동안 가 있어야만 했다. 자기 형을 죽이고 아우를 쫓아내고 나서야 겨우 그 자신의 화를 면하게 되었다. 그리고는 근심 속에 죽음을 맞이했다. 주공은 천하 사람들 중에서도 가장 위태로움과 두려움을 많이 겪었던 이이다.

공자는 임금이 나라 다스리는 도리에 밝아서 그 당시 임금들이 불러서 여러 나라에 갔었는데, 송宋나라에 갔을 적에는 사람들이 그를 죽이려고 나무를 베어 넘겼고, 위衛나라에 가서는 쫓겨났으며, 송나라와 주周나라에서도 궁지에 몰렸고, 진陳나라와 채蔡나라에서는 그를 해치려는 사람들에게 포위를 당했다. 노나라의 권세가 계씨季氏에게는 모욕을 당한 일이 있었고, 못된 짓을 일삼는 양호陽虎라고 착각되어 굴욕을 당한 일도 있었다. 그리고는 근심 속에 죽어 갔다. 공자는 천하의 백성들 중에서 핍박과 위급한 처지를 가장 많이 겪었던 이이다.

이 네 사람의 성인들은 살아서는 하루의 기쁨도 없었지만 죽어서는 만세토록 명성을 남기고 있다. 명성이란 실제로는 추구할 것이 못되는 것이다. 비록 그를 칭송하게 된다 하더라도 본인은 죽어서 알지 못하고, 비록 그에게 상을 준다 하더라도 본안은 알지 못하는 것이니, 나무 그루터기와 흙덩이나 다름없이 되어 있는 것이다.

걸왕은 여러 대에 걸쳐 쌓인 재물을 지니고서 임금이란 높은 자리에 있었다. 그의 지혜는 여러 신하들의 비난을 막아내기에 충분했고, 그의 위세는 세상에 떨치기에 충분했다. 귀와 눈의 즐김을 멋대로 하고 뜻과 생각이 하고픈 일을 모두 하면서, 즐거움 속에 죽음을 맞이했다. 걸왕은 천하의 백성들 중에서도 편안함과 자유로움을 가장 많이 누렸던 이이다.

주왕 역시 여러 대에 걸쳐 쌓인 재물을 지니고서 임금이란 높은 자리에 있었다. 그의 위세는 행할 수 없는 일이 없었고, 그의 뜻대로 되지 않는 일이 없었다. 널따란 궁전에서 감정대로 행동하고 긴 밤을 바라는 대로 마음껏 즐기면서, 예의로써 스스로를 괴롭히지 않고 즐거움 속에 처형을 당하기에 이르렀다. 주왕은 천하의 백성들 중에서도 가장 제 멋대로 산 사람이었다.

그들 두 흉악하다는 사람들은 살아서는 바라는 대로 즐거움을 마음껏 누리고, 죽어서는 어리석고 포악하다는 명성을 얻었다. 사실이란 본시부터 명성과는 상관이 없는 것이다. 뒤에는 비록 그를 욕한다 하더라도 알지 못하고, 비록 그를 칭찬한다 하더라도 알지 못하는 것이다. 그러니 나무 그루터기나 흙덩이와 무엇이 다른가? 앞 네 성인에게는 비록 아름다운 칭송이 돌아가지만 괴로움으로써 끝장에 이르러 모두 죽음으로 끝장이 났다. 뒤의 두 흉악한 사람들은 비록 악하다는 평판이 돌아갔지만 즐거움으로 끝장에 이르러 역시 모두 죽음으로 끝장이 났다."

| 원문 |

楊朱曰; 天下之美, 歸之舜禹周孔,**1** 天下之惡, 歸之桀紂.

然而舜耕於河陽, 陶**2**於雷澤. 四體不得暫安, 口復不得美厚. 父母之所不愛, 弟妹之所不親. 行年三十, 不告而娶.**3** 及受堯之禪, 年已長, 智已衰. 商鈞**4**不才, 禪位於禹, 戚戚然以至於死. 此天人**5**之窮毒**6**者也.

鯀**7**治水土, 績用不就, 殛**8**諸羽山. 禹纂業事讎,**9** 惟荒**10**土功, 子産不字,**11** 過門不入.**12** 身體偏枯, 手足胼胝.**13** 及受舜禪, 卑宮室, 美紱冕.**14** 戚戚然以至於死. 此天人之憂苦者也.

武王旣終, 成王幼弱, 周公攝天子之政. 邵公**15**不悅, 四國**16**流言, 居

---

1 舜禹周孔(순우주공) : 순임금 · 우임금 · 주공 · 공자의 네 성인.

2 陶(도) : 질그릇을 굽는 것.

3 不告而娶(불고이취) : 부모에게 고하지도 않고 장가를 들다. 요임금은 순에게 아황(蛾皇)과 여영(女英) 두 딸을 시집보냈다.

4 商鈞(상균) : 순임금의 아들 이름.

5 天人(천인) : 천하 사람들이란 뜻.

6 窮毒(궁독) : 곤궁(困窮)함과 고통(苦痛).

7 鯀(곤) : 우임금의 아버지 이름.

8 殛(극) : 처형을 받다. 우산(羽山)에 죽을 때까지 있도록 귀양을 보냈다 한다.(『書經』 孔傳)

9 讎(수) : 원수. 자기 아버지를 처형한 순임금을 가리킨다.

10 荒(황) : 큰. 크게 일으키다.

11 字(자) : 자식으로서 사랑하고 돌보는 것.

12 過門不入(과문불입) : 우는 결혼한 지 사흘 만에 물을 다스리러 나가 자기 집 앞을 지나면서 새로 낳은 자기 아들의 울음소리까지 들었지만 집에 들어가 보지 못했다.(『書經』)

13 胼胝(변지) : 일을 너무하여 손발에 못이 박히는 것.

14 紱冕(불면) : 제복(祭服). 이 구절은 식생활에는 소용없는 예절에 사로잡혀 있었음을 뜻한다.

15 邵公(소공) : 문왕(文王)의 서자인 소공(召公) 석(奭).

16 四國(사국) : 주공의 형제들인 관숙(管叔) · 채숙(蔡叔) · 곽숙(霍叔)과 주(紂)왕의 아들 무경(武庚)이 다스리던 네 나라. 이들은 뒤에 합세하여 반란을 일으켜 주공이 직접 정벌을 했다.(『史記』 周本紀)

東三年. 誅兄放弟, 僅免其身. 戚戚然以至於死. 此天人之危懼者也.

孔子明帝王之道, 應時君之聘, 伐樹於宋, 削迹[17]於衛, 窮於商周, 圍於陳蔡, 受屈於季氏, 見辱於陽虎. 戚戚然以至於死. 此天民之遑遽[18]者也.

凡彼四聖者, 生無一日之歡, 死有萬世之名. 名者, 固非實之所取也. 雖稱之, 弗知, 雖賞之, 不知, 與株塊[19]無以異矣.

桀藉累世之資, 居南面[20]之尊, 智足以距群下, 威足以震海內. 恣耳目之所娛, 窮意慮之所爲, 熙熙然[21]以至於死. 此天民之逸蕩[22]者也.

紂亦藉累世之資, 居南面之尊, 威無不行, 志無不從. 肆情[23]於傾宮,[24] 縱欲於長夜, 不以禮義自苦, 熙熙然以至於誅. 此天民之放縱者也.

彼二凶也, 生有從欲之歡, 死被愚暴之名. 實者, 固非名之所與[25]也. 雖毀[26]之不知, 雖稱之弗知, 此與株塊奚以異矣? 彼四聖雖美之所歸, 苦以至終, 同歸於死矣. 彼二凶雖惡之所歸, 樂以至終, 亦同歸於死矣.

---

17 削迹(삭적) : 종적을 없애 버리다. 발자취조차도 없애 버리다. 쫓겨나는 것을 뜻한다. 공자에 관한 이야기는 『사기』 공자세가(孔子世家)에 자세히 나와 있다.

18 遑遽(황거) : 핍박을 받아 황급하여 한가한 틈이 없는 것.

19 株塊(주괴) : 그루터기와 흙덩이. 사람도 죽으면 그루터기나 흙덩이처럼 아무것도 모르게 된다.

20 南面(남면) : 임금은 남쪽을 향하여 신하들의 조례(朝禮)를 받았으므로 임금 노릇 하는 것을 남면칭왕(南面稱王)이라 한다.

21 熙熙然(희희연) : 즐거운 모양.

22 逸蕩(일탕) : 편안하고 방탕하게 노는 것.

23 肆情(사정) : 감정이 쏠리는 대로 멋대로 행동하는 것.

24 傾宮(경궁) : 일 경(一頃)의 건평(建坪)을 가진 넓은 궁전. 일 경은 백 묘(百畝)에 해당한다.

25 所與(소여) : 관여할 수 있는 일.

26 毀(훼) : 훼방하다. 욕하다.

유가의 입장에서 보면 이 글은 매우 반역적인 문장이다. 세상을 위해 좋은 일을 한 성인들은 인생을 잘못 살고 오히려 남이나 나라 생각은 하지 않고 제멋대로 포악무도한 짓을 일삼은 포악한 임금이 오히려 인생을 잘 살았다는 것이다. 이 세상에 도덕이나 윤리 같은 거추장스러운 것들은 없는 편이 좋다는 이런 식의 생각은 아무래도 위태롭기 짝이 없는 것 같다. 모두가 자기만 위할 뿐 남의 생각을 하지 않는다면 살벌한 세상이 될 것이며, 그것은 바로 혼란을 뜻하는 것이기 때문이다.

13. 천하를 다스리는 일과 작은 일

양주가 양梁나라 임금을 뵙고서 말하기를 천하 다스리기를 손바닥 위에서 가지고 노는 것처럼 할 수 있다고 했다.

양나라 임금이 말했다. "선생은 한 명의 부인과 한 명의 첩이 있는 데도 다스리지 못하고, 세 마지기 넓이의 남새밭의 김도 매지 못하고 있으면서 천하를 다스리기를 손바닥 위에서 가지고 노는 것처럼 할 수 있다고 말하니 어찌된 일이오?"

그는 대답했다. "임금님께서는 양치는 사람을 보신 일이 있으십니까? 백 마리의 양이 무리를 이루고 있어도 작은 아이에게 채찍을 들리고 양을 몰게 하면, 동쪽으로 몰고 싶으면 동쪽으로 가게 하고, 서쪽으로 몰고 싶으면 서쪽으로 가게 합니다. 요임금에게 한 마리의 양을 끌게 하고 순임금에게 채찍을 들고서 그 놈을 몰게 한다 해도 제대로 몰지를 못합니다.

또 제가 듣건대 배를 삼키는 큰 물고기는 작은 갈래의 흐름에서 헤엄치지 않고, 큰 고니는 높이 날며 더러운 연못에 내려앉지 않는다 했습니다. 왜냐하면 그들의 목표가 원대하기 때문입니다. 장중한 황종黃鐘과 태려太呂의 가락은 번잡하게 움직이는 춤에는 맞출 수가 없습니다. 왜냐하면 그 가락이 더디기 때문입니다. 큰 것을 다스릴 사람은 잔 것을 다스리지 않고, 큰 공을 이룩할 사람은 작은 일을 하지 않는다고 한 말은 이것을 두고 한 것입니다."

| 원문 |

楊朱見梁王, 言治天下, 如運諸掌.

梁王[1]曰; 先生有一妻一妾, 而不能治, 三畝之園, 而不能芸,[2] 而言治天不, 如運諸掌, 何也?

對曰; 君見其牧羊者乎? 百羊而群, 使五尺童子, 荷箠[3]而隨之, 欲東而東, 欲西而西. 使堯牽一羊, 舜荷箠而隨之, 則不能前矣.

且臣聞之, 吞舟之魚, 不遊枝流,[4] 鴻鵠[5]高飛, 不集汚池.[6] 何則, 其極[7]遠也. 黃鍾[8]大呂, 不可從煩奏[9]之舞. 何則, 其音疏也. 將治大者, 不治

---

1 梁王(양왕) : 양혜왕(梁惠王). 전국시대 위(魏)나라 무후(武侯)의 아들. 그는 위나라 임금이 된 뒤 제(齊)나라와 진(秦)나라에 거듭 패하자 도읍을 안읍(安邑)에서 대량(大梁)으로 옮기고 양왕(梁王)이라 스스로 칭했다. 그리고 융숭한 예로써 어진 사람들을 대우하여 맹자(孟子)도 그를 찾아가 어짊과 의로움으로써 유세했으나 받아들이지 않았다. (『孟子』梁惠王)

2 芸(운) : 김을 매는 것.

3 荷箠(하추) : 채찍을 둘러메는 것.

4 枝流(지류) : 지류(支流), 작은 흐름.

5 鴻鵠(홍혹) : 큰 따오기 또는 고니 종류의 새 이름.

6 汚池(오지) : 더러운 연못. 작은 연못.

7 其極(기극) : 그들이 가는 종점. 목표.

8 黃鐘(황종) : 태려(太呂)와 함께 중국 옛 음악의 십이 율(十二律) 중의 하나로 둘 다 가락이 장중하고 느리다.

細, 成大功者, 不成小, 此之謂矣.

| 해설 |

큰 일을 할 사람은 작은 일을 못한다. 따라서 큰 일을 할 사람이 따로 있고 작은 일을 할 사람이 따로 있다는 것이다. 곧 자기 몸이나 자기 집안은 다스리지 못하더라도 나라는 잘 다스리는 사람이 있다는 것이다. 이것은 자기 몸을 닦고 다시 집안을 다스린 다음 나라를 다스리고 천하를 평화롭게 한다는 유가의 정치 이상과 대조가 된다.

14. 세상 것들은 모두가 사라져 버리는 것

양주가 말했다. "태곳적 일은 사라져 버렸다. 누가 그것을 기록했던가? 삼황三皇 때의 일은 있었던 것도 같고 없었던 것도 같으며, 오제五帝 때의 일은 깨어 있을 때의 일 같기도 하고 꿈속의 일 같기도 하며, 삼왕三王의 일도 어떤 것은 감추어지고 어떤 것은 드러나고 하여, 일 억億 가지 일 중에 알 수 있는 것은 하나도 없다. 우리 평생의 일도 혹은 듣고 혹은 보고 하지만 만 가지 일 중의 하나도 알지 못한다. 눈앞의 일도 혹은 존재하고 혹은 없어져서 천 가지 중의 하나도 알지 못한다.

태곳적부터 오늘날에 이르기까지의 연수는 본시가 이루 다 기록할 수도 없는 것이다. 그러나 복희伏羲 이래로 삼십여만 년 동안 현명한

---

9 煩奏(번주) : 손발을 번거롭게 자주 놀리는 것.

사람과 어리석은 사람 및 잘난 사람과 못난 사람들이 있었고 성공한 일도 있고 실패한 것도 있으며 옳은 일도 있고 그른 일도 있었지만 없어져 버리지 않은 것이란 없다. 다만 그 중에 오래가는 것과 일찍 없어지는 것의 차이가 있을 따름이다. 그러나 사람들은 한때의 비난이나 영예로운 일을 중시하고, 자기 정신과 육체를 괴롭히면서 죽은 뒤수백 년 동안 남는 명예나 추구하기 일쑤이다. 어찌 그런 일로 죽은뒤의 마른 뼈를 윤택하게 할 수 있겠으며, 살아 있는 동안의 즐거움은어디에 있겠는가?"

| 원문 |

楊朱曰; 太古之事滅矣, 孰誌之哉? 三皇[1]之事, 若存若亡, 五帝[2]之事, 若覺若夢, 三王[3]之事, 或隱或顯, 億不識一. 當身之事, 或聞或見, 萬不識一. 目前之事, 或存或廢, 千不識一.

太古至於今日, 年數固不可勝紀. 但伏羲已來, 三十餘萬歲, 賢愚好醜, 成敗是非, 無不消滅, 但遲速之間耳. 矜一時之毁譽, 以焦苦其神形,[4] 要[5]死後數百年中餘名, 豈足潤枯骨, 何生之樂哉?

| 해설 |

이 세상의 사람들 일이란 결국은 모두 망각忘却 속으로 파묻히고 만다. 그런데도 사람들은 일시적인 명예나 지위를 위해 자기 몸과 마음을 괴롭

---

1 三皇(삼황) : 복희(伏羲) · 신농(神農) · 황제(黃帝). 이와 다른 설도 많다.
2 五帝(오제) : 소호(少昊) · 전욱(顓頊) · 제곡(帝嚳) · 요(堯) · 순(舜).
3 三王(삼왕) : 우(禹) · 탕(湯) · 문왕(文王)과 무왕(武王).
4 神形(신형) : 정신과 육체.
5 要(요) : 요구하다. 추구하다.

힌다. 그런 짓은 지극히 어리석은 일이라는 것이다. 되는 대로 삶을 즐기다가 되는 대로 죽는 게 가장 옳게 사는 방식이라는 것이다.

15. 자기 몸도 자기의 것이 아니다

양주가 말했다. "사람이란 하늘과 땅과 비슷한 종류라서 오행五行의 성품을 지니고 있다. 삶을 지닌 것들 중에서 가장 신령스러운 것이 사람이다. 사람이란 발톱과 이빨은 자기 방위를 하는데 쓰지도 못할 정도의 것을 가지고 있고, 살갗은 자기 몸을 보호하기에도 불충분하고, 뜀박질은 이로운 것을 쫓고 해로운 것으로부터 도망치지도 못할 정도이며, 추위와 더위를 막을 털과 깃도 없다. 사람은 반드시 밖의 물건을 바탕으로 하여 삶을 이어가고, 지혜는 쓸 만하지만 힘은 의지할 정도가 못된다. 그러므로 지혜는 귀중하게 여기는데 자기를 살아가도록 해주기 때문에 귀중한 것이며, 힘은 천하게 여기는데 힘으로는 밖으로부터 침범을 당하게 되기 때문에 천한 것이다.

그런데 우리 몸이란 내가 가지고 있는 것이 아니다. 이미 태어났다면 그것을 보전하지 않을 수가 없는 것이다. 물건들도 내가 가지고 있는 것이 아니다. 이미 가지고 있다면 그것을 버리고 쓰지 않을 수가 없는 것이다. 몸은 본시 삶을 주관하고 물건은 또한 몸을 길러 주는 일을 주관하는 것이다. 비록 살아 있는 몸을 보전하고 있다 하더라도 그의 몸을 가지고 마음대로 할 수는 없는 것이다. 비록 물건을 버리고 쓰지 않을 수는 없다 하더라도 그 물건을 가지고 마음대로 할 수는 없는 것이다. 그 물건을 가지고 있고 그의 몸을 가지고 있다는 것은 온 천하 사람들의 몸을 자기 멋대로 가지고 온 천하의 물건을 자기 멋대로 갖는 것이 된다. 오직 성인만이 할 수 있는 일일 것이로되, 온 천하 사람들의 몸을 공유公有하고 온 천하의 물건은 공유해야 한다. 그렇게 하는 것은 오직 지극한 사람일 것이다. 이것을 일컬어 지극한 경지에 이르렀다고 하는 것이다."

| 원문 |

楊朱曰; 人肖[1]天地之類, 懷五常[2]之性. 有生之最靈者, 人也. 人者, 爪牙不足以供守衛, 肌膚不足以自捍禦,[3] 趨走不足以逃利害, 無毛羽以禦寒暑. 必將資物[4]以爲養性,[5] 任智而不恃力. 故智之所貴, 存我爲貴, 力之所賤, 侵物爲賤.

然身非我有也, 旣生不得不全之, 物非我有也, 旣有不得而去之. 身固生之主, 物亦養之主. 雖全生身, 不可有其身. 雖不去物, 不可有其物. 有其物, 有其身, 是橫私[6]天下之身, 橫私天下之物. 其唯聖人乎? 公天下之身, 公天下之物, 其唯至人矣. 此之謂至至者[7]也.

| 해설 |

사람은 몸을 지니고 있고 물건을 바탕으로 하여 살아나간다. 그러나 알고 보면 자기의 몸도 자기가 가지고 있는 것이 아니려니와 자기가 살아가

---

1 肖(초) : 닮다. 비슷하다.
2 五常(오상) : 오행(五行), 쇠(金)·나무(木)·물(水)·불(火)·흙(土)의 다섯 가지.
3 捍禦(한어) : 보호하다. 호위하다.
4 資物(자물) : 물건을 바탕으로 삼다. 외물(外物)을 근거로 삼다.
5 養性(양성) : 양생(養生). 삶을 보양하다.
6 橫私(횡사) : 함부로 사사로이 차지하는 것.
7 至至者(지지자) : 지극한 경지에 이른 사람, 곧 지인(至人).

면서 쓰고 있는 물건조차도 모두 자기의 소유가 아니다. 자기 몸이나 물건이나 모두가 온 천하가 함께 가지고 있는 것이다. 자기 개인이 가진 것은 하나도 없다. 자기 몸과 모든 물건을 온 천하의 것으로 삼고 살아가는 사람이 바로 성인이고 지극한 사람인 것이다.

16. 사람의 목숨과 명예와 지위와 재물

양주가 말했다. "사람들이 휴식을 취하지 못하는 것은 다음 네 가지 일 때문이다. 첫째는 목숨, 둘째는 명예, 셋째는 지위, 넷째는 재물이다. 이 네 가지에 얽매인 사람은 귀신을 두려워하고 사람을 두려워하게 되며 위세를 두려워하고 형벌을 두려워하게 된다. 이런 사람을 두고서 '자연의 이치로부터 도망치려는 사람'이라 말하는 것이다.

죽어도 좋고 살아도 좋다. 목숨을 다루는 이는 밖에 있다. 운명을 거스르지 않거늘 어찌 오래 사는 것을 부러워하겠는가? 귀함을 뽐내지 않거늘 어찌 명예를 부러워하겠는가? 권세를 추구하지 않거늘 어찌 지위를 부러워하겠는가? 부를 탐하지 않거늘 어찌 재물을 부러워하겠는가? 이렇게 생각하는 사람을 '자연의 이치를 따르는 사람'이라 말하는 것이다. 천하에 그와 대적할 것이 없고 목숨을 다루는 힘이 자기 안에 있게 되는 것이다.

그러므로 이르는 말에 '사람이 결혼과 벼슬살이를 하지 않으면 정욕이 반은 없어지고 사람이 입고 먹는 일에 쫓기지 않으면 임금과 신하의 관계가 없어진다' 했다.

주周나라 속담에 '농사꾼은 가만히 앉혀 놓으면 죽일 수 있다'라고 했다. 농사꾼은 아침에 나갔다가 밤늦게 돌아오는 것을 스스로 일상적인 생활이라 여기고, 콩국을 마시고 콩잎을 먹으면서 스스로 그것이 지극히 맛있는 것이라 여기고 있다. 살갗과 근육은 거칠고 두터우며 힘줄과 뼈마디는 굵고도 팽팽하다. 하루아침에 부드러운 모피와 비단 장막 속에 살게 하고 기장밥과 고기반찬과 향기 나는 귤橘을 먹게 하면, 마음은 병들고 몸은 쑤시게 될 것이며 속에서 열이나 병이 생길 것이다.

송宋나라나 노魯나라의 임금은 만약 농사꾼과 처지가 같아진다면 곧 한시를 넘기지도 못하고 지쳐 버릴 것이다. 그러므로 시골 사람이 편안히 여기는 것과 시골 사람이 아름답게 여기는 것은 천하에 그보다 더 소중한 게 없다고 말하는 것이다.

옛날 송나라에 농부가 있었는데 언제나 해진 무명옷과 삼베옷을 입고서 근근이 겨울을 지냈다. 봄이 되어 농사일이 시작되면 스스로 햇볕을 쬐면서 지냈다. 천하에 넓은 집과 따스한 방이나 솜옷과 여우나 담비 갖옷 같은 것이 있다는 것은 알지 못했다. 그가 그의 아내를 돌아보면서 말했다. '햇볕을 쬐이면서도 따스함을 아는 사람이 없소. 이것을 임금님께 알려 드리면 큰 상을 내리실 것이오.'

그 마을의 부자가 그에게 말했다. '옛날 사람 중에 콩나물과 수삼과 미나리와 개구리밥을 맛있다고 생각하고는 자기 고을의 귀한 신분의 사람에게 알려주었다 하오. 고을의 귀한 신분의 사람이 그것들을 가져다 맛을 보니 입을 쏘고 배를 아프게 했다오. 여러 사람들이 그를 비웃고 원망을 하니, 그 사람은 크게 부끄러워했다 하오. 당신도 이런 종류의 사람이오.'"

| 원문 |

楊朱曰; 生民之不得休息, 爲四事故. 一爲壽, 二爲名, 三爲位, 四爲貨. 有此四者, 畏鬼畏人, 畏威畏刑. 此謂之遁人**¹**也.

可殺可活, 制命在外. 不逆命, 何羨**²**壽, 不矜貴, 何羨名? 不要勢, 何羨位, 不貪富, 何羨貨? 此之謂順民**³**也. 天下無對,**⁴** 制命在內.

故語有之曰; 人不婚宦,**⁵** 情欲失半, 人不衣食, 君臣道息.

周諺**⁶**曰; 田父**⁷**可坐殺, 晨出夜入, 自以性之恆,**⁸** 啜菽**⁹**茹藿,**¹⁰** 自以味之極. 肌肉麤厚,**¹¹** 筋節膧急.**¹²** 一朝處以柔毛綈幕,**¹³** 薦以梁肉蘭橘, 心痛**¹⁴**體煩,**¹⁵** 內熱生病矣.

商魯之君, 與田父侔地,**¹⁶** 則亦不盈一時憊**¹⁷**矣. 故野人之所安, 野人之所美, 謂天下無過者.**¹⁸**

昔者宋國有田夫, 常衣縕黂,**¹⁹** 僅以過冬. 暨春東作,**²⁰** 自曝**²¹**於日, 不

---

1 遁人(둔인) : 자연의 이치를 어기고 그것으로부터 도피하는 사람.

2 羨(선) : 부러워하다.

3 順民(순민) : 자연의 이치대로 따르는 사람.

4 無對(무대) : 대적할 것이 없다. 천하에 뛰어나다는 뜻.

5 宦(환) : 벼슬살이 하는 것.

6 周諺(주언) : 주나라 속담.

7 田父(전부) : 농부(農夫).

8 恆(항) : 항상 그러한 것. 언제나 변함이 없는 것.

9 啜菽(철숙) : 콩을 먹는 것. 천한 음식을 먹는 것.

10 茹藿(여곽) : 콩잎을 먹는 것.

11 麤厚(추후) : 거칠고 두툼한 것.

12 膧急(권급) : 굵고 팽팽한 것.

13 綈幕(제막) : 비단으로 만든 장막.

14 痛(연) : 답답하다. 병이 나다.

15 煩(번) : 번거롭다. 쑤시다.

16 侔地(모지) : 처지(處地)가 같아지는 것.

17 憊(비) : 지치다. 피곤해지다.

18 無過者(무과자) : 그보다 더 나은 것은 없다.

19 縕黂(온비) : 다 해진 무명옷과 베옷.

20 東作(동작) : 봄 농사일.

21 曝(포) : 햇볕을 쬐는 것.

知天下之有廣廈[22]隩室,[23] 綿纊[24]狐狢.[25] 顧謂其妻曰；負日[26]之暄,[27] 人莫知者. 以獻吾君, 將有重賞.

里之富室告之曰；昔人有美戎菽.[28] 甘枲[29]莖芹[30]萍子[31]者, 對鄕豪[32]稱之. 鄕豪取而嘗之, 蜇[33]於口, 慘[34]於腹, 衆哂[35]而怨之, 其人大慙.[36] 子此類也.

| 해설 |

사람은 오래 살고 명예와 지위를 누리고 재물을 많이 모으려고 발버둥친다. 이것은 밖의 일이나 물건으로부터 자기 삶이 지배를 당하는 것이다. 사람은 목숨이나 명예 지위와 재물 같은 것에 초연할 수 있어야만 자연스럽게 자기 자신이 뜻 있는 삶을 누릴 수가 있다는 것이다. 사람 밖의 일이나 물건은 아무런 듯도 없는 것이라는 뜻이 된다.

---

22 廣廈(광하) : 넓고 큰 집.

23 隩室(욱실) : 따스한 방.

24 綿纊(면광) : 솜옷.

25 狐狢(호학) : 여우나 담비 같은 짐승 털가죽으로 만든 고급 갖옷.

26 負日(부일) : 일광욕을 하는 것. 햇볕을 쬐는 것.

27 暄(훤) : 따뜻한 것.

28 戎菽(융숙) : 들에 나는 콩의 일종으로 맛이 없다.

29 甘枲(감시) : 수삼[牡麻]의 일종으로 들나물임.

30 莖芹(경근) : 들미나리.

31 萍子(평자) : 개구리밥의 일종.

32 鄕豪(향호) : 고을의 귀한 신분의 사람.

33 蜇(철) : 쏘다.

34 慘(참) : 아프게 하다.

35 哂(신) : 빙그레 웃다.

36 慙(참) : 부끄러워하다.

17. 좋은 집과 아름다운 옷, 맛있는 음식과 예쁜 여자

양주가 말했다. "좋은 집과 아름다운 옷과 맛있는 음식과 예쁜 여자, 이 네 가지 것이 있는데 어찌하여 다른 것을 추구하는가? 이런 것들이 있는데도 다른 것을 추구하는 것은 만족을 모르는 성격 탓이다. 만족함을 모르는 성격이란 자연 변화의 원리인 음양陰陽을 좀먹는 벌레와 같은 것이다."

| 원문 |

楊朱曰; 豊屋[1]美服, 厚味[2]姣色,[3] 有此四者, 何求於外? 有此而求外者, 無猒[4]之性. 無厭之性, 陰陽[5]之蠹[6]也.

| 해설 |

사람은 편안한 삶과 맛있는 것, 여자와의 즐거움 같은 하고 싶은 일을 그대로 추구하면 된다는 것이다. 그러지를 못하고 한없이 다른 일을 추구하는 자는 자연의 원리에 어긋나는 그릇된 삶을 사는 사람이라는 것이다.

---

1 豊屋(풍옥) : 큰 집. 좋은 집.
2 厚味(후미) : 맛있는 음식.
3 姣色(교색) : 아름다운 여색(女色). 예쁜 여자.
4 猒(염) : 만족하다.
5 陰陽(음양) : 음과 양의 변화인 자연의 원리를 가리킨다.
6 蠹(두) : 좀벌레.

18. 충성과 의로움

충성은 임금을 편안하게 해주지 못하고, 자기 몸만을 위태롭게 하는 것에 불과하다. 의로움이란 남을 이롭게 하지는 못하고 자기 삶을 해치는 것에 불과하다. 임금을 편안하게 하는 일이 충성으로 되는 게 아니라면 충성이란 말은 없어져야 한다. 남을 이롭게 하는 일이 의로움으로 되는 게 아니라면 의로움이란 말은 사라져 버려야 한다. 임금과 신하가 모두 편안하고 남과 내가 아울러 이로운 것이 옛날의 도인 것이다.

| 원문 |

忠不足以安君, 適¹足以危身. 義不足以利物, 適足以害生. 安上²不由於忠, 而忠名減焉. 利物不由於義, 而義名絶焉. 君臣皆安, 物我兼利, 古之道也.

| 해설 |

충성은 자기 몸을 위태롭게 하고 의로움이란 자기 삶을 해치는 짓에 불과한 아무런 소용도 없는 행위라는 것이다. 여기에서 말하는 "옛날의 도"는 말할 것도 없이 충성이나 의로움 같은 의식적인 생각은 버리고 임금이나 백성이나 모두가 자기가 하고 싶은 대로 자연스럽게 살아가는 방법을 말한다. 여기에서는 자연의 원리에 순종할 것을 주장하면서 특히 유가의 윤리를 부정하고 있다.

---

1 適(적) : 마침. 꼭.
2 上(상) : 위의 임금.

19. 명성과 실질적인 일

육자鬻子가 말했다. "명성을 버린 사람은 근심이 없다."

노자가 말했다. "명성이란 실질적인 것에 딸려 있는 것이다. 그런데도 세상의 많은 사람들은 끊임없이 명성을 추구하고 있다."

명성이란 본시 버릴 수가 없는 것인가? 명성이란 본시 뒤에 따라오게 버려둘 수가 없는 것인가? 지금 명성이 있으면 존귀하고 영화를 누리지만 명성이 없으면 천하고 욕되게 지내게 된다. 존귀하고 영화를 누리면 곧 편안하고 즐거우며, 천하고 욕되게 지내면 근심하고 괴로움을 당하게 된다. 근심하고 괴로운 것은 본성에 어긋나는 것이다. 편안하고 즐거운 것은 본성을 따르는 것이 된다. 이 때문에 실질적인 문제와도 관계가 되는 것이니, 명성을 어찌 버릴 수가 있겠으며, 명성을 어찌 뒤따라오게 버려둘 수가 있겠는가? 다만 조심해야 할 것은 명성을 지키기 위해 실질적인 일에 누를 끼치는 일이다. 명성을 지키기 위해 실질적인 일에 누를 끼친다면 위태롭게 되어 망한다 하더라도 그를 구해 줄 수가 없다는 것을 잊지 말아야 한다. 어찌 오직 편안하고 즐거운 것과 근심하고 괴로움을 당하는 일에만 관계되는 일이겠는가?

| 원문 |

鬻[1]子曰: 去名者無憂.

---

1 鬻子(육자) : 주(周)나라 육웅(鬻熊). 주나라 문왕(文王)의 스승 노릇을 했으며, 뒤의 그의 현손(玄孫) 웅역(熊繹)이 초(楚)나라 임금이 되었다. 그의 사상이 적힌 『육자』 한 권이 전한다.

老子曰; 名者實之賓.² 而悠悠者,³ 趨名⁴不已.

名固不可去, 名固不可賓邪? 今有名則尊榮, 亡名則卑辱. 尊榮則逸樂, 卑辱則憂苦. 憂苦, 犯性者也. 逸樂, 順性者也. 斯實之所係矣. 名胡可去, 名胡可賓? 但惡夫守名而累⁵實. 守名而累實, 將恤⁶危亡之不救, 豈徒⁷逸樂憂苦之閒哉?

| 해설 |

우리가 살고 있는 세상에서 명성이나 명예 같은 것은 사람들을 편안하고 즐겁게 살 수 있도록 해주는 것이어서 누구나 그것을 추구한다. 그러나 자기의 실질적인 처지나 조건은 무시하고 지나치게 명성에 집착하다 보면 자기 자신을 멸망으로 이끌고 만다는 것이다. 따라서 양자는 육자와 노자의 말을 인용하면서 실질적인 자기의 조건과 일치되는 명예는 구태여 버릴 필요가 없다고 했다. 왜냐 하면 사람이 유명하게 되면 사회적인 지위가 높아지고 영화롭게 되지만, 명성이 없게 되면 사회적인 지위도 낮을 수밖에 없고 굴욕적인 생활을 하게 될 것이기 때문이라는 것이다. 노자를 인용하고는 있지만 도가 사상과도 일치하지 않는 말이라 할 것이다.

---

2 賓(빈) : 손님. 주(主)가 되지 못하고 부속적인 것. 딸려 있는 것.
3 悠悠者(유유자) : 오랫동안의 많은 세상 사람들.
4 趨名(추명) : 명성을 추구하는 것.
5 累(누) : 누를 끼치다. 해를 미치다.
6 恤(휼) : 근심하다. 걱정하다.
7 徒(도) : 다만. 헛되이.

제 8 편

하늘의 도에 들어맞는 올바른 말

說符

　'지극한 사람의 말[說]은 하늘과 사람의 도에 부합[符]된다'는 뜻에
서 이런 제목을 붙인 것이다. 여기에서 말하는 '지극한 사람의 말'이란
바로 도가의 학설을 가리킴은 말할 나위도 없다. 따라서 이편에서도 앞
에서 보아 온 것 같은 여러 가지 도가의 학설을 늘어놓고 있다. 그 범
위는 개인의 처신으로부터 시작하여 크게는 천하와 나라를 다스리는
문제에 이르기까지 널리 미치고 있다. 그리고 이미 앞에서 계속 강조해
온 것처럼 사람이란 자기를 내세우지 말고 때와 처지에 알맞게 자연스
러운 운명과 분수를 따라 살아가야 한다는 정신이 이러한 주장의 이론
의 바탕을 이루고 있다.

1. 왜 남보다 뒤지게 처신해야 하는가?

열자가 호구자림壺丘子林에게 배웠다. 호구자림이 말했다. "그대가 남보다 뒤지도록 처신할 줄만 안다면 곧 처신을 잘한다고 할 수 있을 것이다."

열자가 말했다. "남보다 뒤지게 처신한다는 데 대해 가르침을 받고자 합니다."

"그대의 그림자를 뒤돌아보면 그것을 알게 될 것이다."

열자가 자기 그림자를 뒤돌아보니 자기 몸을 굽히면 곧 그림자도 굽고 몸을 곧게 세우면 곧 그림자도 반듯해졌다.

그러니 굽고 곧은 것은 몸에 달려 있는 것이지 그림자에 달려 있는 것이 아니었다. 굽히고 곧게 세우는 것을 남에게 맡겨 두고 자기 뜻대로 하지 않는 것, 이것을 남보다 뒤지게 처신하면서도 남보다 앞서게 되는 것이라 하는 것이다.

| 원문 |

子列子學於壺丘子林. 壺丘子林曰; 子知持後,[1] 則可言持身矣.

列子曰; 願聞持後.

曰; 顧若影則知之.

列子顧而觀影, 形枉則影曲, 形直則影正.

然則枉直隨形, 而不在影, 屈伸[2]任物, 而不在我, 此之謂持後而處先.

---

1 持後(지후) : 남보다 뒤늦게 행동하는 것. 남 뒤에 처신하는 것.
2 屈伸(굴신) : 몸을 굽혔다 폈다 하는 것, 곧 행동.

 자기를 내세우지 말고 겸손히 남보다 뒤지게 처신하는 것이 자기의 몸을 잘 보전하는 현명한 방법이라는 것이다. 그뿐 아니라 남보다 뒤지게 처신하는 것이 실제로는 남보다 앞서게 되는 방법도 된다는 것이다. 노자도 강이나 바다가 낮은 자세로 처신하여 모든 계곡의 왕자가 되고 있는 것처럼, 사람은 "남의 앞자리에 있으려 한다면 반드시 자신을 그 뒤로 미루어야 한다"(제66장)고 말하고 있다.

2. 법도를 잘 지켜야 하는 까닭

 관윤關尹이 열자에게 말했다. "말이 아름다우면 곧 그 울림도 아름답고 말이 악하면 곧 그 울림도 악하다. 몸이 길면 곧 그 그림자도 길고 몸이 짧으면 곧 그 그림자도 짧다. 명성이란 것은 울림과 같은 것이요, 몸이란 것은 그림자나 같은 것이다. 그러므로 그대의 말을 삼가면 거기에 찬동하는 사람이 있을 것이며, 그대의 행동을 삼가면 거기에 따르는 사람이 있을 것이라 말했던 것이다. 그러므로 성인들은 나가는 것을 보고서 들어올 것을 알고, 지나가는 것을 살펴보고 올 것을 아는 것이다. 이것이 그들이 앞일을 미리 알게 되는 이치인 것이다.
 법도를 지키는 일은 자신에게 달려 있고 비판하는 것은 남에게 달려 있는 것이다. 남이 우리를 사랑하면 우리도 반드시 그를 사랑하게 되고, 남이 우리를 미워하면 우리도 반드시 그를 미워하게 된다. 탕임금과 무왕은 천하를 사랑했기 때문에 왕 노릇을 했고, 걸왕과 주왕은 천하를 미워했기 때문에 망했던 것이다. 이것은 비판을 근거로 한 것이다. 비판과 법도가 모두 분명하다 하더라도 올바른 도리를 따르지 않는다면 마치 밖으로 나갈 적에 문을 이용하지 않고, 어느 곳을 갈 적에 길을 이용하지 않는 거와 같은 것이다. 그런 방법으로 이익을 추구하는 것은 매우 어려운 일이 된다. 일찍이 화덕火德으로 왕 노릇을 한 신농씨의 덕을 살펴보고, 우虞 · 하夏 · 상商 · 주周에 관한 기록을 살펴보고, 여러 법도를 따랐던 사람이나 현명한 사람의 말에 대해 헤아려 본 일이 있는데, 잘 살아가고 망하거나 형편없어지고 흥성하는 까닭이 이 도리에 근거를 두지 않는 일이란 없었다."

| 원문 |

關尹謂子列子曰; 言美則響美, 言惡則響惡. 身長則影長, 身短則影短. 名也者響也, 身也者影也. 故曰; 愼爾言, 將有和之,[1] 愼爾行, 將有隨之. 是故聖人, 見出以知入, 觀往以知來. 此其所以先知之理也.

度[2]在身, 稽[3]在人. 人愛我, 我必愛之, 人惡我, 我必惡之. 湯武愛天下故王, 桀紂惡天下故亡. 此所稽也. 稽度皆明, 而不道也, 譬之出不由門, 行不從徑也. 以是求利, 不亦難乎? 嘗觀之神農有炎[4]之德, 稽之虞夏商周之書,[5] 度諸法士[6]賢人之言, 所以存亡廢興, 而非由此道者, 未之有也.

---

1 和之(화지) : 그에게 화합하다.

2 度(도) : 척도. 법도. 헤아림.

3 稽(계) : 생각하다. 비판하다.

4 有炎(유염) : 염제(炎帝). 옛날 신농(神農)씨는 화덕(火德)을 가지고 천하를 다스렸다고 오행가(五行家)들은 설명한다. 그래서 염제(炎帝)라고도 부른다.

5 虞夏商周之書(우하상주지서) : 『서경(書經)』. 『서경』은 우서 · 하서 · 상서 · 주서로 나뉘어 있다. 우(虞)는 순(舜)의 나라 이름이나, 여기서는 요(堯)까지도 포함된다고 보아도 좋다.

6 法士(법사) : 법도에 맞는 올바른 행동을 하는 선비.

| 해설 |

모든 결과는 자기의 행동에 원인을 두고 있다. 이 원인과 결과의 관계를 잘 더듬어 나아가면 앞으로의 일을 미리 알 수도 있고, 올바로 천하를 다스릴 수도 있다는 것이다. 곧 자신이 올바른 법도를 잘 지키면 남들의 비판도 그를 따르게 되어 모든 일이 올바로 된다는 것이다.

3. 도를 추구하는 까닭

엄회嚴恢가 말했다. "도를 추구하는 까닭은 부해지기 위해서라 합니다. 지금 진주를 얻기만 해도 부해질 수 있는데 어찌하여 도를 찾습니까?"

열자가 말했다. "걸桀왕과 주紂왕은 오직 이익을 중히 여기고 도를 가벼이 여겼기 때문에 망했소. 다행히도 내가 아직 당신에게 말해 주지 않았군요. 사람으로서 의로움이 없다면 오직 먹고만 지낼 따름이니, 이것은 닭이나 개와 같은 것이오. 먹는 데만 힘쓰면서 서로 다투어 이긴 자의 마음대로 일을 하게 된다면 이것은 새나 짐승과 같은 것이오. 닭이나 개 같은 행동을 하면서도 사람들이 자기를 존경해 주기 바란다면 될 수 없는 일이지요. 사람들이 자기를 존경하지 않는다면 곧 위험과 모욕이 닥치게 될 것이오."

| 원문 |

嚴恢[1]曰; 所爲問道者, 爲富. 今得珠亦富矣, 安用道?

子列子曰; 桀 紂唯重利而輕道, 是以亡. 幸哉, 余未汝語也. 人而無義, 唯食而已, 是雞狗也. 彊食[2]麋角,[3] 勝者爲制, 是禽獸也. 爲雞狗禽獸矣, 而欲人之尊己, 不可得也. 人不尊己, 則危辱及之矣.

| 해설 |

사람은 의로움이나 올바른 도를 분별할 줄 알아야 한다. 의로움과 도를 모른다면 이것은 새나 짐승과 같은 상태가 되어 남으로부터 위해와 모욕을 당하게 될 거라는 것이다. 이 대목도 도가보다는 유가 쪽에 가까운 말인 듯하다.

4. 열자의 활쏘기

열자가 활쏘기를 배워 과녁을 맞히게 되었다. 관윤자關尹子에게 비평을 요청하니 관윤자가 말했다. "당신은 당신이 맞힌 까닭을 아시오?"

그가 대답했다. "알지 못합니다."

관윤자가 말했다. "아직 안되었소."

물러나 다시 삼 년 동안 활쏘기를 익히고서는 다시 관윤자에게 보고하니 관윤자가 말했다. "당신은 당신이 맞힌 까닭을 알았소?"

열자가 말했다. "알았습니다."

관윤자가 말했다. "되었소. 잘 지켜 잃지 말도록 하시오. 다만 활쏘

---

1 嚴恢(엄회) : 묵가에 속하는 사람인 듯하다.
2 彊食(강식) : 음식을 먹는 일에 힘을 쓰는 것.
3 靡角(미각) : 서로 힘을 겨루는 것.(張湛 注) 미(靡)는 마(摩)와 통하여, '뿔을 가지고 서로 뜨개질을 하면서 다투는 것'.(俞樾 說)

기쁨만이 아니라 나라와 자신을 다스리는 일도 역시 모두 그와 같은 것이오. 그러므로 성인들은 잘 살고 망한 결과를 살피지 않고 그렇게 된 까닭을 살폈던 것이오."

| 원문 |

列子學射中矣. 請[1]於關尹子, 尹子曰; 子知子之所以中者乎?

對曰; 弗知也.

關尹子曰; 未可.

退而習之三年, 又以報關尹子, 尹子曰; 子知子之所以中乎?

列子曰; 知之矣.

關尹子曰; 可矣, 守而勿失[2]也. 非獨射也, 爲國與身, 亦皆如之. 故聖人不察存亡, 而察其所以然.

| 해설 |

무슨 일이나 결과보다는 원인이 훨씬 더 중요하다. 활쏘기에서 화살을 과녁에 적중시킨다는 사실보다도 왜 어떻게 하여 화살이 과녁에 적중했는가 그 까닭을 알아야 한다는 것이다. 그처럼 사람은 무엇보다도 모든 일의 근본과 일이 그렇게 되는 까닭을 잘 알아야만 한다는 것이다.

---

1 請(청) : 활쏘기를 다 익힌 것인가, 못 익힌 것인가 비평을 요청하다.
2 守而勿失(수이물실) : 자기가 활로 과녁을 맞히게 되었던 까닭을 잊지 말고 잘 몸에 간직해 두라는 뜻.

5. 남의 지혜도 빌릴 줄 알아야 한다

열자가 말했다. "혈색이 좋은 사람은 교만하고 기운이 센 사람은 힘을 떨치기 때문에 올바른 도에 대해 이야기할 수가 없다. 그러므로 머리가 반백이 되지 않은 사람에게는 도를 말해 보아야 실패할 것이니 하물며 그것을 실천할 수가 있겠는가? 그러므로 자신이 힘을 떨치면 사람들이 아무도 도리를 말해 주지 않게 된다. 사람들이 아무도 도리를 말해 주지 않으면 곧 고립되어 돕는 사람이 없게 된다.

현명한 사람들은 남에게 의지하기 때문에 나이가 늙어도 쇠약해지지 않고 지혜가 다해도 혼란에 빠지지 않는 것이다. 그러므로 나라를 다스리는 어려움은 현명한 사람들을 알아보는 데 있는 것이지 자기 자신이 현명함에 있지 않은 것이다."

| 원문 |

列子曰: 色[1]盛者驕, 力盛者奮,[2] 未可以語道也. 故不斑白,[3] 語道失, 而況行之乎? 故自奮, 則人莫之告. 人莫之告, 則孤而無輔[4]矣.

賢者任人,[5] 故年老而不衰, 智盡而不亂. 故治國之難, 在於知賢, 而不在自賢.

---

1 色(색) : 혈색. 안색.
2 奮(분) : 떨치다. 용감히 행동하다.
3 斑白(반백) : 머리가 희끗희끗해진 나이 많은 사람.
4 輔(보) : 돕다. 돕는 사람.
5 任人(임인) : 남에게 일을 맡겨 처리케 하는 것. 남의 지혜에 의지하는 것.

| 해설 |

자기 스스로 아무리 힘이 있고 용감하다 하더라도 남의 능력을 이용할 줄 모르면 큰 일을 이루지 못한다. 따라서 현명한 사람은 남의 능력을 잘 판단하고 그에게 자기는 하기 어려운 일을 부탁한다. 따라서 나라를 다스리는 데 있어서도 인재 등용이 가장 중요하다는 것은 이 때문이라는 것이다. 곧 자신의 지혜도 중요하지만 다른 사람들의 지혜도 이용할 줄 알아야 한다는 것이다.

6. 사람의 재주와 자연

송宋나라의 어떤 사람이 그의 임금을 위해 옥으로 닥나무 잎을 만들었는데 삼 년 만에 완성했다. 잎새 끝이며 가의 톱니며 줄기며 대는 물론 솜털과 윤택까지도 같아서 그것을 닥나무 잎 가운데 섞어 놓는다 하더라도 분별할 수가 없었다. 이 사람은 마침내 이 교묘한 기술 덕분에 송나라의 녹을 먹게 되었다.

열자가 그 이야기를 듣고 말했다. "하늘과 땅 사이의 생물들이 삼 년 만에 잎새 하나를 만든다면 곧 만물 중에 잎을 가진 것들이 적어질 것이다. 그러므로 성인은 도에 의한 변화에 의지하지 지혜와 기교를 믿지 않는 것이다."

| 원문 |

宋人有爲其君以玉爲楮[1]葉者, 三年而成. 鋒殺[2]莖柯,[3] 毫芒[4]繁澤,[5] 亂之楮葉中而不可別也. 此人遂以巧食宋國.

子列子聞之曰；使天地之生物, 三年而成一葉, 則物之有葉者寡矣. 故聖人恃道化,⁶ 而不恃智巧.

| 해설 |

이와 비슷한 이야기는 『묵자』에도 보인다. 사람의 기교나 지혜는 자연의 조화에 도저히 미칠 수 없는 것이니 우리는 자연의 조화를 따라야만 한다는 것이다.

7. 굶주리면서도 임금이 내린 곡식을 받지 않은 열자

열자가 궁하여 용모에 굶주린 빛이 보였다. 어떤 사람이 그 사실을 정鄭나라 자양子陽에게 말했다. "열어구는 올바른 도를 터득한 선비인데, 임금님의 나라에 살면서 궁하게 지내고 있습니다. 임금님께서는 선비를 좋아하시지 않으십니까?"

정나라 자양은 곧 관리에게 명령하여 열자에게 곡식을 보내 주게 했다. 열자는 나와서 사자를 뵙고는 두 번 절하면서 그 곡식을 사절했다.

사자가 돌아간 뒤 열자가 들어오자 그의 처가 그를 바라보고 가슴을 치면서 말했다. "제가 듣건대 도를 터득한 사람의 처자들은 모두

---

1 楮(저) : 닥나무. 옛날 한지(韓紙)를 만들 때 그 껍질을 재료로 썼다.
2 鋒殺(봉쇄) : 잎새의 끝과 톱니 모양의 가.
3 莖柯(경가) : 줄기와 대.
4 毫芒(호망) : 나뭇잎의 솜털.
5 繁澤(번택) : 나뭇잎의 윤택.
6 道化(도화) : 도에 의한 변화. 자연의 변화.

편안하고 즐겁게 지낸다고 했습니다. 지금 굶주린 빛이 보이자 임금님은 예우를 하여 선생이라고 먹을 것을 보내 주셨는데, 선생이란 분은 받지 않았으니 어찌 운명이란 말인가요?"

열자가 웃으면서 처에게 말했다. "임금님은 자신이 나를 알아준 게 아니오. 남의 말을 듣고 나에게 곡식을 보내 준 것이오. 그분은 나에게 벌을 내릴 적에도 또 남의 말을 따를 것이오. 이것이 내가 받지 않은 까닭이라오."

그 뒤 백성들이 결국은 난을 일으켜 자양을 죽여 버렸다.

| 원문 |

子列子窮, 容貌有飢色, 客有言之鄭子陽者, 曰; 列禦寇, 蓋有道之士也, 居君之國而窮. 君無乃爲不好士乎?

鄭子陽卽令官遺之粟.**1** 子列子出見使者, 再拜而辭.

使者去, 子列子入, 其妻望之而拊心**2**曰; 妾聞, 爲有道者之妻子, 皆得佚樂. 今有飢色, 君遇**3**而遺先生食, 先生不受, 豈不命也哉.

子列子笑謂之曰; 君非自知我也. 以人之言而遺我粟. 至其罪我也, 又且以人之言, 此吾所以不受也.

其卒, 民果作難而殺子陽.

| 해설 |

남의 말을 듣고 나에게 상을 주고 칭찬하는 사람은 일시적으로는 나를

---

1 粟(속) : 조. 곡식.
2 拊心(부심) : 손으로 가슴을 두드리다.
3 遇(우) : 대우하다. 적(適)으로 된 판본도 있는데, 적(適)은 '마침'의 뜻.

위해 주겠지만 결국은 다시 남의 말만 듣고 나를 해치게도 된다는 것이다. 그러나 가족과 함께 굶주리고 있으면서도 임금의 호의를 거절한 열자의 태도는 옳다고만 볼 수도 없을 것이다.

8. 때에 맞는 학문과 병법

노魯나라 시씨施氏에게 두 아들이 있었다. 그 중 하나는 학문을 좋아했고, 다른 하나는 병법을 좋아했다. 학문을 좋아하는 아들은 제齊나라로 가서 학술로 제후를 설득하자, 제나라 제후는 그를 맞아 왕실의 여러 아들들의 스승으로 삼았다. 병법을 좋아하는 아들은 초楚나라로 가서 병법으로 초나라 임금을 설득시키자, 초나라 임금은 기뻐하며 그를 군 사령관에 임명했다. 그들의 녹은 그들 집안을 부유하게 했고 그들의 벼슬은 그들 부모를 영화롭게 했다.

시씨네 이웃 사람에 맹씨孟氏가 있었는데, 똑같이 두 아들이 있었고 그들이 종사하던 일도 역시 같았으나 가난하여 궁하게 지내면서 시씨네가 잘 사는 것을 부러워했다. 그들은 시씨네 집을 찾아가 벼슬하는 방법을 가르쳐 달라고 요청했다. 시씨네 두 아들은 사실대로 맹씨에게 알려주었다.

맹씨네 한 아들은 진秦나라로 가서 학술로서 진나라 임금을 설득했는데, 진나라 임금이 말했다. "지금 여러 제후들이 힘으로서 다투고 있는 판이라 힘써야만 할 것은 군대와 식량뿐이오. 만약 어짊과 의로움으로 나의 나라를 다스린다면 바로 멸망의 길을 가게 될 것이오."그리고는 그의 불알을 깐 뒤에 그를 추방했다.

그의 다른 아들은 위衛나라로 가서 병법으로 위나라 제후를 설득했는데, 위나라 제후가 말했다. "우리는 약한 나라로서 큰 나라들 사이에 끼어 있다. 큰 나라는 우리가 섬기고 작은 나라는 우리가 달래야 하는데, 이것이 안녕을 추구하는 길인 것이다. 만약 군사력에 의지한다면 멸망하게 될 것은 말할 것도 없다. 만약 온전히 그대를 돌려보내주면 그대는 다른 나라로 가서 가볍지 않은 나의 환난이 될 것이다."마침내 그의 다리를 자르고는 노나라로 돌려보내 주었다.

돌아온 뒤에 맹씨네 부자들은 가슴을 치면서 시씨네를 원망했다. 시씨가 말했다. "무릇 때를 얻은 사람은 잘 되고 때를 잃은 사람은 망하는 것입니다. 당신들이 쓴 방법은 우리와 같은데도 결과가 우리와 다른 것은 때를 잃었기 때문이지 행동이 잘못된 것은 아닙니다. 또한 천하의 이치는 언제나 옳은 게 없고 일은 언제나 그른 게 없습니다. 전날에는 잘 쓰이다가도 지금은 버려지게 되는 경우가 있고, 지금은 버려지다가도 뒤에는 잘 쓰이게 되는 수가 있습니다. 이러한 쓰이고 쓰이지 않고 하는 데 대해서는 일정하게 옳고 그르다는 판단이 결정되어 있는 것이 아닙니다. 틈을 타고 때를 만나서 일에 원만히 대응하는 것은 지혜에 속하는 일입니다. 지혜가 진실로 부족하다면 당신이 공자처럼 학문을 지녔고 여상呂尚과 같은 술법을 지녔다 하더라도, 어느 곳을 가든 궁지에 몰리지 않을 수가 있겠습니까?"

맹씨 부자들은 표정을 누그러뜨리고 말했다. "우리도 그것을 알았습니다. 선생께선 거듭 말씀하시지 마십시오."

| 원문 |

魯施氏有二子. 其一好學, 其一好兵. 好學者, 以術干[1]齊侯, 齊侯納之, 爲諸公子之傅.[2] 好兵者之楚, 以法干楚王, 王悅之, 以爲軍正.[3] 祿富其家, 爵榮其親.

施氏之鄰人孟氏, 同有二子, 所業亦同, 而窘於貧, 羨施氏之有. 因從請進趨之方,**4** 二子以實告孟氏.

孟氏之一子之秦, 以術干秦王. 秦王曰; 當今諸侯力爭, 所務兵食而已. 若用仁義治吾國, 是滅亡之道. 遂宮**5**而放之.

其一子之衛, 以法干衛侯. 衛侯曰; 吾弱國也, 而攝**6**乎大國之間. 大國吾事之, 小國吾撫之, 是求安之道. 若賴兵權,**7** 滅亡可待矣. 若全而歸之, 適於他國, 爲吾之患不輕矣. 遂刖**8**之而還諸魯.

旣反, 孟氏之父子, 叩胸而讓**9**施氏. 施氏曰; 凡得時者昌, 失時者亡. 子道與吾同. 而功與吾異, 失時者也, 非行之謬也. 且天下理無常是, 事無常非. 先日所用, 今或棄之, 今之所棄, 後或用之. 此用與不用, 無定是非也. 投隙**10**抵時,**11** 應事無方,**12** 屬乎智. 智苟不足, 使君博**13**如孔丘, 術如呂尙,**14** 焉往而不窮哉?

孟氏父子舍然**15**無慍容,**16** 曰; 吾知之矣, 子勿重言!

---

1 干(간) : 벼슬을 구하다. 설득하다.

2 傅(부) : 사부(師傅). 스승.

3 軍正(군정) : 군대의 총사령관.

4 進趨之方(진추지방) : 나아가 벼슬하는 방법.

5 宮(궁) : 옛 오형(五刑) 중의 하나로 남자의 생식기를 잘라내어 거세(去勢)하는 형벌.

6 攝(섭) : 끼어 있다.

7 兵權(병권) : 군사력.

8 刖(월) : 옛 오형(五刑)의 하나로서 다리를 자르는 형벌.

9 讓(양) : 책망하다.

10 投隙(투극) : 틈을 이용하다. 기회를 엿보다.

11 抵時(저시) : 적당한 시기를 포착하다.

12 無方(무방) : 모가 없다. 원만히 잘하다.

13 博(박) : 박학(博學). 박식(博識).

14 呂尙(여상) : 태공망(太公望). 주(周)나라 문왕(文王)의 재상을 지내어 천하 통일의 기초를 이룩한 어진 이.

15 舍然(석연) : 석연(釋然)과 같은 말로 맺힌 것이 확 풀리는 모양.

사람은 뛰어난 재주를 가지고 있다 하더라도 적당한 기회와 알맞은 때를 이용할 줄 알아야만 뜻을 이룰 수 있다. 똑같은 사람이었지만 시씨施氏네 두 아들은 올바른 상대와 적당한 기회를 이용하여 성공하고, 맹씨네 아들들은 시씨네와 똑같은 능력을 가지고 똑같은 방법으로 임금들을 설득했지만 상대와 기회를 잘못 잡은 탓에 오히려 형벌을 받은 것이다. 따라서 똑같은 사람이라 하더라도 때와 처지에 따라서는 일을 이룩하고 실패하는 데에 큰 차이가 생긴다는 것이다.

9. 자기 주변부터 잘 둘러보라

진晉나라 문공文公이 전쟁을 일으켜 위衛나라를 정벌하려 하고 있을 적에 임금의 아들인 서鋤가 하늘을 우러르며 웃었다. 문공이 어째서 웃느냐고 묻자, 그가 대답했다.

"저의 이웃 사람 중에 그의 처를 친정으로 데려다준 자가 있었는데 그를 생각하고 웃었습니다. 그는 길을 가다가 길가에서 뽕따는 여자를 보고서 좋아하며 그 여자에게 수작을 걸려 했는데, 마침 그가 처를 돌아다보니 역시 그의 처에게 손짓을 하고 있는 자가 있었답니다. 저는 이것이 우스웠습니다."

문공은 그의 말뜻을 깨닫고 정벌을 곧 중지하고 군사들을 이끌고 돌아왔다. 아직 도착하기도 전에 그 나라 북쪽 변경을 쳐들어오는 자

---

16 慍容(온용) : 성난 얼굴.

들이 있었다.

| 원문 |

晋文公¹出, 會²欲伐衛, 公子鋤仰天而笑. 公問何笑?

曰; 臣笑鄰之人, 有送其妻適私家³者, 道見桑婦, 悅而與言. 然顧視 其妻, 亦有招之者矣. 臣竊笑此也.

公寤⁴其言, 乃止, 引師而還. 未至而有伐其北鄙⁵者矣.

| 해설 |

자기의 처지를 잘 알아서 행동해야 한다는 것이다. 남이 가진 것만 탐 내다 보면 남도 자기가 가지고 있는 것을 탐내고 있다는 사실을 잊기 쉽기 때문이다. 개인적인 일뿐만이 아니라 나라 사이의 문제도 역시 그러하다.

10. 도둑을 없애는 법

진晋나라는 도둑에게 괴로움을 당하고 있었다. 치옹郗雍이란 사람 은 도둑의 모습을 보고 그의 눈썹 언저리를 살펴 그의 속마음을 알아 낼 수가 있었다. 진나라 제후는 그로 하여금 도둑들을 감시하게 하니

---

1 晋文公(진문공) : 진나라 문공. 제(齊)나라 환공(桓公) 등과 함께 춘추시대 오패(五覇) 중의 한 사람이었다.
2 會(회) : 마침.
3 私家(사가) : 부인의 친정(親庭).
4 寤(오) : 깨닫다. 깨다.
5 北鄙(북비) : 북쪽 변경.

천 번이고 백 번 중에 한 번도 어긋남이 없었다.

　진나라 제후는 크게 기뻐하면서 조趙나라 문자文子에게 그 이야기를 했다. "나는 한 사람을 써서 온 나라의 도둑들을 없앴습니다. 많은 사람을 쓸 필요가 어디에 있겠습니까?"

　문자가 말했다. "우리 임금님께선 엿보고 살피는 방법에 의해 도둑들을 잡으셨다지만 도둑은 없어진 것이 아닙니다. 그리고 치옹은 반드시 제 명에 죽지 못할 것입니다."

　조금 뒤에 여러 도둑들이 모여 의논을 했다. "우리가 궁지에 몰리게 된 것은 치옹 때문이다"라고 의견이 모아지자 함께 몰래 치옹을 죽여 버렸다.

　진나라 제후는 그 이야기를 듣고서 크게 놀라 즉시 문자를 불러서 말했다. "과연 선생의 말대로 치옹은 죽임을 당했습니다. 그러면 도둑을 잡는 데 무슨 방법이 없을까요?"

　문자가 말했다. "주나라 속담에 말하기를 보는 힘이 연못 속의 물고기까지 볼 수 있는 사람은 상서롭지 못하고, 지혜가 감추어진 것까지 헤아려 낼 수 있는 사람은 재앙이 있다고 했습니다. 그러니 임금님께서 도둑을 없애고자 하신다면 현명한 사람을 등용하여 그에게 일을 맡기는 것보다 좋은 방법이 없을 겁니다. 그렇게 함으로써 위에는 가르침이 밝고 아래에는 가르침이 행해지게 되면 백성들은 수치를 아는 마음을 지니게 될 것이니 그러면 어찌 도둑질을 하겠습니까?"

　이에 수회隨會를 등용하여 나라의 정치를 도맡기자 여러 도둑들은 진秦나라로 도망가 버렸다.

| 원문 |

晋國苦盜. 有郗雍者, 能視盜之貌, 察其眉睫之間,[1] 而得其情.[2] 晋侯

使視盜, 千百無遺一焉.

晋侯大喜, 告趙文子[3]曰; 吾得一人, 而一國盜盡矣. 奚用多爲?

文子曰; 吾君恃伺察[4]而得盜, 盜不盡矣. 且郄雍必不得其死焉.

俄而[5]羣盜謀曰; 吾所窮者雍也. 遂共盜[6]而殘[7]之.

晋侯聞而大駭, 立召文子而告之曰; 果如子言, 郄雍死矣. 然取盜何方?

文子曰; 周諺有言, 察見淵魚者不祥, 智料隱匿[8]者有殃. 且君欲無盜, 莫若擧賢而任之. 使敎明於上, 化行於下, 民有恥心, 則何盜之爲?

於是用隨會[9]知政, 而群盜奔秦焉.

| 해설 |

나쁜 짓은 그것을 적발하기보다는 그 원인을 찾아 근본적인 해결을 해야만 한다는 것이다. 도둑에 대해서도 도둑놈들을 잡아 없애는 것보다는 도둑이 생기지 않는 올바른 정치를 하는 게 더욱 중요하다는 것이다. 여기에서는 어느 학파에서나 받아들일 만한 이론을 전개시키고 있다.

---

1 眉睫之間(미첩지간) : 윗눈썹과 속눈썹 사이, 곧 눈짓과 표정.

2 其情(기정) : 그의 속마음.

3 趙文子(조문자) : 조나라 문자. 문자는 노자(老子)의 제자라고 한다. 지금 그가 지은 『문자』 두 권이 전하는데, 대체로 노자의 학설을 계승한 것이다. 후세 사람이 지은 것인 것 같다는 게 일반적인 학자들의 견해이다.

4 伺察(사찰) : 엿보고 살피는 것.

5 俄而(아이) : 조금 뒤에.

6 共盜(공도) : 여럿이 함께 남 몰래.

7 殘(잔) : 해치다. 죽이다.

8 隱匿(은닉) : 숨어 있는 것.

9 隨會(수회) : 춘추시대 진(晋)나라 대부. 본 이름은 사회(士會), 자는 계(季). 후에 수(隨) 땅을 채읍(采邑)으로 받아 수계(隨季)라고도 부르며, 그의 후손은 성이 수씨가 되었다. 진나라의 정사를 맡아 도둑을 없앤 것으로 유명하다.

11. 충실함과 믿음

　공자가 위衛나라로부터 노魯나라로 돌아오다가 황하의 제방 위에 수레를 세워 놓고 쉬면서 보니, 수백 자 높이의 폭포수가 있고 그 아래엔 구십 리 넓이로 흐르는 물이 소용돌이 치고 있어서 물고기와 자라도 헤엄을 치지 못하고 큰 자라와 악어도 살 수 없는 형편이었다. 그런데 한 장정이 막 그 곳을 건너려 하고 있었다. 공자는 사람을 보내 물가에서 그를 제지하고 말했다. "이곳의 폭포는 높이가 수백 자이고 물 흐름은 구십 리 넓이로 소용돌이치고 있어서 물고기와 자라도 헤엄치지 못하고 큰 자라와 악어도 살 수 없는 형편이오. 당신 생각엔 이런 어려운 곳을 건널 수 있을 것 같소?"

　장정은 아무렇지도 않은 듯이 건너갔다가는 다시 물에서 나왔다.

　공자가 그에게 물었다. "대단하오! 도술이 있는 것인가요? 들어갔다가 나올 수 있는 까닭이 무엇이오?"

　장정이 대답했다. "처음 내가 물에 들어갈 적에는 먼저 충실하고 믿는 마음으로 들어가고, 내가 나올 적에도 여전히 충실하고 믿는 마음을 지니고 있습니다. 충실하고 믿는 마음으로 나의 몸을 물결 흐름 속에 넣는 것이지 나는 감히 나의 사사로운 재주나 마음을 쓰는 것이 아닙니다. 들어갔다가 나올 수 있었던 까닭은 이 때문입니다."

　공자가 제자들에게 말했다. "너희들은 이 말을 잘 기억해 두어라. 물도 역시 충실하고 믿는 마음을 가지고 자기 몸을 정성스럽게 지니기만 하면 친해질 수가 있거늘 하물며 사람이야 어떻겠느냐?"

| 원문 |

　孔子自衛反魯, 息駕[1]乎河梁[2]而觀焉. 有懸水[3]三十仞,[4] 圜流[5]九十里,魚鼈[6]弗能遊, 黿[7]鼉[8]弗能居. 有一丈夫, 方將厲[9]之. 孔子使人並涯止之曰; 此懸水三十仞, 圜流九十里, 魚鼈弗能遊, 黿鼉弗能居也. 意者[10]難可以濟乎?

丈夫不以錯意,[11] 遂度而出.

孔子問之曰! 巧乎, 有道術乎? 所以能入而出者, 何也?

丈夫對曰; 始吾之入也, 先以忠信, 及吾之出也, 又從以忠信. 忠信錯吾軀於波流, 而吾不敢用私.[12] 所以能入而復出者, 以此也.

孔子謂弟子曰; 二三者[13]識[14]之. 水且猶可以忠信誠身親之, 而況人乎?

| 해설 |

자기 개인을 완전히 버리고 충실하고 믿는 마음을 지니고 자기 몸을 정성스럽게 간직하기만 하면 자연의 조화에 어울릴 수 있게 된다는 것이다. 이와 비슷한 이야기가 앞 「황제의 깨달음」편 9. '소용돌이치는 물속에서

---

1 息駕(식가) : 수레를 멈추고 쉬다.
2 河梁(하량) : 황하의 제방.
3 懸水(현수) : 폭포(瀑布).
4 仞(인) : 길이의 단위. 여덟 자가 일 인임. 따라서 삼십 인은 수백 자.
5 圜流(환류) : 강물이 소용돌이치며 흐르는 것.
6 鼈(별) : 자라.
7 黿(원) : 큰 자라의 일종.
8 鼉(타) : 악어.
9 厲(려) : 건너다.
10 意者(의자) : 생각으로는. 생각하기에는.
11 錯意(조의) : 뜻을 두다. 마음을 쓰다.
12 用私(용사) : 사사로움을 쓰다. 개인의 힘이나 지혜 또는 능력을 쓰다.
13 二三者(이삼자) : 곁에 있는 몇 명의 제자들을 가리키는 말.
14 識(지) : 기록하다. 기억하다.

도 헤엄치는 방법'에도 보였다.

12. 지극한 말과 지극한 행위

백공白公이 공자에게 물었다. "사람들과 함께 비밀 이야기를 해도 되겠습니까?"

공자는 대답하지 않았다.

백공이 다시 물었다. "만약 돌을 물에 던지면 어떻게 되겠습니까?"

공자가 말했다. "오吳나라의 잠수를 잘하는 사람이라면 그것을 꺼낼 수 있겠지요."

"만약 물을 물에다 넣으면 어떻게 되겠습니까?"

공자가 말했다. "치수淄水와 승수澠水가 합쳐진 것을 역아易牙가 맛보고 구별해 냈습니다."

백공이 말했다. "그렇다면 사람들과 비밀 이야기를 하면 안 되겠네요?"

공자가 말했다. "어째서 안 되겠소? 다만 말하는 뜻을 아는 사람끼리라야 합니다. 말하는 뜻을 아는 사람끼리라면 말로서 말을 하지 않습니다. 물고기를 잡으려고 다투는 사람은 물에 젖고, 짐승을 잡으려는 사람은 달리게 되는 법인데, 그렇게 하는 것이 즐거워서가 아닙니다. 그러므로 지극한 말은 말을 떠나 있고, 지극한 행위는 일부러 하지 않는 것입니다. 아는 것이 얕은 사람들이 서로 다투는 것은 말단적인 일이지요."

백공은 그만두지를 못하고 반란을 일으켰다가 마침내는 욕실浴室에서 죽임을 당했다.

白公¹問孔子曰; 人可與微言²乎?

孔子不應.

白公問曰; 若以石投水, 何如?

孔子曰; 吳之善沒者³能取之.

曰; 若以水投水, 何如?

孔子曰; 淄澠⁴之合, 易牙⁵嘗而知之.

白公曰; 人故不可與微言乎?

孔子曰; 何爲不可? 唯知言之謂⁶者乎. 夫知言之謂者, 不以言言也. 爭魚者濡,⁷ 逐獸者趨, 非樂之也. 故至言去言, 至爲無爲. 夫淺知之所爭者, 末矣.

白公不得已,⁸ 遂死於浴室.

---

1 白公(백공) : 초(楚)나라 평왕(平王)의 손자이며 태자 건(建)의 아들. 백승(白勝). 그의 아버지가 참해를 받아 정(鄭)나라로 도망갔는데 정나라 사람들이 죽여 버렸다. 백승이 원수를 갚기 위해 정나라를 치려고 했으나 영윤(令尹)인 자서(子西)와 자기(子期)는 진(晋)나라가 정나라를 치자 반대로 정나라를 도와주려 했다. 이에 백승은 자서와 자기를 죽여 버리려고 공자에게 은밀한 말을 먼저 걸어 본 것이다. 백승은 공자의 암시적인 만류를 깨닫지 못하고 반란을 일으켰다 실패하여 뒤에 죽게 된다.
2 微言(미언) : 비밀 모의(謀議). 은밀한 이야기.
3 沒者(몰자) : 잠수(潛水)하는 사람.
4 淄澠(치승) : 치수와 승수. 산동(山東)성에 흐르는 두 개의 강물 이름.
5 易牙(역아) : 제(齊)나라 환공(桓公)의 요리사. 맛을 잘 구별하기로 이름이 났으며 뒤에는 반란을 일으켜 제나라를 큰 혼란에 빠뜨렸다.
6 言之謂(언지위) : 말하려는 뜻. 말하려는 내용.
7 濡(유) : 물에 젖다.
8 不得已(부득이) : 공자의 암시적인 만류에도 불구하고 반란을 일으키려는 계획을 중지하지 못했다는 뜻.

| 해설 |

어떤 일을 하려는 사람은 반드시 겉으로 그의 의도가 드러난다. 그러나 자기 뜻을 드러내면서 어떤 일을 한다는 것은 자신을 해치는 결과가 되기 쉽다는 것이다. 지극한 말 곧 진리는 말과 거리가 멀고 지극한 행동은 일부러 아무 일도 하지 않는 '무위'라는 것이다. 공자는 이런 뜻으로 난을 일으키려는 백공을 만류했으나 그는 듣지 않고 난을 일으켜 마침내는 자신조차도 망치고 말았다. 백공은 지극한 말을 알아듣지 못했던 것이다.

13. 승리를 걱정하는 마음가짐

조趙나라 양자襄子가 신치목자新釋穆子로 하여금 적翟나라를 공격케 했다. 신치목자는 적나라를 쳐부수고 좌인左人과 중인中人의 두 고을을 뺏은 다음 사람을 보내 승리를 보고했다.

양자는 막 밥을 먹고 있다가 보고를 접하고 근심하는 빛을 나타냈다. 곁의 신하들이 말했다. "하루아침에 두 성을 함락시켰으니 이것은 사람들이 기뻐할 일입니다. 지금 임금님께서는 근심스런 빛을 보이고 계시니 어찌된 일입니까?"

양자가 말했다. "대저 장강이나 황하에 장마가 진다고 해도 사흘을 넘기지 않고, 회오리바람이나 사나운 비도 한나절을 넘기지 않으며, 해가 한 가운데서 비치는 것도 잠깐 동안이오. 지금 우리 조씨趙氏는 덕행德行을 남에게 베풀어 쌓아 놓은 것도 없는데 하루아침에 두 성을 함락시켰으니 멸망이 내게 닥쳐올지도 모르겠기 때문이오."

공자가 이 이야기를 듣고서 말했다. "조씨들은 번성해질 것이다. 대저 걱정을 하는 것은 번성하는 원인이 되며, 기뻐한다는 것은 망하

는 원인이 되는 것이다. 승리 자체가 어려운 것이 아니라 그것을 유지
하는 것이 어려운 것이다. 현명한 임금은 승리를 걱정함으로써 유지
하는 것이니, 그의 복이 후세에까지 미치는 것이다. 제齊나라와 초楚
나라와 오吳나라와 월越나라도 모두 일찍이 승리한 적이 있었다. 그러
나 마침내 망하고 만 것은 승리를 유지하는 방법을 잘 알지 못했기 때
문이다. 오직 올바른 도리를 터득하고 있는 임금만이 승리를 유지할
수가 있는 것이다."

| 원문 |

趙襄子使新穉穆子[1]攻翟.[2] 勝之, 取左人[3]中人, 使遽人[4]謁[5]之.

襄子方食而有憂色, 左右曰; 一朝而兩城下, 此人之所喜也. 今君有
憂色, 何也?

襄子曰; 夫江河之大[6]也, 不過三日. 飄風[7]暴雨, 不終朝, 日中,[8] 不須
臾.[9] 今趙氏之德行, 無所施於積, 一朝而兩城下, 亡其及我哉!

孔子聞之曰; 趙氏其昌乎! 夫憂者所以爲昌也, 喜者所以爲亡也. 勝
非其難者也, 持之[10]其難者也. 賢主以此持勝, 故其福及後世. 齊楚吳
越, 皆嘗勝矣. 然卒取亡焉, 不達乎持勝也. 唯有道之主, 爲能持勝.

---

1 新穉穆子(신치목자) : 조(趙)나라 양자(襄子)의 가신(家臣) 이름.

2 翟(적) : 선우(鮮虞)에 속하는 오랑캐 나라 이름.

3 左人(좌인) : 중인(中人)과 함께 적나라 고을 이름.

4 遽人(거인) : 전령(傳令). 군대에서 명령이나 소식을 급속히 전달하는 사람.

5 謁(알) : 고하다. 전갈하다.

6 江河之大(강하지대) : 장강(長江)과 황하(黃河) 같은 큰 강에 장마가 지는 것을 뜻한다.

7 飄風(표풍) : 회오리바람.

8 日中(일중) : 해가 하늘 가운데 와 있는 것.

9 須臾(수유) : 잠깐 동안. 짧은 동안.

10 持之(지지) : 지승(持勝). 승리를 유지하는 것.

| 해설 |

일을 이룩하고도 그 일에 대해 조심하고 걱정하는 사람은 성공을 계속 유지하지만 함부로 일시 이룩한 일을 기뻐하고 있는 사람은 결국은 실패하게 된다는 것이다. 그리고 전쟁에서 승리하는 것보다는 조심하여 그 승리한 위치를 유지하는 게 무엇보다도 중요한 일이라는 것이다.

14. 강하면서도 약하게 보여라

공자의 힘은 나라의 성문 빗장 기둥을 뽑을 수 있었지만, 힘으로는 유명해지려 들지 않았다. 묵자는 공수반公輸般의 공격을 막아 그를 굴복시켰으나, 병법으로 이름을 날리려 들지 않았다. 그러므로 승리를 잘 유지하는 사람은 강하면서도 약한 거와 같이 행동하는 것이다.

| 원문 |

孔子之勁, 能拓[1]國門之關,[2] 而不肯以力聞. 墨子爲守攻, 公輸般[3]服, 而不肯以兵知. 故善持勝者, 以强爲弱.

---

1 拓(척) : 잡아 뽑다.
2 關(관) : 빗장 기둥. 공자는 성문의 빗장 기둥을 뽑아 위난을 모면한 일이 있었다.
3 公輸般(공수반) : 반(般)은 반(班)으로도 쓰며 노(魯)나라의 기술자. 그는 초(楚)나라 임금을 위해 성을 공격하는 무기를 발명했는데, 초나라 임금이 그것을 이용하여 송(宋)나라를 치려 하자 묵자는 초나라로 달려가 신무기의 공격을 물리쳐 보임으로써 전쟁을 사전에 막은 일이 있다. (『墨子』 公輸篇)

| 해설 |

여기서도 앞 대목에 이어 강하면서도 약한 듯이 겸손하게 행동하는 것이 승리를 지탱하는 도리임을 이야기하고 있다.

15. 훗날의 일을 미리 아는 성인

송宋나라 사람 중에 어짊과 의로움을 행하기 좋아하는 사람이 있었는데, 삼대三代를 두고 그 일을 게을리 하지 않았다. 그들 집안의 검은 소가 까닭도 없이 흰 송아지를 낳자 그 까닭을 공자에게 가서 물었다. 공자가 말했다. "이건 길한 조짐이다. 그 송아지를 하느님께 바치시오."

일 년 있다가 그의 아버지가 까닭도 없이 눈이 멀었다. 그 집의 소가 또다시 흰 송아지를 낳았다. 그의 아버지는 또다시 그의 아들을 공자에게 보내어 물어보도록 했다. 그 집 아들은 말했다. "먼저 번에 그 분에게 물어 본 뒤에 눈이 멀었는데 또 무엇 때문에 물으려 하십니까?"

아버지가 말했다. "성인의 말씀은 먼저는 어긋나다가도 뒤에는 들어맞는 법이다. 그런 일은 어떻게 될 것인지 알 수 없는 것이니 다시 그 분에게 가서 여쭈어 보거라."

그 집 아들이 또다시 공자에게 물어보니 공자가 말했다. "길한 조짐이로다." 그리고 다시 그 송아지로 제사를 지내라고 일렀다. 그 아들이 돌아와 공자의 말을 아뢰니 그의 아버지가 말했다. "공자님의 말씀대로 행하거라."

일 년 뒤에 그 집 아들도 까닭도 없이 눈이 멀었다.

388

그 뒤에 초楚나라가 송나라를 공격하게 되어 그들이 사는 성을 포위했다. 그래서 백성들은 자식을 바꾸어 잡아먹고 시체의 뼈를 쪼개고아 먹었다. 장정들은 모두가 성 위로 올라가 싸우다가 죽은 자가 태반이었다. 이들 부자는 모두 불구자였기 때문에 다 같이 화를 면했다. 포위가 풀리게 되자 그들의 불구가 고쳐졌다.

| 원문 |

宋人有好行仁義者, 三世不懈.**1** 家無故黑牛生白犢,**2** 以問孔子. 孔子曰; 此吉祥也, 以薦**3**上帝.

居一年, 其父無故而盲. 其牛又復生白犢. 其父又復令其子問孔子, 其子曰; 前問之而失明, 又何問乎?

父曰; 聖人之言, 先迕**4**後合, 其事未究, 姑復問之.

其子又復問孔子, 孔子曰; 吉祥也. 復敎以祭. 其子歸致命. 其父曰; 行孔子之言也.

居一年, 其子又無故而盲.

其後楚攻宋, 圍其城, 民易子而食之, 析骸**5**而炊之. 丁壯者, 皆乘城而戰, 死者大半. 此人以父子有疾, 皆免. 及圍解, 以疾俱復.

| 해설 |

세상일은 새옹지마塞翁之馬라서 복이 화근이 되기도 하고 화가 복이 되

---

1 懈(해) : 게을리 하다.
2 犢(독) : 송아지.
3 薦(천) : 제물로 바치는 것.
4 迕(오) : 어긋나다. 거슬리다.
5 析骸(석해) : 죽은 사람의 뼈를 쪼개는 것.

기도 한다. 보통 사람의 짧은 식견으로는 그러한 세상일의 변화를 알 길이 없다. 멀리 모든 이치를 꿰뚫어볼 수 있는 성인만이 그러한 일의 결과를 안다. 따라서 사람들은 당장은 불리한 것 같더라도 꾹 참고 성인이 가르친 올바른 도리를 행하도록 힘써야만 행복을 누리게 된다는 것이다.

16. 재주도 때를 만나야 구실을 한다

宋송나라에 난자蘭子라는 사람이 있었는데, 재주를 빌미로 하여 송나라 원군元君을 찾아뵈었다. 송나라 원군은 그를 불러 그의 재주를 보이도록 했다. 그는 자기 몸 두 배 길이의 두 개의 나무 막대기를 그의 두 발 정강이에 붙들어 매고서 달리기도 하고 높이뛰기도 하면서 일곱 개의 칼을 가지고 노는데 번갈아 그것들을 위로 던지는 중에 다섯 개의 칼은 언제나 공중에 있었다. 원군은 크게 놀라서 즉석에서 금과 비단을 내렸다.

또 다른 난자가 있었는데, 그는 '제비 재주 부리기'를 잘했다. 그는 앞의 이야기를 듣고서 역시 원군을 찾아뵈었다. 원군은 크게 노해 꾸짖었다. "옛날에 특이한 재주를 미끼로 나를 찾아온 자가 있었지. 재주는 쓸 곳이 없었지만 마침 나의 환심을 샀기 때문에 금과 비단을 내렸던 것이야. 저 자는 틀림없이 그 이야기를 듣고 찾아와 다시 나의 상을 바라고 있는 것일 게야." 그를 잡아놓고는 그를 죽이려다가 한 달이 지난 다음에야 놓아 주었다.

| 원문 |

宋有蘭子者, 以技干[1]宋元. 宋元召而使見其技. 以雙枝[2]長倍其身,

屬³其踁,⁴ 竝趨竝⁵馳, 弄七劍, 迭⁶而躍之, 五劍常在空中. 元君大驚, 立
賜金帛.

又有蘭子, 又能燕戲⁷者. 聞之, 復以干元君. 元君大怒曰; 昔有異技
干寡人者. 技無庸,⁸ 適值寡人有歡心, 故賜金帛. 彼必聞此而進, 復望
吾賞. 拘而擬戮⁹之, 經月乃放.

| 해설 |

재주는 같아도 사람에 따라 받는 상이나 벌은 다르다. 그것은 때를 잘
만났느냐 못 만났느냐에 따라서 결정되는 일이다.

17. 천하의 명마를 알아보는 법

진秦나라 목공穆公이 말의 전문가인 백락伯樂에게 말했다. "당신은
늙었소. 당신 자손 중에 말을 잘 고를 만한 사람이 있소?"

백락이 대답했다. "좋은 말이란 몸의 모양 및 근육과 뼈를 살펴보
면 됩니다. 천하의 명마란 것은 사라진 것도 같고 숨겨진 것도 같으

---

1 干(간) : 임금에게 자기 경륜이나 재주를 내보이고 벼슬이나 재물을 구하는 것.

2 雙枝(쌍지) : 두 개의 나무 막대기.

3 屬(촉) : 잇다. 붙들어매다.

4 踁(경) : 정강이.

5 竝 ……竝(병 ……병) : 하면서 ……하다. ……도 하고 ……도 하다.

6 迭(질) : 번갈아 가면서.

7 燕戲(연희) : 제비처럼 재주 부리는 것. 재주도 넘고 높은 데서 뛰어 내리기도 하는
것.(張湛 注)

8 庸(용) : 용(用)과 통하여, '쓰이다'.

9 擬戮(의륙) : 죽이려 하다.

며, 없어진 것도 같고 잃어버린 것도 같은 것입니다. 이와 같은 말은 먼지를 박차고 발자국도 남기지 않고 달립니다. 저의 자식들은 모두 재주가 시원찮아서 좋은 말은 고를 수 있지만 천하의 명마는 고를 수가 없습니다. 저에게는 땔나무와 채소를 져다 주는 사람이 있는데 구방고九方皋라는 사람입니다. 이 사람은 말에 대해 아는 것이 저보다 못하지 않습니다. 그 사람을 불러 보도록 하십시오."

목공은 그를 불러보고 그에게 돌아다니면서 말을 구해 오도록 했다. 그는 석 달 만에 돌아와 보고했다. "이제 찾아냈습니다. 사구沙丘에 있습니다."

목공이 말했다. "어떤 말인가?"

그가 대답했다. "암놈이고 누런 놈입니다."

사람을 시켜 가서 끌어오게 했는데 수놈인데다 검은 말이라는 것이었다. 목공은 불쾌하여 백락을 불러놓고 말했다. "실패했소! 당신이 시켜서 말을 구하러 보낸 자는 물건의 색깔과 암수조차도 구별하지 못하니 어찌 말에 대해 안다고 할 수가 있겠소?"

백락은 휴 하고 크게 한숨을 쉬면서 말했다. "결국 그렇게 되었군요! 이것이 바로 그가 저보다 천만 배나 뛰어나 헤아릴 수 없을 정도로 앞서는 점입니다. 구방고가 본 것은 하늘의 빌미입니다. 그는 말의 뛰어난 자질만을 파악하고 그 밖의 시원찮은 점에 대해서는 잊어버리는 것이며, 그 속을 살펴 알아보고 그 밖의 것들에 대해서는 잊어버리는 것입니다. 그는 그가 보아야 할 것만을 보고 그가 보지 않아도 될 것은 보지 않은 것입니다. 그가 살펴야만 할 것만을 살피고서 살피지 않아도 될 것은 빠뜨린 것입니다. 구방고가 말을 살펴보고 알아낸 것은 그 말이 지니고 있는 귀중한 특징입니다."

말을 끌어오게 하고 살펴보니 과연 천하의 명마였다.

| 원문 |

秦穆公謂伯樂[1]曰; 子之年長矣, 子姓[2]有可使求馬者乎?

伯樂對曰; 良馬, 可形容筋骨相也. 天下之馬[3]者, 若滅若沒,[4] 若亡若失, 若此者絶塵弭轍.[5] 臣之子, 皆下才也, 可告以良馬, 不可告以天下之馬也. 臣有所與共[6]擔薪菜者, 有九方皐,[7] 此其於馬, 非臣之下也. 請見之.

穆公見之, 使行求馬. 三月而反, 報曰; 已得之矣. 在沙丘.[8]

穆公曰; 何馬也?

對曰; 牝而黃.

使人往取之, 牡而驪.[9] 穆公不說, 召伯樂而謂之曰; 敗矣. 子所使求馬者, 色物牝牡, 尚弗能知, 又何馬之能之也?

伯樂喟然太息曰; 一[10]至於此乎! 是乃其所以千萬臣而無數者也. 若皐之所觀, 天機也. 得其精而忘其麤,[11] 在[12]其內而忘其外. 見其所見, 不見其所不見, 視其所視, 而遺其所不視. 若皐之相馬, 乃有貴乎馬者

---

1 伯樂(백락) : 옛날 말의 모습을 보고 그 말의 자질을 잘 알아내기로 이름이 났던 사람.

2 子姓(자성) : 그대의 자손. 그대 자식들.

3 天下之馬(천하지마) : 천하의 명마(名馬).

4 若滅若沒(약멸약몰) : 사라진 것도 같고 숨겨진 것도 같다. 뒤의 '약망약실(若亡若失)'과 함께 천하의 명마는 찾기도 어렵지만 알아보기도 힘든 것임을 뜻한다.

5 絕塵弭轍(절진미철) : 먼지를 일으키지 않으며 자국도 안 남긴다. 달리는 말발굽의 빠름을 형용한 말임.

6 共(공) : 공(供)과 통하여 공급해 주는 것.

7 九方皐(구방고) : 백락에게 나무와 채소를 날라다 주던 사람 이름.

8 沙丘(사구) : 땅 이름.

9 驪(리) : 검은 말.

10 一(일) : 강조하는 뜻에서 붙인 말. '결국은'.

11 麤(추) : 거친 것. 대강.

12 在(재) : 살피다.

也.

馬至, 果天下之馬也.

| 해설 |

구방고가 말의 관상을 보는 것처럼 사람들이나 모든 물건은 그 안의 자질이나 성격 같은 것이 중요하지 겉모습은 문제가 되지는 않는다. 모든 세상일도 마찬가지이다. 그 일의 내용이나 원인이 중요하지 겉으로 나타나는 현상이나 결과가 중요한 것은 아니다. 그러나 겉보다도 그 속을 올바로 파악하자면 자연의 도에 상당히 통달해 있지 않으면 안 되는 것이다. 겉을 보고 그 속을 알아본다는 것은 보통 사람의 눈으로는 불가능한 일인지도 모른다. 그러나 우리에게 주는 교훈은 사람이나 어떤 일의 겉모습보다도 그 속에 담겨 있는 내용을 더 존중할 줄 알아야 한다는 것이다.

18. 자기 몸을 다스리는 일과 나라를 다스리는 일

초楚나라 장왕莊王이 첨하詹何에게 물었다. "나라를 다스리자면 어떻게 하면 됩니까?"

첨하가 대답했다. "저는 몸을 다스리는 일에는 밝으나, 나라를 다스리는 일에는 밝지 못합니다."

초나라 장왕이 말했다. "나는 종묘宗廟와 사직社稷을 받들어 모시고 있는데 그것을 지키는 방법을 배우고자 하는 것입니다."

첨하가 말했다. "저는 자기 몸을 다스리면서도 나라를 어지럽게 하는 사람이 있다는 말은 들어본 일이 없습니다. 또 자기 몸이 어지러운데도 나라는 잘 다스리는 사람이 있다는 말도 들어본 일이 없습니다.

그러므로 근본은 몸을 다스리는 일에 있기 때문에 감히 말단적인 일에 대해서는 말씀드리지 못하는 것입니다."

초나라 임금이 말했다. "훌륭한 말이오."

| 원문 |

楚莊王問詹何[1]曰; 治國奈何?

詹何對曰; 臣明於治身, 而不明於治國也.

楚莊王曰; 寡人得奉宗廟社稷,[2] 願學所以守之.

詹何對曰; 臣未嘗聞身治而國亂者也. 又未嘗聞身亂而國治者也. 故本在身, 不敢對以末.

楚王曰; 善!

| 해설 |

여기서도 겉으로 나타나는 말단적인 일보다도 근본이 중요함을 역설하고 있다. 나라를 다스리는 일도 개인의 몸을 잘 다스리는 일로부터 시작된다는 것이다.

19. 오래 차지하고 살 수 있는 고장

호구狐丘에 사는 영감이 손숙오孫叔敖에게 말했다. "사람들에게는

---

1 詹何(첨하) : 초나라의 현명하면서도 벼슬하지 않고 세상에서 숨어 살던 사람.

2 奉宗廟社稷(봉종묘사직) : 종묘와 사직을 받들어 모신다. 곧 임금의 자리를 차지하고 나라를 다스리고 있음을 뜻한다.

세 가지 원망의 대상이 있는데 선생께선 그것을 아십니까?"

손숙오가 말했다. "무슨 말씀이신지요?"

그가 대답했다. "벼슬자리가 높은 사람은 사람들이 그를 투기하고, 맡은 일을 잘하여 영향이 큰 사람은 임금이 그를 미워하고, 녹을 두터이 받는 사람은 원망이 그에게 미치게 됩니다."

손숙오가 말했다. "저의 벼슬자리가 더욱 높아질수록 저는 뜻을 더욱 낮추고, 저의 맡은 일을 잘하여 영향이 커질수록 저는 마음을 더욱 작게 가지고, 저의 녹이 두터워질수록 제가 베푸는 일을 더욱 널리 한다면, 그렇게 함으로써 세 가지 원망을 면할 수가 있게 되겠습니까?"

손숙오는 병이 들어 죽어 갈 적에 그의 아들에게 훈계하여 말했다. "임금님은 자주 나에게 땅을 떼어 주려 하셨지만 내가 받지 않았다. 내가 죽게 되면 임금님께선 곧 너에게 땅을 떼어 주려 할 것인데 너는 절대로 좋은 땅을 받지 말아라. 초나라와 월越나라 사이에 침구寢丘라는 지방이 있는데 이 땅은 좋지도 않거니와 매우 나쁜 곳으로 알려져 있다. 초나라 사람들은 귀신을 믿고 월나라 사람들은 징조를 잘 믿는다. 오래도록 차지하여 잘 살 수 있는 곳은 오직 이곳뿐이다."

손숙오가 죽자 임금은 과연 좋은 땅을 그의 아들에게 봉해 주려 했다. 그의 아들은 사양하고는 침구 지방을 요청했다. 임금은 그 곳을 그에게 떼어 주어 지금까지도 자손들이 그 땅을 잃지 않고 잘 살고 있다.

| 원문 |

狐丘丈人**1**謂孫叔敖**2**曰; 人有三怨, 子知之乎?

孫叔敖曰; 何謂也?

對曰; 爵高者人妒**3**之, 官大者主惡之, 祿厚者怨逮之.

孫叔敖曰；吾爵益**4**高，吾志益下，吾官益大，吾心益小，吾祿益厚，吾施益博．以是免乎三怨，可乎?

孫叔敖疾將死，戒其子曰；王亟**5**封我矣，吾不受也．爲我死，王則封汝，汝必無受利地．楚越之間．有寢丘者，此地不利，而名甚惡．楚人鬼，而越人禨．**6** 可長有者，唯此也．

孫叔敖死，王果以美地封其子，子辭而不受，請寢丘．與之，至今不失．**7**

| 해설 |

앞의 손숙오와 호구의 영감의 대화에서는 사람이란 벼슬이나 나라로부터 받는 녹이 올라가고 많아질수록 더욱 겸손하고 남을 위할 줄 알아야 함을 역설하고 있다.

뒤의 손숙오가 자기 자식들에게 훈계한 말에서는 남들이 탐내지 않는 것을 지녀야만 오해도 받지 않고 그것을 오래 지닐 수 있다는 진리를 배우게 된다.

---

1 狐丘丈人(호구장인) : 호구는 고을 이름. 장인은 영감님 또는 장로(長老)의 뜻.
2 孫叔敖(손숙오) : 초(楚)나라의 현명한 대부(大夫).
3 妒(투) : 투기하다. 시기하다.
4 益(익) : ……할수록. 더욱.
5 亟(극) : 자주. 빨리.
6 禨(기) : 상서(祥瑞). 징조.
7 不失(불실) : 그 땅은 남들에게 빼앗기지 않고 손숙오의 자손들이 차지하여 잘 살고 있다는 뜻.

20. 도둑을 대하는 방법

우결牛缺이란 사람은 상지上地에 사는 큰 선비였다. 아래쪽 한단邯鄲 지방을 가다가 우사耦沙 지방에서 도둑을 만나 그의 옷가지와 수레와 소를 모두 빼앗긴 채 걸어갔다. 그를 보니 걱정하고 아까워하는 기색이란 전혀 없고 기쁜 모습이었다. 도둑들이 뒤따라가 그 까닭을 물으니, 그가 대답했다. "군자는 살아가는 데 필요한 물건 때문에 그의 살고 있는 몸을 해치지 않는 법이오."

도둑들이 말했다. "아! 현명한 분이로다."

그런 뒤에 서로 말했다. "저 사람같이 현명한 사람이 가서 조趙나라 임금을 뵙게 된다면 저 사람은 우리를 처치하는 일을 맡게 될 것이다. 그러면 우리는 반드시 곤경에 빠질 것이니 그를 죽여 버리는 게 좋겠다." 그리고는 여럿이서 뒤쫓아가 그를 죽여 버렸다.

연燕나라 사람이 그 이야기를 듣고서 가족들을 모아 놓고 훈계하여 말했다. "도둑을 만나더라도 상지의 우결처럼 행동하지 말아라."

모두가 그 훈계를 잘 받아들였다. 얼마 안 있다가 그의 아우가 진秦나라로 가다가 관하關下에 이르러 역시 도둑을 만났다. 그는 자기 형의 훈계를 기억하고는 도둑들과 힘껏 다투었다. 그러나 뜻대로 되지 않자 다시 뒤따라가면서 비열한 말로 빼앗긴 물건을 되돌려달라고 애걸했다.

도둑들은 노하여 말했다. "우리가 너를 살려 준 것만 해도 너그러운 처분이다. 그런데도 우리를 단념하지 않고 뒤쫓고 있으니 우리 종적이 드러날 것 같다. 이미 도둑질을 하는 마당에 어짊이 어디에 있겠는가?" 마침내 그를 죽이고 또 아울러서 그와 동행하던 무리 네댓 명까지도 해쳤다.

| 원문 |

牛缺者, 上地[1]之大儒也. 下之邯鄲,[2] 遇盜於耦沙[3]之中, 盡取其衣裝車牛, 步而去. 視之, 歡然無憂吝[4]之色. 盜追而問其故, 曰; 君子不以所養[5]害其所養.[6]

盜曰; 嘻! 賢大夫.

旣而相謂曰; 以彼之賢, 往見趙君, 使以我爲,[7] 必困我, 不如殺之. 乃相與追而殺之.

燕人聞之, 聚族相戒曰; 遇盜, 莫如上地之牛缺也!

皆受教, 俄而其弟適秦, 至關下[8]果遇盜. 憶其兄之戒, 因與盜力爭. 旣而不如,[9] 又追而以卑辭請物.

盜怒曰, 吾活汝弘矣. 而追吾不已, 迹[10]將著焉. 旣爲盜矣, 仁將焉在? 遂殺之, 又傍[11]害其黨四五人焉.

| 해설 |

어떤 사람은 도둑에게 물건을 빼앗기고도 전혀 아깝지 않은 듯이 행동하다가 죽임을 당했고, 또 다른 사람은 도둑에게 물건을 빼앗긴 뒤 물건

---

1 上地(상지) : 땅 이름.
2 邯鄲(한단) : 지금의 하남성(河南省) 북쪽, 하북성(河北省) 서남쪽에 있던 땅 이름.
3 耦沙(우사) : 땅 이름.
4 憂吝(우린) : '린'은 린(吝)과 통하여, '걱정하고 인색한 듯이 생각하는 것'.
5 所養(소양) : 사람을 보양하는 데 쓰이는 물건들.
6 其所養(기소양) : 그 물건들이 보양해 주는 사람의 몸.
7 我爲(아위) : 우리들 때문에 일하다, 곧 우리를 없애려 하다.
8 關下(관하) : 땅 이름.
9 不如(불여) : 뜻대로 잘 안되어 물건을 도둑에게 다 빼앗기는 것.
10 迹(적) : 발자취. 종적(踪跡).
11 傍(방) : 곁에 붙여. 아울러서.

이 아까워서 비열하게 굴다가 죽임을 당했다. 사람의 일이란 때와 상대방에 따라서 같은 행동이라 하더라도 결과가 크게 달라진다. 이것이 바로 운명이라는 것인지도 모른다.

21. 남의 오해 때문에 망한 사람

우씨虞氏란 사람은 양梁나라의 부자였다. 집안은 재물로 가득하고 풍성했다. 돈과 비단은 헤아릴 수 없이 많았고 재물은 셈할 수도 없이 많았다. 높은 누각에 올라가 큰 길을 바라보면서 음악을 연주케 하고는 술자리를 벌인 다음 누각 위에서 투전을 했다.

마침 협객侠客들이 어울려 길을 가고 있었다. 누각 위에서 투전을 하던 사람들이 마침 투전 패 짝을 돌리던 중 투전판에서는 가장 높은 패 짝인 두 마리의 고기패 짝을 젖혀 놓고는 웃고 있었다. 마침 날아 가던 솔개가 물고 가던 썩은 쥐를 떨어뜨려 그것이 협객 중의 한 사람 몸 위에 떨어졌다.

협객들이 서로 말했다. "우씨는 부유한 생활을 오랫동안 즐겨 와 늘 사람들을 가벼이 여기는 마음을 가지고 있는 것 같소. 우리는 그를 건드리지도 않았는데 우리에게 썩은 쥐로 욕을 보이다니! 이런 짓을 보복하지 않는다면 천하에 용기를 드러내 보일 수가 없을 것이오. 여러분이 힘을 합쳐 한 마음으로 무리들을 이끌고 들어가 욕을 본 동지들을 위해 그 집안을 박살을 내 버려야 할 것이오."

모두가 그 말에 찬성했다. 약속한 날 밤이 되자 무리들을 모으고 무기를 마련한 다음 우씨 집을 공격하여 그 집을 완전히 박살내 버렸다.

| 원문 |

虞氏者, 梁之富人也. 家充殷盛, 錢帛無量, 財貨無訾.¹ 登高樓, 臨大路, 設樂陳酒, 擊博²樓上.

俠客相隨而行. 樓上博者, 射明瓊張中,³ 反兩撽魚⁴而笑, 飛鳶⁵適墜其腐鼠而中之.

俠客相與言曰; 虞氏富樂之日久矣, 而常有輕易人之志. 吾不侵犯之, 而乃辱我以腐鼠. 此而不報, 無以立懂⁶於天下. 請與若等, 勠力⁷一志, 率徒屬, 必滅其家, 爲等倫.⁸

皆許諾. 至期日之夜, 聚衆積兵, 以攻虞氏, 大滅其家.

| 해설 |

세상일은 사람들이 생각하는 대로 되지 않는다. 우씨처럼 아무런 잘못 없이도 남의 오해로 말미암아 집안이 멸망할 수도 있다는 것이다.

---

1 訾(자) : 헤아리다. 어림하다.

2 擊博(격박) : 투전을 하다. 노름하다.

3 射明瓊張中(사명경장중) : 투전에 쓰이는 투전 쪽인 명경(明瓊)을 판 속에 던지는 것. 이 것이 어떤 노름인지는 알 수 없다.

4 兩撽魚(양탑어) : 투전에서 가장 높은 끗수인 두 마리의 물고기 짝.

5 鳶(연) : 솔개.

6 懂(근) : 용기. 용감함.

7 勠力(육력) : 힘을 합치는 것.

8 爲等倫(위등륜) : 욕을 본 자기 동지를 위하는 것.

22. 명분과 사실을 구별 못하는 사람

동쪽에 한 사람이 있었는데 이름을 원정목爰旌目이라 했다. 어떤 곳을 가다가 길에서 굶주림을 당했다. 호보狐父의 구丘라는 도둑이 그를 보고 죽을 한 그릇 내어 주고 그에게 먹으라고 했다.

원정목은 세 모금 먹은 뒤에 볼 수 있게 되자 말했다. "선생은 무얼 하시는 분입니까?"

"나는 호보 사람 구입니다."

원정목이 말했다. "어허! 당신은 도둑이 아니오? 어째서 나에게 음식을 먹여 주는 거요? 나는 의로운 사람이니 당신의 음식은 먹지 않겠소." 그리고는 손을 땅에 짚고 먹은 것을 토하려 했다. 먹은 것이 나오지 않자 꽥꽥거리면서 마침내 엎어져 죽어 버렸다.

호보 사람은 도둑이지만 그의 음식은 도둑이 아니다. 사람이 도둑이라 하여 그의 음식도 도둑이라 생각하고 먹지 않은 것은 명분과 사실이 무엇인지 올바로 구별하지 못한 때문이다.

| 원문 |

東方有人焉, 曰爰旌目.[1] 將有適[2]也, 而餓於道. 狐父[3]之盜曰丘,[4] 見而下壺餐[5]以餔[6]之.

---

1 爰旌目(원정목) : 사람 이름.
2 有適(유적) : 어느 곳을 가다가.
3 狐父(호보) : 도둑의 소굴이 있는 땅 이름.
4 丘(구) : 도둑 이름.
5 壺餐(호손) : 병에 담은 물에 만 밥 또는 미음.
6 餔(포) : 먹이다.

爰旌目三餔[7]而後能視, 曰; 子何爲者也?

曰; 我狐父之人丘也.

爰旌目曰; 譆![8] 汝非盜耶? 胡爲而食我? 吾義不食子之食也. 兩手據地而歐[9]之. 不出, 喀喀然,[10] 伏而死.

狐父之人則盜矣, 而食非盜也. 以人之盜, 因謂食爲盜, 而不敢食, 是失名實者也.

| 해설 |

형식적인 명분과 사실을 잘 분별할 줄 알아야 한다는 것이다. 세상 사람들은 사실과는 아무 상관도 없는 명분 때문에 자기 일생까지도 망치는 수가 많다.

23. 자기 생각에만 매달리는 사람

주려숙柱厲叔은 거莒나라의 오공敖公을 섬겼다. 그러나 스스로 자기를 알아주지 않는 임금이라 생각하고 바닷가에 살면서 여름이면 마름풀 따위를 잘라 먹고 겨울이면 도토리와 밤 따위를 주워 먹고 지냈다.

거나라 오공이 어려움을 당하게 되자, 주려숙은 그의 벗들을 찾아가 오공을 위해 죽겠다고 했다.

---

7 三餔(삼포) : 세 모금 마시다. 세 입 먹다.
8 譆(희) : 감탄사.
9 歐(구) : 토하다.
10 喀喀然(객객연) : 억지로 토하려고 꽥꽥거리는 것.

그의 벗들이 말했다. "그대는 스스로 자기를 알아주지 않는다고 생각했기 때문에 오공으로부터 떠났던 거요. 지금 가서 오공을 위해 죽는다면 그것은 알아주고 알아주지 않는 데 대한 분별이 없게 되는 거요."

주려숙이 말했다. "그렇지 않소. 스스로 오공이 알아주지 않는다고 생각했기 때문에 떠났던 것은 사실이오. 지금 내가 그를 위해 죽는다면 정말로 오공이 나를 알아보지 못한 것이 되오. 나는 그를 위해 죽음으로써 후세에 자기 신하를 올바로 알아보지 못한 임금이라는 비판을 받게 하려는 것이오."

알아주면 그를 위해 죽고 알아주지 않으면 그를 위해 죽지 않는다는 것은 곧은 도리를 따라서 행동하는 사람이다. 주려숙은 원망으로 그 자신까지도 잊었던 사람이라고 할 수 있을 것이다.

| 원문 |

柱厲叔[1]事莒敖公. 自爲不知己者, 居海上,[2] 夏日則食菱芰,[3] 冬日則食橡栗.[4]

莒敖公有難, 柱厲叔辭其友, 而往死之.

其友曰; 子自以爲不知己, 故去. 今往死之, 是知與不知, 無辨也.

柱厲叔曰; 不然. 自以爲不知, 故去. 今死, 是果不知我也. 吾將死之, 以醜[5]後世之人主不知其臣者也.

---

1 柱厲叔(주려숙) : 사람 이름.
2 海上(해상) : 바닷가.
3 菱芰(능지) : 마름풀과 세모난 마름풀[三角菱].
4 橡栗(상률) : 도토리와 밤.
5 醜(추) : 부끄럽게 만들다.

凡知則死之, 不知則弗死, 此直道而行者也. 柱厲叔可謂懟[6]以忘其身者也.

| 해설 |

주려숙이란 사람은 임금을 섬겨 알아주지도 않았으나 최후로 위급한 처지에선 다시 임금을 위해 목숨을 바쳤다는 이야기다. 자기가 임금을 위해 목숨을 바침으로써 후세에 거나라 오공이라는 임금은 자기 신하를 올바로 알아보지 못한 형편없는 임금이었다는 평판을 남기기 위해서이다. 자기 생각에 철저하기만 하면 남 보기엔 어처구니없는 일에도 뜻을 찾아 자기 몸까지도 바칠 수 있는 게 사람이라는 것이다.

24. 남을 이롭게 하는 것과 원망을 하는 것

양주楊朱가 말했다. "남을 이롭게 해주는 사람에게는 실질적인 보답이 돌아오고 남을 원망하는 사람에게는 피해가 찾아오게 된다. 자기가 남에게 하는 행동에 따라 남들이 호응하게 되는 것이 사실이다. 그러므로 현명한 사람은 남에 대한 행동을 신중히 한다."

| 원문 |

楊朱曰; 利出[1]者實及,[2] 怨往[3]者害來. 發於此而應於外者, 唯請.[4] 是

---

6 懟(대) : 원망하다.
1 利出(이출) : 이익을 내주다, 곧 남에게 이롭게 해주다.
2 實及(실급) : 실익(實益)이 미치게 되다.

故賢者愼所出.

| 해설 |

    사람은 자기가 남에게 하는 행동 여하에 따라 남으로부터 거기에 상응하는 보답을 받게 된다는 것이다. 남에게 이롭게 해주면 남도 그를 이롭게 해주고 남에게 해를 끼치면 결국은 남도 그를 해롭게 한다는 것이다.

25. 잃은 양을 찾아가다 보니 갈림길이 많다

    양자楊子의 이웃 사람이 자기의 양을 잃어버려, 그의 집 사람들을 동원하고도 모자라서 또 양자네 하인까지 빌려 가지고 양을 찾아나섰다.

    양자가 말했다. "어허! 한 마리의 양을 잃었는데 어찌 찾아나서는 사람은 이렇게 많소?"

    이웃 사람이 대답했다. "갈림길이 많기 때문입니다."

    되돌아온 뒤 양을 찾았느냐고 물으니 그가 대답했다. "그 놈은 잃어버렸습니다."

    "어째서 잃어버렸다는 거요?"

    "갈림길에는 또 갈림길이 있더군요. 저로서도 갈 바를 몰라 되돌아오고 말았습니다."

---

3 怨往(원왕) : 원망으로 가다. 남을 원망하는 것.
4 唯請(유청) : 청(請)은 정(情)으로 씀이 옳으며, 유청(唯情)은 오직 사실이라는 뜻.(張湛注) 유(唯)를 대답하는 것, 청(請)은 요청 또는 요구하는 것이라고 풀이해도 통한다.

양자는 근심스러운 듯 얼굴빛이 변해 가지고 한참 동안은 말도 하지 않았고 하루 종일 웃지도 않았다. 그의 제자들이 그것을 이상하게 생각하고 여쭈어 보았다. "양은 천한 짐승이고 또 선생님의 것도 아닌데 말씀과 웃음을 잃으시고 계시니 어째서입니까?"

양자가 대답을 하지 않아 문인들은 그 까닭을 알지 못했다.

제자인 맹손양孟孫陽이 나와서 그 이야기를 심도자心都子에게 했다. 심도자는 다음날 맹손양과 함께 들어가 여쭈어 보았다. "옛날에 삼형제가 있었는데 제齊나라와 노魯나라 지방을 노닐면서 같은 스승을 모시고 공부하여 어짊과 의로움의 가르침을 따라 행동하게 된 다음에야 돌아왔다 합니다. 그의 아버지가 어짊과 의로움의 길이란 어떤 것이냐고 물으니까, 맏형은 '어짊과 의로움이란 우리가 자신을 사랑한 다음에야 명성을 추구하도록 하는 것입니다'라고 대답했습니다. 둘째는 '어짊과 의로움이란 우리가 자기 몸을 죽여서라도 명성을 이룩하도록 하는 것입니다'라고 대답했습니다. 막내는 '어짊과 의로움이란 우리가 자기 몸과 명성을 아울러 온전히 지니도록 해주는 것입니다'라고 대답했습니다. 그들의 세 가지 방법은 서로 반대되는 것이지만 똑같이 유가로부터 나온 것입니다. 어느 것이 옳고 어느 것이 그른 것입니까?"

양자가 말했다. "어떤 사람이 황하 가에 살면서 물에 익숙해지고 물에서 움직이는 일에 용감해지자, 배를 저으며 사람들을 강물을 건네주는 것을 업으로 삼아 백 명의 식구를 먹여 살릴 만한 이익을 올렸다. 그래서 양식을 싸 짊어지고 배우러 오는 자들이 무리를 이루었는데, 물에 빠져 죽는 사람들이 거의 반이나 되었다. 본시는 그들은 물에서 움직이는 방법을 배우려던 것이지 물에 빠져 죽는 것을 배우려는 것은 아니었지만 그들이 뜻을 이루고 해를 입게 되는 결과가 그와 같았던 것이다. 그대는 어느 것이 옳고 어느 것이 잘못 되었다고 생각하는가?"

심도자는 묵묵히 나와 버렸다.

맹손양이 그를 나무랐다. "어찌 그렇게 당신의 질문도 어수룩하고 선생님의 답변도 괴벽하오? 나의 미혹은 더욱 심해졌소."

심도자가 말했다. "큰 길은 갈림길이 많아서 양을 잃게 되었고, 공부하는 사람들은 방법이 많음으로써 목숨까지도 잃게 되는 것이오. 학문이란 근본이 다른 여러 가지가 있는 것도 아니며 근본이 여러 개가 있는 것도 아닌데 학문을 하는 결과의 차이는 이와 같은 것이오. 오직 결과가 같아서 동일한 곳으로 돌아가야지만 얻고 잃는 게 없게 되는 것이오. 당신은 선생님 밑에서 선생님의 가르침을 익혔으면서도 선생님의 가르침을 깨닫지 못하고 있군요. 슬픈 일이오!"

| 원문 |

楊子之鄰人亡羊, 旣率其黨, 又請楊子之豎**1**追之.

楊子曰; 嘻! 亡一羊, 何追者之衆?

鄰人曰; 多歧路.**2**

旣反, 問獲羊乎, 曰; 亡之矣.

曰; 奚亡之?

曰; 歧焉之中, 又有歧焉. 吾不知所之, 所以反也.

楊子戚然**3**變容, 不言者移時,**4** 不笑者竟日.**5** 門人怪之, 請曰; 羊賤

---

1 豎(수) : 하인들.
2 歧路(기로) : 갈림길.
3 戚然(척연) : 근심하는 모양. 깊게 감동한 모양.
4 移時(이시) : 한참 동안.
5 竟日(경일) : 하루 종일.

畜, 又非夫子之有, 而損言笑者, 何哉?

楊子不答, 門人不獲所命.[6]

弟子孟孫陽出, 以告心都子. 心都子, 他日與孟孫陽偕入, 而問曰; 昔有昆弟三人, 遊齊魯之間,[7] 同師而學, 進仁義之道而歸. 其父曰; 仁義之道若何? 伯曰; 仁義使我愛身而後名. 仲曰; 仁義使我殺身以成名. 叔曰; 仁義使我身名並全. 彼三術相反, 而同出於儒. 孰是孰非邪?

楊子曰; 人有濱河[8]而居者. 習於水, 勇於泅,[9] 操舟鬻渡,[10] 利供百口.[11] 裹糧就學者成徒, 而溺死者幾半. 本學泅, 不學溺, 而利害如此. 若以爲孰是孰非?

心都子嘿然[12]而出.

孟孫陽讓[13]之曰; 何吾子問之迂,[14] 夫子答之僻,[15] 吾惑愈甚.

心都子曰; 大道以多歧亡羊, 學者以多方喪生. 學非本不同, 非本不一, 而末異若是. 唯歸同反一,[16] 爲亡得喪. 子長先生之門, 習先生之道, 而不達先生之況[17]也, 哀哉!

---

6 所命(소명) : 명하는 바. 스승의 대답. 가르침을 뜻한다.

7 齊魯之間(제로지간) : 제나라와 노나라 지방. 유가(儒家)의 세력이 가장 강성하던 지방임.

8 濱河(빈하) : 황하 물가.

9 泅(수) : 헤엄치다. 물속에서 일하다.

10 鬻渡(육도) : 도선업(渡船業)을 하다.

11 百口(백구) : 백 명의 식구.

12 嘿然(묵연) : 묵묵히 말이 없는 것.

13 讓(양) : 책하다. 꾸짖다. 나무라다.

14 迂(우) : 우회하다. 사리에 동떨어지다.

15 僻(벽) : 편벽되다. 괴팍하다.

16 歸同反一(귀동반일) : 같은 결과가 되고 동일한 곳으로 돌아오는 것.

17 況(황) : 가르침. 깨우침.

| 해설 |

세상일은 똑같은 목표를 달성하는 데 있어서도 여러 가지 방법이 있다. 사람들은 너무나 많은 방법 때문에 오히려 목표를 잃기가 쉽다. 학문을 하는 데 있어서는 더욱 그러하다는 것이다. '망양다기亡羊多岐'라는 고사성어가 여기에서 나왔다.

26. 사람과 겉모양

양주에게 포布라는 아우가 있었는데, 흰 옷을 입고 나갔다가 비가 와서 흰 옷을 벗고 검은 옷을 입고서 돌아왔다. 그 집의 개가 알아보지 못하고 마주 나오면서 짖어댔다. 양포는 성이 나서 개를 때리려 했다. 양주가 말했다. "때리지 말아라. 너도 역시 그럴 게다. 조금 전까지도 희었던 너의 개가 나갔다가 검어져 가지고 돌아온다면 어찌 괴상하게 여기지 않을 수가 있겠느냐?"

| 원문 |

楊朱之弟曰布, 衣素衣[1]而出, 天雨, 解素衣, 衣緇衣[2]而反. 其狗不知, 迎而吠[3]之. 楊布怒, 將扑[4]之. 楊朱曰; 子無扑矣, 子亦猶是也. 嚮者[5]使汝狗白而往, 黑而來, 豈能無怪哉!

---

1 素衣(소의) : 흰 옷.
2 緇衣(치의) : 검은 옷.
3 吠(폐) : 개가 짖는 것.
4 扑(복) : 때리다. 종아리를 때리다.
5 嚮者(향자) : 조금 전에.

사람도 개처럼 겉모양만 보고서 상대방을 판단하기 쉽다는 이야기이다. 겉모양은 속모양과는 전혀 다른 것임을 알아야 한다.

27. 착한 일과 명성

양주가 말했다. "착한 일을 행할 때 명성을 위해 하지 않아도 명성은 자연히 따라온다. 명성은 이익을 기대하지 않아도 이익이 자연히 돌아온다. 이익은 다툼을 바라지 않아도 다툼이 자연히 미치게 된다. 그러므로 군자는 반드시 착한 일을 신중히 행하는 것이다."

| 원문 |

楊朱曰; 行善不而爲名,**1** 而名從之. 名不與利期,**2** 而利歸之. 利不與爭期, 而爭及之. 故君子必愼爲善.

| 해설 |

사람은 선한 일을 행한다 하더라도 명성을 얻기 위해 하면 안 된다. 내놓고 선한 일을 해 명성을 얻으면 명성엔 이익이 따르고 이익엔 다툼이 따른다. 이익을 놓고 남과 다투다 보면 결국 자기 자신이 파멸되고 말 것이다. 그러니 선한 일을 행하는 데 있어서도 극히 조심을 해야 한다는 것이다.

---

1 爲名(위명) : 이름을 위해 하다. 명성을 추구하다.
2 與利期(여리기) : 이익을 기약하다. 이익을 기대하다. 이익을 바라다.

28. 죽지 않고 사는 술법

옛날에 죽지 않는 방법을 안다는 사람이 있었다. 연燕나라 임금이 사람을 보내어 그의 비법을 전수받아 오도록 했다. 그러나 지름길로 빨리 가지 않은 탓에 죽지 않는 방법을 안다던 사람이 그가 도착하기 전에 죽어 버렸다.

연나라 임금은 심부름 갔던 사람에 대해 매우 화가 나서 그 사람을 처벌하려 했다. 이때 임금의 총애를 받는 신하가 그 잘못을 말했다. "사람들이 걱정하는 일 중에 죽음보다 더 절실한 것은 없고 자기가 소중히 여기는 것 중에 삶보다 더한 것은 없습니다. 그 사람 자신이 자기의 삶을 잃었는데, 어떻게 임금님을 돌아가시지 않도록 해드릴 수가 있었겠습니까?" 그 때문에 처벌하지 않았다.

제자齊子란 사람이 있었는데 역시 그 죽지 않는 방법을 배우려 하다가 그 방법을 안다던 사람이 죽었다는 말을 듣자 자기 가슴을 어루만지면서 한탄했다. 부자富子가 그 이야기를 듣고서 웃으면서 말했다. "배우고자 하는 것은 죽지 않는 방법이었는데, 그 사람이 이미 죽었는데도 여전히 그것을 한탄하고 있으니 배우려던 것이 무엇인지 알지 못하는 사람일세."

호자胡子가 말했다. "부자의 말은 틀렸소. 사람이란 술법을 알고 있으면서도 그것을 쓰지는 못하는 사람이 있고, 술법을 쓰면서도 그 술법을 알지는 못하는 사람이 있소.

위나라 사람 중에 셈을 잘 하는 사람이 있었는데 죽음을 앞두고 그 비결을 그의 아들에게 가르쳐 주었다 하오. 그의 아들은 그 비결을 기록해 두었으나 그대로 행하지는 못했소. 다른 사람이 셈하는 방법을 묻자 그는 자기 아버지가 가르쳐 준 대로 그에게 일러주었소. 그 말을 들은 사람은 그 말을 따라 그 비법을 행했는데 그의 아버지와 다름이 없었다 하오. 만약 그렇다면 죽은 사람이라고 어찌 죽지 않고 사는 술법을 말할 수가 없었겠소?"

| 원문 |

昔人言有知不死之道者. 燕君使人受之. 不捷,[1] 而言者死.

燕君甚怒其使者, 將加誅[2]焉. 幸臣[3]諫曰; 人所憂者, 莫急[4]乎死, 己所重者, 莫過乎生. 彼自喪其生, 安能令君不死也? 乃不誅.

有齊子, 亦欲學其道, 聞言者之死, 乃撫膺[5]而恨. 富子聞而笑之曰; 夫所欲學不死, 其人已死, 而猶恨之, 是不知所以爲學.

胡子曰; 富子之言非也. 凡人有術不能行者有矣. 能行而無其術者亦有矣.

衛人有善數[6]者, 臨死以訣[7]喩其子. 其子志[8]其言, 而不能行也. 他人問之, 以其父所言告之. 問者用其言而行其術, 與其父無差焉. 若然, 死者奚爲不能言生術哉?

| 해설 |

사람의 재능은 사람마다 각각 다르다. 어떤 일을 하는 방법은 잘 알면

---

1 捷(첩) : 빠르다. 지름길로 빨리 가다.

2 加誅(가주) : 처벌을 가하다.

3 幸臣(행신) : 임금의 총애를 받는 신하.

4 急(급) : 다급하다. 절실하다.

5 撫膺(무응) : 가슴을 쓰다듬는 것. 가슴이 답답해서 하는 동작임.

6 善數(선수) : 수학을 잘 하다. 셈을 잘 하다.

7 訣(결) : 비결(秘訣).

8 志(지) : 기록해 두다.

서도 그것을 실행하지 못하는 사람도 있고, 어떤 일을 잘 처리하면서도 그가 하는 방법은 잘 모르면서 일만 잘 하는 사람이 있다는 것이다. 그러니까 아는 것과 행동, 또는 말하는 것과 행동은 반드시 일치할 수 없는 게 사람이라는 것이다. 심지어 죽지 않고 살고 있는 사람은 없다는 것을 알면서도 사람이 죽지 않고 사는 술법이 있다고 믿는 사람도 있다.

29. 잡은 비둘기를 놓아주면?

한단邯鄲의 한 백성이 정월 초하루 아침에 간자簡子에게 비둘기를 바쳤다. 간자는 크게 기뻐하면서 그에게 두터운 상을 내렸다.

손님이 그 까닭을 물으니 간자가 말했다. "정월 초하루 아침에 잡혀 있는 산 것을 놓아줌으로써 은덕이 있다는 것을 보일 수 있기 때문입니다."

손님이 말했다. "백성들이 임금님께서 그것을 놓아주려 한다는 것을 알면 다투어 비둘기를 잡느라고 죽이는 경우도 많아질 것입니다. 임금님께서 만약 비둘기를 살려 주시려 하신다면 백성들에게 잡지 못하도록 금령을 내리시는 게 좋을 것입니다. 잡았다가 놓아주는 것이 은덕이 된다고 하지만 잘못을 저지르게 되는 결과에는 비길 수도 없는 일입니다."

간자가 말했다. "그렇군요."

| 원문 |

邯鄲之民, 以正月之旦獻鳩於簡子.[1] 簡子大悅, 厚賞之.

客問其故, 簡子曰; 正旦放生, 示有恩也.

客曰; 民知君之欲放之, 競而捕之, 死者衆矣. 君如欲生之, 不若禁民
勿捕. 捕而放之, 恩過²不相補矣.

簡子曰; 然.

| 해설 |

사람들은 흔히 잡은 짐승을 살려 주는 것을 은덕을 베푸는 일로 안다.
그러나 이미 잡을 때 그 동물을 해치기도 하고 심지어는 죽이는 일도 있으
니 뒤에 그것을 놓아준다 해도 이미 그것을 잡은 잘못을 그 은덕으로는 보
상할 수 없다는 것이다.

30. 이 세상의 사람과 생물

제齊나라의 전씨田氏가 마당에서 길 떠날 때 안전을 비는 제사를 지
내고 있었다. 전씨네 집에서 얻어먹고 지내는 사람들이 천 명이 있었
는데 그 자리에서 물고기와 기러기를 바치는 자가 있었다. 전씨는 그
것을 보고서 탄식하며 말했다. "하늘은 사람들에게 후하십니다. 다섯
가지 곡식을 자라나게 하고 물고기와 새를 살아가게 하셔서 사람들이
그것을 쓰도록 하셨습니다." 여러 손님들은 이 말에 메아리처럼 호응
했다.

포씨鮑氏네 아들은 나이가 열둘이었는데 자리에 끼어 있다가 나서
면서 말했다. "대감님께서는 하늘과 땅 사이의 만물은 우리들과 함께

---

1 簡子(간자) : 조(趙)나라 제후.
2 恩過(은과) : 은덕과 잘못.

살아가고 있는 무리들이라고 말씀하시는 게 좋을 것입니다. 무리에는 귀하고 천한 게 없는데, 공연히 크고 작은 지혜와 힘으로 서로 상대를 제압하며 서로 번갈아 잡아먹고 있습니다. 서로를 위해 서로 살아가게 해주는 것이 아니라, 사람들은 잡아먹을 수 있는 것이면 무엇이든 잡아 그것을 먹습니다. 어찌 하늘이 본시부터 사람들을 위해 그것들을 살아가도록 한 것이겠습니까? 또한 모기는 사람의 살갗을 물어 피를 빨고 호랑이와 이리는 사람 고기를 먹습니다. 어찌 하늘이 본시부터 모기들을 위해 사람들을 살아가게 했으며, 호랑이와 이리를 위해 사람 고기를 만들어 놓으셨겠습니까?"

| 원문 |

齊田氏[1]祖[2]於庭. 食客千人, 中坐有獻魚鴈[3]者. 田氏視之, 乃歎曰; 天之於民厚矣. 殖五穀, 生魚鳥, 以爲之用. 衆客和之如響.

鮑氏之子, 年十二, 預於次,[4] 進曰; 不如君言, 天地萬物, 與我並生類也. 類無貴賤, 徒以小大智力而相制, 迭[5]相食. 非相爲而生之, 人取可食者而食之, 豈天本爲人生之? 且蚊蚋[6]噆[7]膚, 虎狼食肉, 豈天本爲蚊蚋生人, 虎狼生肉者哉.

---

1 齊田氏(제전씨) : 제나라의 세도 있는 큰 집안. 뒤에 전항(田恒)에 이르러 강(姜)씨네 임금 자리를 빼앗아 전씨네 자신이 제나라 임금이 되었다.

2 祖(조) : 길 떠나기 전에 여행의 안전을 비는 제사.

3 魚鴈(어안) : 물고기와 기러기.

4 預於次(예어차) : 자리의 차서(次序)에 참예하다.

5 迭(질) : 번갈아. 서로.

6 蚊蚋(문예) : 모기.

7 噆(참) : 씹다. 먹다.

사람들은 흔히 세상의 만물이 사람을 위해 존재하는 것으로 착각하고 있다. 그러나 사실은 만물은 사람과 동등한 입장에서 공존하고 있다는 것이다.

31. 거지 생활은 욕된 것인가?

제齊나라에 가난한 사람이 있었는데 늘 성 안에서 구걸을 했다. 성 안에서는 그가 자주 구걸하는 것을 귀찮게 여기고 모두가 그에게 아무것도 주지 않았다. 할 수 없이 그는 전씨田氏네 마구간으로 가서 말 의사를 따라다니며 일을 하여 먹고 살았다. 성 안의 사람들이 그를 희롱하여 말했다. "말 의사를 따라다니며 먹고 사는 것을 치욕으로 여기지 않는가?"

거지가 말했다. "천하의 욕된 일로는 빌어먹고 사는 것보다 더한 것이 없습니다. 빌어먹고 사는 것도 욕된다고 생각하지 않았거늘 어찌 말 의사가 욕되겠습니까?"

| 원문 |

齊有貧者, 常乞於城市. 城市患其亟**1**也, 衆莫之與. 遂適田氏之廐,**2** 從馬醫作役, 而假食.**3** 郭中人戱之曰; 從馬醫而食, 不以辱乎?

---

1 亟(극) : 자주 찾아와 구걸하는 것.
2 廐(구) : 마구간.
3 假食(가식) : 먹을 것을 빌다. 먹고 살다.

乞兒曰; 天下之辱, 莫過於乞. 乞猶不辱, 豈辱馬醫哉?

| 해설 |

매우 천하고 어려운 처지에 있던 사람이 또 다른 천하고 어려운 일을
하게 되지만 욕되고 어려운 경지를 초월하여 자기 일에 만족하고 충실할
수 있음을 논하고 있다. 사람이 하는 일에는 본시 천하고 욕된 것이 있을
수 없기 때문이다.

32. 실질과 맞지 않는 셈

송宋나라 사람이 길을 가다가 남이 버린 재산 목록을 새긴 나무판
을 주워 가지고 돌아와 그것을 감추어 두었다. 그리고 남 몰래 그 재
산 목록을 셈하면서 이웃 사람에게 말했다.
"나는 곧 부자가 될 것입니다."

| 원문 |

宋人有遊於道, 得人遺契[1]者, 歸而藏之. 密數其齒,[2] 告鄰人曰; 吾富
可待矣.

---

1 遺契(유계) : 버려진 재산 목록을 새겨 놓은 판때기. 옛날에는 자기 소유 재산을 기억하기
위해 나무에 크고 작게 표시를 하여 톱니처럼 파 놓았는데, 그것을 계(契)라 했다.
2 齒(치) : 계(契)에 재산 수량을 칼로 이빨처럼 저며 놓은 것을 말한다.

'계契'는 재산 목록, 곧 명색이지 실질적인 재산은 아니다. 남의 재산 목록을 주워 가지고 자기 재산이 늘었다고 생각하는 것은 명색과 실질적인 것을 구별 못하는 것이다. 여기서는 명색과 실질적인 것을 구별 못하는 사람 이야기를 우화로 들려주고 있는 것이다.

33. 말라 죽은 오동나무

어떤 사람에게 말라 죽은 오동나무가 있었는데, 그의 이웃 영감이 그에게 말라 죽은 오동나무는 상서롭지 못하다고 말해 주었다. 그 사람은 서둘러서 그 나무를 베어 버렸다. 그러자 이웃 영감이 땔나무로 하겠다고 달라고 했다. 그 사람은 곧 화를 내면서 말했다. "이웃 영감님은 공연히 땔나무가 욕심이 나서 나에게 그것을 베게 했다. 나의 이웃이 이처럼 음험하니 어찌 그럴 수 있단 말인가?"

| 원문 |

人有枯梧[1]樹者, 其鄰父[2]言, 枯梧之樹不祥. 其人遽[3]而伐之. 鄰人父因請以爲薪, 其人乃不悅曰; 鄰人之父徒欲爲薪, 而敎吾伐之也. 與我鄰, 若此其險,[4] 豈可哉?

---

1 枯梧(고오) : 말라 죽은 오동나무.
2 鄰父(인부) : 이웃 영감.
3 遽(거) : 급히. 서둘러서.
4 險(험) : 음험(陰險)하다.

| 해설 |

세상 사람들은 아무런 이해관계 없이 하는 말이면 잘못된 말이라도 귀를 기울인다. 그러나 일단 그 사람과 이해관계가 성립되면 아무리 그 사람이 올바른 소리를 하더라도 편견을 가지고 그의 말을 받아들이게 된다. 처음에 이웃 영감의 말은 아무런 이해관계가 없었기 때문에 그대로 받아들여 말라죽은 오동나무를 잘라 버렸다. 그러나 이웃 영감이 그 오동나무를 땔나무로 쓰겠으니 달라고 하자 이해관계가 생겨 그 사람은 전과 다른 눈으로 이웃 영감을 보게 된 것이다.

34. 사람들의 편견

어느 사람이 도끼를 잃어버리고는 그의 이웃집 아들을 의심했다. 그의 걸음걸이로 보아도 도끼를 훔친 자 같고 안색을 보아도 도끼를 훔친 자 같고 말씨를 들어도 도끼를 훔친 자 같았다. 모든 동작과 태도가 하나도 도끼를 훔친 자 같지 않은 것이 없었다.

얼마 뒤에 골짜기를 파다가 그 잃었던 도끼를 찾았다. 다음날 다시 그 이웃집 아들을 보니 동작과 태도가 도끼를 훔친 자 같지 않았다.

| 원문 |

人有亡鈇[1]者, 意[2]其鄰之子. 視其行步, 竊鈇也, 顔色, 竊鈇也, 言語, 竊鈇也. 作動態度, 無爲而不竊鈇也.

---

1 鈇(부) : 도끼.
2 意(의) : 생각하다. 의심하다.

俄而抇³其谷而得其鈇. 他日復見其鄰人之子, 動作態度, 無似竊鈇者.

| 해설 |

사람은 어떤 일에 집착하게 되면 곧 그와 관계되는 일종의 편견을 가지고 모든 일이나 사람을 대하게 된다. 도끼를 잃었던 사람이 이웃집 아들을 보는 눈도 자기 생각에 따라 그처럼 달라졌던 것이다.

35. 어떤 일에 집착하는 사람

백공승白公勝이 반란을 꾀하고 있었다. 어느 날 조회를 끝내고 나와서서 지팡이를 거꾸로 짚고 있었다. 그러자 지팡이 끝이 위로 세워져 턱을 꿰뚫어 피가 땅에까지 흐르고 있는데도 알지를 못했다.

정鄭나라 사람이 그 이야기를 듣고서 말했다. "자기 턱을 잊어버릴 정도면 무엇인들 잊지 않겠는가? 마음에 집착하고 있는 일이 있으면 길을 걷다가 발이 나무 그루터기나 흙구덩이에 걸려 넘어져 머리가 서 있는 나무를 들이받게 되더라도 자신은 그것을 알지 못하는 것이다."

| 원문 |

白公勝¹慮亂,² 罷朝而立, 倒杖策,³ 鐏⁴上貫頤,⁵ 血流至地而弗知也.

---

3 抇(골) : 뚫다. 파다.
1 白公勝(백공승) : 초(楚)나라 평왕(平王)의 손자이며 태자 건(建)의 아들. 반란을 일으켰다가 실패했다.

鄭人聞之曰；頤之忘, 將何不忘哉? 意之所屬著,⁶ 其行足躓⁷株垎,⁸
頭抵植木,⁹ 而不自知也.

| 해설 |

사람은 어떤 일에 크게 집착하다 보면 그 밖의 다른 모든 일은 잊어버
리게 된다는 이야기이다. 다만 그 비유로 든 이야기가 지나친 것 같은 느
낌이다.

36. 욕심으로 눈이 먼 사람

옛날 제齊나라에 금에 대해 욕심을 지닌 사람이 있었다. 이른 아침
옷을 입고 관을 쓰고 시장의 금을 파는 상점을 찾아가 그 곳의 금을
낚아채 가지고 갔다.

관리가 그를 잡고 나서 그에게 물었다. "사람들이 모두 있었는데도
그대는 남의 금을 낚아채 갔으니, 어째서 그랬는가?"

그가 대답했다. "금을 집어 갈 적에는 사람은 보이지 않고 금만이
보였습니다."

---

2 慮亂(여란) : 반란 일으킬 것을 생각하다.
3 杖策(장책) : 지팡이. 지팡이를 짚다.
4 鐵(철) : 지팡이 끝에 박힌 뾰족한 쇠.
5 頤(이) : 턱.
6 屬著(촉착) : 집착하는 것.
7 躓(지) : 걸려서 넘어지다.
8 株垎(주감) : 그루터기와 구덩이.
9 植木(식목) : 서 있는 나무.

昔齊人有欲金者. 淸旦衣冠而之市, 適鬻金[1]者之所, 因攫[2]其金而去.

吏捕得之, 問曰; 人皆在焉. 子攫人之金何?

對曰; 取金之時, 不見人, 徒見金.

| 해설 |

여기서도 사람이 어떤 일에 크게 집착되면 그 일에 관한 것만 보이고
다른 것은 눈에 띄지 않게 됨을 설명하고 있다.

---

1 鬻金(육금) : 금을 파는 것.
2 攫(확) : 낚아채다. 움켜잡다.

찾아보기